南开大学马克思主义研究文库（第二辑）

何自力文集

何自力 著

南开大学出版社
天 津

图书在版编目(CIP)数据

何自力文集 / 何自力著. —天津 ：南开大学出版社，2022.1

（南开大学马克思主义研究文库. 第二辑）

ISBN 978-7-310-06207-2

Ⅰ. ①何… Ⅱ. ①何… Ⅲ. ①政治经济学－文集 Ⅳ. ①F0－53

中国版本图书馆 CIP 数据核字(2021)第 249150 号

何自力文集

HEZILI WENJI

南开大学出版社出版发行

出版人：陈　敬

地址：天津市南开区卫津路 94 号　　邮政编码：300071

营销部电话：(022)23508339　营销部传真：(022)23508542

https://nkup.nankai.edu.cn

天津创先河普业印刷有限公司印刷　全国各地新华书店经销

2022 年 1 月第 1 版　　2022 年 1 月第 1 次印刷

240×170 毫米　16 开本　23.75 印张　4 插页　402 千字

定价：120.00 元

如遇图书印装质量问题，请与本社营销部联系调换，电话：(022)23508339

出版说明

今年是中国共产党成立一百周年，我国开启全面建设社会主义现代化国家新征程。在新的历史起点，为进一步加强和巩固马克思主义在哲学社会科学中的指导地位，推动加快构建中国特色哲学社会科学的理论体系和话语体系，我们在2019年出版了“南开大学马克思主义研究文库”第一辑后，又适时推出了该文库第二辑，旨在集中展示南开大学哲学社会科学领域的有关专家学者，长期以来在马克思主义理论应用、发展和创新方面所做的贡献。文库以专著、文选等多种形式，彰显马克思主义理论的强大活力和生命力。

此次出版的“南开大学马克思主义研究文库”第二辑，与第一辑一样，也是10种，分别为：《柳欣文集》（柳欣）、《杨谦文集》（杨谦）、《李淑梅文集》（李淑梅）、《阎孟伟文集》（阎孟伟）、《何自力文集》（何自力）、《刘骏民文集》（刘骏民）、《杨永志文集》（杨永志）、《辩证逻辑——认识史的总结》（封毓昌）、《社会资本——产业资本社会化发展研究》（张彤玉）、《马克思主义经典与新时代劳动关系研究》（杨晓玲）。需要说明的是，这些著述或收录于书中的一些文章，有不少之前在别的出版社出版或在报刊上发表过。由于时代和认识的局限，书中有些观点今天看来难免有所偏颇或值得商榷；语言文字、标点符号、计量单位、体例格式等方面，也有不符合现行规范之处。我们在编辑出版过程中，根据国家有关新闻出版的管理规定，对一些明显的错误做了更正，对个别不合时宜的内容做了适当删改，其他则遵从原著，未予改动。恳请广大读者在阅读这些著述时，能有所鉴别。

南开大学马克思主义学院

南开大学出版社

2021年12月

目 录

坚持和发展中国特色社会主义政治经济学

中国特色社会主义经济问题研究

世界经济与当代资本主义研究

比较经济学与比较制度分析

现代企业制度与公司治理

坚持和发展中国特色社会主义政治经济学

加快推进中国特色社会主义政治经济学的创新和发展

习近平总书记在哲学社会科学工作座谈会上强调指出，要以马克思主义为指导构建中国特色哲学社会科学。中国特色社会主义政治经济学是中国特色哲学社会科学的重要组成部分，构建中国特色社会主义政治经济学，要加强对中国特色社会主义伟大实践的研究和探索，加强对规律性认识的总结，回答重大时代课题，加快推进中国特色社会主义政治经济学的创新和发展。

创新和发展中国特色社会主义政治经济学，要坚持和继承马克思主义政治经济学的理论品质。马克思主义政治经济学是革命性与科学性的统一，是揭示社会经济形态的本质特征及其运动规律，阐明资源配置、财富生产以及财富分配规律的科学经济学体系，具有独特的理论品质，主要体现在四个方面。首先，马克思主义政治经济学是为无产阶级和劳动群众的根本利益服务的，以人民为中心是马克思主义政治经济学的根本立场。马克思主义政治经济学以物质资料的生产实践活动为研究的出发点，以研究资本主义生产方式及与之相适应的生产关系和交换关系为对象，揭示了资本主义必然灭亡、社会主义和共产主义必然胜利的客观规律，为无产阶级和劳动群众实现解放提供了理论指导。坚持和发展中国特色社会主义政治经济学要坚持以人民为中心这一根本要求，要将这一原则贯穿于中国特色社会主义政治经济学体系的始终。其次，马克思主义政治经济学是历史的科学。马克思主义政治经济学坚持逻辑过程与历史进程相统一的科学分析方法，根据这一方法，政治经济学理论是社会经济发展和变迁的历史过程在思维中的再现，社会经济发展和变迁的历史过程是政治经济学逻辑过程的基础，这一方法使马克思主义政治经济学具有鲜明的历史感，马克思的劳动价值论和剩余价值论是这一历史感的集中体现。再次，马克思主义政治经济学是实践的科学。理论是灰色的，实践之树常青。马克思主义政治经济学强调科学的经济学命题和观点不是来自人的观念，而是源自鲜活的生活实践。从事经济学研究不能闭门造车，不能凭空想象，面对纷繁复杂、矛盾交织的社会现实，经济学只有迎难而上，敢于和善于回答各类重大问题，为人们正确认识和把握社会经济生活的运动规律提供指导，才能具有强大的生命力。最后，马克思主义政治经济学是不断创新的经济学。马克思主义政治经济学总是与时代的发展相同步，总是伴随着实践的发展而发现新情况，通过理论创新回答新问题，用创新的理论指导实践。对于马克思主义政治经济学而言，实践没有止境，理论创新也永远没有止境。

创新和发展中国特色社会主义政治经济学，要坚持科学社会主义的基本原理。共产主义是人类社会发展史上一种崭新的社会制度。马克思主义经典作家从一些最基本的方面揭示了共产主义社会的基本特征。(1) 消灭私有制，建立公有制。恩格斯指出："废除私有制甚至是工业发展必然引起的改造整个社会制度的最简明扼要的概括。"共产主义社会的生产资料将实现社会直接占有。那时，自由平等的劳动者联合体共同占有和使用生产资料。(2) 社会生产实现有计划的组织和管理。一旦社会占有了生产资料，商品生产就将被消除，而产品对生产者的统治也将随之消除。社会生产内部的无政府状态将为有计划的自觉的组织所代替。恩格斯指出："这种新的社会制度首先必须剥夺相互竞争的个人对工业和一切生产部门的经营权，而代之以所有这些生产部门由整个社会来经营，就是说，为了共同的利益、按照共同的计划、在社会全体成员的参加下来经营。"马克思指出："在一个集体的、以生产资料公有制为基础的社会中，生产者不交换自己的产品；用在产品上的劳动，在这里也不表现为这些产品的价值，不表现为这些产品所具有的某种物的属性，因为这时，同资本主义社会相反，个人的劳动不再经过迂回曲折的道路，而是直接作为总劳动的组成部分存在着。" (3) 物质财富极大丰富，个人消费品按需分配。马克思指出："在共产主义社会高级阶段，在迫使个人奴隶般地服从分工的情形已经消失，从而脑力劳动和体力劳动的对立也随之消失之后；在劳动已经不仅仅是谋生的手段，而且本身成了生活的第一需要之后；在随着个人的全面发展，他们的生产力也增长起来，而集体财富的一切源泉都充分涌流之后，——只有在那个时候，才能完全超出资产阶级权利的狭隘眼界，社会才能在自己的旗帜上写上：各尽所能，按需分配！" (4) 每个人自由而全面的发展得到实现。在共产主义条件下，人摆脱了自然经济条件下的对"人的依赖关系"，也摆脱了商品经济条件下对"物的依赖性"，实现了人的"自由个性"的发展。人的发展是全面的发展，不仅体力和智力得到发展，各方面的才能和工作能力得到发展，而且人的社会联系和社会交往也得到发展。“代替那存在着阶级和阶级对立的资产阶级旧社会的，将是这样一个联合体，在那里，每个人的自由发展是一切人的自由发展的条件。”

上述四个方面是科学社会主义的重要内容，中国特色社会主义与科学社会主义是一脉相承的。坚持和发展中国特色社会主义，就是要在坚持共产主义远大理想的基础上，探索上述四大特征在当代中国的具体实现形式。不坚持科学社会主义的原则，中国特色社会主义政治经济学创新和建设就会丧失灵魂，迷失方向。

创新和发展中国特色社会主义政治经济学，要深化党的理论创新成果的学理阐述。党在社会主义革命和建设以及改革开放实践中探索和提出了一系列理论创新成果，如新民主主义经济纲领理论，社会主义主要矛盾理论，统筹兼顾、注意综合平衡理论，以农业为基础、工业为主导、农轻重协调发展理论，社会主义本质理论，社会主义初级阶段基本经济制度理论，树立和落实创新、协调、绿色、开放、共享的发展理念的理论，发展社会主义市场经济、使市场在资源配置中起决定性作用和更好发挥政府作用的理论，我国经济发展进入新常态的理论，推动新型工业化、信息化、城镇化、农业现代化相互协调理论，用好国际国内两个市场、两种资源的理论，促进社会公平正义、逐步实现全体人民共同富裕的理论，等等。这些理论创新成果已经和正在对中国特色社会主义建设事业发展发挥着重要的指导作用，中国特色社会主义政治经济学要深化对这些理论创新成果的学理阐述，用新的、更容易为人们所理解和把握的范畴和概念体系进行表达，从而进一步提升这些理论创新成果对中国特色社会主义建设事业的指导作用。

创新和发展中国特色社会主义政治经济学，要总结和吸收中国特色社会主义伟大实践的新鲜经验。党的十八大以来，在以习近平同志为核心的党中央领导下，我国在全面建成小康社会征程上取得了一系列重大进展，为第一个百年目标的如期实现奠定了坚实基础。这些成就和成功经验给我们的启示是：必须坚持社会主义基本经济制度，毫不动摇巩固和发展公有制经济，毫不动摇鼓励、支持、引导非公有制经济发展，推动各种所有制取长补短、相互促进、共同发展；坚持公有制主体地位不动摇，国有经济主导作用不动摇；坚持以人民为中心，推进共同富裕；坚持以顶层设计为引领，全面深化改革；坚持以新发展理念为指导，以供给侧结构性改革为主线的政策框架；坚持稳中求进工作总基调；坚持全面从严治党。创新发展中国特色社会主义政治经济学要总结这些规律性的认识，丰富和发展中国特色社会主义政治经济学理论体系。

创新和发展中国特色社会主义政治经济学，要回应人民群众重大关切，回答重大理论和现实问题。中国特色社会主义政治经济学是实践的经济学，是服务于广大人民群众的经济学，凡是广大干部群众普遍关注的深层次问题，都要从历史和现实、理论和实践的结合上作出令人信服的回答。例如，如何认识中国特色社会主义发展历史新阶段的本质特征；如何以人民为中心推动马克思主义政治经济学创新；如何认识中国特色社会主义的基本经济规律；如何实现公平正义和共同富裕的机制化、制度化；如何处理好供给管理与需求管理的关系，提高经济运行质量和效率，保持经济持续稳定向好发展；如何提高改革决策水平、推进国家治理体系和治理能力现代化；如何加快“一带一路”建设，促进经济全球化进程更有活力、更加包容、更可持续，构建人类命运共同体；如何认识中国模式的世界意义等。毫无疑问，努力探索和回答这些新课题新问题，有助于中国特色社会主义政治经济学的研究不断深化，有助于中国特色社会主义政治经济学理论体系的建设不断完善。

创新和发展中国特色社会主义政治经济学，是坚持中国特色社会主义发展道路的需要，是提高国家治理能力和治理水平的需要，是推动马克思主义政治经济学中国化的需要，我们要以习近平总书记在哲学社会科学工作座谈会上讲话精神为指导，加快推进中国特色社会主义政治经济学的创新和发展，为构建中国特色社会主义政治经济学话语体系、学术体系和学科体系作出应有贡献。

（本文原载于《理论与现代化》2017 年第 5 期）

关于创新和发展中国特色社会主义政治经济学的几个重要原则

创新和发展中国特色社会主义政治经济学，是推动马克思主义政治经济学中国化的重大课题，是构建中国特色、中国风格、中国气派经济学科的必由之路。为了创新和发展中国特色社会主义政治经济学，须遵循四大基本原则。

一、坚持和继承马克思主义政治经济学的理论品质

马克思主义政治经济学是革命性与科学性相统一的经济理论体系，具有独特的理论品质，坚持和发展中国特色社会主义政治经济学必须坚持和继承马克思主义政治经济学的理论品质。其一，马克思主义政治经济学是以人民为中心的经济学。马克思主义政治经济学讲述的是劳动人民获得解放和实现自由的道理，对劳动群众历史地位和前途命运的关心贯穿于马克思主义政治经济学的始终，马克思主义政治经济学的革命性就是由以人民为中心这一根本原则决定的。创新和发展中国特色社会主义政治经济学，就要继承马克思主义政治经济学以人民为中心的理论品质，把人民主体地位贯穿于全部理论体系的始终，忽视马克思主义政治经济学以人民为中心的理论品质，就不可能构建真正科学的中国特色社会主义政治经济学理论体系。其二，马克思主义政治经济学是有历史感的经济学。马克思主义政治经济学坚持逻辑过程与历史过程相统一的方法论，把分析特定生产力水平基础上的生产关系及其运动规律作为研究对象和任务，深刻揭示了资本主义生产方式的本质和产生、发展、灭亡的必然性。中国特色社会主义政治经济学要把认识和揭示中国特色社会主义发展道路的本质特征和内在必然性作为自己的首要任务，深刻总结新中国成立以来社会主义现代化建设的实践经验，深入研究改革开放的丰

富经验和实践，只有这样的经济学才能对中国特色社会主义建设发挥重要的指导作用。其三，马克思主义政治经济学是实践的经济学。马克思主义政治经济学强调科学的经济学命题和观点不是来自人的观念，而是来自鲜活的生活实践，是人的社会生活实践在观念形态上的反映，经济学的命题是否正确，不在于有多么精妙的表达形式，而在于是否反映客观实践。创新和发展中国特色社会主义政治经济学，就要坚持一切从实际出发的原则，直面客观现实，回答中国改革和发展的伟大实践中提出的重大理论和实践问题，理论只有来自实践，又回到实践加以检验，才能真正成为科学的、有生命力的理论。其四，马克思主义政治经济学是不断创新的经济学。马克思主义政治经济学与时代的发展相同步，要通过不断提出新问题，通过理论创新回答新问题，再用创新的理论指导实践，创新和发展中国特色社会主义政治经济学，必须坚持马克思主义政治经济学的创新精神，要具有超越意识，要不断提出新的反映客观经济规律的理论和观点。中国特色社会主义的伟大实践在路上，理论创新也在路上，只有与时俱进、不断创新，才能开辟马克思主义政治经济学中国化的新境界。

二、坚持马克思主义经典作家对社会主义和共产主义社会的科学预言

马克思主义政治经济学揭示了资本主义必然灭亡，社会主义和共产主义必然胜利的客观规律，阐明了社会主义和共产主义社会的基本特征。其一，消灭私有制，建立公有制。马克思主义经典作家把消灭私有制，建立公有制作为共产党人全部理论和一切实践的最高目标。马克思说："共产党人可以把自己的理论概括为这样一句话：消灭私有财产。"废除私有制，才能使劳动与资本直接结合，劳动转化为直接的社会劳动，以直接方式满足社会需要，扬弃劳动异化。"共产主义是私有财产即人的自我异化的积极的扬弃，因而是通过人并且为了人而对人的本质的真正占有。"恩格斯在《共产主义原理》中说，私有制必须废除，代替它的是共同使用全部生产工具和按共同协议来分配产品，即所谓财产共有，废除私有制甚至是工业发展所必然引起的改造整个社会制度的最简明扼要的说法，所以共产主义者提出废除私有制为自己的主要要求是完全正确的。其二，社会生产实现有计划的组织和管理。一旦社会占有了生产资料，商品生产就将被消除，而产品对生产者的统治也将随之消除。社会生产内部的无政府状态将为有计划的自觉的组织所代替。恩格斯指出：

"这种新的社会制度首先必须剥夺相互竞争的个人对工业和一切生产部门的经营权，而代之以所有这些生产部门由整个社会来经营，就是说，为了共同的利益、按照共同的计划、在社会全体成员的参加下来经营。"[①]马克思指出："在一个集体的、以生产资料公有制为基础的社会中，生产者不交换自己的产品；用在产品上的劳动，在这里也不表现为这些产品的价值，不表现为这些产品所具有的某种物的属性，因为这时，同资本主义社会相反，个人的劳动不再经过迂回曲折的道路，而是直接作为总劳动的组成部分存在着。"[②]其三，个人消费品按劳分配与按需分配。马克思指出："在共产主义社会高级阶段，在迫使个人奴隶般地服从分工的情形已经消失，从而脑力劳动和体力劳动的对立也随之消失之后；在劳动已经不仅仅是谋生的手段，而且本身成了生活的第一需要之后；在随着个人的全面发展，他们的生产力也增长起来，而集体财富的一切源泉都充分涌流之后，——只有在那个时候，才能完全超出资产阶级权利的狭隘眼界，社会才能在自己的旗帜上写上：各尽所能，按需分配！"[③]其四，每个人自由而全面的发展得到实现。在共产主义条件下，人摆脱了自然经济条件下的对"人的依赖关系"，也摆脱了商品经济条件下对"物的依赖性"，实现了人的"自由个性"的发展。[④]人的发展是全面的发展，不仅体力和智力得到发展，各方面的才能和工作能力得到发展，而且人的社会联系和社会交往也得到发展。"代替那存在着阶级和阶级对立的资产阶级旧社会的，将是这样一个联合体，在那里，每个人的自由发展是一切人的自由发展的条件。"[⑤]中国特色社会主义与马克思主义经典作家对未来共产主义的科学预见是一脉相承的，坚持走中国特色社会主义道路，就是在当代中国践行马克思主义经典作家提出的科学预见，就是走马克思主义中国化的道路。中国特色社会主义是植根于中国大地，反映中国人民意愿、适应中国和时代发展进步要求的科学社会主义。习总书记指出：我们党始终强调，中国特色社会主义，既坚持了科学社会主义基本原则，又根据时代条件赋予其鲜明的中国特色。这就是说，中国特色社会主义是社会主义，不是别的什么主义。坚持和发展中国特色社会主义政治经济学，必须坚持马克思主义经典作家的科

① 《马克思恩格斯选集》第 1 卷，北京：人民出版社，1995 年，第 237 页。
② 《马克思恩格斯选集》第 3 卷，北京：人民出版社，1995 年，第 303 页。
③ 《马克思恩格斯选集》第 3 卷，北京：人民出版社，1995 年，第 305-306 页。
④ 《马克思恩格斯全集》第 30 卷，北京：人民出版社，1995 年，第 107-108 页。
⑤ 《马克思恩格斯选集》第 4 卷，北京：人民出版社，1995 年，第 730-731 页。

学预见，把经典作家的科学预见与中国改革开放的具体实践结合起来，探索这些科学预见在当代中国的具体实现形式。不坚持马克思主义经典作家对未来共产主义的科学预见，不以这些科学预见为指导，中国特色社会主义政治经济学建设就会迷失方向，就会丧失灵魂。

三、系统总结中国特色社会主义建设的伟大实践经验

创新和发展中国特色社会主义政治经济学必须立足中国国情。习总书记强调，坚持和发展中国特色社会主义政治经济学，要立足我国国情和我国发展实践，揭示新特点新规律，提炼和总结我国经济发展实践的规律性成果，把实践经验上升为系统化的经济学说，不断开拓当代中国马克思主义政治经济学新境界。

新中国成立，特别是中国共产党十一届中央委员会第三次全体会议以来，我们党把马克思主义政治经济学基本原理同改革开放新的实践结合起来，不断丰富和发展马克思主义政治经济学，形成了许多重要理论成果。这些理论成果是中国特色社会主义政治经济学的组成部分，主要有：社会主义本质理论；社会主义初级阶段理论；社会主义初级阶段基本经济制度理论；社会主义市场经济理论；经济发展新常态理论；供给侧结构性改革理论；以人民为中心理论；五大发展理念理论；统筹国际国内两个市场的理论；维护公平正义、逐步实现共同富裕的理论。这些重大理论创新是立足我国国情和发展实践，在马克思主义政治经济学基本原理和方法论的指导下完成的，对我国改革开放和经济建设实践发挥了重要指导作用。这些理论创新成果与马克思主义政治经济学一脉相承，是马克思主义政治经济学的中国化，是马克思主义政治经济学的新发展，创新和发展中国特色社会主义政治经济学，就要吸收这些理论创新成果，在此基础上书写马克思主义政治经济学的新篇章。

四、深刻认识和批判西方经济学的庸俗性

坚持和发展中国特色社会主义政治经济学，既要以马克思主义为指导，坚持和吸收科学社会主义的科学理论，也要以马克思主义为指导，吸收西方经济学的有益成分，批判西方经济学的庸俗本质。

现代西方经济学是西方国家统治阶级维护资本主义制度的理论工具，代表了资产阶级的利益和要求，反映了资产阶级的意识形态，其主要缺陷是：其一，坚持方法论个人主义的经济哲学，歪曲个人与社会的辩证关系，把资

本主义条件下体现资本本性的追求利润最大化的行为标榜为人的抽象不变的本性，为资产阶级剥削和占有雇佣劳动者的剩余价值的行为辩护。其二，用形而上学观点看待人的理性，歪曲人类理性的有限性与无限性的辩证关系，不能正确认识经济主体决策和选择的内在逻辑，不能对微观经济规制和宏观经济调控提供科学的指导。其三，用自然主义的态度看待人类社会，歪曲人类社会与自然界的辩证关系，把自然规律生搬硬套来解释人类社会经济活动，误导人们对社会经济规律的认识，使人们不断遭受经济规律的惩罚。其四，追求超历史的经济学，歪曲社会生产一般与特殊的辩证关系，将经济学变成超越时代、无所不能的神话。其五，滥用数学进行经济分析，歪曲形式与内容的辩证关系，只见树木，不见森林，对经济变量的因果关系进行机械刻画，无法反映普遍的社会经济联系，难以揭示经济运行的内在规律。

西方经济学的庸俗本质严重影响西方经济学的认知功能，妨碍人们形成科学的经济学思维，难以对人们观察和认识社会经济活动的规律性提供科学指导，误导人们面对社会经济矛盾作出错误的选择，蒙受经济规律的严厉惩罚。创新和发展中国特色社会主义政治经济学必须对西方经济学的庸俗本质进行深刻分析和批判，澄清这套理论体系在人们思想上造成的严重混乱。

（本文原载于《社会科学辑刊》2017 年第 3 期）

中国特色社会主义政治经济学的生命力与主导地位

习近平总书记在中央政治局集体学习政治经济学时的讲话对学习马克思主义政治经济学的重要意义、马克思主义政治经济学的重要地位、我们党在不同历史时期对马克思主义政治经济学作出的创造性贡献以及经济发展新常态下进一步开拓当代中国马克思主义政治经济学中国化新境界的目标和任务等进行了深入阐述，对坚持马克思主义政治经济学在中国特色社会主义建设中的主导地位具有十分重要的指导意义。

一、必须清醒认识西方主流经济学的缺陷

西方经济学作为西方国家主流经济学有着明确的阶级性，代表了资产阶级的根本利益，但它总是力图模糊和掩饰这种阶级性，以所谓的“现代经济学”的面目自居。在当下中国，一些主张新自由主义的人极力推销这种“现代经济学”，企图用它争夺经济学话语权并影响我国经济改革的方向。其实，这种所谓的“现代经济学”的基本原理和方法论存在着致命缺陷，这就是：它坚持方法论个人主义的经济哲学，把孤独的个体作为研究对象，歪曲个人与社会的辩证关系；用形而上学观点看待人的理性，歪曲人类理性的有限性与无限性的辩证关系；用自然主义的态度看待人类社会，歪曲人类社会与自然界的辩证关系；追求建立超历史的一般经济学，歪曲社会生产一般与特殊的辩证关系，刻意抹杀不同时空、不同环境条件下的人类经济活动的本质差异；滥用数学手段进行削足适履式的经济分析，歪曲形式与内容的辩证关系。基本原理和方法论上的致命缺陷必然导致严重的实践后果。

在西方国家，20 世纪 70 年代以来，体现新自由主义思潮的经济学成为主流经济学，如哈耶克主张的无政府自由市场竞争理论、弗里德曼主张的自由放任和货币主义理论以及美国供给学派主张的供给经济学大行其道，在其影响下西方国家大力削弱国家干预，实行国有企业私有化，压制工会的权利，

扩大私人垄断资本的市场权力，结果导致经济持续衰退，直至陷入严重危机。第一，制造业严重萎缩，投资机会几近为零。从20世纪70年代起，为了摆脱经济停滞与通货膨胀率高企并存的“滞胀”困境，发达经济体纷纷借助投资、金融和贸易自由化大规模开展对外直接投资，导致严重的产业空心化，加工制造业迅速萎缩，经济增长的国内投资动力和基础丧失，出口能力枯竭，外贸赤字剧增。第二，经济高度服务化和金融化，无力支撑经济增长。发达经济体产业结构已经高度服务化，服务业在三次产业中的比重已接近80%，但是服务型经济劳动生产率低下，收入水平增长缓慢，推动经济增长的能力有限。服务型经济以咨询、通信、金融、餐饮、旅游、家政、娱乐等服务活动为主，对投资的需求较小。第三，两极分化日益严重，制约了经济增长。发达经济体虽然实行了覆盖面较广的福利制度，但是财富占有的两极分化亦较为严重，少数金融和技术精英占有社会的绝大多数财富，而政府的税收政策很难将其转变成公共收入，结果是一方面少数人占有的财富越来越多，中产阶级人群数量不断减少，需要政府公共开支加以照顾的低收入人数越来越多，另一方面政府的税收收入越来越难以满足不断扩大的福利开支，债务包袱越滚越大，面临严重的债务危机。两极分化的后果是社会的消费能力受到抑制，需求不足制约经济增长，同时政府为削减赤字而采取的财政紧缩政策又进一步抑制经济增长。 第四，政府债台高筑。发达经济体的政府财政被选举政治所绑架，各种政治势力为争取选票竞相作出超出经济和财政承受能力的承诺，结果是许多国家的预算赤字占 GDP 的比重大大超过规定的警戒界限，酿成主权债务危机，对经济衰退起了推波助澜的作用。第五，政府宏观调控能力衰竭。2008年全球金融危机爆发重创发达经济体，经济普遍陷入衰退和停滞。为了使经济摆脱衰退和停滞局面，发达经济体将传统的宏观调控手段全部用上，且达到了极致，主要措施有：救助大银行大企业、实施再工业化战略、禁止跨国公司逃税、吸引外国投资、实施负利率和量化宽松政策、贸易保护等，尽管如此，大多数国家经济复苏依然乏力，且呈现持续停滞态势，可能陷入新一轮金融和债务危机。

新自由主义思潮不但对西方国家经济发展产生了消极影响，而且对苏联和东欧国家以及一些发展中国家的改革产生误导，导致这些国家经济陷入长期停滞，社会矛盾不断激化，甚至国家解体、内乱不止。现在有些人又将这套已经给别的国家带来严重祸害的思潮引入我国，企图用它主导中国经济学话语权，干扰和误导我国的改革。如果任凭新自由主义的主张和观点干扰改革，就可能使党和政府丧失对整个经济运行的控制力，各种经济和社会矛盾可能会不断积累和扩大，导致社会陷入无序和动乱。所以，在当代中国，坚持马克思主义政治经济学的主导地位，还是坚持西方所谓的“现代经济学”的主导地位，已经不是简单的学术争论问题，而是严肃的经济政治和社会发展模式选择问题，关系到中国特色社会主义事业的成败，关系到国家和民族的前途和命运。

二、马克思主义政治经济学具有强大的生命力

马克思主义政治经济学是科学性与革命性相统一的经济学，具有强大的生命力。

第一，马克思主义政治经济学反映社会历史发展的客观规律性，具有强大的认识功能。社会经济的历史发展进程是理论逻辑的基础，理论逻辑则是社会历史进程在思维中的再现，所以，理论逻辑的进程与社会历史的发展进程的有机统一是政治经济学成为科学的重要方法论基础。政治经济学对历史的反映不是直接和简单的复制，理论逻辑是修正过的历史，它通过对历史事实的加工改造，抛弃了历史发展过程中的表面的、偶然性的因素，提炼并保留了历史发展进程中本质的、必然性的因素，抓住了历史发展的大方向和基本趋势，反映社会历史发展的客观规律性。正如马克思、恩格斯所说，“历史从哪里开始，思想进程也应当从哪里开始，而思想进程的进一步发展不过是历史过程在抽象的、理论上前后一贯的形式上的反映”。

第二，马克思主义政治经济学的理论观点建立在对客观经济过程及其运动规律的深入研究上，源于对具体的时间和空间所构成的社会经济运动过程的特定历史条件和特殊历史环境的分析。马克思主义政治经济学认为离开了对特定时空的经济现象的抽象分析，任何精巧的推理和演绎都只能得出荒谬的结论，建立在非历史性的抽象假设和脱离实际的逻辑演绎基础上的经济学注定会走向破产，而以这样的经济学为指导去理解和认识社会经济运动过程，甚至据此制定经济政策以影响社会经济过程，必然产生负面效应。马克思主义政治经济学的历史感使其摆脱了形式主义的窠臼，始终把认识和揭示具体的、现实的社会经济发展过程的本质特征和内在必然性作为自己的首要任务。在马克思主义政治经济学的视野里，不存在抽象的人的需要，也不存在抽象的理想状态，从不在抽象的逻辑层面上讨论理论命题的真与伪，更不脱离实际去构建所谓“标准的”分析模型。马克思主义政治经济学的抽象总是从具

体中来，又还原到具体中去，从不玩让客观实际服从空洞假设的“削足适履”的游戏。

第三，马克思主义政治经济学强调科学的经济学命题和观点不是来自人的观念，而是来自鲜活的生活实践，是人的社会生活实践在观念形态上的反映。理论是灰色的，实践之树常青。从事经济学研究不能闭门造车，不能凭空想象，经济学必须直面客观现实，回答现实生活提出的重大问题和热点问题，不回避尖锐问题，更不回避所谓的敏感问题。在纷繁复杂、矛盾交织的社会现实面前，经济学只有迎难而上，敢于和善于回答各类重大问题，为人们正确认识和把握社会经济生活的运动规律提供指导，才能具有强大的生命力。

第四，马克思主义政治经济学强调实践是检验真理的标准。作为一种富有实践特性的经济学，马克思主义政治经济学从不宣布自己掌握了永恒的真理，而是坚持一切从实际出发，实事求是，在实践中检验和发展真理。从马克思主义政治经济学的发展历史可以看出，马克思主义政治经济学不是一成不变的，而总是根据实践的发展和时代变化加以丰富和发展的。早在 1892 年《共产党宣言》德文版序言中马克思、恩格斯就指出，“这些原理的实际应用，正如《宣言》中所说的，随时随地都要以当时的历史条件为转移”。马克思主义政治经济学的历史感表明，如果不顾历史条件和现实情况的变化，拘泥于特定历史条件下针对某种具体情况作出的某些个别论断，就会因为理论脱离实际而缺乏说服力和解释力。

第五，马克思主义政治经济学是不断创新的经济学。马克思主义政治经济学总是与时代的发展相同步，总是伴随着实践的发展而发现新情况、提出新问题，通过理论创新而回答新问题，用创新的理论指导实践。这意味着，对于马克思主义政治经济学的科学价值的判断，不在于它曾经回答了什么问题，而在于它根据实践的变化，尊重和遵循客观规律，不断超越前人和自己的已有观点，不断提出新的反映客观经济规律的理论和观点。就马克思主义政治经济学而言，实践没有止境，理论创新也永远没有止境。与时俱进、不断创新是马克思主义政治经济学生命力的来源。马克思根据原始社会、奴隶社会、封建社会生产力水平低下、社会分工简单的实践特点，提出了自给自足的自然经济是其基本经济形式的观点，同时又从奴隶社会和封建社会已经出现私有制这一本质特征出发，揭示了简单商品生产产生和发展的规律，提出了劳动价值论。随着资本主义生产方式的形成，商品生产和商品交换成为资本主义的基本经济形式，劳动力成为商品构成资本主义生产方式的本质特征，马克思根据资本主义商品经济的新特点，在劳动价值论的基础上进一步提出了剩余价值理论，用以阐明资本主义生产方式产生、发展和灭亡的客观规律，为共产主义替代资本主义提供了理论根据。劳动价值论和剩余价值论既揭示了简单商品经济与资本主义商品经济的内在联系，又阐明了它们的本质差别，为正确认识简单商品经济与资本主义商品经济的特点提供了科学的理论工具。资产阶级经济学缺乏历史感，看不到简单商品经济与资本主义商品经济的差别，不能正确认识商品生产和商品交换产生的原因，不能正确认识劳动力成为商品的社会条件和意义，只能提出超越二者差别的一般经济学理论和观点，原因在于这些观点脱离客观现实，纯粹是主观想象的产物，因而无法帮助人们正确认识商品生产和商品交换的规律性。

三、努力实现马克思主义政治经济学的中国化

我们党历来十分重视理论建设，在社会主义革命和建设的不同历史时期，我们党把马克思主义政治经济学的基本原理与中国的具体实际结合起来，提出了一系列独创性经济学观点，丰富和发展了马克思主义政治经济学，推动了马克思主义政治经济学的中国化，为中国特色社会主义建设提供了强大理论指导。

改革开放是我们党领导全体人民进行的最伟大的社会主义现代化建设实践，我们党在这一伟大实践的基础上进行理论创新，进一步丰富和发展了马克思主义政治经济学，形成了当代中国马克思主义政治经济学的重要理论成果，如关于社会主义本质的理论，关于社会主义初级阶段基本经济制度的理论，关于树立和落实创新、协调、绿色、开放、共享的发展理念的理论，关于发展社会主义市场经济、使市场在资源配置中起决定性作用和更好发挥政府作用的理论，关于我国经济发展进入新常态的理论，关于推动新型工业化、信息化、城镇化、农业现代化相互协调的理论，关于用好国际国内两个市场、两种资源的理论，关于促进社会公平正义、逐步实现全体人民共同富裕的理论。这些重大理论创新是适应当代中国国情和时代特点的政治经济学，不但对我国经济发展发挥着重要指导作用，而且开拓了马克思主义政治经济学的新境界。

我国经济已经进入新常态，如何认识新常态、适应新常态、引领新常态，是我们在中国特色社会主义建设实践中面临的新问题、新挑战。实践是理论

的源泉。为了更好指导新常态下我国经济发展的实践，我们必须在坚持马克思主义政治学基本原理和方法论的基础上继续进行理论创新，不断形成新的理论成果。习近平总书记指出，坚持以人民为中心的发展思想，是马克思主义政治经济学的根本立场，要坚持把增进人民福祉、促进人的全面发展、朝着共同富裕方向稳步前进作为经济发展的出发点和落脚点，部署经济工作、制定经济政策、推动经济发展都要牢牢坚持这个根本立场。习近平总书记的讲话指明了发展当代中国马克思主义政治经济学的基本原则和重要方向。以人民为中心是进行经济学理论创新必须坚持的基本立场，从这个立场出发进行理论创新，就要紧紧围绕人民主体地位树立和落实创新、协调、绿色、开放、共享的发展理念；就要坚持公有制主体地位不动摇，国有经济主导作用不动摇；就要努力解放和发展生产力，持续增加城乡居民收入，不断缩小收入差距，逐步实现共同富裕；就要坚持改革的社会主义方向不动摇，更好实现社会主义基本制度与市场经济的有机统一；就要用好国际国内两个市场，实现互利共赢，努力打造人类命运共同体。

马克思主义政治经济学是为劳动人民谋福利的经济学，是维护劳动者权利和利益的经济学，这是马克思主义政治经济学的灵魂，也是马克思主义政治经济学的生命力之所在。我们一定要牢牢坚持以人民为中心，把增进人民富祉、促进人的全面发展、实现共同富裕作为理论创新的出发点和落脚点，打造特色鲜明、科学先进、系统成熟的当代中国马克思主义政治经济学理论体系，努力实现马克思主义政治经济学的中国化，毫不动摇地坚持马克思主义政治经济学在中国特色社会主义建设中的主导地位。

（本文原载于《改革》2016年第3期）

用中国特色社会主义政治经济学讲好中国故事

习近平总书记在哲学社会工作座谈会上的讲话中指出，中国哲学社会科学的重要任务是以马克思主义为指导，以中国的独特实践为对象，研究并建设具有中国特色、中国风格、中国气派的哲学社会科学体系、学术体系、话语体系。对经济学来讲，就是要以马克思主义为指导，加强中国特色社会主义政治经济学建设，用经济学的中国声音，讲好改革开放和现代化建设的中国故事。

以马克思主义为指导，坚持经济学建设与发展的正确方向。经济学是中国哲学社会科学的重要组成部分，以马克思主义为指导推进经济学学科、学术、话语体系建设，必须坚持和发展马克思主义政治经济学，具体说来，就是将马克思主义政治经济学的基本原理和方法论与中国的具体实际结合起来，建设当代中国马克思主义政治经济学，推动和实现马克思主义政治经济学的中国化、时代化和大众化，为中国特色社会主义建设和社会主义现代化建设提供强大的经济理论支撑。

我们党坚持以马克思主义为指导，在领导新民主主义革命、社会主义革命、社会主义建设和改革开放的伟大实践中深入探索，提出了一系列马克思主义政治经济学的理论创新成果，如关于新民主主义经济纲领的理论，关于社会主义基本矛盾的理论，关于统筹兼顾、注意综合平衡的理论，关于以农业为基础、工业为主导、农轻重协调发展的理论，关于社会主义本质的理论，关于社会主义初级阶段基本经济制度的理论，关于树立和落实创新、协调、绿色、开放、共享的发展理念的理论，关于发展社会主义市场经济、使市场在资源配置中起决定性作用和更好发挥政府作用的理论，关于我国经济发展进入新常态的理论，关于推动新型工业化、信息化、城镇化、农业现代化相互协调的理论，关于用好国际国内两个市场、两种资源的理论，关于促进社会公平正义、逐步实现全体人民共同富裕的理论，等等。这些重大理论创新是立足我国国情和发展实践，在马克思主义政治经济学基本原理和方法论的指导下完成的，不但对我国社会主义现代化建设和经济发展发挥着重要指导作用，而且开拓了马克思主义政治经济学的新境界。

马克思主义政治经济学建设和发展取得了显著成果，但是，马克思主义政治经济学被边缘化的形势依然很严重，必须引起高度重视。长期以来，在我国经济学教育教学中崇洋媚外、照搬照抄、依葫芦画瓢的风气盛行，国外经济学的教学课时远远超过马克思主义政治经济学，师资聘任、学术评价、职务和职称晋升以及人才培养模式等大都唯西方标准之马首是瞻，许多高校马克思主义政治经济学的课时越开越少，有的干脆取消马克思主义政治经济学课程，从事马克思主义政治经济学教学和研究的教师越来越少，队伍青黄不接。一些人宣称马克思主义政治经济学过时，用西方经济学曲解我国经济改革与发展的实践，把我们党领导中国特色社会主义事业发展取得的成就归结于实行了市场和私有制，而把发展中存在的问题都归咎于公有制和政府干预。还有些人用西方经济学的过时观点误导舆论，不遗余力地攻击和抹黑公有制经济，千方百计否定宏观调控和计划调节的合理性，极力歪曲和阻挠党和政府为应对经济下行和深化改革所采取的一系列政策措施的贯彻与落实。这些问题的存在严重影响马克思主义在经济学发展中的指导作用的发挥，严重影响马克思主义政治经济学的教育和教学质量，严重影响中国特色社会主义事业接班人和建设者的培养，严重影响经济学研究和学术水平的提高，严重影响中国特色社会主义和社会主义现代化建设事业的健康顺利发展，必须引起高度重视并采取有力措施加以解决。

以马克思主义为指导加强经济学学科、学术和话语体系建设，必须深刻认识西方经济学的本质。西方经济学自18世纪70年代伴随着资本主义生产方式统治地位的确立而粉墨登场以来，尽管其个别观点和表达形式随时间推移发生了一些变化，但是其代表资产阶级的利益和要求，维护资本主义制度的本质始终没有变，其世界观和方法论的根本缺陷始终没有变。西方经济学的世界观和方法论的根本缺陷是：片面鼓吹极端自由主义，反对社会主义；美化私有制，反对公有制；片面强调市场自发调节，反对国家干预和计划调节；宣扬不平等合理化，反对公平正义和共同富裕；宣扬超历史、超阶级的价值观，反对以人民为中心的经济学研究导向。西方经济学的片面性、僵化性和非科学性十分严重，教条主义色彩极为浓厚，理论观点和研究方法严重脱离实际。例如，西方经济学最热衷宣扬的一个教条是市场经济存在自动均衡机制，按照这一教条，建立在私有制基础上的自由市场经济是靠一只看不见的手支配着，市场供求失衡所造成的经济波动和危机是暂时的，看不见的手会自动使供求从失衡恢复到平衡，使经济从危机恢复到繁荣，政府干预和计划调节是有害的和不必要的。但是现实却是实行这一体制的西方国家始终被反复爆发和越来越严重的经济危机所困扰，生产社会化与生产资料私人占有之间的矛盾越来越尖锐，去工业化和产业空洞化日益严重，虚拟经济与实体经济严重脱节，政府债台高筑，债务危机频发，贫富分化不断加剧，各种矛盾共同催生 2008 年全球金融危机和其后的主权债务危机，时至今日走不出困境，经济复苏遥遥无期，经济停滞呈现常态化。西方资本主义面临的严重危机恰恰证明了马克思主义政治经济学对资本主义发展趋势做出的预测是完全正确和科学的。

加强和推动中国特色社会主义政治经济学建设，要切实解决马克思主义政治经济学被边缘化的问题，要切实改变马克思主义政治经济学在经济类各学科中“失语”、教材中“失踪”、论坛上“失声”的状况。具体来说，应当采取以下措施：其一，各级高校和科研机构的党组织要高度重视马克思主义政治经济学学科建设，高度重视马克思主义政治经济学教学和研究队伍的建设，高度重视马克思主义政治经济学课程建设、教材建设和教学建设，牢牢把握学科、学术和话语体系建设的领导权。其二，要加强马克思主义政治经济学教育和教学体系建设，以马克思主义为指导规范教学体系和人才培养模式，加大马克思主义政治经济学课程的课时，扩大马克思主义政治经济学课程教学的覆盖面，完善教学方法和教学效果评价体系，不断提高马克思主义政治经济学教学质量。其三，旗帜鲜明地反对新自由主义经济学思潮的干扰，在西方经济学教学中，既要吸收其反映市场经济运动规律的某些原理和观点，又要揭露其为资产阶级利益辩护的本质和超历史超阶级的错误世界观与方法论。其四，坚持以人民为中心的研究导向，把增进人民福祉、促进人的全面发展、努力实现共同富裕作为经济学理论创新的出发点和落脚点。其五，以马克思主义为指导，从中华民族优秀传统文化中吸取滋养，从人类文明发展成果中吸取有益的成分，对中国经济发展的独特道路和独特模式做出科学解释，努力打造特色鲜明、科学先进、系统成熟的当代中国马克思主义政治经济学理论体系，为马克思主义政治经济学的创新发展贡献中国智慧。

（本文原载于 2016 年 6 月 12 日光明网-理论频道）

为政治经济学创新发展指明方向

“为什么人的问题”是哲学社会科学研究的根本性、原则性问题。习近平同志指出：“要坚持以人民为中心的发展思想，这是马克思主义政治经济学的根本立场。”这一重要论述揭示了马克思主义政治经济学的本质，为坚持和发展中国特色社会主义政治经济学指明了方向。

马克思在其不朽巨著《资本论》中创立的劳动价值论和剩余价值论，澄清了围绕价值和剩余价值创造所形成的种种混乱与谬误，揭示了价值和剩余价值的真正来源，为劳动群众实现解放指明了道路和方向。马克思主义政治经济学深刻指出，只有在社会主义和共产主义条件下，在建立生产资料公有制和实现社会财富充分涌流的基础上，所有社会成员才能实现共同富裕。中国特色社会主义与科学社会主义一脉相承，共同富裕是中国特色社会主义的根本原则。

党的十八大以来，习近平同志坚持以人民为中心的发展思想，提出了一系列治国理政新理念、新思想、新战略。他强调，我们的党是全心全意为人民服务的党，我们的国家是人民当家作主的国家；要坚持把增进人民福祉、促进人的全面发展、朝着共同富裕方向稳步前进作为经济发展的出发点和落脚点。这体现了中国特色社会主义政治经济学的价值追求，是对马克思主义政治经济学根本立场的继承和发展，为开辟马克思主义政治经济学新境界指明了方向。

丰富了马克思主义政治经济学关于解放和发展社会生产力的思想。马克思主义政治经济学把人民群众在生产实践中形成的生产力视为社会发展和进步的强大动力，把生产力与生产关系的矛盾运动视为社会发展的基本矛盾，强调只有不断解放和发展生产力，才能最终实现每个人自由而全面的发展和共同富裕。在新的历史条件下，立足中国特色社会主义建设的伟大实践，习近平同志提出创新、协调、绿色、开放、共享的发展理念，以创新发展为引领，以共享发展为目标，全面系统阐述了对中国经济发展思路、发展方向和发展着力点的新认识新观点，是解放和发展生产力、实现共同富裕的理论原则和行动纲领，体现了我们党在新的历史条件下对中国特色社会主义发展规律的新认识，是中国特色社会主义政治经济学的新成果，进一步丰富和发展了马克思主义政治经济学。

指明了当代中国马克思主义政治经济学的创新路径：把中国发展的实践经验上升为系统化的经济学说。马克思主义政治经济学是在回答重大实践问题中实现创新发展的。它强调科学的经济理论不是来自人的主观想象，而是源自人民群众鲜活的生产实践，只有与时俱进，不断研究新情况、回答新问题，才能实现理论创新，用新的理论指导新的实践。习近平同志指出，要立足我国国情和我国发展实践，揭示新特点新规律，提炼和总结我国经济发展实践的规律性成果，把实践经验上升为系统化的经济学说，不断开拓当代中国马克思主义政治经济学新境界。我国经济发展已经进入新常态，经济社会发展面临一系列新情况、新课题。例如，怎样更好坚持稳中求进工作总基调，推动落实稳增长、调结构、促改革、惠民生、防风险工作；怎样处理好供给管理与需求管理的关系，深入推进供给侧结构性改革；怎样统筹好国内和国际两个大局，推进开放发展，加快“一带一路”建设，促进经济全球化进程更有活力、更加包容、更可持续；积极探索着力发挥先发优势的引领型发展模式；等等。运用马克思主义政治经济学的基本原理和方法分析解决中国经济发展面临的新情况新问题，深入研究中国和世界经济发展的新特点，揭示经济发展新规律，把人民群众在推进中国特色社会主义事业中创造的丰富实践经验上升为系统化的经济学说，就能不断创新当代中国马克思主义政治经济学，为推动我国经济社会持续健康发展提供强大理论支撑。

（本文原载于2017年4月17日的《人民日报》第15版）

坚持马克思主义政治经济学的指导地位

习近平总书记在中央政治局集体学习政治经济学时的讲话，对学习马克思主义政治经济学的重要意义、马克思主义政治经济学的重要地位、我们党在不同历史时期对马克思主义政治经济学做出的创造性贡献，以及经济发展新常态下进一步开拓当代中国马克思主义政治经济学新境界的目标和任务等进行了深入阐述，对推动当代中国马克思主义政治经济学的创新具有非常重要的指导意义。

一、学好用好马克思主义政治经济学是时代的需要

用什么样的经济学理论指导中国特色社会主义经济建设，关系到中国特色社会主义经济建设的成败。中国已经是世界第二大经济体，要驾驭好这艘大船乘风破浪，勇往直前，必须用科学的经济学理论做指导。中国经济已经进入新常态，新的经济发展时代面临许多新情况，提出许多新问题，要求运用科学的经济理论研究新情况，回答新问题。习总书记指出，马克思主义政治经济学是马克思主义的重要组成部分，也是我们坚持和发展马克思主义的必修课。这就十分明确地告诉我们，要建设中国特色社会主义，驾驭好世界第二大经济体这艘大船，要正确认识新常态、适应新常态、引领新常态，除了马克思主义，没有别的什么主义；除了马克思主义政治经济学，也没有别的什么经济学可以依靠。

马克思主义政治经济学是科学的经济学理论体系是由其特点决定的：首先，马克思主义政治经济学坚持逻辑过程与历史进程相统一的科学分析方法。根据这一方法，经济学理论是社会经济发展和变迁的历史过程在思维中的再现，社会经济发展和变迁的历史过程是经济学理论逻辑过程的基础，这一方法使经济学理论具有了鲜明的历史感，而有历史感的经济学才有生命力。其次，马克思主义政治经济学坚持整体论的分析方法，从处于社会关系中的人

而非鲁滨逊式的孤独的个人出发观察和研究经济问题，从不在单纯的抽象逻辑层面上讨论理论命题的真与伪，更不脱离实际去构建所谓“标准的”分析模型，在马克思主义政治经济学看来，建立在非历史性的抽象假设和脱离实际的逻辑演绎基础上的经济学命题是空洞的、无意义的，以这样的经济学为指导去理解和认识社会经济运动过程，甚至据此制定经济政策以影响社会经济过程，必然产生非常有害的后果。再次，马克思主义政治经济学强调科学的经济学命题和观点不是来自人的观念，而是源自鲜活的生活实践，是人的社会生活实践在观念形态上的反映。理论是灰色的，实践之树常青。从事经济学研究不能闭门造车，不能凭空想象。在纷繁复杂、矛盾交织的社会现实面前，经济学只有迎难而上，敢于和善于回答各类重大问题，为人们正确认识和把握社会经济生活的运动规律提供指导，才能具有强大的生命力。最后，马克思主义政治经济学是不断创新的经济学。马克思主义政治经济学总是与时代的发展相同步，总是伴随着实践的发展而发现新情况，提出新问题，通过理论创新回答新问题，用创新的理论指导实践。对于马克思主义政治经济学而言，实践没有止境，理论创新也永远没有止境，与时俱进，不断创新，是马克思主义政治经济学的生命力的源泉。

马克思主义政治经济学对中国特色社会主义经济建设的指导地位是不可替代的，也是不能动摇的，只有认真学好马克思主义政治经济学，掌握科学分析方法，认识经济运动过程，把握经济运动规律，才能在驾驭社会主义市场经济、回答我国经济发展的理论和实践问题、领导我国经济发展的过程中用好政治经济学。

二、坚持以马克思主义政治经济学为指导

马克思主义政治经济学是马克思主义的重要组成部分，是指导我们进行中国特色社会主义建设的思想理论基础。西方经济学作为西方国家主流经济学有着明确的阶级性，代表了资产阶级的根本利益，但它总是力图模糊和掩饰这种阶级性，以所谓“纯经济学”自居。其实，西方经济学的世界观和方法论存在着严重缺陷，这就是：它坚持方法论个人主义的经济哲学，把孤独的个体作为研究对象，歪曲个人与社会的辩证关系；用形而上学观点看待人的理性，歪曲人类理性的有限性与无限性的辩证关系；用自然主义的态度看待人类社会，歪曲人类社会与自然界的辩证关系；追求建立超历史的一般经济学，歪曲社会生产一般与特殊的辩证关系，刻意抹杀不同时空、不同环境

条件下的人类经济活动的本质差异；滥用数学进行经济分析，削足适履式，歪曲形式与内容的辩证关系。由于存在这些严重缺陷，西方经济学对经济现象的解释力是极差的，2008 年全球金融危机爆发后，世界陷入自 1929—1933 年大萧条以来最严重的经济危机之中，以新自由主义为基础的西方经济理论和政策遭遇严重的信任危机。与西方经济学不同，马克思主义政治经济学认为，经济主体的行为目标与其在社会关系中的地位直接相关，资本主义条件下资本家追求最大利润，是由资本主义私有制和雇佣劳动所决定的；人的理性是有限性与无限性的辩证统一，就人类理性的特定发展阶段而言，人对客观世界的认知能力是有限的，就人类理性的长期发展而言，人对客观世界的认知能力有无限提高的可能性；自然规律是在特定的自然环境和条件下作为一种盲目的无意识的力量起作用的，社会经济规律是在生产力与生产关系、经济基础与上层建筑的矛盾运动中存在，通过抱有一定目的和意图的人的有意识活动发挥作用的，自然规律与社会规律是两种不同的规律，不能任意混同；人类的财富生产方式和分配方式受到生产力发展水平的制约和影响，生产力发展水平不同，生产关系、交换关系、分配关系以及消费关系必然存在差异，经济学只有研究和探索特殊的生产方式和分配方式的特点，揭示其内在矛盾和运动规律，才能形成科学的理论体系。马克思主义政治经济学运用辩证唯物主义和历史唯物主义科学世界观、方法论分析并解决现实经济问题，从人民的立场出发探索社会经济的运动规律，为全体人民谋福利，因而是最为科学的经济学理论体系。

但是，毋庸讳言，一个时期以来，马克思主义政治经济学在中国高校呈现出被淡化、边缘化、萎缩的趋势。许多高校的马克思主义政治经济学这门课的课时越开越少，有些学校干脆取消这门课。由于不顾国情，盲目崇拜和照搬照抄西方经济学理论和话语体系，其严重的消极后果已经日益明显，如以国际化为名推行西方化，片面强调经济学教育和人才培养与西方接轨；以西方经济学的教育和教学模式作为课程设置、学术评价、师资聘任、职称晋升、奖惩机制的标准和规范的做法大行其道；越来越多接受西方经济学价值观和话语体系的人占据讲堂，而从事马克思主义政治经济学教学和研究的教师越来越少，队伍青黄不接；在西方经济学教学和研究中美化西方资本主义经济和政治制度，贬低中国道路中国模式的不良倾向十分严重；经济学研究中问题意识淡漠，脱离实际的形式主义风气盛行；等等。这种状况若不尽快扭转和改变，将严重动摇马克思主义政治经济学的指导地位，严重影响中国特色社会主义事业接班人的培养，严重影响中国特色社会主义建设事业的发展。为此，各级教育部门的党委和行政领导应当从政治建设和思想建设的高度认识坚持马克思主义政治经济学指导地位的重要性，以强烈的使命感与高度的责任感维护和加强高校马克思主义政治经济学的指导地位，切实发挥组织领导和协调作用，加强马克思主义政治经济学在经济与管理类学科和专业各层次人才培养及课程设置中的基础地位，壮大马克思主义政治经济学教学科研队伍，着力培养中青年教学科研骨干，建设具有中国特色、中国风格、中国气派的政治经济学理论，为建设中国特色社会主义培养合格接班人，提供强大理论支撑。

三、开拓当代中国马克思主义政治经济学的新境界

习近平总书记指出，要立足我国国情和我国发展实践，揭示新特点新规律，提炼和总结我国经济发展实践的规律性成果，把实践经验上升为系统化的经济学说，不断开拓当代中国马克思主义政治经济学新境界。我国经济已经进入新常态，如何认识新常态、适应新常态、引领新常态，是我们在中国特色社会主义建设实践中面临的新问题、新挑战。为了更好指导新常态下我国经济发展的实践，我们必须在坚持马克思主义政治学基本原理和方法论的基础上继续进行理论创新，不断形成新的理论成果。第一，要坚持以人民为中心的发展思想。这是马克思主义政治经济学的根本立场。坚持人民为中心的发展思想，就是要坚持把增进人民福祉、促进人的全面发展、朝着共同富裕方向稳步前进作为经济发展的出发点和落脚点。部署经济工作、制定经济政策、推动经济发展都要牢牢坚持这个根本立场。第二，要坚持创新、协调、绿色、开放、共享的发展理念，用新的发展理念来引领和推动我国经济发展，不断破解经济发展难题，开创经济发展新局面。第三，要坚持和完善社会主义基本经济制度，毫不动摇地巩固和发展公有制经济，毫不动摇地鼓励、支持、引导非公有制经济发展，推动各种所有制取长补短、相互促进、共同发展，同时公有制主体地位不能动摇，国有经济主导作用不能动摇，这是保证我国各族人民共享发展成果的制度性保证，也是巩固党的执政地位、坚持我国社会主义制度的重要保证。第四，要坚持和完善社会主义基本分配制度，努力推动居民收入增长和经济增长同步、劳动报酬提高和劳动生产率提高同步，不断健全体制机制和具体政策，调整国民收入分配格局，持续增加城乡居民收入，不断缩小收入差距，促进社会公平正义、逐步实现全体人民共同

富裕的理论。第五，要坚持社会主义市场经济改革方向，坚持辩证法、两点论，继续在社会主义基本制度与市场经济的结合上下功夫，把两方面优势都发挥好。完善关于发展社会主义市场经济、使市场在资源配置中起决定性作用和更好发挥政府作用的理论。第六，要坚持对外开放基本国策，善于统筹国内国际两个大局，利用好国际国内两个市场、两种资源，发展更高层次的开放型经济，积极参与全球经济治理，同时坚决维护我国发展利益，积极防范各种风险，确保国家经济安全。

马克思主义政治经济学是劳动人民的经济学，是始终站在劳动人民的立场上发声，维护劳动人民根本利益的经济学，这是马克思主义政治经济学的灵魂，也是马克思主义政治经济学的生命力之所在。我们一定要牢牢坚持以人民为中心，把增进人民福祉、促进人的全面发展、努力实现共同富裕作为理论创新的出发点和落脚点，努力打造特色鲜明、科学先进、系统成熟的当代中国马克思主义政治经济学理论体系，为马克思主义政治经济学的创新发展贡献中国智慧。

（本文原载于《政治经济学评论》2016年第7卷第1期）

论马克思主义经济学的独特品质及其主流地位

自18世纪70年代亚当·斯密为代表的古典经济学形成以来，经济学的发展主要是沿着两条路径推进的：一条路径是在西方主要资本主义国家占主流地位的经济学，即通常所谓的“西方经济学”；另一条路径是在批判地吸收古典经济学的科学成分的基础上创新和发展所形成的马克思主义经济学，即“政治经济学”。马克思主义经济学自创立到现在已经过去一百多年了，这期间，马克思主义经济学通过对现实社会经济运动过程的深入分析和研究及对形形色色的经济思想流派与理论的批判和吸收而得到丰富与发展，形成了完整科学的理论体系，牢固地确立了自己在经济科学王国的不可替代的地位。与西方经济学相比，马克思主义经济学是科学的经济分析体系，这种科学性是与马克思主义经济学的独特品质分不开的。马克思主义经济学是阶级性、实践性、历史性和价值导向性相统一的经济理论体系，深刻理解和认识马克思主义经济学的独特品质，对于坚持马克思主义立场、观点和方法，对于坚持马克思主义经济学的主体地位，对于推动马克思主义经济学的发展和创新，都具有十分重要的意义。

一、马克思主义经济学的独特品质

（一）马克思主义经济学具有鲜明的阶级性

阶级性是马克思主义经济学的重要品质。马克思主义经济学的阶级性是批判性和革命性的统一。

马克思主义经济学的批判性不是指马克思主义经济学把自己当作评判经济理论和经济政策正确与否的唯一尺度，而是强调马克思主义经济学把揭示社会经济关系的内在矛盾和社会经济发展的内在规律作为自己的根本任务，它肯定社会经济形态和社会内部结构的不断变化和运动，否定静止和永恒的所谓理想天国的存在；它代表生产力的发展方向，强调劳动在人类社会存在和变革过程中的主导地位；它强调无产阶级在变革资本主义制度中的主力军作用，否定资本主义制度的永恒性。

在历史上，所有的非马克思主义经济学，特别是资产阶级经济，本来是为资产阶级的利益服务的，却往往把自己打扮成超脱于阶级利益纷争之外的纯经济学，自诩为最为客观公正地开展经济学研究的经济学。从资产阶级经济学的发展历史可以看出，他们一贯把资本主义社会看作永恒的社会形态，把资本主义私有制经济秩序看作最合理的经济秩序，把资本主义条件下金钱至上的价值追求视为最高追求，把资本支配劳动这一资本主义社会最普遍的剥削关系视为不言而喻和理所当然，把资本主义条件下资本受剩余价值规律驱使不顾一切地追求高额利润的行为视为人的本性，把自由竞争和自由放任视为最完美的经济运行方式。对资本主义制度的这些认识使资产阶级经济学丧失了起码的批判精神，经济学的社会认知和分析批评功能完全退化了，沦为一种纯粹的辩护工具。

马克思主义经济学运用辩证唯物主义和历史唯物主义方法分析人类社会形态变迁的内在规律，在肯定人类社会各种社会形态存在的历史必然性的同时，揭示了其历史暂时性，这体现了马克思主义经济学鲜明的批判精神。例如，商品、价值、货币、资本等经济范畴在许多社会形态都存在，历史上的经济学往往把它们单纯地看作一般的经济范畴。马克思主义经济学则通过对私有制和社会分工存在条件下劳动的特殊社会性质的分析，指出价值和商品不是永恒范畴，而是劳动和劳动产品在私有制和社会分工条件下采取的特殊实现形式。认识了商品和价值的本质，就能够深刻理解商品经济和市场经济的特点及其存在与发展的经济和社会条件，就能够深刻了解商品经济和市场经济的运动规律。在传统经济学里，货币和资本在形式上没有什么区别，认为它们都是市场经济的一般形式，但是，马克思主义经济学通过区分劳动和劳动力，指出劳动力是一种特殊商品，如果货币购买一般商品，它仍然是货币，如果货币购买劳动力商品，那就不再是货币，而是变成了资本，在这里，资本成为资本家剥削雇佣劳动者的社会关系的具体体现，成为一种历史范畴。揭示资本的社会性质具有十分重要的理论意义，资本的社会性质意味着资本是通过支配和剥削雇佣劳动而实现增殖的，这就既揭示了资本不断扩大自身规模的涌泉，又揭示了资本扩张的最终限制；既揭示了资本存在的社会条件，又指出了资本“创造性毁灭”的历史归宿。对资本本质的这种界定，是马克思主义经济学批判性的集中体现，没有这样的批判精神，是根本不可能深刻理解资本的。在社会主义市场经济条件下，市场机制对资源配置发挥着基础性调节作用，根据马克思主义政治经济学的基本原理，这种调节作用具有两重性，它能够自发地将资源配置到国民经济各个部门，却不能自动实现各个部门的按比例发展，配置过剩或配置不足是常态；它使生产要素参与分配成为可能，保证了拥有各种生产要素的人们都可以各得其所，但是由于人们拥有的生产要素的形式不同，生产要素的占有量也存在巨大差异，这就导致人们在收入水平上存在很大差别，客观上造成收入分配的两极分化；它有助于激发技术进步和创新，但结果却是机器替代劳动，使就业压力增大。市场机制不能自动解决经济失衡，不能自动实现分配公平，也不能自动提高就业水平，这是市场机制的功能性缺陷。马克思主义经济学对市场机制功能的批判性认知无疑是非常科学的。基于这一认识，马克思主义经济学认为，在社会主义市场经济条件下必须用非市场的方式来弥补市场机制的缺陷，如运用行政的和法律的手段克服经济运行中的产能过剩或不足；通过特殊的制度安排在国民收入初次分配中体现公平；在发展高新科技产业的同时，运用法律的和行政的手段保护和发展劳动密集型产业，以创造更多的就业机会。马克思主义经济学的批判性使马克思主义经济学成为社会认知的科学手段，也使马克思主义经济学在人们认识社会和改造社会、征服自然和改造自然的社会生产实践中发挥重要的理论指导作用。

马克思主义经济学的革命性意味着它是代表无产阶级利益的，为无产阶级推翻资本主义社会提供思想武器。马克思主义经济学通过对资本主义经济关系本质的分析，使无产阶级意识到自己的历史地位，从而使无产阶级由自在的阶级发展为自为的阶级，自觉组织起来为本阶级和人类的解放而奋斗。马克思指出，代表资产阶级利益的“政治经济学所研究的材料的特殊性质，把人心中最激烈、最卑鄙、最恶劣的感情，把代表私人利益的复仇女神召唤到战场上来反对自由的科学研究”[①]。马克思创立的政治经济学，公开主张和维护无产阶级利益，为无产阶级和全人类的解放事业服务。马克思通过创立劳动价值论，揭示了财富和价值的源泉是劳动，在此基础上建立的科学的剩余价值理论进一步揭示了被资本家占有的剩余价值的源泉是劳动者的剩余劳动，从而发现了资本主义剥削的秘密，由此找到资本主义社会的掘墓人，敲响了资本主义的丧钟。在社会主义市场经济条件下，马克思主义政治经济学

① 马克思：《资本论》第1卷，北京：人民出版社，2004年，第10页。

的革命性则表现为它代表绝大多数人的最大利益，以实现全体社会成员的共同富裕为目标，把解决民生问题作为自己的首要任务，把使贫困人口脱贫致富作为重要研究课题，把为社会的弱势群体和边缘人群排忧解难，使他们过上幸福美好的生活作为自己义不容辞的责任。总之，马克思主义政治经济学的革命性要求政治经济学必须为我国全面建设小康社会做贡献，要为实现物质文明、精神文明、社会文明、政治文明和生态文明的一体化发展做出应有贡献。

（二）马克思主义经济学是实践的经济学

经济学的实践性，强调的是经济学的生命力的源泉和发展的动力。马克思主义经济学具有鲜明的实践性。首先，马克思主义经济学强调科学的经济学命题和观点不是来自人的观念，而是来自鲜活的生活实践，是人的社会生活实践在观念形态上的反映。理论是灰色的，实践之树常青。从事经济学研究不能闭门造车，不能凭空想象，经济学必须直面客观现实，回答现实生活提出的重大问题和热点问题，不回避尖锐问题，更不回避所谓的敏感问题。在纷繁复杂、矛盾交织的社会现实面前，经济学只有迎难而上，敢于和善于回答各类重大问题，为人们正确认识和把握社会经济生活的运动规律提供指导，才能具有强大的生命力。其次，马克思主义经济学强调经济学的命题是否正确，是否有意义，不在于它是否合乎逻辑，或有多么精妙的表达形式，而在于它是否反映客观实践，是否经受得住实践的检验。作为一种富有实践特性的经济学，马克思主义经济学从不宣布自己掌握了永恒的真理，而是坚持一切从实际出发，实事求是，在实践中检验和发展真理。从马克思主义经济学的发展历史可以看出，马克思主义经济学不是一成不变的，而总是根据实践的发展和时代变化加以丰富和发展的。早在1892年《共产党宣言》德文版序言中马克思、恩格斯就指出，“这些原理的实际应用，正如《宣言》中所说的，随时随地都要以当时的历史条件为转移”[①]。马克思主义经济学的实践性表明，如果不顾历史条件和现实情况的变化，拘泥于特定历史条件下针对某种具体情况做出的某些个别论断，就会因为理论脱离实际而缺乏说服力和解释力。再次，马克思主义经济学的实践性强调经济学必须不断创新。马克思主义经济学总是与时代的发展相同，总是伴随着实践的发展而发现新情况，提出新问题，通过理论创新而回答新问题，用创新的理论指导实践。这意味

①《马克思恩格斯选集》第1卷，北京：人民出版社，1995年，第248-249页。

着，对于马克思主义经济学的科学价值的判断，不在于它曾经回答了什么问题，而在于它根据实践的变化，尊重和遵循客观规律，不断超越前人和自己的已有观点，不断提出新的反映客观经济规律的理论和观点。对于马克思主义经济学而言，实践没有止境，理论创新也永远没有止境。与时俱进，不断创新，是马克思主义经济学生命力的根本来源。

马克思主义经济学的实践特征在马克思主义经济学对资本主义的发展实践的研究中得到了具体体现。马克思主义经济学对资本主义生产关系的研究揭示了资本主义产生、发展和灭亡的一般规律，但是在资本主义发展的不同阶段，其内在矛盾及矛盾的表现形式并不相同。一百多年前，马克思、恩格斯立足于资本主义发展的实际，着重揭示了自由竞争资本主义的经济运动规律和体制机制的特点。随着生产集中和资本集中的出现，列宁紧紧抓住垄断这一资本主义发展实践的新特征，深刻分析了垄断资本主义的本质和特征，提出了垄断阶段资本主义发展的不平衡性和世界资本主义发展链条有可能在最薄弱环节断裂的论断，为经济发展相对落后国家夺取政权和在一国建成社会主义提供了理论工具。马克思主义中国化的成果——中国特色社会主义理论体系基于资本主义的当代发展实际，紧紧抓住经济全球化这一重大特征，在清醒认识当代经济全球化是发达资本主义国家主导的这一本质的同时，也深刻地认识到经济全球化是生产力高度社会化发展的必然结果。因此，一方面积极实施全方位扩大对外开放的战略，主动参与经济全球化条件下的国际分工和国际竞争；另一方面，认真采取措施应对发达资本主义国家主导的经济全球化存在的经济波动和经济危机，积极维护国家经济安全。毫无疑问，脱离了对资本主义发展实际的把握和认识，就不可能获得对资本主义发展和变化的正确理解和认识。

（三）马克思主义经济学是历史的经济学

经济学的历史性，强调的是经济学的时间特性和空间特征，它表明，经济学所描述的既不是脱离实际的空中楼阁，也不是虚幻迷离的海市蜃楼，而是由时间和空间所限定的客观而鲜活的现实生活，这样的经济学一定是历史过程和逻辑过程相统一的理论体系，正如马克思、恩格斯所说，“历史从哪里开始，思想进程也应当从哪里开始，而思想进程的进一步发展不过是历史过程在抽象的、理论上前后一贯的形式上的反映”①。作为具有鲜明历史感的科

---

①《马克思恩格斯选集》第2卷，北京：人民出版社，1995年，第43页。

学，马克思主义经济学将社会经济形态的发展看作不以人的意志为转移的客观历史过程，其理论体系力图全面真实地反映这一客观的自然历史过程的内在规律性。在这里，社会经济的历史发展进程是理论逻辑的基础，理论逻辑则是社会历史进程在思维中的再现，所以，理论逻辑的进程与社会历史的发展进程实现了有机的统一。但是，经济学对历史的反映不是直接和简单的复制，理论逻辑是修正过的历史，它通过对历史事实的加工改造，抛弃了历史发展过程中的表面的、偶然性的因素，提炼并保留了历史发展进程中本质的、必然性的因素，抓住了历史发展的大方向和基本趋势，反映社会历史发展的客观规律性。

马克思主义经济学的历史性使其摆脱了形式主义的窠臼，始终把认识和揭示具体的、现实的社会经济发展过程的本质特征和内在必然性作为自己的首要任务。在马克思主义经济学的视野里，不存在抽象的人的需要，也不存在抽象的理想状态，从不在抽象的逻辑层面上讨论理论命题的真与伪，更不脱离实际去构建所谓 “标准的”分析模型。西方经济学自斯密以来，一直以“经济人”假设作为经济生活中的当事人的统称，以与现实完全脱节的空洞假设作为分析前提，凭空捏造出一个所谓的标准的经济运行“理想状态”，然后拿它作尺度去度量现实，或者去解读现实。马克思主义经济学的抽象总是从具体中来，又还原到具体中去，从不玩让客观实际服从空洞假设的削足适履的游戏。

经济学的历史性源于客观经济过程及其运动规律的历史性，源于具体的时间和空间所构成的社会经济运动过程的特定历史条件与特殊历史环境，离开了对特定时空的经济现象的抽象分析，任何精巧的推理和演绎都只能得出荒谬的结论，建立在非历史性的抽象假设和脱离实际的逻辑演绎基础上的经济学注定会走向破产，而以这样的经济学为指导去理解和认识社会经济运动过程，甚至据此制定经济政策以影响社会经济过程，必然产生非常有害的后果。比如，按照传统的西方经济学的教条，资本主义市场经济是可以自动实现均衡发展的经济，经济波动是暂时，人为的干预反倒会真正导致经济失衡和经济危机的发生。而经济生活的现实却反复告诉人们，拒绝和放弃对市场经济的自觉干预恰恰会导致严重的经济失衡甚至出现世界性经济危机。2007年由美国次贷危机所引发的全球金融危机就是最真实的写照。马克思主义经济学基于历史与逻辑相统一的研究方法，早就揭示了资本主义市场经济的内在矛盾以及由此引发经济危机的必然性。按照马克思主义经济学的观点，资本主义市场经济的发展过程本质上是一个矛盾不断深化的历史运动过程，资本家阶级据以追求和实现高额利润的手段，比如资本积累、技术创新、制度创新等，从短期看，会为资本家阶级带来丰厚的利润，从长期看，它们却加快了生产高度社会化的进程，破坏了资本家的生存基础，频繁引发经济衰退和经济危机，这又大大限制了资本家阶级的活动范围和获利水平。历史地看，资本主义经济危机的程度不是在减弱，而是在不断增强和加深，它是资本主义基本矛盾激化的表现，它意味着资本主义生产方式不具有可持续性。就对资本主义市场经济的运行机制和体制模式的本质及其发展趋势的认识而言，西方经济学与马克思主义经济学相比，谁是谁非，答案是不言而喻的。马克思主义经济学之所以比西方经济学能够更加清晰而准确地揭示资本主义市场经济的内在矛盾和历史暂时性，就是因为马克思主义经济学方法论具有突出的历史感。

（四）马克思主义经济学是价值理性导向的经济学

价值理性与工具理性是工业革命以来贯彻于自然科学和社会科学研究过程的两种性质不同的思维范式。与工具理性强调实用主义和功利考虑不同，价值理性特别强调人类活动动机的道德合理性和行动结果的应然性，注重道德判断和意义评价。由于合理性和应然性的判断与评价是以人为中心进行的，因此，如果社会科学研究以价值理性来导向，那么这种研究的展开必然要体现人文关怀。人文关怀实质上是一种对人生活在这个世界上的价值和意义的追问，是一种对人类生存状态的高度关切，是一种对人类社会的过去、现在和未来发展趋势的深刻关照，一句话，是一种对人类命运的严肃思考。人文关怀问题是社会科学的基本问题，社会科学的各个学科都要对之给出自己的答案。

经济学是价值理性导向的学问，注重合理性和应然性判断与评价是经济学方法论的本质特征，突出人文关怀是经济学的本质要求。人类的经济活动决定着人的物质利益，而物质利益的实现则与人在物质资料生产过程中的地位和相互关系分不开的。经济学研究人类经济活动的规律性和制度安排，必须对事关人的物质利益和社会经济地位的诸多重大问题表现出高度的关切，如，什么样的财富生产和分配方式最有利于增大人的物质利益；什么样的资源配置方式既能有效地提高资源配置效率，又能克服收入分配的两极分化而实现所有社会成员的共同富裕；人类如何摆脱对自然和社会关系的依赖而成为自由而全面发展的人；等等。经济学是研究以人为中心而展开的社会经济活动的规律性的学问，离开了对人的关注，离开了对人与人关系的研究，就背离了经济学研究的初衷。可以说，经济学研究以价值理性为导向，不是应该不应该的问题，而是其题中应有之义，不强调人文关怀，不以价值理性为导向，就不是真正意义上的经济学。

在人文关怀问题上，马克思主义经济学与非马克思主义经济学的区别是非常明显的。马克思主义经济学自始至终都把对人类的历史命运作为自己最为关注的核心研究课题。马克思主义经济学将人文关怀作为自己的核心关怀并贯彻在全部的经济学体系之中，逻辑严密，与历史的发展进程相统一。强调经济学的人文关怀或价值导向，决定了马克思主义经济学把对人们在社会物质生产过程中结成的生产关系作为研究对象，把揭示社会经济发展过程的内在规律和矛盾，探索解决矛盾的方法和手段作为研究的根本任务，也意味着马克思主义经济学必然要把不断推动生产力的解放和发展、消灭剥削、消除两极分化、实现共同富裕，作为自己的崇高目标。在马克思主义经济学看来，人文关怀的最高境界是人类真正实现了自由而全面的发展。在漫长的人类文明编年史上，人的本质，也就是劳动，是与人的存在自身相脱节的，人的劳动异化为人的对立面，成为支配和控制劳动者自己的异己力量。在马克思主义经济学体系中，通过创立劳动价值论，马克思揭示了劳动采取价值这一异化形式的社会条件及必然性，阐明了表现为价值规律的人与人的社会关系对生产者的支配和控制；在剩余价值理论中，马克思进一步阐明了剩余价值的源泉是劳动者的剩余劳动，揭示了货币转化为资本，劳动异化为雇佣劳动的内在逻辑，从而揭露了工人阶级遭受剥削和压迫的秘密。但是，劳动的异化，或者资本主义社会雇佣劳动者的被剥削和被压迫地位不是永恒的。基于剩余价值理论、资本积累理论，马克思深刻阐明了资本主义生产方式自我否定的内在必然性，指出雇佣劳动者必然随着生产社会化程度的不断提高而壮大成为有组织的阶级力量，并成为资本主义制度的掘墓人。随着资本主义被社会主义和共产主义制度所取代，无产阶级获得了自由而全面发展的条件，人类真正由必然王国进入自由王国。

在经济学的发展史上，古典经济学在对资本主义生产方式进行的最初研究中，包含着对人的经济利益的考虑，体现了一定的价值理性。古典经济学一方面出于为资产阶级利益辩护的考虑，掩盖商品价值的真正源泉；另一方面则从劳动创造价值的科学分析中，正确地指出了资本和劳动关系的对立性，这使其经济学具有了一定的科学成分。但是，随着资本主义生产关系内在矛盾的深化，为资本家阶级的利益进行辩护的研究代替了对资本主义经济关系的本质的科学分析，价值理性分析逐渐淡出资产阶级经济学家的视野，而工具理性的分析方法则占据了主导地位。资产阶级经济学广泛利用边际分析、均衡分析、心理分析等研究方法进行经济分析，重点不再是应然分析，而是实然分析。资产阶级经济学把数学分析方法作为经济学的基本分析方法加以推崇，把经济学当作一门自然科学来看待，其结果是经济学只对社会经济现象做出客观描述，而不给出任何有意义的价值判断，使经济学丧失了应有的价值判断和批评功能。目前，西方主流经济学对工具理性的盲目崇尚和对价值理性的轻视已经发展到了十分严重的程度，越来越教条化，越来越脱离实际，经济学已经演变成空洞无物的数学游戏。

二、必须旗帜鲜明地坚持马克思主义经济学的主流地位

马克思主义经济学的特殊品质决定了它是科学的经济学，因此，必须坚持马克思主义经济学的主流地位，坚持马克思主义经济学对我国社会主义现代化建设和改革开放事业的重要指导作用。在过去比较长的一个时期里，马克思主义经济学一直是指导我国社会主义经济建设的基本的经济理论，尤其是对中国的经济改革提供了最为重要的理论支持。中国的经济改革，就其实质而言，是在坚持社会主义方向的前提下对社会主义生产关系中不适合生产力发展要求的个别环节进行调整的改革，是社会主义的自我完善。由这个性质所决定，中国的经济改革有两个基本特点：一是坚持社会主义方向不动摇；二是探索并建立社会主义市场经济体制。这两个基本点同时也就规定了政治经济学的任务，一是从理论上阐明中国特色社会主义的基本特点和主要任务，为建设中国特色社会主义提供理论指导；二是从理论上揭示社会主义市场经济的基本特点和运行机制，为实现由计划经济向社会主义市场经济的顺利转轨提供理论指导。应该说，改革开放三十多年来，马克思主义经济学研究工作者围绕这两个重要任务做了大量的研究工作，提出了许多富有创新性的研究成果，为我国的改革开放和经济发展提供了重要的理论指导，中国改革开放以来经济发展取得令世人瞩目的成就，这与坚持马克思主义经济学的主流地位是分不开的。

在马克思主义经济学发挥对我国社会主义经济建设和改革开放指导作用的同时，西方经济学的地位也在悄然变化着，这个变化与建立社会主义市场经济体制有密切关系。随着建立社会主义市场经济体制被作为中国经济改革

的目标被确定下来，探索指导建立该体制的经济理论被提到日程上来。西方经济学是反映资本主义市场经济的运行机制和规律性的经济理论，其中包含对市场经济一般和社会化大生产运动规律的理论与观点，吸收和借鉴西方经济学的合理成分对建设社会主义市场经济体制具有一定的现实意义。然而，在西方经济学的地位开始变化的同时，由于西方新自由主义思潮的泛滥，由于向市场经济转轨过程中各种矛盾的突现，更是由于在引进和吸收西方经济学过程中的非科学和非分析的拿来主义态度，一股全盘否定马克思主义经济学的思潮开始泛滥，这股思潮曲解马克思主义经济学，认为马克思主义经济学是“革命的经济学”而非“建设的经济学”；马克思主义经济学研究的是早期的资本主义，其理论与现实已经根本不符；马克思主义经济学只是图解经济政策的工具，而非“现代经济学”或者“标准的经济学”；等等。受这种思潮的影响，一些人否定马克思主义经济学的主流地位，主张用西方经济学对中国的经济学教育和教学进行全面改造，学生要接受所谓的现代经济学的训练，老师要接受现代经济学的再学习，整个经济学教育体制要完全西方化，美其名曰“与国际接轨”。有些人即使不主张全盘否定马克思主义经济学，但是，却主张西方经济学与马克思主义经济学共同发展，不分主次。围绕马克思主义经济学与西方经济学而展开的争论，提出了一个非常现实的问题，这就是：是马克思主义经济学还是西方经济学在我国社会主义现代化建设和改革开放伟大事业中发挥主导作用？

前面的分析已经表明，马克思主义经济学与西方经济学在本质上是完全不同的两种经济学，这主要表现在三个方面：其一，这两种经济学的哲学方法论基础存在着矛盾性。马克思主义经济学的方法论是辩证唯物主义和历史唯物主义，经济学思维具有鲜明的辩证性和历史感，而西方经济学的方法论是个体主义和主观主义，它的经济学思维具有突出的直线性和静止性。这种方法论的差别使它们对大量的经济现象和经济问题的观察与解释都呈现出极大的差异，甚至矛盾。例如，在经济学的基本假设、基本经济制度的结构与实现形式、经济发展与社会进步的关系、政治与经济的关系、公平与效率的关系、市场调节与政府干预的关系等一系列重大问题上，两种经济学的认识是根本分歧的。其二，马克思主义经济学强调经济学的意识形态属性和批判功能，主张不断地变革和创新；西方经济学则强调经济学的无阶级性和非意识形态功能，主张对研究对象只进行不含价值判断的客观描述和实证分析，尤其是数学模型分析。其三，马克思主义经济学中国化的理论成果是马克思主义经济学的重要组成部分，它们是马克思主义基本原理与中国实际相结合的产物，诸如社会主义初级阶段理论、社会主义本质理论、社会主义基本经济制度理论、社会主义分配理论、社会主义市场经济理论等重大理论创新成果对中国特色社会主义道路的形成与中国特色社会主义经济建设已经和正在发挥着决定性的指导作用。西方经济学则是关于发达资本主义国家实行的自由市场经济及与之相适应的意识形态的理论反映，自20世纪70年代以来，西方经济学深受新自由主义的影响，大力宣扬市场化、私有化与自由化等在稳定经济和实现经济转轨方面的“神奇”功能，把自由竞争和自动均衡的传统观念教条化；极力宣扬不干预的市场就是最好的市场，抹黑国家对经济的必要干预和调控；无视财富占有严重的两极分化在世界范围的蔓延，极力诟病国际社会改变旧的国际经济格局、构建国际经济新秩序的努力，鼓吹全球化就等于全球繁荣。现在活生生的现实已使这些论调破产并沦为笑柄。显然，西方经济学方法论和基本理论存在严重缺陷，那种简单地和不加分析地将马克思主义经济学与西方经济学同等对待，甚至用西方经济学取代马克思主义经济学作为我国社会主义现代化建设与改革开放的指导理论的主张是完全错误和不负责任的。

马克思主义经济学在我国社会主义现代化建设和改革开放的伟大事业中发挥主导作用，这是由中国国情所决定的。中国是由中国共产党领导，坚持走社会主义道路的社会主义国家，我国社会主义经济制度的发展和完善，社会主义经济建设和改革开放大业的推进，只能靠有中国特色的社会主义经济理论，即发展了的马克思主义经济学来指导。西方经济学不可能向我们提供什么是社会主义，如何建设社会主义的理论，西方经济学也不可能提供解决社会主义市场经济发育过程中新出现的各种问题的灵丹妙药。走社会主义道路是中国人民的选择，具有历史必然性。既然中国走在这条道路上，那么马克思主义经济学就必须而且必然要占据主导地位，西方经济学对于我国的经济改革和对外开放以及现代化建设的指导作用只能是辅助的、次要的，绝不能喧宾夺主。任何企图用西方经济学取代马克思主义经济学的主张都是错误的，都会误国误民。

毫无疑问，要坚持马克思主义经济学在中国社会主义现代化建设和改革开放中的主导作用，一方面，必须坚定不移地坚持和运用马克思主义经济学的立场、观点和方法，另一方面，必须进一步加强马克思主义经济学自身的创新。实现马克思主义经济学的发展和创新，关键是把握其发展的基本趋势，致力于推进改革创新。从我国经济社会发展的需求和学科的发展规律看，马克思主义经济学能否繁荣发展取决于三个因素：一是能否继承和发展马克思主义经济学的基本原理和方法；二是能否借鉴和汲取人类一切文明成果包括西方经济学中的科学成分；三是能否解释我国生动活泼的经济社会实践，为现代化建设提供理论支持和服务，这是最根本的一点。这三点既体现了马克思主义经济学学科发展的基本趋势，也是马克思主义经济学改革创新的基本方向。①

（本文原载于《天津商业大学学报》2010年第30卷第5期）

① 逄锦聚：《政治经济学学科的现状和发展趋势》，《人民日报》，2005年5月13日。

历史感与马克思主义政治经济学的生命力

什么样的经济学才是科学管用的经济学？这是经济学界长期以来不断追问的问题。近期有学者主张中国应当建立适合自己需要的经济学，而在如何建立这一经济学的问题上，有人主张照搬西方主流经济学，有人主张回归哈耶克，还有人主张回归亚当•斯密。笔者认为，无论是西方主流经济学，还是亚当•斯密和哈耶克，都无力帮助中国建立适合自己需要的经济学。从方法论角度讲，这些经济学都有一个共同的致命缺陷，那就是它们都缺乏起码的历史感，而不具备历史感的经济学是没有生命力的。

一、经济学本质上是一门历史的科学

经济学是一门历史的科学，这是对经济学学科属性的马克思主义的界定，它表明，是否具有历史感是决定经济学是否具有生命力的根本条件。对于经济学的历史感，恩格斯在《反杜林论》中作了精辟的阐述："人们在生产和交换时所处的条件，各个国家各不相同，而在每一个国家里，各个世代又各不相同。因此，政治经济学不可能对一切国家和一切历史时代都是一样的。从弓和箭，从石刀和仅仅是例外地出现的野蛮人的交换往来，到上千马力的蒸汽机，到机械织机、铁路和英格兰银行，有一段很大的距离。火地岛的居民没有达到进行大规模生产和世界贸易的程度，也没有达到出现票据投机或交易所破产的程度。谁要想把火地岛的政治经济学和现代英国的政治经济学置于同一规律之下，那么，除了最陈腐的老生常谈以外，他显然不能揭示出任何东西。因此，政治经济学本质上是一门历史的科学。"[①]从恩格斯的定义出发，可以从四个基本维度来把握经济学的历史感：一是时间维度，即人类的社会经济活动和社会经济形态都是在过去、现在和未来构成的时间流中存在

---

①《马克思恩格斯选集》第3卷，北京：人民出版社，1995年，第489页。

的，它要求经济学用发展变化而非静止僵化的眼光看待社会经济活动的发展和社会经济形态的变迁；二是空间维度，即任何社会经济活动和社会经济形态都是在特定的区域、特定的环境与特定的条件下进行和存在的，不同空间环境中的经济活动和社会经济形态具有不同的特点，经济学要从特定的客观环境与条件出发观察和认识社会经济活动及社会经济形态的多样性、独特性，而不是抹杀多样性和独特性，进而将某种社会经济形态宣布为超历史的、永恒的社会经济形态；三是实践维度，即人通过劳动实践而与自然界形成的物质变换活动，是人类社会存在的根本基础，生产力与生产关系、经济基础与上层建筑的矛盾推动社会经济形态的发展和变化，经济学要从对人的劳动实践的深入研究中探索和阐明经济运动的规律性，而不是从主观想象出发描绘社会经济运行机制和资源配置方式的海市蜃楼；四是总体性维度，即人们的社会经济活动是在社会经济关系中进行的，只有从这种总体性的社会关系中，而不是从单个人的本性出发，才能理解和把握社会生产活动的性质和目的，才能理解人们在物质产品生产和分配中的地位，经济学要从存在于生产关系中的人而非存在于孤岛上的鲁滨逊式的抽象个体出发去认识和把握社会经济活动的内在矛盾与运动规律。可见，经济学的历史感是运用唯物辩证法来分析与探索人类社会经济活动内在矛盾和运动规律所形成的经济学的本质属性的，是经济学的科学性和革命性相统一的方法论基础，是构建科学和管用的经济学的首要和根本条件。

二、历史感缺失是西方经济学的典型特征

西方经济学是随着近代资本主义产生而产生的，是西方国家的经济学者对资产阶级的基本要求和观念在理论上的总结与反映。从经济思想发展史的角度看，西方经济学的发展大体经历了重商主义、古典经济学、新古典经济学和当代西方经济学四个发展阶段，历史感越来越缺失是西方经济学发展的典型特征。重商主义是最早对资本主义经济进行研究所形成的经济学，体现了资本主义发展初期由商业资本推动的海外贸易活动是资本原始积累的主要形式的经济现实。重商主义的典型观点是：金银是财富的唯一形态，它只能来自外贸活动，因此要求国家鼓励和保护国内工商业，对海外贸易活动进行经济干预，奖励出口，限制进口，以便积累国民财富。重商主义从流通过程而非生产过程研究财富的源泉，只是抓住了资本主义经济关系的假象，没有看到财富产生的真正来源，因而是错误的，是缺乏历史感的重要表现。

古典经济学发展分早期和晚期两个阶段。早期的古典经济学是新兴资产阶级思想和利益的代表，以批判封建主义制度、为资本主义生产方式存在的合理性提供理论解释为主要特点，主要代表人物是亚当·斯密、李嘉图、西斯蒙第等。此时的古典经济学与重商主义的最大不同点是着重从资本主义生产过程而非流通过程探索财富的源泉，提出了劳动创造价值的观点，对劳动和资本的对立关系进行了初步分析，这些成为马克思主义政治经济学的重要来源。马克思说："真正的现代经济科学，只是当理论研究从流通过程转向生产过程的时候才开始的。"[①] 但是，早期的古典经济学缺乏历史感，将资本主义视为永恒的生产方式，导致其经济学观点自相矛盾，逻辑混乱。进入19世纪30年代，随着资本主义生产方式统治地位的最终确立和加强，资本主义社会的阶级矛盾和阶级斗争趋于尖锐化，古典经济学进入后期阶段，此时经济学的最大特点是为资本主义剥削制度进行辩护：或者如萨伊、马尔萨斯、西尼尔等人那样放弃劳动价值理论，提出生产费用价值论、让渡利润论、节欲论等理论；或者用折中主义的方式对各种矛盾的理论和观点进行综合，宣扬阶级利益调和论，开始由早期古典经济学对生产领域的研究向对流通领域的倒退。这种"无私的研究让位于豢养的文丐的争斗，不偏不倚的科学探讨让位于辩护士的坏心恶意"[②]，标志着古典经济学历史感缺失的深化。

19世纪70年代至20世纪初，随着"边际革命"的出现和以边际效用论为基础的经济学分析框架占据资产阶级经济学的主流地位，新古典经济学得以形成。新古典经济学的最大特点是将社会经济现象直接等同于物理界和生物界的自然现象，将物理学和生物学的研究方法直接拿来分析社会经济现象，使经济学范畴失去历史感，经济学蜕变成自然科学。在这一研究方法的引领下，新古典经济学从生物学角度观察和解释经济主体从事经济活动的动机与行为方式，用人的主观心理感受解释价值的形成，用物理学的钟摆原理解释供求关系的变动，用数学方法对供求变动、价格变动、货币流通、利率和汇率变化等经济现象进行机械线性的数量分析。新古典经济学开启了经济学数学化的先河，随后的经济学发展越来越脱离实际，越来越缺乏历史感：经济学教科书用高度简化和抽象的模型将资本主义描绘成普遍均衡与和谐的世界，而现实的资本主义既不存在均衡，更谈不上和谐，贫富悬殊，阶级矛盾日益尖锐，经济危机不断发生，社会动乱和战争冲突此起彼伏。

进入20世纪，资本主义基本矛盾进一步激化，最终导致1929—1933年

---

①《马克思恩格斯文集》第7卷，北京：人民出版社，2009年，第376页。

②《马克思恩格斯文集》第5卷，北京：人民出版社，2009年，第17页。

资本主义经济出现大萧条，凯恩斯于1936年出版经济学著作《就业、利息和货币通论》对此进行了深刻反思，提出了强调国家干预的“凯恩斯主义”，标志着新古典经济学发展到当代西方经济学的新历史阶段。凯恩斯主义认为，资本主义经济已经丧失自动恢复均衡的能力，只有国家对经济生活进行干预，实行以刺激需求为核心的需求管理，才能实现经济的均衡和充分就业。但是凯恩斯主义是在不改变资本主义私有制和雇佣劳动关系的前提下提出国家干预主张的，这一缺乏历史感的致命缺陷导致凯恩斯主义经济学面对资本主义经济的滞胀局面束手无策，遂走向破产。继凯恩斯主义之后，除了演化经济学、创新经济学、实验经济学等对新古典经济学持异议的经济学流派出现和得以发展之外，西方经济学分为两大派系：一大派系以对凯恩斯主义的继承为出发点，肯定以理性和自利为基础的微观经济学，重视政府干预职能，代表性学派是新凯恩斯主义；另一大派系以对凯恩斯主义的批判为出发点，继承新古典经济学的传统，信奉新自由主义，代表性学派有现代货币主义、供给学派、新古典主义宏观经济学等。在这两大体系中，信奉新自由主义的经济学流派自20世纪70年代以来一直在西方经济学界居主导地位。新自由主义宣扬个人高于社会的唯心主义历史观，反对公有制，主张全盘私有化，迷信市场自发调节和自动平衡，反对国家干预，恪守“大市场，小政府”的教条。新自由主义方法论继承了西方古典经济学和新古典经济学以及凯恩斯主义经济学的历史感缺失的传统，推动西方经济学更加脱离实际，沦为不折不扣的辩护工具。2008年全球金融危机爆发，世界陷入自1929—1933年大萧条以来最严重的经济危机之中。对此次危机的发生，西方经济学事先没有作出任何预测，危机发生后没有就危机发生的原因作出任何有说服力的解释，面对如何摆脱危机和实现经济复苏的问题，西方经济学更是提不出任何有价值的对策建议。西方经济学应对金融危机所表现出来的无能和无奈将其华而不实、外强中干的本质暴露得淋漓尽致，令其名誉扫地。西方经济学面临尴尬局面和信任危机不是偶然的，而是其历史感缺失的必然结果。

三、西方经济学历史感缺失源于其错误的方法论

其一，坚持方法论个人主义的经济哲学，歪曲个人与社会的辩证关系。西方经济学的经济哲学基础是方法论个人主义。个人主义经济哲学把个人与社会对立起来，甚至将个人凌驾于社会之上，过分夸大个人的需要和意志，歪曲个人与社会的辩证关系。在这种方法论的指导下，西方经济学把资本主

义条件下体现资本本性的追求利润最大化的行为标榜为人的抽象不变的本性，为资产阶级剥削和占有雇佣劳动者的剩余价值的行为辩护。事实上，经济主体的行为目标与其在社会关系中的地位直接相关。资本主义条件下资本家追求最大利润，是与资本主义私有制和雇佣劳动分不开的，归根结底是与生产力水平低下分不开的。随着生产社会化水平不断提高和人们社会交往活动日益密切，合作和互利共赢成为人类经济活动的目标取向，无论是个人还是企业，片面追求自身最大利益而忽视合作和互利共赢原则，将越来越难以在复杂的社会经济交往中立足。这意味着在经济学研究中固执地坚持方法论个人主义将越来越不合时宜。

其二，用形而上学的观点看待人的理性，歪曲人类理性的有限性与无限性的辩证关系。西方经济学要么过分夸大人的理性，认为经济主体面对各种备选方案进行抉择时总能理性地进行决策，也就是说，进行选择的经济主体是在占有充分信息和深思熟虑的基础上进行决策的，决策具有天然的科学性和合理性；要么肆意贬低人的理性，如哈耶克就认为人的理性是有限的，每个人都只具有有限的认知能力，只能掌握有限的知识，因此经济决策由个人作出才能确保其科学性，而由组织或政府进行决策必然导致低效率。其实，人的理性是有限性与无限性的辩证统一，就人类理性的特定发展阶段而言，人对客观世界的认知能力是有限的，对客观世界的认识也是不完全的。但是就人类理性的长期发展而言，人对客观世界的认知能力有无限提高的可能性，对客观世界的认识是趋于完全的，因此随着人对客观世界认知能力的不断提高和所掌握知识的不断丰富，人类可以在征服自然和改造自然的实践中更大程度地发挥主观能动性，与自然更加和谐地共处。西方经济学对人类理性的片面理解导致其对经济主体行为方式的认识严重缺乏历史感，这使得以此为基础构建的经济理论体系不能正确认识经济主体决策和选择的内在逻辑，不能科学判断资源配置机制的优劣，不能对长期的经济发展趋势作出科学的预测，进而不能对微观经济规制和宏观经济调控提供科学的指导。

其三，用自然主义的态度看待人类社会，歪曲人类社会与自然界的辩证关系。西方经济学用自然主义的眼光看待人类社会和人的经济活动，将自然界的运动规律简单照搬到人类社会，宣称生物世界的自发演化规律和物理世界的自动平衡规律同样适用于人类社会，认为供给和需求关系可以自动实现均衡，即使由于种种原因供求关系出现了失衡，在“看不见的手”的调节下也依然可以自动恢复均衡，企图证明资本主义社会不存在供求关系的严重失衡，不会发生严重的经济危机。其实，人类社会与自然界具有内在联系，这就是它们共有的物质性，但是这种共同性又存在于二者的特殊性之中，自然界和人类社会各有其特殊的运动规律：在自然界，自然规律是在特定的自然环境和条件下作为一种盲目的无意识的力量起作用的；在人类社会，社会经济规律是在生产力与生产关系、经济基础与上层建筑的矛盾运动中存在，通过抱有一定目的和意图的人的有意识的活动发挥作用的。把自然规律生搬硬套来解释人类社会的经济活动，必然会误导人们对社会经济规律的认识，使人们不断遭受经济规律的惩罚。市场经济中的供求关系是在价值规律的调节下不断变化的，每当供求关系失衡时，如果不对其进行有意识的干预，价值规律就会以经济严重波动乃至危机的形式强制性地实现供求关系的平衡，由此造成社会资源的惊人浪费和社会矛盾的严重激化。随着生产社会化程度的不断提高和市场交换范围的国际化扩展，供求关系的失衡引发的危机程度更深、波及面更广、损害更严重，2008 年爆发的全球金融危机就是典型的例子。

其四，追求超历史的经济学，歪曲社会生产一般与特殊的辩证关系。尽管西方经济学的不同流派面对一些共同的经济问题会提出形形色色的看法，但是在对经济学的内容和形式的认识上却有一个共同点，那就是不约而同地认为存在着一种超越了不同时代、不同地区、不同国家的差异的一般经济学，也就是说，他们不认为存在某个国家或民族的经济学。在这样的观念支配下，西方经济学家在进行经济学研究时，刻意抹杀不同时空、不同环境条件下的人类经济活动的本质差异，将一切时代或某几个时代生产和交换活动的共同标志、共同规定视为一般范畴，进而构建起所谓的一般经济学体系，他们甚至认为探索超越国家差异的一般经济学理论才是经济学发展和创新的目标和任务。其实，否认社会关系的差别是不可能建立科学的经济学体系的，因为人类的财富生产方式与分配方式受到生产力发展水平的制约和影响，生产力发展水平不同，生产关系、交换关系、分配关系以及消费关系必然存在差异，经济学只有研究和探索特殊的生产方式与分配方式的特点，揭示其内在矛盾和运动规律，才能形成科学的理论体系。在抹杀不同社会经济形态差异的基础上建立一般经济学理论是不科学的，其结果只能是自觉或不自觉地将某种现存社会经济形态永恒化，正如马克思所指出的，生产本身一般只能存在于具体的生产形态之中，而不同时代，生产的各种具体形态又具有各自的特殊规定性和本质的差别，“那些证明现存社会关系永存与和谐的现代经济学家的全部智慧，就在于忘记这种差别”①。

其五，滥用数学进行经济分析，歪曲形式与内容的辩证关系。在西方经济学的发展史上，新古典经济学首开经济学数学化的先河，从此以后，先提出待证明的假说，然后设计一套数学模型，接着把刻意选择的数据代入进行推演，最后对推演结论作出似是而非的解释，就成为经济学研究和叙述的基本套路。这种套路的最大缺陷有三点：一是假说设计具有很大的主观随意性，研究者根据数学模型的要求选择数据进行推演，得出的结论虽然精确却与现实毫无联系；二是数学模型只是线性地刻画经济关系，无法辩证地反映经济关系的内在矛盾和发展趋势；三是只对个别经济变量的因果关系进行机械刻画，难以反映普遍的社会经济联系，导致分析结论碎片化，只见树木，不见森林。对于这种研究套路，诺贝尔经济学奖获得者里昂剔夫教授提出的批评可谓一针见血：“专业经济学杂志上连篇累牍地充满了数学公式。这将读者从一套似乎有理而完全是任意的假说引到精确的但却是无关的理论结论。”②西方经济学不对社会经济过程进行潜心研究，而是靠主观想象任意设置分析命题，再用刻意挑选的数据套用数学模型来证明假说的正确性，这种结论先行、削足适履式的研究方法是注定无法揭示经济现象背后的规律性的，是注定无法回答和解决现实问题的。这样的经济学研究方法盛行，必然严重阻碍经济学的发展，扼杀经济学的生命力。

四、马克思主义政治经济学最鲜明的特点是具有强烈的历史感

与亚当•斯密以来以维护资产阶级根本利益为己任的西方经济学相比，马克思主义政治经济学最鲜明的特点是具有强烈的历史感，这使马克思主义政治经济学实现了科学性与革命性的统一，成为与时俱进、充满生命力的经济学。

其一，马克思主义政治经济学将社会经济形态的发展看作不以人的意志为转移的客观历史过程。社会经济发展和变迁的历史过程是经济学理论逻辑过程的基础，经济学理论逻辑过程则是社会经济发展和变迁的历史过程在思维中的再现。所以，经济学理论逻辑的进程与社会经济发展和变迁的历史进程的有机统一是经济学成为科学的重要方法论基础。马克思主义政治经济学对历史的反映不是直接和简单的复制，理论逻辑是修正过的历史，它通过对历史事实的加工改造，抛弃了历史发展过程中的表面的、偶然性的因素，提

---

①《马克思恩格斯选集》第2卷，北京：人民出版社，1995年，第3页。

② 阿尔弗雷德•S.艾克纳：《经济学为什么还不是科学》绪言，北京：北京大学出版社，1990年，第2页。

炼并保留了历史发展进程中本质的、必然性的因素，抓住了历史发展的大方向和基本趋势，反映出社会历史发展的客观规律性。正如马克思和恩格斯所说："历史从哪里开始，思想进程也应当从哪里开始，而思想进程的进一步发展不过是历史过程在抽象的、理论上前后一贯的形式上的反映。"①

其二，马克思主义政治经济学建立在对客观经济过程及其运动规律的深入研究的基础上，源于对具体的时间和空间所构成的社会经济运动过程中的特定历史条件和特殊历史环境的分析。马克思主义政治经济学认为离开了对特定时空的经济现象的抽象分析，任何精巧的推理和演绎都只能得出荒谬的结论，建立在非历史性的抽象假设和脱离实际的逻辑演绎基础上的经济学注定会走向破产，而以这样的经济学为指导去理解和认识社会经济运动过程，甚至据此制定经济政策以影响社会经济过程，必然会产生非常严重的后果。马克思主义政治经济学的历史感使其摆脱了形式主义的窠臼，始终把认识和揭示具体的、现实的社会经济发展过程的本质特征和内在必然性作为首要任务。在马克思主义政治经济学的视野里，不存在抽象的人的需要，也不存在抽象的理想状态，从不在抽象的逻辑层面上讨论理论命题的真与伪，更不脱离实际去构建所谓"标准的"分析模型。马克思主义政治经济学的抽象总是从具体中来，又还原到具体中去，从不玩让客观实际服从空洞假设的削足适履的游戏。

其三，马克思主义政治经济学强调科学的经济学命题和观点不是来自人的观念，而是来自鲜活的生活实践，是人的社会生活实践在观念形态上的反映。理论是灰色的，实践之树常青。从事经济学研究不能闭门造车，不能凭空想象，经济学必须直面客观现实，回答现实生活提出的重大问题和热点问题，不回避尖锐问题，更不回避所谓的敏感问题。在纷繁复杂、矛盾交织的社会现实面前，经济学只有迎难而上，敢于和善于回答各类重大问题，为人们正确认识和把握社会经济生活的运动规律提供指导，才能具有强大的生命力。

其四，马克思主义政治经济学强调经济学的命题是否正确、是否有意义，不在于它是否合乎逻辑或是否有多么精妙的表达形式，而在于它是否反映客观实践，是否经受得住实践的检验。作为一种富有历史感的经济学，马克思主义政治经济学从不宣布自己掌握了永恒的真理，而是坚持一切从实际出发，

① 《马克思恩格斯选集》第 2 卷，北京：人民出版社，1995 年，第 43 页。

实事求是，在实践中检验和发展真理。从马克思主义政治经济学的发展历史可以看出，马克思主义政治经济学不是一成不变的，而总是根据实践的发展和时代变化加以丰富和发展的。早在 1892 年《共产党宣言》德文版序言中，马克思、恩格斯就指出："这些原理的实际应用，正如《宣言》中所说的，随时随地都要以当时的历史条件为转移。"①马克思主义政治经济学的历史感表明，经济学如果不顾历史条件和现实情况的变化，拘泥于特定历史条件下针对某种具体情况作出的某些个别论断，就会因为理论脱离实际而缺乏说服力和生命力。

其五，马克思主义政治经济学的历史感强调经济学必须不断创新。马克思主义政治经济学总是与时代的发展同步，总是伴随着实践的发展而发现新情况、提出新问题，通过理论创新回答新问题，用创新的理论指导实践。对于马克思主义政治经济学的科学价值的判断，不在于它曾经回答了什么问题，而在于它根据实践的变化，尊重和遵循客观规律，不断超越前人和自己的已有观点，不断提出新的反映客观经济规律的理论和观点。对于马克思主义政治经济学而言，实践没有止境，理论创新也永远没有止境，与时俱进，不断创新，是马克思主义政治经济学的生命力的源泉。

（本文原载于《高校马克思主义理论研究》2015 年第 1 期）

① 《马克思恩格斯选集》第 1 卷，北京：人民出版社，1995 年，第 248-249 页。

中国特色社会主义经济问题研究

发展混合所有制经济是新形势下坚持公有制主体地位的重要途径

党的十八届三中全会《决定》指出："国有资本、集体资本、非公有资本等交叉持股、相互融合的混合所有制经济，是基本经济制度的重要实现形式，有利于国有资本放大功能、保值增值、提高竞争力，有利于各种所有制资本取长补短、相互促进、共同发展。"习近平总书记在关于全会《决定》的说明中进一步强调，积极发展混合所有制经济，"是新形势下坚持公有制主体地位，增强国有经济活力、控制力、影响力的一个有效途径和必然选择"。这一论述阐明了混合所有制经济的基本内涵和主要功能，对于正确理解发展混合所有制经济的目的和途径，具有重要的指导意义。

一、混合所有制经济的性质取决于基本经济制度

混合所有制是指由不同的所有制成分在企业内部以资本为纽带结合而形成的所有制形态。我国出现和发展混合所有制经济，主要源于国有企业改革中寻找公有制同市场经济相结合的形式和途径，源于现阶段实行的适合中国国情的公有制为主体、多种所有制经济共同发展的基本经济制度。作为一种所有制形态，混合所有制的存在反映了生产力发展水平的多层次性和所有制形式的多样性，体现了生产高度社会化发展对不同所有制经济形式之间合作和共同发展的客观要求。

混合所有制经济以股份制作为组织和运营形态。在股份制经济组织内部，国有资本、集体资本、非公有资本组合在一起，形成了利益共同体，这些不同的产权主体共同投资、共同经营、共负盈亏、共担风险。混合所有制经济的具体形式有：股份制企业、中外合资企业、股份合作制企业等。由于不同经济成分所占的比重不同，混合所有制经济大体有两种形态：

一类是公有资本为主体的混合所有制经济形态。在这类混合所有制经济中，国有资本或集体资本占主导地位，同时吸收非公有资本入股。由于公有资本为主体，以公有制为基础的生产关系在该经济组织成为居主导地位的生产关系，这样的混合所有制经济属于公有制经济的范畴。另一类是国有资本和集体资本占有一定比重，但不是主导力量的混合所有制经济形态。在这类混合所有制经济中，非公有制经济居主导地位，公有制经济成分处于非主体位置，因此，该形态的混合所有制经济不属于公有制经济的范畴。现阶段，中国特色社会主义基本经济制度是公有制为主体、多种所有制经济共同发展，混合所有制经济是基本经济制度的一种实现形式，在中国特色社会主义的混合所有制经济中，国有资本、集体资本、非公有资本等交叉持股、相互融合，国有资本和集体资本在其中占主体位置，这决定了中国特色社会主义混合所有制经济的公有制经济属性。

混合所有制经济能够比较好地适应现代社会化大生产的要求，有助于各种经济形式合作和协同发展，有利于提高资源配置效率。公有制经济与非公有制经济各有特色，各有优势，在公有制经济居于主导地位的条件下，通过发展混合所有制经济，有助于多种所有制经济彼此取长补短，实现共同发展。公有制经济与非公有制经济相融合，可以扩大资本规模和运营范围，获得规模经济和范围经济效应，满足社会化大生产的需要。公有制经济与非公有制经济结成企业网络，将市场交换关系内部化，可以减少交易摩擦，降低交易费用，提高运营效率。在混合所有制经济的形式下由公有制经济带领不同所有制经济共同发展，这是一条既坚持公有制为主体、国有经济为主导，又促进和引导非公有制经济健康发展的新路。

二、发展混合所有制必须有利于壮大国有经济

混合所有制经济是不同所有制经济形式通过相互融合实现协同发展的有效组织形式，应当允许和鼓励各种经济形式积极利用混合所有制经济实现发展。当前，有的观点认为，发展混合所有制经济应该主要由私营经济、外资经济控股，这是对混合所有制经济发展方向的曲解，实质是把发展混合所有制经济作为资本主义经济控制、支配、利用社会主义公有制经济的一种手段，从而消解国有经济的控制力和影响力。必须看到，国有经济在我国经济和社会发展中具有特殊重要的地位，应当通过发展混合所有制经济来不断巩固和壮大国有经济。

巩固和壮大国有经济是中国特色社会主义的内在要求。党的十八届三中全会《决定》明确指出，公有制为主体、多种所有制经济共同发展的基本经济制度，是中国特色社会主义制度的重要支柱，也是社会主义市场经济体制的根基，必须毫不动摇巩固和发展公有制经济，坚持公有制主体地位，发挥国有经济主导作用，不断增强国有经济活力、控制力、影响力。在当代中国，坚持社会主义公有制的主体地位，发挥国有经济的主导作用，体现了社会主义的本质要求。显然，对于中国特色社会主义而言，对于提高最广大人民群众的福祉而言，国有经济不是要不要存在的问题，而是如何进一步巩固和壮大的问题。

在当代中国，国有经济是中国特色社会主义经济制度的强大基础，是国民经济的主导力量，它决定了我国经济和政治制度的社会主义性质，这一点已经在宪法中得到明确的宣示。我国《宪法》明确规定："中华人民共和国的社会主义经济制度的基础是生产资料的社会主义公有制，即全民所有制和劳动群众集体所有制。""国有经济，即社会主义全民所有制经济，是国民经济中的主导力量。国家保障国有经济的巩固和发展。"宪法作为国家的根本大法，为巩固和发展国有经济提供了根本的政治保障和法律依据，任何削弱甚至消解国有经济的企图或行为都是对宪法尊严的挑战，都会对维系全体人民根本利益的社会主义制度的基础构成严重危害，都会对国家的长治久安和繁荣发展造成严重破坏。叶利钦时期的俄罗斯将处于国民经济命脉行业的国有企业私有化，结果导致国有经济瓦解、国家竞争力衰竭，经济和社会发展陷入停滞和扭曲，教训十分深刻。

国有经济对于推进国家现代化，建立和完善社会主义市场经济体制，不断提高人民物质和文化生活水平发挥了强大的支撑作用。新中国成立后，以国有经济为主体，建立了独立的国民经济体系，初步形成了现代化的工业体系，为推动社会主义现代化和提高人民物质文化生活水平发挥了重大作用。改革开放以来，我国在扩大市场调节范围和支持非公有制经济发展的同时，始终坚持发挥国有经济的主导作用不动摇，国有经济对我国社会主义市场经济体制构建及经济协调稳定和快速发展发挥了非常重要的作用：国有企业为全社会提供了必要的公共产品和公共服务，满足社会公众不断增长的需求，如国防、义务教育和公共福利事业等；国有企业为经济的可持续增长提供了稳定的能源、原材料和基础服务的供应，国有企业提供了全社会所需煤炭的70%、所需石油的 92%、所需电力的 91%，提供了铁路、航空、海洋运输等基础性服务；国有企业承担了关系国计民生的重大工程的建设，青藏铁路、西气东输工程、三峡水电站等重大工程对我国国民经济的持续稳定发展和全体中国人福祉的改善具有十分重要的意义。

正因如此，习近平总书记强调，“国有企业是推进国家现代化、保障人民共同利益的重要力量”，“国有企业不仅不能削弱，而且还要加强”。有人片面理解发展混合所有制经济，只讲私有经济如何在国有经济中持股、控股，不讲壮大国有经济，甚至认为国有企业根本搞不好，应该消灭，这是根本错误的。发展混合所有制经济，首先是要有利于国有资本放大功能，保值增值，提高竞争力，发挥主导作用。发展混合所有制经济的根本目的是增强而不是削弱国有经济的影响力、控制力和竞争力，是完善而不是动摇社会主义基本经济制度，这是实行混合所有制经济必须坚持的基本原则。

三、积极发展混合所有制经济

历史经验表明，发展混合所有制经济可以有两个方向、两种前途：坚持中国特色社会主义方向，发展公有制控股的混合所有制经济，可以巩固和加强公有制的主体地位，成为基本经济制度的实现形式；以新自由主义为指导，混合所有制经济也可以成为资本主义经济控制、利用社会主义经济的形式，成为私有化的工具。发展混合所有制经济，一定要坚持中国特色社会主义基本经济制度，一定要坚持“两个毫不动摇”。混合的途径不仅包括非公有资本进入到国有资本控制的行业和领域，也包括国有资本进入到民营资本和外国资本所控制的行业和领域。不能将发展混合所有制经济理解为国有经济“吃掉”私有经济，也不能与私有化相提并论，或者像某些人所说的“彻底的民营化”。

在国有企业改革中，发展混合所有制是一个重要途径。发展混合所有制与搞好国有企业，两者是有机统一的，只要在发展混合所有制经济的过程中坚持国有资本的主导地位，就可以避免私有化。现阶段，在提供纯公共品的行业，包括城市道桥、地下管网、城市规划、城市美化、废弃物处理等存在着一大批国有企业。这类行业投入规模大，经济效益低，非公有制经济没有进入的动力。包括电力、交通、石油、天然气、供水、电信等在内的自然垄断行业属于国民经济的基础性行业，具有投资规模大、收益高、影响面广的特点，在国有资本占主导地位的条件下，通过发展混合所有制经济引入非公有资本参与投资和发展，有助于放大国有资本的功能、完善国有企业的管理和经营、实现国有资本的保值和增值，不能将之视为私有化。加工制造业、建筑业和服务业竞争激烈，通过发展混合所有制经济，可以增强国有企业的自主决策水平，提高创新能力和竞争能力。

同时，也要看到，国企改革是一项系统工程，各个企业也有自己的具体实际，决不能将混合所有制当成国企改革与发展的万能药方和唯一手段，不能陷入“一混就灵”的误区，不能为混合而混合。发展混合所有制要坚持在增量基础上混合，更好地集聚社会资本发展经济，以利于增强公有制主体地位和国有经济主导作用，绝不能搞国有经济大规模撤退、大规模减持，要坚决防止抛售优质国有资产。在对国有企业进行混合所有制改革时，要对国有资产进行科学评估，要坚持公开透明，特别重视解决违规进行资产评估、恶意串通低估评估值、把优质资产分离到副业、通过境外壳公司弱化监管等约束管理这一类问题，最大限度控制自由裁量空间，最大限度消除寻租空间，防止国有资产流失。要对各类非公有资本形式的资质和信用进行认真评估，坚决打击在吸收非公有资本入股时可能发生的暗箱操作和权钱交易的腐败行为。只要加强制度建设，提高改革的公开性和透明度，严格监督国企改革的进程，就能够打消人们对混合所有制经济改革可能导致的负面效果的担忧，为全面深化改革创造良好的舆论环境。

（本文原载于《求是》2014 年第 18 期）

新时代必须更好坚持“两个毫不动摇”

近年来，有关“国进民退”的话题经常会出现。党的十九大报告重申要“毫不动摇巩固和发展公有制经济，毫不动摇鼓励、支持、引导非公有制经济发展”，表明了我们党的一贯立场，回应了社会的重大关切。立足新时代的历史方位，我们要进一步深刻认识坚持“两个毫不动摇”的理论意义和实践意义，更好地推动国有经济和民营经济共同发展。

一、“两个毫不动摇”充分体现了我国社会主义经济制度的优势

马克思主义政治经济学认为，经济基础的核心是生产资料所有制，生产资料所有制构成社会的基本经济制度。公有制为主体、多种所有制经济共同发展，是我国社会主义初级阶段的基本经济制度。“两个毫不动摇”是对我国基本经济制度内涵的丰富和发展，是科学社会主义理论和实践的重大创新，是理解中国道路和破解中国奇迹奥秘的密钥。

开辟科学社会主义新境界。在比较长的时期里，人们把实行单一公有制看作是社会主义的唯一模式。改革开放以来，我们党坚持把马克思主义基本理论与改革开放新的实践相结合，从社会主义初级阶段我国基本国情出发，创造性地提出并建立了公有制为主体、多种所有制经济共同发展的基本经济制度，为中国特色社会主义发展奠定了坚实的制度基础，开辟了科学社会主义发展的新境界。党的十六大明确提出了“两个毫不动摇”的表述，即毫不动摇地巩固和发展公有制经济，毫不动摇地鼓励、支持和引导非公有制经济发展，进一步明确了我们坚持和完善基本经济制度的决心。党的十八大以来，习近平总书记多次强调坚持“两个毫不动摇”，并要求把“两个毫不动摇”体现到各项具体政策中，极大地激发了我国公有制经济和非公有制经济的发展活力，使科学社会主义在21世纪的中国焕发出强大生机活力。

推动社会主义市场经济形成发展。在社会主义条件下发展市场经济是我

们党的一个伟大创举，社会主义市场经济是与社会主义基本制度相结合的新型市场经济，公有制为主体、多种所有制经济共同发展的基本经济制度是社会主义市场经济的根基。公有制是社会主义制度的基础，毫不动摇巩固和发展公有制经济，有利于增强我国的经济实力、国防实力、民族凝聚力，维护社会公平正义，实现以人民为中心的发展和社会全体成员的共同富裕。毫不动摇鼓励、支持、引导非公有制经济发展，有利于形成平等竞争的市场关系，增强经济发展的动力和活力，发挥市场在资源配置中的决定性作用。坚持“两个毫不动摇”，深刻体现了社会主义市场经济的本质要求，既发挥了市场经济的长处，又发挥了社会主义制度的优势，推动我国社会主义市场经济体制不断发展和完善。

取得经济发展巨大成就。在“两个毫不动摇”方针的正确指引下，中国经济实现了历史性跨越，公有制经济和非公有制经济都取得了重大发展成就。2017 年，国资监管系统企业当年实现营业收入 50 万亿元，其中中央企业实现营业收入 26.4 万亿元，实现利润 14230.8 亿元，累计上缴税金 2.2 万亿元。国有企业的创新能力明显提高，在国产大飞机、港珠澳大桥、“蓝鲸 1 号”钻井平台、北斗系统、特高压输电、高铁等一大批重大创新工程上取得突破。在钢铁、煤炭、石油石化、有色金属、造船等传统行业，国有企业的数字化、网络化、智能化水平不断提高，经济效益、产品附加值显著提升。与此同时，民营经济从无到有、从小到大、由弱到强快速发展。截至 2017 年 9 月，仅私营企业就有 2607.29 万户，注册资本 165.38 万亿元，分别占企业总量的 89.7% 和 60.3%，成为经济发展的重要推动者。当前，民营企业创造的增加值超过 GDP 的 60%，税收贡献率超过 50%，就业贡献率超过 80%。改革开放 40 年来，正是在公有制经济和非公有制经济的共同推动下，我国综合实力不断增强，中等收入群体持续扩大，人民生活不断改善，国际地位大幅提高，中华民族迎来了从站起来、富起来到强起来的伟大飞跃。

二、更好坚持“两个毫不动摇”是进入新时代的必然要求

中国特色社会主义进入新时代，我国经济发展也进入了新时代。在新时代坚持和完善社会主义基本经济制度，更好坚持“两个毫不动摇”，对如期实现“两个一百年”奋斗目标和中华民族伟大复兴的中国梦，具有十分重要的意义。

坚持和完善我国基本经济制度，夯实中国特色社会主义制度基础的必然

要求。公有制经济和非公有制经济都是社会主义市场经济的重要组成部分，都是我国经济社会发展的重要基础。国有企业是中国特色社会主义的重要物质基础和政治基础，是我们党执政兴国的重要支柱和依靠力量，是中国特色社会主义经济的“顶梁柱”。非公有制经济在稳定增长、增加就业、推动创新、出口创汇、改善民生等方面发挥着重要的作用。如期实现“两个一百年”奋斗目标，必须按照推进国家治理体系和治理能力现代化的要求，进一步坚持和完善我国基本经济制度。当前，我国经济发展既面临难得的机遇，也遇到了一些风险和挑战。面对经济下行压力，国有企业的改革需要深化，结构需要优化，创新能力需要提高。一些民营企业出现了要素成本增加、生产经营困难、创新意愿和能力不足等诸多挑战。需要看到，这些困难是我国经济发展到一定阶段所遇到的正常现象，不能因此否定公有制经济和非公有制经济的积极作用，更不能说成是“国进民退”，把民营企业出现的困难归咎于国有经济。解决当前的困难，公有制经济和非公有制经济都必须主动适应高质量发展的要求，努力在新时代实现新作为、新提升、新发展。

适应社会主要矛盾变化，满足人民日益增长的美好生活需要的必然要求。人民对美好生活的向往，始终是我们党的奋斗目标。中国特色社会主义进入新时代，我国社会主要矛盾发生了变化，人民美好生活需要日益广泛，不仅对物质文化生活提出了更高要求，而且在民主、法治、公平、正义、安全、环境等方面的要求日益增长。新时代我们党的一个重大任务，就是要更加关注人民对美好生活的新需求，着力使全体人民在共建共享发展中有更多获得感、幸福感、安全感。要完成这一重大任务，必须坚持“两个毫不动摇”，既要充分发挥公有制经济在保障和改善民生、促进公平正义和实现共同富裕中的重大作用，也要充分发挥非公有制经济在满足人民群众多样化需求方面的优势，并为多种所有制经济共同参与市场竞争、平等实现发展提供更好的制度环境和营商环境，激发社会创造活力，让人民共享发展成果。

建设现代化经济体系，实现经济高质量发展的必然要求。中国特色社会主义进入新时代，我国经济已由高速增长阶段转向高质量发展阶段，建设现代化经济体系是跨越关口的迫切要求和我国发展的战略目标。建设现代化经济体系离不开产权制度和企业组织的有力支撑，这就要求必须更好坚持“两个毫不动摇”，不断完善国有资产管理体制，深化国有企业改革，支持民营企业发展，鼓励各种经济成分积极投身于现代化经济体系建设。实体经济是现代化经济体系的核心，国有企业具有资金实力雄厚、技术力量强的优势，要在发展实体经济中发挥骨干作用；民营企业具有机制灵活、市场敏锐度高的特点，也要在发展实体经济中发挥重要作用。更好坚持“两个毫不动摇”，能够有效激发实体经济两种微观主体的积极性，发挥国有经济对民营经济的引导和带动作用，实现“国引民进、共同发展”。

推动“一带一路”建设，形成全面开放新格局的必然要求。进入新时代，我国日益走近世界舞台的中央，我国的发展与世界的发展更加紧密相关。面对世界经济增长动能不足和保护主义升温，我国积极推动“一带一路”建设，努力形成全面开放新格局，主动引领经济全球化朝着正确的方向发展。推动“一带一路”建设，企业是主体。国有企业是推动“一带一路”建设的主力军，在“一带一路”沿线国家基础设施建设和资源开发中发挥着不可替代的作用。民营企业是“一带一路”建设的重要力量，在装备供给、工程服务、投资建厂、市场开拓等方面大有可为。我们只有坚持“两个毫不动摇”，才能充分发挥国有企业和民营企业各自的优势，共同打造政策沟通、设施联通、贸易畅通、资金融通、民心相通的互利合作平台，为构建人类命运共同体作出应有的贡献。

三、在深化改革中更好坚持“两个毫不动摇”

立足新时代、新征程，我们必须避免国有经济和民营经济二元对立的思维，在全面深化改革中更好坚持“两个毫不动摇”。既要理直气壮地做强做优做大国有资本，不断增强国有企业活力、影响力、抗风险能力，又要坚定不移推动非公有制经济持续健康发展，为非公有制企业发展营造良好环境。

进一步深化国企国资改革。要深化国有企业改革，完善国有企业公司法人治理结构，使国有企业成为更加符合社会主义市场经济要求的市场主体，通过竞争等市场手段平等获得要素资源。完善国有资产产权制度，进一步明晰国有产权所有者和代理人的关系，依法合规界定企业产权归属，保障国有资本收益权和企业自主经营权。围绕管资本为主加快转变国有资产监管机构职能，改革国有资本授权经营体制，提高国有资本运行和配置效率。积极稳妥推进混合所有制改革，在电力、石油、天然气、铁路、民航、电信、军工等领域迈出实质性步伐，培育具有全球竞争力的世界一流企业。

进一步支持非公有制经济发展。要着力放开市场准入，凡是法律法规未明确禁入的行业和领域都应该鼓励民间资本进入，凡是我国政府已向外资开放或承诺开放的领域都应该向国内民间资本开放。着力解决中小企业融资难问题，健全完善金融体系，为中小企业融资提供可靠、高效、便捷的服务。加快公共服务体系建设，支持建立面向民营企业的共性技术服务平台，积极发展技术市场，为民营企业自主创新提供技术支持和专业化服务。引导民营企业利用产权市场组合民间资本，进行跨地区、跨行业兼并重组，培育一批特色突出、市场竞争力强的大企业集团。进一步清理、精简涉及民间投资管理的行政审批事项和涉企收费，规范中间环节、中介组织行为，减轻企业负担，降低企业成本。

进一步完善产权保护制度。要完善物权、债权、股权、知识产权的相关法律法规制度，形成清晰界定所有、占有、支配、使用、收益、处置等产权权能的完整制度安排。完善有利于激励创新的知识产权归属制度，明确规定并有效保护职务发明人的产权权益。加强产权保护，落实产权保护政策，依法甄别纠正社会反映强烈的产权纠纷案件。消除对产权的所有制歧视，平等对待公有产权与非公有产权，在执法、司法和行政实践中加强对平等市场主体之间产权纠纷的公平裁决。

（本文原载于《求是》2018年第4期）

科学认识和正确处理政府与市场关系

使市场在资源配置中起决定性作用和更好发挥政府作用，是我们党对社会主义市场经济条件下市场和政府作用的基本定位。科学把握和正确处理政府与市场的关系，对于进一步完善社会主义市场经济体制具有十分重要的指导意义。

一、社会主义市场经济实现了政府作用与市场作用的有机统一

将社会资源有效分配到社会生产不同部门，是人类社会生产活动的首要任务。社会资源的分配有两种方式，一种是市场调节，一种是政府调节（或计划调节）。在现实的经济运行中，单纯依靠市场调节或政府调节配置资源均属于特例，通常情况是政府与市场结合在一起共同进行资源配置。由于社会制度、文化传统、自然禀赋的不同，政府与市场结合的方式存在较大差异，并由此派生出形态各异的经济体制，产生了不尽相同的资源配置效果。

资本主义市场经济是资本主义私有制与市场调节的结合体，生产什么、为谁生产、生产多少及怎么生产都是在利润最大化动力驱使下由私人资本决定的。在资本主义市场经济中，政府也在资源配置中发挥作用，但是这种作用不可能改变私人资本的支配地位，无法克服资本主义生产方式的基本矛盾，因而会周期性爆发经济危机。20 世纪 70 年代以来，受新自由主义思潮的影响，西方资本主义国家纷纷削弱政府干预，导致去工业化和产业空心化，制造业严重衰竭，金融业过度膨胀；中产阶级没落，两极分化和贫富差距急剧扩大。2008 年国际金融危机爆发正是资本主义基本矛盾激化的结果，也是资本主义市场经济高度依赖市场机制自发作用、极端轻视和削弱政府干预的直接后果。资本主义市场经济严重扭曲了政府与市场关系，资源配置效率低下，并不像西方经济学教科书里描述的那般美妙。

社会主义计划经济是计划调节与社会主义公有制相结合形成的集中计划

经济体制，苏联东欧国家和改革开放前的中国都曾实行这一体制。该体制以快速实现工业化为目标，实行单一公有制，主要利用行政手段管理国民经济，商品货币关系和价值规律只起形式的和辅助的作用。集中计划经济体制在迅速推进工业化进程，初步建立现代工业体系和国民经济体系，改变经济和社会发展落后面貌，提高人民生活水平方面发挥了重要作用。但是，该体制的缺陷也很突出：片面发展重工业，轻视农业和轻工业的发展，国民经济比例关系失调；排斥市场、商品货币和价值规律，企业经济效益低下。

党的十一届三中全会以来，我们党在深刻总结我国社会主义建设和世界经济发展的经验教训基础上，开启了建设中国特色社会主义的伟大实践，探索政府与市场结合的新形式。党的十四大创造性提出建立社会主义市场经济体制的改革目标，为我国探索对政府与市场关系新的科学定位指明了方向。此后，我们党对政府与市场关系的认识不断深化。党的十八届三中全会明确提出使市场在资源配置中起决定性作用和更好发挥政府作用，这是我们党对政府与市场关系认识的一个新突破，标志着社会主义市场经济发展进入了一个新阶段。正是通过不懈地改革探索，我国经济取得了举世瞩目的伟大成就，综合国力显著提高，人民生活极大改善。实践证明，我国的社会主义市场经济体制是符合现阶段中国国情的，它实现了政府作用与市场作用的有机统一，充分体现了生产关系一定要适应生产力发展状况这一客观规律的要求。

二、我国实现了社会主义市场经济条件下政府与市场关系的一系列成功结合

如何处理好政府与市场的关系，是我国经济体制改革的核心问题。经过多年的探索和实践，我国已经建立了社会主义市场经济体制的基本架构，在处理政府与市场关系方面积累了成功经验，体现为以下几个方面的结合。

社会主义公有制与市场经济相结合。实现公有制与市场经济的融合，是坚持社会主义市场经济改革方向的必由之路。公有制与市场经济实现融合，关键是使企业特别是国有企业成为市场的主体。经过多年深化改革，国有资产监管体制已经实现了公共管理职能和出资人职能的分离，国有企业成为市场中独立的法人实体；全国 90%以上的国有企业完成了公司制股份制改革；公司治理结构改革深入推进，股东会、董事会、经理层和监事会等机构不断完善，党的领导得到加强；劳动、人事、分配等制度改革逐步深化，经理人市场化选聘机制开始运行，全员劳动合同制、全员竞争上岗和岗位工资为主

的基本工资制度普遍建立。可以说，国有企业经营机制已基本得到转换，市场竞争能力不断提高，总体上与市场经济实现了融合。

释放市场活力与集中力量办大事的政治优势相结合。改革开放以来，我们坚持和完善公有制为主体、多种所有制经济共同发展的基本经济制度，促进各种经济成分在市场上展开平等竞争，市场活力得到有效释放。同时，我们坚持公有制的主体地位和国有经济的主导作用，使我们党和政府拥有强大的集中决策、组织动员和统筹协调能力，形成了中国特色社会主义所独有的最大限度整合社会资源、集中力量办大事的体制机制优势。市场活力充分释放与集中力量办大事的制度优势相结合，是中国经济取得巨大历史性成就的重要制度原因。

市场激活微观经济与政府稳定宏观经济相结合。在社会主义市场经济体制中，我们把放开搞活企业作为改革的抓手，让企业成为独立的市场主体，在明晰产权的基础上，根据供求规律和竞争规律进行自主决策，谋求最大利益。政府不再直接干预企业，而是着力保持宏观经济的稳定，将经济快速增长、实现充分就业、稳定物价、优化产业结构、实现国际收支平衡作为宏观调控的目标，同时创新宏观调控方式，建立了需求管理与供给管理相结合、全面调控与精准调控相结合、区间调控与相机调控相结合的宏观调控框架，为宏观经济平稳运行和社会供求在总量、结构上保持平衡提供了有力的制度保证。

市场提供产业变迁动力与政府引领产业变迁方向相结合。为实现国民经济各个产业部门的比例更加协调，推动产业升级换代，我们强化了市场在产业变迁中的优胜劣汰和激发创新作用，依靠市场力量推动产业结构调整和发展动力转换，为经济运行提质增效提供强大动力。同时，政府凭借信息掌握充分、资源动员能力强大的独特优势，可以通过产业政策确定产业结构调整的重点和产业变迁的方向，比如：促进产业兼并重组，优化产业组织结构；降低企业运营成本，提高企业供给能力；扶持战略性新兴产业和现代服务业，优化产业结构；减少无效和低端供给，扩大有效和中高端供给，增强供给结构对需求变化的适应性和灵活性等。

市场激励自由竞争与政府加强监管优化服务相结合。市场竞争可以优化生产，增强产品的多样性和异质性，最大限度地满足人民日益增长的物质文化需要，但如果竞争是无序的，则会抵消效率，不利于资源配置效率的提升。我们在使市场在资源配置中起决定性作用的同时，充分发挥政府的市场监管职能，依法对市场主体进行监督和管理，形成了统一、开放、竞争、有序的现代市场体系。与此同时，政府还着力提供公共产品和服务，加强公共设施建设，建立社会保障制度，努力促进就业，大力发展教育、科技、文化、卫生、体育等公共事业，为公众参与社会经济、政治、文化活动提供保障和创造条件，为维护公平正义，实现共享发展提供强大保证。

市场提高效率与政府保障公平相结合。在社会主义市场经济条件下，效率主要是通过收入分配形成的动力激发出来的。市场调节初次分配，适当拉开收入差距，有利于激发不同生产要素所有者参与市场竞争的积极性和主动性，实现资源的合理配置，提高整个经济运行的效率。公平则主要是通过政府的再分配功能实现的。充分发挥政府的再分配调节功能，保护合法收入，调节过高收入，取缔非法收入，理顺分配关系，使发展成果更多、更公平惠及全体人民，使全体人民在学有所教、劳有所得、病有所医、老有所养、住有所居上持续取得新进展，维护公平正义，逐步实现共同富裕。

三、在深化改革中进一步健全和完善政府与市场关系

在新的历史条件下，我们也要清醒认识到，我国政府与市场的关系还没有完全理顺，政府既存在越位也存在缺位，市场在资源配置中的决定性作用还没有充分发挥。我们必须不断完善政府与市场的关系，推动社会主义市场经济体制更加成熟、更加定型。

给市场主体提供更大的活动空间。为进一步释放市场活力，政府监管部门要继续着力放松对市场主体的准入管制，大大简化企业登记注册程序，有力推动大众创业、万众创新；深化行政审批制度改革，凡是市场机制能有效调节的经济活动都应当取消审批，凡是由地方管理更方便有效的经济社会事项都应当下放地方和基层管理；提升政府监管意识，落实监管责任，改变重审轻管、有权无责的现象，破除“懒政”“怠政”不良政风；加强信用体系建设，通过相关制度约束市场主体的行为，提高违法成本。

建立公平开放透明的市场体系。建立市场决定价格的机制，凡是能由市场形成合理价格的都交给市场，政府不进行不当干预；建立和完善政府权力清单制度，做到“法无授权不可为”；制定市场准入负面清单，做到“法无禁止皆可为”；积极推进国内贸易流通体制改革，建设法治化营商环境；实行统一的市场监管，清理和废除妨碍全国统一市场和公平竞争的各种规定和做法；建立健全社会诚信体系，褒扬诚信，惩戒失信；健全优胜劣汰市场化退出机

制，完善企业破产制度；强化节能节地节水、环境、技术、安全等市场准入标准；建立健全防范和化解产能过剩长效机制。

优化政府组织机构。政府要加强发展战略、规划、政策、标准等的制定和实施；着力保持宏观经济稳定，加强和优化公共服务，保障公平竞争，维护市场秩序，推动可持续发展，促进共同富裕；优化政府组织机构设置，按照决策权、执行权、监督权既相互制约又相互协调的原则科学配置行政职责，规范行政权力运行机制，推动形成权责统一、分工合理、决策科学、执行顺畅、监督有力的行政管理体制。

健全宏观调控体系。使市场在资源配置中起决定性作用，不是要政府无所作为，而是要政府更好地作为。要站在新的历史起点上认识和确定宏观调控的任务，建立和完善适应经济发展新常态的宏观调控框架。着力保持经济总量平衡，促进经济结构协调和生产力布局优化，减缓经济周期波动影响，实现经济持续健康发展；高度关注经济发展质量、效益以及民生、生态等指标，统筹做好稳增长、促改革、调结构、惠民生、防风险等各项工作；健全以国家发展战略和规划为导向、以财政政策和货币政策为主要手段的宏观调控体系，推进宏观调控目标制定和政策手段运用机制化，增强宏观调控前瞻性、针对性、协同性。

（本文原载于《求是》2017 年第 3 期）

“四个全面”战略思想是实现共同富裕的强大动力

党的十八大以来，习近平总书记提出了一系列关于治国理政的新理念新思想新战略，成为统一全党共识、凝聚中华民族力量、实现中华民族伟大复兴中国梦的强大思想武器。“四个全面”战略布局以全面建成小康社会为目标，把实现共同富裕作为我们党推动改革与发展、提高治国理政能力和水平的出发点和落脚点，是以习近平为总书记的党中央坚持和发展中国特色社会主义的全新谋划和布局。

“四个全面”战略思想体现了马克思主义基本原理与中国的具体实际相结合的新飞跃，是中国特色社会主义理论的新突破和新发展。“四个全面”战略布局的实施，对于我们党的事业发展和执政地位巩固，对于坚持和发展中国特色社会主义，具有重大的现实意义和深远的历史意义。

一、共同富裕是社会主义的本质特征

共同富裕是社会主义的本质特征。在马克思主义的科学社会主义理论中，共同富裕及其实现条件具有确定的内涵。共同富裕是指所有社会成员在物质生活上达到普遍富裕，以生产物质生活资料为内容的必要劳动时间大大缩短，而用于满足精神需要和个性发展需要的自由劳动时间大大延长。共同富裕的物质条件是社会财富的充分涌流，社会条件则是最终消灭阶级对立、城乡差别和脑体分工，生产资料公有制取代私有制，整个社会的物质生产活动实行社会统一管理。

科学社会主义理论关于共同富裕及其实现条件的观点是经典作家在运用历史唯物主义的方法论分析和研究人类社会发展规律的基础上提出来的，是对社会主义本质特征的科学概括。中国特色社会主义与科学社会主义是一脉相承的。我们党把马克思主义作为指导我们思想的理论基础，把建设中国特色社会主义作为党领导全体人民共同奋斗和追求的伟大事业。邓小平在关于社会主义的本质的论断中明确指出：“社会主义的本质，是解放生产力，发展生产力，消灭剥削，消除两极分化，最终达到共同富裕。”[①]这一论断将共同富裕确定为中国特色社会主义的奋斗目标，反映了中国特色社会主义与科学社会主义的内在统一性，为推动和建设中国特色社会主义指明了方向。我们党是在生产力还不够发达，广大人民群众的物质文化生活水平还不够高的特殊国情下开始探索社会主义发展道路的，这就决定了我们必须大力发展生产力，为实现共同富裕创造必要的物质条件和非物质条件。为此，邓小平在20世纪 70 年代末提出了建设小康社会的思想，建设小康社会是实现共同富裕的重要步骤，是中国特色社会主义的现实奋斗目标，只有建成小康社会，才能为最终实现共同富裕创造必要的物质条件和社会条件。通过建设小康社会来实现共同富裕这一思想，是对科学社会主义理论的重大突破和伟大贡献。

党的十八大以来，以习近平为总书记的新一届中央领导集体认真总结改革开放以来建设小康社会所取得的巨大成就，深入分析和研究新情况和新问题，审时度势，从新的历史起点和高度对实现共同富裕的内涵和意义做出了富有时代特征的诠释。习近平在十八届中央政治局常委与中外记者的见面会上说：“人世间的一切幸福都需要靠辛勤的劳动来创造。我们的责任，就是要团结带领全党全国各族人民，继续解放思想，坚持改革开放，不断解放和发展社会生产力，努力解决群众的生产生活困难，坚定不移走共同富裕的道路。”[②]从而将实现共同富裕作为解放和发展生产力的重要目标。习近平在主持十八届中央政治局第一次集体学习时又强调指出，“共同富裕是中国特色社会主义的根本原则，所以必须使发展成果更多更公平惠及全体人民，朝着共同富裕方向稳步前进”[③]。在第十二届全国人民代表大会第一次会议上，习近平强调指出，“我们要随时随刻倾听人民呼声、回应人民期待，保证人民平等参与、平等发展权利，维护社会公平正义，在学有所教、老有所得、病有所医、老有所养、住有所居上持续取得新进展，不断实现好、发展好最广大人民根本利益，使发展成果更多更公平惠及全体人民，在经济社会不断发展的基础上，朝着共同富裕方向稳步前进”[④]。党的十八大报告在总结改革开放以来分配制度改革和小康社会建设取得的成就的基础上提出，“共同富裕是中国

① 《邓小平文选》第 3 卷，北京：人民出版社，1993 年，第 373 页。
② 《习近平谈治国理政》，北京：外文出版社，2014 年，第 4 页。
③ 《习近平谈治国理政》，北京：外文出版社，2014 年，第 13 页。
④ 《习近平谈治国理政》，北京：外文出版社，2014 年，第 41 页。

特色社会主义的根本原则。要坚持社会主义基本经济制度和分配制度，调整国民收入分配格局，加大再分配调节力度，着力解决收入分配差距较大问题，使发展成果更多更公平惠及全体人民，朝着共同富裕方向稳步前进”[3]13。作为实现共同富裕的战略步骤，十八大报告确定了 2020 年全面建成小康社会的宏伟目标，这就是：经济持续健康发展，人民民主不断扩大，文化软实力显著增强，人民生活水平全面提高，资源节约型、环境友好型社会建设取得重大进展①。报告还首次提出实现国内生产总值和城乡居民人均收入比 2010 年翻一番的新指标。党的十八大对新形势下实现共同富裕目标内涵的新界定和提出全面建成小康社会战略目标，标志着我们党对小康社会建设的规律性有了全新的认识，小康社会建设开始由强调一部分人先富起来的阶段向强调改革成果惠及所有社会成员的共同富裕阶段发生转变。

改革开放以来，围绕建设小康社会和最终实现共同富裕目标，我们党进行了不断探索并形成了一系列重要理论创新成果。在小康社会的目标上，党的十六大报告提出，从 2001 年到 2020 年用 20 年的时间全面建设惠及十几亿人口的更高水平的小康社会；党的十七大报告进一步提出到 2020 年全面建设小康社会的新要求，与提出并推动小康社会建设相同步，我们党提出并形成了让一部分人先富起来，先富带后富，最终实现共同富裕的小康社会奋斗目标。在分配制度上，党的十二届三中全会通过的《中共中央关于经济体制改革的决定》，第一次提出了让一部分个人、一部分地区通过勤奋劳动和诚实经营先富起来，最终走向共同富裕的政策。党的十四大提出建立按劳分配为主体，多种分配方式并存的分配制度，第一次将“效率优先，兼顾公平”作为基本的分配原则。针对分配关系中收入差距有所扩大的问题，党的十五大提出要依法保护合法收入，取缔非法收入，整顿不合理收入，调节过高收入，规范收入分配，使收入差距趋向合理，防止两极分化。党的十六大强调初次分配注重效率，再分配注重公平，党的十七大进一步强调初次分配和再分配都要处理好效率和公平的关系，再分配更加注重公平。这些理论创新成果的形成，指导了全面建成小康社会的实践，丰富和发展了科学社会主义理论。

---

① 胡锦涛：《坚定不移沿着中国特色社会主义道路前进为全面建成小康社会而奋斗》，北京：人民出版社，2012 年，第 15-16 页。

二、实现共同富裕任重道远

改革开放三十余年来，我们党领导全国人民建设小康社会取得巨大成就，朝着共同富裕的伟大目标迈出了坚实的步伐。从整体上来看，国家经济建设取得巨大成就，中国已经成为世界第二大经济体，人均 GDP 达到 7000 多美元，步入中高收入国家行列；劳动者就业得到基本保障，失业率长期处于低下水平；经济高速发展使数亿人口摆脱贫困，为世界减贫目标的实现做出了巨大贡献；居民基本住房状况得到根本改善，高水平住房需要不断得到满足，通过廉租房、公租房、棚户区改造安置房等实物或补贴方式，城镇低保家庭住房实现了应保尽保，居者有其屋的目标逐步得到实现；建立了包括城镇职工基本养老保险、城乡居民基本养老保险、居民基本医疗保险、失业保险、工伤保险、生育保险等在内的保障体系，覆盖全社会的保障制度基本得以建立；以最低生活保障、特困人员供养、就业救助、临时救助等为内容的社会救助制度得以建立，形成了保障困难群众基本生活的安全网；户籍制度改革取得重大进展，实现了农业转移人口在城镇落户，统一城乡户口登记制度，保障农业转移人口和其他常住人口在教育、医疗、养老等公共服务上的平等权利；老百姓生活质量不断改善，节假日增多，休闲娱乐方式多样化，消费水平和消费质量不断提高，“出境游”成为新时尚。

但是，毋庸讳言，我们取得的成就离完全实现共同富裕的伟大目标还存在很大距离，离高水平小康社会目标也有一定差距。需要引起我们高度关注的是：生产力发展水平总体上还比较低，物质财富还不够丰富；经济总量虽然达到世界第二，但是人均水平仍然比较靠后；与人均收入水平不断提高相伴随的是城乡之间、地区之间、行业之间的收入差距还比较大；充分就业还没有实现，就业压力依然较大；贫困现象还在一定范围内存在，因病致贫、贫困代际传承等现象还没有根除；社会保障制度不够健全，保障水平也不够高；等等。这些问题产生的原因是多样的，如制度不健全、政策存在漏洞等等，但是归根结底是生产力发展水平还不够高造成的。全面建成小康社会，实现社会主义现代化，最根本的任务还是进一步解放和发展社会生产力。解放思想，解放和增强社会活力，是为了更好解放和发展社会生产力。邓小平说过：革命是解放生产力，改革也是解放生产力，“社会主义基本制度确立以后，还要从根本上改变束缚生产力发展的经济体制，建立起充满生机和活力的社会主义经济体制，促进生产力的发展”①。我们要通过深化改革，让一切劳动、知识、技术、管理、资本等要素的活力竞相迸发，让一切创造社会财富的源泉充分涌流。

三、“四个全面”战略思想为实现共同富裕提供新动力

以习近平总书记为核心的党中央从坚持和发展中国特色社会主义全局出发，提出并形成全面建成小康社会、全面深化改革、全面依法治国、全面从严治党四个全面的战略布局，为进一步推进中国特色社会主义建设指明了方向，也为实现共同富裕提供了新的动力。

（一）全面建成小康社会的核心是更加重视共同富裕

全面建成小康社会，意味着更加重视共同富裕。建设小康社会是社会主义初级阶段我们党领导全国人民建设中国特色社会主义的基本目标，伴随着改革开放的不断深化，建设小康社会的任务重点和途径也在不断地拓展和深化。在改革开放初期，建设小康社会的主要任务是解决温饱问题，在分配制度上鼓励一部分人先富起来，在分配原则上强调效率优先，兼顾公平。随着经济体制改革的不断深入和经济发展取得突出成果，整体温饱已经实现，向富裕跨越成为广大人民群众的新的要求和愿望，同时，遏制收入分配差距扩大趋势，切实贯彻公平正义原则，实现公平与效率的有机统一，成为党和国家迫切需要解决的重大课题。所有这些客观上要求将全面建设小康社会提到日程上来，其中心思想是更加注重共同富裕。

全面建成小康社会，为共同富裕助力，需要做大量的工作：要紧紧抓住经济建设这个中心，推动经济持续健康发展，进一步把“蛋糕”做大，为保障社会公平正义，实现共同富裕奠定更加坚实的物质基础；要努力实现居民收入增长和经济发展同步、劳动报酬增长和劳动生产率提高同步，使劳动者的收入水平在经济发展的基础上不断得到提高；要努力实现居民收入在国民收入分配中比重的提高和劳动报酬在初次分配中比重的提高，让国民财富的分配更多地向劳动者倾斜；初次分配和再分配都要兼顾效率和公平，再分配更加注重公平，使公平正义原则在收入分配中得到充分体现；要着力解决收入分配差距较大问题，把“蛋糕”分好，使发展成果更多、更公平惠及全体人民，使全体人民在学有所教、劳有所得、病有所医、老有所养、住有所居

---

①《邓小平文选》第3卷，北京：人民出版社，1993年，第370页。

上持续取得新进展。

（二）全面深化改革的核心是注重公平正义

全面深化改革要注重改革的系统性、整体性、协同性，核心是注重以共同富裕为目标的公平正义原则的实现。改革开放以来，我国经济社会发展取得巨大成就，为促进社会公平正义提供了坚实物质基础和有利条件。在新的历史发展阶段，全面深化改革必须坚持正确方向，既要避免走平均主义的老路，也要防止走严重两极分化的邪路，而是要走共同富裕的正确道路，通过全面深化改革，促进公平正义，增进人民福祉。正如邓小平所说：“社会主义的目的就是要全国人民共同富裕，不是两极分化。如果我们的政策导致两极分化，我们就失败了；如果产生了什么新的资产阶级，那我们就真是走了邪路了。”①一个时期以来，分配领域里贫富差距呈现扩大趋势，社会上存在大量有违公平正义的现象。②特别是随着我国经济社会发展水平和人民生活水平不断提高，人民群众的公平意识、民主意识、权利意识不断增强，对社会不公问题的认识、关注和议论越来越强烈。如果这个问题不抓紧解决，不仅会影响人民群众对改革开放的信心，而且会影响社会和谐稳定。因此，全面深化改革必须以促进社会公平正义、增进人民福祉为出发点和落脚点，这是坚持我们党全心全意为人民服务根本宗旨的必然要求。

促进公平正义，着眼点是创造更加公平正义的社会环境，不断克服各种有违公平正义的现象，使改革发展成果更多更公平惠及全体人民。习近平总书记指出：“如果不能给老百姓带来实实在在的利益，如果不能创造更加公平的社会环境，甚至导致更多不公平，改革就失去意义，也不可能持续。”③应该说，我国现阶段存在的有违公平正义的现象，许多是发展中的问题，是能够通过不断发展，通过制度安排、法律规范、政策支持加以解决的。当然，这一切都依赖于全面深化改革。我们要秉持全面深化改革的公正性原则，用公平正义这个最大公约数，凝聚改革共识，形成改革合力。

实现社会公平正义是由多种因素决定的，最主要的还是经济社会发展水平。因此，要通过经济改革进一步解放和发展生产力，解放和增强社会活力，促进人的全面发展，激发全体人民的积极性、主动性、创造性，不断开拓生产发展、生活富裕、生态良好的文明发展道路，为社会发展和实现共同富裕

---

①《邓小平文选》第 3 卷，北京：人民出版社，1993 年，第 110-111 页。

②《习近平谈治国理政》，北京：外文出版社，2014 年，第 95 页。

③《习近平谈治国理政》，北京：外文出版社，2014 年，第 96 页。

创造更有利的物质和社会条件，充分体现中国特色社会主义制度的优越性。

（三）全面推进依法治国是实现共同富裕目标的重要制度保障

全面深化改革的核心在于实现公平正义，公平正义离不开法治，只有全面推进依法治国，才能真正推动全面建设小康社会和全面深化改革，为实现共同富裕提供重要的制度保障。

依法治国是维护社会主义制度的有力手段，是共同富裕的重要制度基础。共同富裕是社会主义的本质特征，是社会主义不同于其他私有制基础上社会形态的质的规定性。法律制度是经济基础的上层建筑，是服务于经济基础的。中国特色社会主义的基本经济制度是公有制为主体、多种所有制经济共同发展，这一基本经济制度已经在我国的宪法中得到明确申述。我国宪法以国家根本法的形式，确立了中国特色社会主义道路、中国特色社会主义理论体系、中国特色社会主义制度的发展成果，反映了我国各族人民的共同意志和根本利益。依法治国是党领导人民治理国家的基本方略，落实依法治国政治方略，就是要维护宪法的尊严，依宪法治理国家。依宪治国的首要任务是要维护我国业已建立的社会主义制度，维护中国人民实现共同富裕的制度基础。正如习近平总书记所指出的那样："中国特色社会主义制度是中国特色社会主义法治体系的根本制度基础，是全面推进依法治国的根本制度保障。"[①]依宪治国，就是要求我们着力落实这些宪法确立的制度和原则，让法治在中国特色社会主义制度基础上更好地发挥保障作用。毛泽东曾指出，我们社会主义的宪法，结合了原则性和灵活性。原则基本是两个：民主原则和社会主义的原则。[②]法治不是抽象的概念，法治总是以特定的制度为存在的基础的。依宪治国，就要坚持走社会主义道路，推动和建设中国特色社会主义，为实现共同富裕奠定坚实的物质基础和制度基础。依宪治国，也要坚决反对任何人、任何势力颠覆中国特色社会主义的企图，确保中国特色社会主义在宪法的保护下健康发展，不断完善。

依法治国是维护经济秩序的根本保证。在社会经济交往中，健全完备的法律制度有助于明确交易预期，有助于开展公平交易，有助于提高生产效率。大量经验事实表明，社会生产力的发展水平越高，生产社会化程度越高，对健全和完善法律制度的要求就越高。没有法律制度的调节和规范，经济和社

---

① 习近平：《关于〈中共中央关于全面推进依法治国若干重大问题的决定〉的说明》，http://news.xinhuanet.com/politics/2014-10/28/c_ 1113015372_2.htm.

②《毛泽东文集》第 6 卷，北京：人民出版社，1999 年。

会活动必然陷入无政府状态，人们之间的交往与交易会因为交易费用巨大而很难顺利进行。因此，只有全面加强依法治国，建立和健全法制法规，才能巩固社会主义基本经济制度和分配制度，才能实现全体人民的共同富裕；才能构建公平正义、诚信友爱、充满活力、安定有序、人与自然和谐相处的和谐社会。

（四）全面从严治党是实现共同富裕的根本保证

党的领导是中国特色社会主义最本质的特征，是维护全国各族人民根本利益，实现共同富裕的根本保证。全面从严治党，核心是加强党的领导。正如邓小平所指出的，“从根本上说，没有党的领导，就没有现代中国的一切”，[①]“中国由共产党领导，中国的社会主义现代化建设事业由共产党领导，这个原则是不能动摇的；动摇了中国就要倒退到分裂和混乱，就不可能实现现代化”[②]。习近平总书记在《关于〈中共中央关于全面推进依法治国若干重大问题的决定〉的说明》中严肃指出：“我国宪法以根本法的形式反映了党带领人民进行革命、建设、改革取得的成果，确立了在历史和人民选择中形成的中国共产党的领导地位。对这一点，要理直气壮讲、大张旗鼓讲。要向干部群众讲清楚我国社会主义法治的本质特征，做到正本清源、以正视听。”[③]这一重要论述表明，党的领导和社会主义法治是高度一致的，社会主义法治必须坚持党的领导，党的领导必须依靠社会主义法治。

全面从严治党有利于加强党的思想建设，确保党把实现共同富裕作为党领导全国人民建设中国特色社会主义的共同理想。中国共产党是马克思主义政党，中国共产党把马克思主义作为指导自己思想建设的理论基础，把建设社会主义和实现共产主义作为党的奋斗目标。为人民服务，实现共同富裕，是中国共产党作为执政党的最高执政理念，也是中国共产党得到全国各族人民拥护的强大政治基础。全面从严治党，就是要加强党的思想建设，用马克思主义武装全党的思想，始终把为人民服务作为党的最高宗旨，与人民群众保持血肉联系，团结带领全体人民为实现中华民族伟大复兴而努力奋斗。

全面从严治党要提高党的执政能力。中国共产党是中国特色社会主义的领导者，通过从严治党，提高党的执政能力，有助于解决党在执政实践中面

---

①《邓小平文选》第 2 卷，北京：人民出版社，1994 年，第 266 页。

②《邓小平文选》第 2 卷，北京：人民出版社，1994 年，第 267-268 页。

③ 习近平：《关于〈中共中央关于全面推进依法治国若干重大问题的决定〉的说明》，http://news.xinhuanet.com/politics/2014-10/28/c_ 1113015372_2.htm。

临的困难。在现实生活中，存在着大量的有法不依、执法不严、违法不究的现象；在一些领导干部眼里，权大于法，权力凌驾于法律之上；整个社会还远没有形成自觉尊法学法守法用法的社会氛围，这些现象破坏了社会的公平正义，损害了共同富裕的思想基础和社会基础。全面从严治党，就是要在中国共产党领导下，坚持中国特色社会主义制度，贯彻中国特色社会主义法治理论，形成完备的法律规范体系、高效的法治实施体系、严密的法治监督体系、有力的法治保障体系，形成完善的党内法规体系；就是要推动依法治国、依法执政、依法行政协同前进，坚持法治国家、法治政府、法治社会一体化建设；就是要实现科学立法、严格执法、公正司法、全民守法，促进国家治理体系和治理能力现代化，建设社会主义法治国家。

（本文原载于《南京政治学院学报》2016 年第 2 期）

以化解过剩产能重塑传统产业的比较优势

推进供给侧结构性改革的一项重要任务，是促进过剩产能的有效化解。辩证看待我国存在的产能过剩现象，并以正确的方式化解过剩产能，对于当前和今后一个时期我国经济的平稳健康发展，具有十分重要的意义。

随着我国经济发展进入新常态，经济由高速增长转向中高速增长，劳动力成本及其他要素成本逐渐提高，传统产业的比较优势逐渐减弱，产能过剩问题越来越突出，成为制约国民经济健康发展的重要因素。因此，从供给侧发力，有效化解过剩产能已成为当前一项必要且紧迫的任务。不过，去产能不意味着对过剩产能“一去了之”，更不能认为是与传统产业“一刀两断”。对待产能过剩问题，必须结合国情，历史地、辩证地看。

我国是工业化的后来者，用 60 多年的时间走完了西方国家 200 多年的工业化道路，这是中国社会主义建设特别是改革开放取得的重大成就。然而，我国实现现代化的任务还未完成，工业化进程远未结束，必须从我国仍处于工业化的中期阶段这个基本实际出发，高度重视和保持制造业在经济发展中的主导地位。20 世纪 70 年代中期开始，为了将经济从“滞胀”泥沼中拉出来，西方国家大力推行新自由主义经济政策，使得大量传统产业被转移到发展中国家，导致“去工业化”和产业空心化，传统制造业迅速衰落。到 2008 年国际金融危机爆发前夕，西方多数工业化国家制造业在三次产业中的比重降到 10%左右，而以金融、保险、旅游、咨询、餐饮等为主要内容的服务业则占到 75%以上。西方国家“去工业化”的后果是严重的。危机爆发后，这些国家经济增速迅速下滑且复苏乏力，收入增长停滞甚至下降，投资严重不足，商品出口萎缩，经济停滞趋于常态化。我们必须深刻吸取西方国家“去工业化”的教训，对待过剩产能要具体问题具体分析，不能简单“一去了之”。中央的去产能部署是关停那些资源消耗大、环境污染严重、技术落后、不具备改造升级条件的企业，尤其是“僵尸企业”，而不是所有供过于求的企业。

对于产能过剩行业而言，重要的是在削减过剩产能的同时，更加注重提升创新能力和竞争实力，改造传统产能，培育新的动能。

中央经济工作会议和今年的政府工作报告都对化解过剩产能作出了明确部署。我们要扎实推进中央的决策部署，在化解过剩产能和降本增效的基础上，着力重塑传统产业的比较优势，助推中国经济实现中高速增长，产业迈向中高端水平。

一是用改革的办法推动过剩产能的有效化解。要牢牢坚持社会主义市场经济改革方向，使市场在资源配置中起决定性作用和更好发挥政府作用。坚持市场倒逼、企业主体、地方组织、中央支持、综合施策，运用经济、法律、技术、环保、质量、安全等手段，严格控制新增产能，坚决淘汰落后产能，有序退出过剩产能。要推动企业兼并重组，加大传统产业技术改造力度，支持企业瞄准国际同行业标杆全面提高产品技术、工艺装备、节能环保等水平，实现重点领域向中高端的群体性突破。要推动传统产业由劳动密集型向技术密集型转型，打造新型比较优势，增强产业核心竞争力。

二是实施适度的总需求管理。去产能必须考虑经济社会的可承受能力。当前，世界经济复苏缓慢，不确定性增强，我国经济下行压力依然较大，必须实施适度的逆周期调节，保持经济在合理区间增长，为化解过剩产能营造良好的宏观环境。要实施积极的财政政策和稳健的货币政策，通过减税和降低融资成本等手段，适度刺激投资和居民消费，缓解经济下行压力。要深挖国内需求潜力，发挥有效投资对稳增长调结构的关键作用，深入推进新型城镇化，积极消化部分过剩产能，为传统产业改造升级赢得时间和空间。

三是提升企业产品质量和自主创新能力。造成传统产业产能过剩的一个重要原因是，我国传统产业多处在全球产业价值链的低端，创新能力不强，产品质量不高。在化解过剩产能过程中，要高度重视发挥科技创新的引领作用，强化原始创新、集成创新和引进消化吸收再创新，增强企业自主创新能力，着力提升传统产业在全球价值链中的地位。要积极组织实施改善消费品供给专项行动，满足国内消费需求升级的需要，以食品、药品为重点，加快国内质量安全标准与国际标准并轨。要对传统产业进行数字化、智能化改造，提高生产工艺的精细化水平，使传统产业在品牌和质量方面形成新的比较优势，持续提升传统产业的竞争力。

四是增强国内区域发展的协调性。区域产业结构同质化是造成传统产业产能过剩的另一个重要原因。要消除产能过剩，重塑传统产业比较优势，必须克服区域产业结构同质化。要着力实施“一带一路”建设、京津冀协同发展和长江经济带发展三大战略，积极落实《中国制造2025》规划，优化产业空间布局，做强做优区域特色产业，实现差异化、错位发展，打造新型区域比较优势，推动区域经济快速高效发展。

五是推进国际产能和装备制造合作。我国传统制造业门类齐全、技术成熟，具备开展国际产能和装备制造合作的优势和条件。当前，要以“一带一路”建设为统领，以钢铁、建材、铁路、电力、通信、工程机械、航空航天、船舶制造等行业为重点，采用境外投资、工程承包、技术合作、装备出口等方式，全方位开展国际产能和装备制造合作，推动装备、技术、标准、服务走出去。这既有助于打造传统产业新的比较优势，又有利于实现提高我国经济区域影响力的战略目标。

（本文原载于《求是》2016年第10期）

在推动供给侧结构性改革中创新宏观调控体制

推动供给侧结构性改革是我国当下及今后一个时期经济改革与发展的中心任务。加强供给侧结构性改革是党中央在科学判断中国经济发展新阶段的特点和规律性的基础上做出的重大决策，是科学认识新常态、主动适应新常态和自觉引领新常态的重大战略布局。供给侧结构性改革涉及经济运行的方方面面，在宏观层面更好发挥政府作用、提高供给管理水平，是供给侧结构性改革的重要内容之一，对深化供给侧结构性改革具有重要意义。

一、需求管理与供给管理的特点

需求管理与供给管理是宏观调控的两种具体形式。

宏观调控是市场经济条件下政府的一项经济职能，旨在利用经济、行政和法律手段对社会供求总量和结构进行调节和干预，促进经济增长，增加就业，稳定物价，保持国际收支平衡，以确保国民经济协调稳定健康快速运行。在社会主义市场经济条件下，强调市场在资源配置中发挥决定性作用的同时也要加强宏观调控。市场经济本质上是市场决定资源配置的经济，市场经济中的供求机制、价格机制和竞争机制对供求关系平衡具有一定的调节作用，但是，市场机制的调节作用存在着自发性、盲目性和滞后性等市场失灵问题，难以避免供求关系严重失衡，难以克服经济波动和危机，所以客观上需要通过政府加强宏观调控来弥补市场失灵，防止和克服社会供求总量和结构的失衡。

需求管理是宏观调控的重要形式之一。需求管理是一种间接性宏观调控体制，指在宏观经济调控中政府主要通过财政政策、货币政策等经济手段对市场进行调控，间接引导生产者做出扩大或减少投资的决策，引导消费者做出增加或减少消费的决策，以实现总供给和总需求的平衡。需求管理具有间接性、诱致性、广泛性和短期性特点。间接性是指政府利用价格、利率、税率、工资、汇率等经济杠杆对企业和消费者的决策活动进行调节，以达到供求平衡的目的。诱致性是指政府的宏观调控手段体现的是一种利益导向，它通过对决策主体经济利益的诱导达到宏观调控的目的，不是强制性地要求经济主体服从政府的调控要求。广泛性是指政府利用价格、利率、汇率等经济杠杆对所有经济主体的决策活动进行调节，而不是只针对特定经济主体。短期性是指政府根据宏观经济运行现状和短期趋势的判断进行调控，以求在短期内达到调控的目的。需求侧宏观管理的这些特点决定了需求管理具有自己的特定逻辑，即政府调控需求，需求引领供给。

与需求管理不同，供给管理则是一种结构性定向性宏观调控体制，指在宏观经济调控中政府主要基于国民经济发展规划和相应的产业政策确定的目标，通过经济、行政和法律手段对供给结构和供给活动进行定向调控，以实现总供给和总需求的结构平衡。供给管理具有较强的直接性、强制性、精准性和长期性特点。直接性是指政府运用经济的、行政的和法律的手段对包括产权结构、投融资结构、产业结构、产品结构等在内的供给结构进行直接干预，使其变化符合经济发展战略和宏观调控的目标，通过这种调控，政府往往能够对整个宏观经济运行形成较强的掌控。强制性是指政府对市场主体的决策行为和选择行为具有较强的约束力，要求市场主体的决策和选择服从宏观调控目标和任务，对符合宏观调控要求的市场主体会给予鼓励和支持，对不符合调控要求的市场主体则要给予批评和处罚。精准性是指政府根据国民经济发展规划和特定时期宏观调控的目标与任务对特定市场主体进行定向调控及重点调控，以达到迅速取得宏观调控效果的目的。长期性是指政府根据国民经济规划，从宏观经济运行的大趋势和总目标、总任务出发进行宏观调控，由供给侧宏观调控的特点所决定，供给管理具有自己的特定逻辑，即政府调控供给，供给创造需求。

与需求管理相比，供给侧宏观调控的最大不同点是具有较强的法律强制性，要求调控目标明确，重点突出，精准发力，速战速决，这是供给侧管理的最大优势。具体说来，供给侧宏观调控的优点是：有利于对现有企业进行快速的关停并转，淘汰落后产能；有利于对优秀企业进行精准定向支持，提升经济运行质量；有利于推动企业兼并重组，优化产业组织结构；有利于鼓励企业开展技术创新，形成自主创新能力；有利于优化产业结构，提高产业质量；有利于统筹兼顾、综合平衡，实现国民经济各部门协调发展。可见，供给管理与需求管理各有特点，将二者结合起来，有助于提高宏观调控水平，有助于防止经济比例关系失调，有助于克服总供给与总需求的失衡，有助于实现国民经济健康协调快速稳定地运行。

二、加强供给管理的必要性

1992年，党的十四大提出了我国经济体制改革的目标是建立社会主义市场经济体制。建立社会主义市场经济体制的关键问题是处理好政府与市场的关系，特别是处理好市场调节与宏观调控的关系。二十多年间，对政府与市场的关系，特别是市场调节与宏观调控的关系，我们党一直在根据实践拓展和认识深化寻找新的科学定位。党的十五大提出“使市场在国家宏观调控下对资源配置起基础性作用”，党的十六大提出“在更大程度上发挥市场在资源配置中的基础性作用”，党的十七大提出“从制度上更好发挥市场在资源配置中的基础性作用”，党的十八大提出“更大程度更广范围发挥市场在资源配置中的基础性作用”，在党的十八届三中全会关于《中共中央关于全面深化改革若干重大问题的决定》中进一步提出“使市场在资源配置中起决定性作用和更好发挥政府作用”。从这些探索可以看出，我们党对政府与市场关系的认识在不断深化。

随着市场在资源配置中的决定作用不断加强，一个以财政政策、货币政策等为主要内容的间接性宏观调控体系逐步形成，其基本特点是：

1. 以总量平衡作为调控的主要目标。宏观经济平衡被认为是总供给和总需求的量的平衡，宏观调控的总目标被确定为加强国民经济和社会发展中长期规划的研究与制定，提出发展的重大战略、基本任务和方针政策，把转变经济发展方式和推进结构调整、实现社会供求的总量平衡和结构平衡作为宏观调控的着力点。

2. 以反周期作为调控的主要任务。宏观调控的总目标是总供给与总需求的量的平衡，由于经济波动往往呈现出一定的周期性，所以宏观调控的主要责任就是对周期性波动进行干预，以便熨平经济波动峰谷。

3. 调控行为具有短期性。以总量和反周期作为宏观调控的主要内容，决定了宏观调控必须在短时间里减弱经济波动，化解经济危机，实现总供给与总需求的平衡。

4. 以间接调控作为调控的基本方式。政府不再直接对企业的生产活动进行管理，而是利用财政政策、货币政策等经济手段调节市场，进而间接影响企业微观经济行为，达到宏观调控的目标。

我国建立的宏观调控体系对实现社会供求的总量和结构平衡及国民经济健康稳定发展产生了积极作用。在应对2008年国际金融危机的冲击过程中，由于正确把握宏观调控方向、重点、节奏和力度，采取了一系列促进积极平稳较快发展的政策措施，我国迅速扭转和遏制了经济增速下滑的趋势，使中国经济率先走出低谷，经济回升向好的趋势不断得到巩固。但是，间接性宏观调控体系贯穿的基本逻辑依然是凯恩斯主义的需求管理逻辑，即政府干预市场，市场引导企业，亦即政府调节需求，需求引导供给。这种调控方式存在诸多不足：一是在解决总量失衡的短期问题上具有比较优势，而在解决结构失衡的长期问题上缺乏优势，当国民经济的总量和结构同时出现失衡时，调控的效果往往不明显；二是调控手段对经济主体具有诱致性而缺乏强制性，难以产生有力的调控效果；三是调控往往是在经济出现严重波动后进行的，而此时进行调控已经错过有效时机，调控的效果比较差；四是宏观调控手段简单，除了财政政策和货币政策外缺乏更多的政策选择。这些不足的存在大大抵消了需求侧宏观调控的效果。

目前，我国经济已经进入新常态，经济发展面临一些新情况、新问题，结构失衡已成为经济进一步发展的瓶颈，其主要表现是：在人口与劳动、资本和金融、资源和产权、技术与创新、产业积聚、规模经济、人力资本积累、知识外溢等问题对经济持续发展形成消极约束；资源、能源、环境约束加大，资金、土地、劳动力等要素成本上升，企业创新能力不强，高投入、高消耗、高污染的发展方式难以为继；供给结构不适应市场需求，既存在低端产业的严重产能过剩，也存在着中高端产品和现代服务业的有效供给不足；经济增速放缓，经济下行压力比较大。这些问题靠传统的需求管理已经解决不了，必须加强供给管理。

2015年底召开的中央经济工作会议将加强供给侧结构性改革提高到十分重要的地位，明确指出供给侧结构性改革的重点是解放和发展社会生产力，要用改革的办法推进结构调整，减少无效和低端供给，扩大有效和中高端供给，增强供给结构对需求变化的适应性和灵活性。供给侧结构性改革，既强调供给又关注需求，既突出发展社会生产力又注重完善生产关系，既发挥市场在资源配置中的决定性作用又更好发挥政府作用，既着眼当前又立足长远。

经济发展新常态、五大创新理念和供给侧结构性改革等重大理论创新成果对创新与完善宏观调控方式具有十分重要的指导意义，它要求宏观调控既要重视需求侧管理，更要加强供给侧管理。对于需求侧宏观管理而言，要稳字当头，为结构性改革营造稳定的宏观经济环境，财政政策要加大力度，阶段性提高财政赤字率，适当增加必要的财政支出和政府投资的同时，保障政府应该承担的支出责任。货币政策要灵活适度，为结构性改革营造适宜的货币金融环境，降低融资成本，保持流动性合理充裕和社会融资总量适度增长。要科学确立间接融资与直接融资比重，优化信贷结构，稳定推进汇率形成机制改革；对供给侧管理而言，要准确定位结构性改革方向，大力推进农业现代化、加快制造强国建设、加快服务业发展、提高基础设施网络化水平等，推动形成新的增长点，要坚持创新驱动，注重激活存量，着力补齐短板，加快绿色发展，发展实体经济。目前供给侧宏观管理的重点是促进产能过剩有效化解，促进产业优化重组，降低企业成本，发展战略性新兴产业和现代服务业，增加公共产品和服务供给，提高供给结构对需求变化的适应性和灵活性。

三、正确认识供给管理

有一种观点认为中央提出加强供给侧管理是借鉴和吸取了美国供给学派与里根经济学的主张及做法，这一认识是完全错误的。20 世纪 80 年代初，针对经济停滞、失业率高启的困难局面，美国总统罗纳德•里根接受美国供给学派提出的主张，放弃了传统的凯恩斯主义国家干预政策，实施了一套以大规模减税、缩小政府开支、放松政府管制、削弱政府干预、强化市场自发调节为主要内容的经济纲领，力图推动经济增长，降低失业率，这套做法被称为里根经济学。历史经验表明，里根政府信奉供给主义经济学，大力削弱政府干预和强化市场自发调节，并没有解决经济停滞和通货膨胀问题，反而使美国经济的内在矛盾进一步激化，催生金融和经济危机：（1）投资自由化驱使垄断资本大规模进行对外直接投资，大量传统产业，如服装、鞋帽、纺织、造船、炼钢、电子等，转移到发展中国家，加快了去工业化和产业空心化进程，导致美国制造业严重萎缩；（2）金融自由化旨在为庞大的金融资本寻找谋利机会，金融机构突破原有的专业分工界限，综合经营各种金融业务，银行和非银行存款机构间的利率限制差距被取消；（3）金融工具不断创新，传统信贷业务逐年减少，银行业脱媒趋势加剧；（4）融资方式的证券化趋势出现，金融风险不断扩大；（5）经济的服务化和金融化程度不断提高，虚拟经济与实体经济严重脱节；（6）减税导致政府财政赤字不断攀升，债台高筑，寅吃卯粮；（7）政府放松管制，限制工会活动，公司高管薪酬不断上升，高出普通工人数百倍以上，收入不平等加剧；（8）经济增速低迷，产品竞争力不断下降，外贸赤字激增。所有这一切最终导致2008年金融危机的爆发，美国经济受到重创，世界经济也遭受严重拖累，至今没有走出停滞阴影。供给主义经济学和里根经济学理论上逻辑严重混乱，实践上也未达到预期目的，早已破产并被历史唾弃，根本没有资格也不可能成为我们加强供给管理的指导思想和理论基础，绝不能将供给管理与供给主义经济学和里根经济学混为一谈。

加强供给管理也不是要实行计划经济。传统的集中计划经济是以行政命令调节资源配置的经济形式，它要求实行生产资料的单一公有制，由国家统一组织和管理国民经济，这一体制已经被实践证明不符合生产力发展的要求，实行集中计划经济无助于解决今天我们面临的经济发展问题。加强供给管理是以社会主义市场经济为基础的，要体现社会主义市场经济的要求，这就是，一方面要尊重企业的市场供给主体地位，充分尊重企业经营自主权，充分发挥市场在资源配置中的决定作用，激发各类市场主体创业、创新活力；另一方面要尊重和利用按比例发展规律，基于经济和社会发展规划，运用经济的、行政的和法律的手段对企业的投融资行为与生产行为从需求和供给两方面进行干预，确保社会总供给和总需求在结构上与总量上保持平衡。虽然供给管理具有较强的直接性、强制性、倾斜性和事前性，但是，它与集中计划经济中的事无巨细、无所不包的行政命令管理完全不同，也不是要替代需求管理，而是与需求管理密切配合，相辅相成，发挥各自优势，共同完成宏观调控任务，实现宏观调控目标。

四、创新和完善宏观调控体制

我国宏观调控体系是随着社会主义市场经济的发展而不断健全和完善的，在经济发展进入新常态的情况下，为了适应新常态和引领新常态，进一步创新和完善宏观调控体制势在必行。要坚持需求管理和供给管理并重，把产业政策和竞争政策有机结合起来，大胆探索创新政策工具，盘活存量、用好增量，有保有压、有扶有控，保持经济运行在合理区间，推动结构调整优化，提高经济质量效益。

其一，要依据国家中长期发展规划目标和总供求格局实施宏观调控。国民经济和社会发展中长期规划体现了国家意志、人民愿望和对发展规律的把握，明确了国家发展战略目标和重点任务，是引导经济社会发展的重要纲领和制定宏观经济政策的主要依据。要立足于我国长期处于社会主义初级阶段这个最大的现实，坚持以经济建设为中心，以经济体制的改革带动经济的发展，利用发展来解决我国在发展的各个阶段所面临的问题。“十三五”期间要以五大创新理念为指导，宏观调控要更加注重扩大就业、稳定物价、调整结构、提高效益、防控风险、保护环境，要完善以财政政策、货币政策、产业政策为主，区域政策、投资政策、消费政策、价格政策协调配合的政策体系，增强财政货币政策协调性。

其二，坚持总量调控与结构调控相结合。实施宏观调控要把握好稳增长和调结构的平衡点，一方面，保持经济总量基本平衡，把握好总供求关系的新变化，明确经济增长合理区间的上下限，加强区间调控、相机调控，加强政策预研储备，备好用好政策工具箱。另一方面，依据国家中长期发展规划目标和总供求格局实施结构性宏观调控，重视产业政策的制定，明确政策基调，增强可预期性和透明度，加大结构定向调控力度，增强针对性和准确性。要瞄准经济运行中的结构性矛盾，如不平衡、不协调、不可持续等，统筹施策、精准发力，推动重大经济结构协调和生产力布局优化，努力提高经济发展的质量和效益。

其三，坚持短期调控与中长期调控相结合。宏观调控要立足当前、兼顾长远，既有利于解决当前面临的矛盾，也为长远发展打好基础。一方面，增强宏观调控的针对性、有效性，通过预调微调，搞好需求管理，促使总需求与总供给基本平衡，熨平短期经济波动，保持经济运行在合理区间，防范化解各种经济风险。另一方面，着眼于改善中长期供给能力，大力实施创新驱动发展战略，培育新的经济增长点、增长极、增长带，加快推动经济结构优化，不断提高要素产出效率，促进经济提质增效升级，提升经济潜在增长能力，为经济持续健康发展奠定坚实基础。特别需要指出的是，中长期宏观调控应当成为宏观调控的主体，短期调控只具有辅助性，尤其是不能把相机调控作为宏观调控的主体。古语说得好，“人无远虑，必有近忧”，这句话用于宏观调控非常贴切。宏观调控必须立足长远，放眼世界，观大势，谋大局，只有这样才能真正发挥宏观调控的功能。如果宏观调控只盯着眼前的经济状况，头痛医头，脚痛医脚，必然会使宏观调控成效大打折扣，经济运行中存在的矛盾和问题会不断积累，直到发生系统性经济波动和危机，到那时再加强宏观调控已无济于事了。西方国家的宏观调控在这方面积累的教训很多，必须认真总结和吸取，以免重蹈覆辙。

其四，坚持国内和国际宏观调控统筹。我国经济已经深度融入世界经济，国际投资贸易格局变化、世界资本流动、大宗商品价格波动、主要经济体经济政策调整都会不同程度传导、影响到国内经济运行。在这样的大背景下，宏观调控必须具备全球视野，统筹两个市场、两种资源，更多参与国际宏观经济政策协调，推动国际经济治理结构完善。要加快形成参与国际宏观经济政策协调的机制，主动加强与主要经济体的政策协调和沟通，更加积极地参与多双边国际经济合作，提升国际话语权，推动国际宏观经济治理结构改革，促进国际经济秩序更加公正合理。“一带一路”是我国参与和推动国际经济合作、扩大国际经济联系的重要举措，是我国开展国际宏观经济调控的重要平台和依托。我们要在推进“一带一路”建设过程中坚持共商、共建、共享，加强政策沟通、设施联通、贸易畅通、资金融通、民心相通，推进国际产能和装备制造合作，拓展发展空间，为世界经济稳定复苏做出积极贡献。

其五，建立风险识别和预警机制。宏观调控的重要职能是维护和实现宏观经济协调稳定运行，而防患于未然是更为重要的职能。为此，要加强对国内外政治和经济形势的密切观察和跟踪，有效防范和化解突出风险隐患。要坚持预防为主的调控原则，就是说，要把国际国内重点领域重大风险作为重点，加强信息搜集和分析整理，建立健全风险识别和监测预警体系，做好应对预案，最大限度地争取主动，将经济波动和危机消弭于萌芽状态。要根据经济和社会发展的实际确定风险防范重点领域。目前财政、金融、能源、矿产资源、水资源、粮食、生态环保、安全生产、网络安全等方面的风险防控具有十分重要的意义，要将这些领域作为重点防控对象。要加强宏观调控政策分析评估机制建设。政策分析评估机制的主要任务是对宏观调控政策的背景、力度、效果及可能产生的影响进行分析和量化测算，统筹进行政策综合评估和协调，增强宏观调控政策体系的有效性。

其六，增强宏观调控的精准性。决定宏观调控成效的关键是精准性。精准性强调的是宏观调控要准确把握政策的方向、力度和节奏，对调控目标准确发力。进行精准性宏观调控，不仅要对宏观调控措施进行精心考虑和精密设计，在充分调查研究和充分思考的基础上推进政策的实施，不要过犹不及，而且还要对宏观调控政策有序实施，对政策实施的时机把握要准确，并根据经济领域出现严重的突发事件对宏观调控的方向进行有针对性的调整，做到审时度势，准确发力，既不能盲目出击，更不要动作迟缓。盲目出击和迟缓拖延不但造成宏观调控的失效，还有可能放大经济问题，造成更为严重的经济波动甚至危机后果。

其七，完善宏观调控政策体系。宏观调控的主要任务是保持经济总量平衡，促进重大经济结构协调和生产力布局优化，减缓经济周期波动影响，防范区域性、系统性风险，稳定市场预期，实现经济持续健康发展。这些任务通常并不是单一的、孤立的，而是重叠在一起，具有明显的叠加性和复合性。为了确保宏观调控任务的完成，必须从宏观调控任务的这一特性出发，完善宏观调控政策体系，综合运用宏观调控政策手段进行宏观调控。宏观政策体系包括财政政策、货币政策、产业政策、区域政策、投资政策、消费政策、价格政策等。为了使经济政策更有针对性，要加强宏观经济理论研究，要围绕制约经济社会发展的深层次矛盾和问题深入开展研究，提出宏观经济理论。要在科学的宏观经济理论的指导下形成并提出战略构想、发展规划、政策思路、改革方案和重大工程，进而提出相应的宏观经济政策。各种宏观经济政策要科学搭配，有机结合，形成有机整体。要学会科学利用宏观政策体系进行综合调控，增强宏观调控的前瞻性、针对性、协同性，把握好各类政策的方向、力度、节奏和出台时机，避免政策效力过度叠加或相互抵消，形成调控合力。

参考文献

[1] 何自力：《新常态下需要进一步壮大国有经济》，http://news.Nankai.Edu.cn / nkzs / system /2015 /02 /03 /000220314.shtml。

[2] 何自力：《做好经济摸底，发力供给侧宏调》，《环球时报》，2016 年 2 月 3 日。

[3] 周晓菲、何自力：《感触信仰的温度》，《光明日报》，2015 年 4 月 27 日。

（本文原载于《财经理论研究》2016 年第 2 期）

论供给管理的特点及其必要性

2015 年 12 月底闭幕的中央经济工作会议将推动供给侧结构性改革确定为我国当下及今后一个时期经济改革与发展的中心任务，这是我们党对社会主义市场经济运动规律的认识进一步深化的体现，是我们党在经济发展新常态下科学认识新常态、主动适应新常态和自觉引领新常态的重大战略布局。供给侧结构性改革涉及经济运行的方方面面，在宏观层面更好发挥政府作用，提高供给管理水平，是供给侧结构性改革的重要内容之一，对深化供给侧结构性改革具有重要意义。

一、需求管理与供给管理的特点

需求管理与供给管理是宏观调控的两种具体形式。

宏观调控是市场经济条件下政府的一项经济职能，旨在利用经济、行政和法律手段对社会供求总量和结构进行干预，促进经济增长，增加就业，稳定物价，保持国际收支平衡，以确保国民经济协调稳定健康快速运行。在社会主义市场经济条件下，强调市场在资源配置中发挥决定性作用的同时也要加强宏观调控。市场经济本质上是市场决定资源配置的经济，市场经济中的供求机制、价格机制和竞争机制对供求关系平衡具有一定的调节作用，但是，市场机制的调节作用存在着自发性、盲目性和滞后性等市场失灵问题，难以避免供求关系严重失衡，难以克服经济波动和危机，所以客观上需要通过政府加强宏观调控来弥补市场失灵，防止和克服社会供求总量和结构的失衡。

作为宏观调控的重要形式之一，需求管理是一种总量导向的宏观调控体制，指在宏观经济调控中政府主要通过财政政策、货币政策等经济手段对需求总量进行调控，间接引导生产者增加供给，以实现总供给和总需求的平衡。需求管理具有间接性、诱致性、广泛性和短期性。间接性是指政府利用价格、利率、税率、工资、汇率等经济杠杆对企业和消费者的决策活动进行调节，以达到供求平衡的目的。诱致性是指政府的宏观调控手段体现的是一种利益导向，它通过对决策主体经济利益的诱导达到宏观调控的目的，不是强制性地要求经济主体服从政府的调控要求。广泛性是指政府利用价格、利率、汇率等经济杠杆对所有经济主体的决策活动进行调节，而不是只针对特定经济主体。短期性是指政府根据宏观经济运行现状和短期趋势的判断进行调控，以求在短期内达到调控的目的。需求侧宏观管理的这些特点决定了需求管理具有自己的特定逻辑，即政府调控需求，需求引领供给。

与需求管理不同，供给管理则是一种结构导向的宏观调控体制，指在宏观经济调控中政府主要基于国民经济发展规划和相应的产业政策确定的目标，通过经济、行政和法律手段对供给结构和供给活动进行定向调控，以实现总供给和总需求的平衡，供给管理具有较强的直接性、强制性、精准性和长期性特点。直接性是指政府运用经济的、行政的和法律的手段对包括产权结构、投融资结构、产业结构、产品结构等在内的供给结构进行直接干预，使其变化符合经济发展战略和宏观调控的目标，通过这种调控，政府往往能够对整个宏观经济运行形成较强的掌控。强制性是指政府对市场主体的决策行为和选择行为具有较强的约束力，要求市场主体的决策和选择服从宏观调控目标和任务，对符合宏观调控要求的市场主体给予鼓励和支持，对不符合调控要求的市场主体则要给予批评和处罚。精准性是指政府根据国民经济发展规划和特定时期宏观调控的目标和任务对特定市场主体进行定向调控与重点调控，以达到迅速取得宏观调控效果的目的。长期性是指政府根据国民经济规划，从宏观经济运行的大趋势和总目标、总任务出发进行宏观调控，由供给侧宏观调控的特点所决定，供给管理具有自己的特定逻辑，即政府调控供给，供给创造需求。

与需求管理相比，供给侧宏观调控的最大不同点是具有较强的定向性，要求调控目标明确，重点突出，精准发力，这是供给侧管理的最大优势。具体说来，供给侧宏观调控的优点是：有利于对现有企业进行快速的关停并转，淘汰落后产能；有利于对优秀企业进行精准定向支持，提升经济运行质量；有利于推动企业兼并重组，优化产业组织结构；有利于鼓励企业开展技术创新，形成自主创新能力；有利于优化产业结构，提高产业质量；有利于统筹兼顾、综合平衡，实现国民经济各部门协调发展。

可见，供给管理与需求管理各有特点，将二者结合起来，有助于提高宏观调控水平，有助于防止经济比例关系失调，有助于克服总供给与总需求的失衡，有助于实现国民经济健康协调快速稳定地运行。

二、加强供给管理的必要性

1992 年，党的十四大提出了我国经济体制改革的目标是建立社会主义市场经济体制。建立社会主义市场经济体制的关键问题是处理好政府与市场的关系，特别是处理好市场调节与宏观调控的关系。二十多年间，对政府与市场的关系，特别是市场调节与宏观调控的关系，我们党一直在根据实践拓展和认识深化寻找新的科学定位。党的十五大提出“使市场在国家宏观调控下对资源配置起基础性作用”，党的十六大提出“在更大程度上发挥市场在资源配置中的基础性作用”，党的十七大提出“从制度上更好发挥市场在资源配置中的基础性作用”，党的十八大提出“更大程度更广范围发挥市场在资源配置中的基础性作用”，在党的十八届三中全会关于《中共中央关于全面深化改革若干重大问题的决定》中进一步提出“使市场在资源配置中起决定性作用和更好发挥政府作用”。从这些探索可以看出，我们党对政府与市场关系的认识在不断深化。

随着市场在资源配置中的决定作用不断加强，一个以财政政策、货币政策等为主要内容的间接性宏观调控体系逐步形成，其基本特点是：（1）以总量平衡作为调控的主要目标。宏观经济平衡被认为是总供给和总需求的平衡，宏观调控的总目标被确定为加强国民经济和社会发展中长期规划的研究和制定，提出发展的重大战略、基本任务和方针政策，把转变经济发展方式和推进结构调整、实现社会供求的总量平衡和结构平衡作为宏观调控的着力点。（2）以反周期作为调控的主要任务。宏观调控的总目标是总供给与总需求的量的平衡，由于经济波动往往呈现出一定的周期性，所以宏观调控的主要责任就是对周期性波动进行干预，以便熨平经济波动峰谷。（3）调控行为具有短期性。以总量和反周期作为宏观调控的主要内容，决定了宏观调控必须在短时间里减弱经济波动，化解经济危机，实现总供给与总需求的平衡。（4）以间接调控作为调控的基本方式。政府不再直接对企业的生产活动进行管理，而是利用财政政策、货币政策等经济手段调节市场，进而间接影响企业微观经济行为，达到宏观调控的目标。

我国建立的宏观调控体系对实现社会供求的总量和结构平衡及国民经济健康稳定发展产生了积极作用。在应对 2008 年国际金融危机的冲击过程中，由于正确把握宏观调控方向、重点、节奏和力度，采取了一系列促进积极平稳较快发展的政策措施，我国迅速扭转和遏制了经济增速下滑的趋势，使中国经济率先走出低谷，经济回升向好的趋势不断得到巩固。但是，间接性宏观调控体系贯穿的基本逻辑依然是凯恩斯主义的需求管理逻辑，即政府干预市场，市场引导企业，亦即政府调节需求，需求引导供给。这种调控方式存在诸多不足：一是在解决总量失衡的短期问题上具有比较优势，而在解决结构失衡的长期问题上缺乏优势，当国民经济的总量和结构同时出现失衡时，调控的效果往往不明显；二是调控手段对经济主体具有诱致性而缺乏强制性，难以产生有力的调控效果；三是调控往往是在经济出现严重波动后进行的，而此时进行调控已经错过有效时机，调控的效果比较差；四是宏观调控手段简单，除了财政政策和货币政策外缺乏更多的政策选择。这些不足的存在大大抵消了需求侧宏观调控的效果。

目前，我国经济已经进入新常态，经济发展面临一些新情况、新问题，结构失衡已成为经济进一步发展的瓶颈，其主要表现是：在人口与劳动、资本和金融、资源和产权、技术与创新、产业积聚、规模经济、人力资本积累、知识外溢等问题对经济持续发展形成消极约束；资源、能源、环境约束加大，资金、土地、劳动力等要素成本上升，企业创新能力不强，高投入、高消耗、高污染的发展方式难以为继；供给结构不适应市场需求，既存在低端产业的严重产能过剩，也存在着中高端产品和现代服务业的有效供给不足；经济增速放缓，经济下行压力比较大。这些问题靠传统的需求管理已经解决不了，必须加强供给管理。

2015 年底召开的中央经济工作会议将加强供给侧结构性改革提高到十分重要的地位，明确指出供给侧结构性改革的重点是解放和发展社会生产力，要用改革的办法推进结构调整，减少无效和低端供给，扩大有效和中高端供给，增强供给结构对需求变化的适应性和灵活性，提高全要素生产率。供给侧结构性改革，既强调供给又关注需求，既突出发展社会生产力又注重完善生产关系，既发挥市场在资源配置中的决定性作用又更好发挥政府作用，既着眼当前又立足长远。

经济发展新常态、五大创新理念和供给侧结构性改革等重大理论创新成果对创新与完善宏观调控方式具有十分重要的指导意义，它要求宏观调控既要重视需求侧管理，更要加强供给侧管理。对于需求侧宏观管理而言，要稳字当头，为结构性改革营造稳定的宏观经济环境，财政政策要加大力度，实行减税政策，阶段性提高财政赤字率，适当增加必要的财政支出和政府投资，主要用于弥补降税带来的财政减收，保障政府应该承担的支出责任，货币政策要灵活适度，为结构性改革营造适宜的货币金融环境，降低融资成本，保持流动性合理充裕和社会融资总量适度增长，扩大直接融资比重，优化信贷结构，完善汇率形成机制；对供给侧管理而言，要准确定位结构性改革方向，大力推进农业现代化、加快制造强国建设、加快服务业发展、提高基础设施网络化水平等，推动形成新的增长点，要坚持创新驱动，注重激活存量，着力补齐短板，加快绿色发展，发展实体经济。目前供给侧宏观管理的重点是促进产能过剩有效化解，促进产业优化重组，降低企业成本，发展战略性新兴产业和现代服务业，增加公共产品和服务供给，提高供给结构对需求变化的适应性和灵活性。

三、正确认识供给管理

有一种观点认为中央提出加强供给侧管理是借鉴和吸取了美国供给学派与里根经济学的主张及做法，这一认识是完全错误的。20 世纪 80 年代初，针对经济停滞、失业率高启的困难局面，美国总统罗纳德·里根接受美国供给学派提出的主张，放弃了传统的凯恩斯主义国家干预政策，实施了一套以大规模减税、缩小政府开支、放松政府管制、削弱政府干预、强化市场自发调节为主要内容的经济纲领，力图推动经济增长，降低失业率，这套做法被称为里根经济学。历史经验表明，里根政府信奉供给主义经济学，大力削弱政府干预和强化市场自发调节，并没有解决经济停滞和通货膨胀问题，反而使美国经济的内在矛盾进一步激化，催生金融和经济危机：投资自由化驱使垄断资本大规模进行对外直接投资，大量传统产业，如服装、鞋帽、纺织、造船、炼钢、电子等，转移到发展中国家，加快了去工业化和产业空心化进程，导致美国制造业严重萎缩；金融自由化旨在为庞大的金融资本寻找谋利机会，金融机构突破原有的专业分工界限，综合经营各种金融业务，银行和非银行存款机构间的利率限制差距被取消；金融工具不断创新，传统信贷业务逐年减少，银行业脱媒趋势加剧；融资方式的证券化趋势出现，金融风险不断扩大；经济的服务化和金融化程度不断提高，虚拟经济与实体经济严重脱节；减税导致政府财政赤字不断攀升，债台高筑，寅吃卯粮；政府放松管制，限制工会活动，公司高管薪酬不断上升，高出普通工人数百倍以上，收入不平等加剧；经济增速低迷，产品竞争力不断下降，外贸赤字激增。所有这一切最终导致 2008 年金融危机的爆发，美国经济受到重创，世界经济也遭受严重拖累，至今没有走出停滞阴影。供给主义经济学和里根经济学理论上逻辑严重混乱，实践上也未达到预期目的，早已破产并被历史唾弃，根本没有资格也不可能成为我们加强供给管理的指导思想和理论基础，绝不能将供给管理与供给主义经济学和里根经济学混为一谈。

社会上还有一种观点认为，加强供给侧宏观管理是要回到计划经济、走回头路，这是完全错误的。传统的集中计划经济是以行政命令调节资源配置的经济形式，它要求实行生产资料的单一公有制，由国家统一组织和管理国民经济，这一体制已经被实践证明不符合我国目前生产力发展水平，也无助于解决今天我们面临的经济发展问题。加强供给侧管理是以社会主义市场经济为基础的，要体现社会主义市场经济的要求，这就是，一方面要尊重企业的市场供给主体地位，充分尊重企业经营自主权，充分发挥市场在资源配置中的决定作用，激发各类市场主体创业、创新活力；另一方面要尊重和利用按比例发展规律，基于经济和社会发展规划，运用经济的、行政的和法律的手段对企业的投融资行为与生产行为从需求侧和供给侧两方面进行干预，确保社会总供给和总需求在总量上和结构上保持平衡。虽然供给侧管理具有较强的直接性、强制性、精准性和长期性特点，但是，它与集中计划经济中的事无巨细、无所不包的行政命令管理完全不同，也不是要替代需求侧管理，而是与需求侧管理密切配合，相辅相成，发挥各自优势，共同完成宏观调控任务，实现宏观调控目标。

参考文献

[1] 徐绍史：《创新和完善宏观调控方式》，《人民日报》，2015 年 12 月 1 日。
[2] 本书编写组：《〈中共中央关于制定国民经济和社会发展第十三个五年规划的建议〉辅导读本》，北京：人民出版社，2015 年。

（本文原载于《理论与改革》2016 年第 4 期）

中国经济具备长时期保持中高速增长的潜力动力

自2011年以来中国经济呈现持续下行态势，近期股市出现较大跌幅，人民币也呈现贬值态势，面对这些情况，国内外舆论界又有人开始唱衰中国经济。其实，中国经济固然出现与昔日高速增长反差明显的下行态势，股市与汇市也出现一些新情况，但是看经济，既要看现实的表现，也要看发展的基础和趋势。中国经济的基础条件和基本面依然处于良好状态，具备在比较长的时期内保持中高速增长的潜力和动力。

在经济全球化背景下，观察中国经济的现状和发展趋势，不能不对世界经济，特别是发达经济体的经济状况有所了解。中国经济正经历深度融入世界经济的过程，与各国建立了密切联系，形成了中国经济离不开世界，世界经济也需要中国的格局。后危机时代，曾经是世界经济引擎的欧洲、日本、美国经济陷入严重衰退，复苏之路艰难曲折。中国经济在过去30多年间与这三大经济体形成密切联系，中国从这些国家吸收了大量资金和比较先进的技术，同时中国大量质优价廉的消费品和工业制成品保持了这些国家民众较高的生活水平，这种互有需求的经济关系既拉动了这些国家的经济增长，也推动了中国经济的发展。但是国际金融危机之后，维系这种关系的背景发生深刻变动，对世界经济影响极大，也成为当前经济下行压力的一个部分。

中国经济受外部环境的影响呈现下行态势是客观事实，但是中国经济不会不可遏制地下行，更不会像有些人预言的那样走向崩溃，中国完全有条件、有能力制止经济下行，并实现经济的中高速增长。这种信心源自中国经济的客观基础和有利条件。其一，中国是世界第一制造大国，显著优势是产业链完整，这是中国经济竞争力的主要来源。中国是工业化的后来者，用30多年的时间走完了西方国家200多年走过的工业化道路，成为世界上唯一拥有联合国产业分类中全部工业门类（39个工业大类、191个中类、525个小类）的国家，形成了门类齐全、独立完整的工业体系。小到螺丝钉等基础零件，大至通讯、航天、高铁，完整的产业链条确保中国能够牢牢巩固自己在世界工业市场中不可替代的地位，中国完全可以凭借这一巨大制造业优势不断保持和提升竞争力，为实现经济中高速增长提供强大动力；其二，工业现代化、信息化、城镇化和农业现代化“四化”并举，特别是信息技术与制造业的深度融合，大幅度提升了加工制造的智能化水平，将会对制造业提质增效产生巨大促进作用。城镇化和农业现代化将大大提高区域集聚度、产业集聚度，扩大农业产业化经营规模，推动以城带乡、以工带农的城乡一体化水平的提高，产生巨大的投资机会和消费需求，使中国经济获得新的持续发展动力；其三，中国广袤的国土有待深度治理，其中包括江河湖泊的污染治理、土地质量改进和生态恢复、森林和草原的养护和开发等，这些都蕴含着巨大商机，有助于拉动经济增长；其四，广大农村和偏远山区防震等级低下的危房、旧房改造、城镇棚户区改造等是房地产行业发展的新亮点，构成经济增长的新动力；其五，大中小城市地下排水、输电、送气等管网设施改造和完善已成当务之急，并构成增长动力；其六，中国人口众多，随着收入的增加，对卫生、教育、保健、体育、养老、旅游等的要求会越来越大，形成巨大的消费潜力，对经济有很大的拉动作用；其七，计算机产品和制造程序的改善创新优势显著，移动互联网和移动支付居世界领先地位，智能手机、社交媒体和电子商务的普及水平超过世界任何地方，它们构成了实现中高速增长的无限潜力和动力；其八，高铁技术、核电技术、通信技术以及庞大的装备制造业形成了新的竞争优势，出口竞争力不断提高，对中国经济增长发挥重要的引擎作用。

除了对中国经济实现中高速增长的客观基础和有利条件充满信心之外，我们党和政府正在通过不断改善经济结构，努力转变发展方式，积极深化体制改革，将经济增长的可能动力转变成现实动力，切实保证中高速经济增长目标的实现。

一、始终坚持改革的社会主义方向不动摇。社会主义基本经济制度是社会主义市场经济的坚实基础，坚持改革的社会主义方向就是要坚持以公有制为主体、多种所有制经济共同发展的基本经济制度。在社会主义基本经济制度及其实现形式的基础上推动并实现发展方式由数量型向质量型转变、经济结构由低端向中高端转变，是中国特色社会主义经济发展道路的重要内容，也是实现中国经济中高速运行的重要制度条件，那种认为只有全盘私有化和完全市场化才能提高经济运行质量与效率的观点和主张是完全错误的。

二、实施积极的财政政策和更加宽松的货币政策。市场自发调节机制具有短期性、盲目性和时滞性的特点，面对外部经济环境恶化、经济呈现持续下行态势，单纯的市场调节是无能为力的。因此，必须更好发挥政府作用，加强政府的宏观调控职能，综合运用经济的、行政的和法律的手段进行调控。后金融危机时代中国的债务规模与许多国家相比是很小的，面对经济下行的形势，实施积极财政政策是有空间的。与多数国家相比，后危机时代中国的货币政策呈现稳健特点，实行积极的财政政策和宽松一些的货币政策十分必要，财政政策和货币政策双管齐下，精准发力，有助于制止经济下行和实现经济中高速运行。

三、切实发挥骨干企业的火车头和助推器作用。我国国有大中型骨干企业，仍然是支撑我国经济发展的重要动力。目前，中国已经形成了劳动密集型产业为基础，资金密集型产业为骨干，技术密集型产业为目标的产业发展格局，与西方只有技术密集型产业一枝独秀，其他产业萎缩凋零的畸形格局相比，中国的产业格局显示出巨大的优越性和竞争力。国有企业经济实力雄厚，运营规模庞大，组织体系严密，人力资源丰富，管理制度严格，适应重化工业和战略性新兴产业发展对企业制度创新的要求，是最适合劳动密集型、资金密集型和战略性新兴产业有机统一、协同发展的企业组织形式。在经济新常态下，只要我们高度重视并发挥国有经济对于提质增效、扩大就业、增强国家竞争力的火车头和助推器作用，就能切实保证中高速经济增长目标的实现。

四、高度重视并发挥投资在经济增长中的关键作用。生产资料优先增长规律是工业化大生产的特殊规律，投资在经济增长中发挥关键作用是这一规律的具体体现，具有客观必然性，不以人的意志为转移。投资对经济增长的推动作用是通过发展制造业实现的。制造业曾经是西方发达经济体的支柱产业，是投资的主要目标产业，随着去工业化和产业空心化的发生，现在的西方发达经济体制造业已经严重萎缩，投资失去目标和动力，无法拉动经济增长，教训十分深刻。中国正处在产业结构调整、经济转型升级的重要阶段，但这并没有改变制造业作为经济发展和产业发展的主体与核心的地位，推动以创新为基础的制造业投资将进一步巩固经济增长的物质技术基础，轻视高新技术的投资会导致工业化进程停滞，实体经济萎缩，经济增长缓慢，民生改善失去物质保障。当下，推动中国制造由大变强是当务之急，要加快实施“中国制造 2025”和“互联网＋”行动，努力克服创新能力弱、产品附加值不高、管理和销售服务落后、资源环境约束加剧等问题，通过创业创新助推产业和技术变革，通过体制创新增强聚集各类创新资源的能力和内生创新活力，让更多有生命力的前沿技术和新兴产业集群蓬勃发展，铸就中国制造业新辉煌，促进经济中高速增长，迈向中高端水平。

五、努力打造国际竞争新优势，积极引领经济全球化进入新阶段。2008年全球金融危机爆发使世界经济格局发生重大变化，美国、欧盟、日本的引擎作用已明显减弱，新兴经济体特别是中国成为世界经济和经济全球化进程的主要推动力量。中国是世界第二大经济体，中国经济发展对世界经济的影响举足轻重，这决定了中国经济不能被动地适应外部经济环境，而应当努力打造国际竞争新优势，积极参与并引领经济全球化进程。打造国际竞争新优势，就是要瞄准世界产业技术发展前沿，加快 3D 打印、高档数控机床、工业机器人等新技术新装备的运用与制造，以个性化定制对接国内外海量用户，以智能制造满足国内外市场需要，以绿色生产赢得可持续发展未来，突破发达国家先进技术与发展中国家低成本竞争的双重挤压，使中国装备价格优势叠加性能、质量优势，为国际产能合作拓展更大空间，推动中国经济和世界经济合作发展、共同发展和可持续发展。作为积极参与和引领经济全球化的重要步骤，目前应当做好"一带一路"计划实施和亚投行建立与运营工作，这不但对推动国际经济秩序创新、改革和完善全球治理体系、加快亚洲区域经济一体化进程有重要的战略意义，而且对制止经济下行、实现经济中高速运行具有重要的现实意义。

（本文原载于《经济日报》2015 年 8 月 28 日）

“四个没有变”彰显中国经济发展前景广阔

习总书记在东北老工业基地视察期间强调指出，我国经济形势和运行态势总体是好的，经济发展长期向好的基本面没有变，经济韧性好、潜力足、回旋空间大的基本特质没有变，经济持续增长的良好支撑基础和条件没有变，经济结构调整优化的前进态势没有变。这“四个没有变”的判断是准确客观的，对国内外唱衰中国甚至企图做空中国经济的声音是有力的回击，对我们坚持中国特色社会主义道路，推动中国经济继续向好发展是极大的鼓舞。

中国经济基本面向好发展在世界经济复苏缓慢的大背景下呈现耀眼光芒。自2008年金融危机爆发以来，曾经是全球经济增长引擎的发达经济体经济陷入严重停滞，复苏前景渺茫。新兴经济体受发达经济体经济停滞的外溢效应的影响，经济出现严重下行态势，结构调整任务艰巨。在金融危机的冲击下，中国经济出现产能过剩扩大、出口规模缩小、经济增速减缓的新问题、新情况。但是，与世界其他主要经济体经济持续低迷，复苏迟缓的状况相比，中国经济下行的速度很平缓，经济增速仍在世界主要国家中名列前茅，就业、投资、消费、物价等反映经济运行质量的重要指标表现良好，经济结构调整保持优化态势，高科技产业的增速更是非常抢眼，经济运行基本面呈现积极向好发展态势，可谓风景这边独好。

中国经济基本面向好发展立足于社会主义现代化建设的重要成果，即强大的制造业基础。西方发达经济体发生金融危机的重要原因之一是去工业化和产业空心化，虚拟经济与实体经济严重脱节，经济刺激政策已难以推动投资和消费，致使经济复苏缺乏动力。新中国成立后，特别是经过改革开放30多年来的艰苦奋斗和积极努力，我国已经发展成为世界制造大国，拥有最为完整和系统的产业链，具有强大的生产能力，深厚的工业基础为中国经济的中高速运行提供了重要保证：传统制造业转型升级有助于增强产业竞争力；制造业为技术创新提供平台和依托有助于推动技术进步；制造业的发展可以带动投资和消费，有助于拉动经济增长；制造业提供大量投资品和消费品，推动商品贸易的扩大，进而拉动经济增长；制造业的劳动生产率通常高于服务业，制造业居主体地位有助于加快经济增长；制造业是服务业的基础，制造业的发展有助于推动服务业的发展，使产业结构趋于优化。总之，中国制造业具有显著优势，充分发挥制造业的优势有助于中国经济实现中高速运行，迈向中高端水平。

中国经济基本面向好发展得益于宏观调控体制创新。西方发达经济体大都实行自由市场经济体制，市场机制发挥自发调节作用，宏观调控的政策手段很少，主要是货币政策，财政政策只是辅助手段，调控的重点是需求侧，调控方式缺乏前瞻性、强制性和精准性，对小的经济波动还可以应付，而对百年一遇的严重危机就无能为力了。2008 年爆发的金融危机沉重打击西方发达经济体，严重拖累世界经济，发达经济体用尽宏观调控手段进行救助和刺激，但是至今停滞态势依然故我，经济复苏遥遥无期。社会主义市场经济体制的最大优势是公有制与市场经济相结合，政府与市场相结合，集中力量办大事，在经济面临较大波动乃至下行压力时，政府可以从需求侧和供给侧协同发力，综合运用货币政策、财政政策、产业政策等经济手段和行政、法律手段进行宏观调控。自金融危机爆发以来，中国政府先是投入 4 万亿资金扛住了危机的强大冲击，确保经济稳定运行，接着在稳增长、促改革、调结构、转方式、惠民生和防风险的方针指导下，在适度扩大总需求的同时，加强供给侧结构性改革，供给侧管理与需求侧管理协同发力，着力完成去产能、去库存、去杠杆、降成本、补短板五大任务，从生产领域加强优质供给，减少无效供给，扩大有效供给，提高供给结构适应性和灵活性，提高全要素生产率，使供给体系更好适应需求结构变化。目前中国经济虽然仍面临下行压力，但是由于宏观调控目标明确，区间调控、定向调控和相机抉择相结合，总量调控与结构调控相结合，经济手段与法律手段相结合，短期调控与长期调控相结合，取得了非常好的调控效果，经济运行总体可控，运行处于合理区间，各项经济指标均表现良好，这些成就的取得是与中国特色宏观调控理念及调控体制机制的形成和良好运行分不开的。

中国经济基本面向好发展从根本上得益于当代中国马克思主义政治经济学的创新成果。党的十一届三中全会以来，我们党把马克思主义政治经济学基本原理同改革开放实践结合起来，不断丰富和发展马克思主义政治经济学，形成了当代中国马克思主义政治经济学的许多重要理论成果，比如，关于社会主义本质的理论；关于社会主义初级阶段基本经济制度的理论；关于创新、协调、绿色、开放、共享发展理念的理论；关于发展社会主义市场经济、使市场在资源配置中起决定性作用和更好发挥政府作用的理论；关于我国经济发展进入新常态的理论；关于推动新型工业化、信息化、城镇化、农业现代化相互协调的理论；关于用好国际国内两个市场、两种资源的理论；关于促进社会公平正义、逐步实现全体人民共同富裕的理论。这些重大理论创新是适应当代中国国情和时代特点的政治经济学，是党和国家各项决策活动的重要理论依据。在当代中国马克思主义政治经济学理论创新成果的指导下，我们党科学地进行体制机制顶层设计，为全面推动改革提供蓝图；积极探索基本经济制度的具体实现形式，不断解放和发展生产力，为实现共同富裕奠定坚实物质基础；努力推动政府与市场的有效结合，实现国民经济又好又快发展；坚持社会主义市场经济改革方向，转变经济发展方式，推动结构调整，不断改善民生，努力防范风险；着力落实“四个全面”战略布局，积极贯彻“五大发展理念”，努力实现全面建成小康社会目标；统筹国际和国内两个市场，积极落实“一带一路”计划，深入参与全球治理，积极引领经济全球化步入快速发展新阶段。

（本文原载于光明网 2016 年 2 月 24 日）

中国经济有能力应对挑战

近一个时期，中国经济内外部环境出现了一些新变化新情况，国际上唱衰中国经济的声音抬头，国内一些人对经济前景产生迷惘甚至悲观情绪。其实，中国经济基础深厚、韧性强大、动力充足、制度优越，完全有能力应对挑战，行稳致远。

首先，我国经济发展态势长期向好。众所周知，中国自 1978 年到 2017 年，GDP 连续 40 年保持年均增速 9.5%左右，这在世界经济发展史上是极为罕见的。随着经济体量的增大，势必出现生产要素成本上升、粗放式投资收益率下降、供给变化不适应需求变化、经济增速下行等新情况，这是经济发展的新常态，符合经济发展规律。面对经济发展新常态，中央及时提出稳中求进总方针，以供给侧结构性改革为主线，稳步推进转结构、调方式、稳增长、惠民生、防风险，取得了显著成效。2018 年前三季度，面对异常复杂严峻的国际形势和国内艰巨繁重的改革发展任务，我国 GDP 增长 6.7%，就业、消费、投资、外贸、收入等呈现良好上升势头。这表明我们的应对方针是正确的，措施是得力的，实现了经济总体平稳、稳中有进、长期向好的基本面的延续。

其次，我国实体经济强大支撑经济韧性好。判断经济状况要看大趋势，而决定经济大势的基础性因素是产业结构形态。西方国家已经并继续处于去工业化轨道，产业结构中第一产业增加值约占 3%，第二产业增加值约占 12%，第三产业增加值约占 80%，以制造业为主的实体经济已经严重衰竭，金融业过度膨胀，来自金融投资的获利成为大公司和居民家庭收入的主要来源，经济严重虚拟化，这是导致西方国家经济增速普遍低迷，各类经济社会矛盾尖锐化的主要原因。与西方国家相反，我国处于工业化的中期阶段，拥有 39 个工业大类、191 个中类、525 个小类，是全世界唯一拥有联合国产业分类中全部工业门类的国家。2017 年我国产业结构中第一产业增加值占 8%，第二产业增加值占40%，第三产业增加值占52%，以制造业为主体的实体经济占比远远高于西方国家，这是我国经济的强大韧性之所在。一个时期以来我国经济也出现了实体经济中供给与需求失衡、房地产发展与实体经济失衡、金融业发展与实体经济失衡的问题，中央政府积极应对，一方面大力推进供给侧结构性改革，另一方面着力提升金融服务实体经济能力和意愿。目前，钢铁、煤炭等行业去产能成效显著，全行业实现扭亏增盈，现代化经济体系建设稳步推进，实体经济不断加强，各类风险得到有效控制，我国经济基础牢、韧性强的特性进一步凸显。

再次，创新引领增长动能快速转换。当前世界科技正在酝酿新的突破，以互联网、大数据、人工智能等为主要内容的第四次产业革命方兴未艾，抢占新一轮科技和产业制高点的国际竞争异常激烈，谁抓住了本轮科技和产业革命的先机，谁就能率先实现经济动能转换，从而跨入经济发展的快车道。党的十八大以来，我国科技实力大幅增强，科技创新水平加速迈向国际第一方阵。2017年，全社会研发（R&D）支出占GDP比重为2.15%，超过欧盟15国2.1%的平均水平。国际科技论文总量比2012年增长70%，居世界第二；国际科技论文被引用量首次跃居世界第二。发明专利申请量和授权量居世界第一，有效发明专利保有量居世界第三。科技进步贡献率从2012年的52.2%升至57.5%，国家创新能力排名从2012年的第20位升至第17位，中国已成为具有全球影响力的科技大国。2018年前三季度，在规模以上工业中，高技术产业增加值增长11.8%，战略性新兴产业增加值增长8.8%。这表明，积极贯彻创新驱动战略，大力培育产业竞争力，我国正一步步从制造大国向制造强国的目标迈进，新产业快速涌现，新动能加快成长，高技术产业、装备制造业、战略性新兴产业快速发展，科技创新及由此形成的新动能正在成为我国经济增长的强大动力。

最后，我国独特的制度和体制机制保证经济行稳致远。一国经济能否健康发展，关键取决于是否拥有合理有效的资源配置机制。西方资本主义市场经济下私人资本的垄断权力过度膨胀，贫富差距扩大，不平等加剧，政治分化，经济停滞，发展失去方向。我国实行的社会主义市场经济坚持公有制为主体与多种所有制经济共同发展的基本经济制度，坚持市场在资源配置中起决定性作用与更好发挥政府作用相结合，全面贯彻创新、协调、绿色、开放、共享新发展理念，充分发挥社会主义集中力量办大事的制度优势，既能够充分调动全体人民的首创精神，释放经济活力和创新潜力，又能够维护社会公平正义、推动实现共同富裕，提高全体人民的获得感和幸福感。中国特色社会主义市场经济体制是一个伟大创举，实现了社会主义的制度优势与市场经济优点的有机结合，具有应对各种风险和挑战的强大能力，为我国经济行稳致远发挥了保驾护航作用。

（本文原载于《光明日报》2018 年 10 月 31 日）

跨越“三座大山”，民营经济大有可为

习近平总书记在民营企业座谈会上指出，“近来，一些民营企业在经营发展中遇到不少困难和问题，有的民营企业家形容为遇到了‘三座大山’：市场的冰山、融资的高山、转型的火山。”“三座大山”形象地表明了当下民营企业面临的困境，但深入分析这些困难和问题的成因，不难发现民营经济面临的困难是发展中的困难，只要跨越“三座大山”，民营经济前途远大，大有可为。

民营经济跨越“三座大山”具有制度优势。公有制经济和非公有制经济都是社会主义市场经济的重要组成部分，二者关系合理与否，从根本上决定着经济繁荣和社会和谐能否实现。我国实行公有制为主体、多种所有制经济共同发展的基本经济制度，这一制度的最大优势是公有制经济与民营经济相辅相成、相得益彰，有效克服了个人利益与社会共同利益的矛盾，确保共同富裕水平提高和经济平稳快速发展。

改革开放40年来，在基本经济制度有力支撑和正确指引下，我们党广泛动员和领导全国各族人民团结奋斗，努力调动各种经济成分积极参与中国特色社会主义建设，充分发挥多种经济成分各自的独特优势，社会主义现代化建设事业取得了举世瞩目的伟大成就。目前，我国经济正在由高速发展向高质量发展阶段转变，民营经济凭借社会主义基本经济制度的有力支撑，完全有能力应对各种风险挑战，努力跨越“三座大山”，在推进结构调整、培育新增长点、加快转型升级，实现高质量发展中大有可为。

民营经济面临的困难是发展中的困难。民营经济是中国工业化进程的重要推动者，在劳动密集型传统产业中居主体地位。近年来，随着传统产业向资金和技术密集型产业转变阶段的到来，传统产业投资机会减少，劳动力成本及其他要素成本逐渐提高，产能过剩严重，民营经济发展面临的困难加大。我国坚持走中国特色社会主义道路，以供给侧结构性改革为主线，对传统产业过剩产能不是简单化地“一去了之”，而是坚持市场倒逼、企业主体、地方组织、中央支持、综合施策，运用经济、法律、技术、环保、质量、安全等手段，一方面严格控制新增产能，坚决淘汰落后产能，有序退出过剩产能，另一方面鼓励和引导非公有制企业通过参股、控股、资产收购等多种方式参与企业兼并重组，帮助民营经济平稳转型，此举取得显著效果，产能过剩状况大大缓解。可见，民营经济完全可以在产业转型升级中大有作为，重获新生。

我国经济由高速发展向高质量发展转变对民营经济发展提出了新的更高的要求，民营经济要克服困难，跨越“三座大山”，必须在已有成就的基础上继续苦练内功，强身健体，承担更大责任。民营企业家要树立高度的责任感和自信心，珍视自身的社会形象，把自身的事业发展与国家和民族的命运联系起来，弘扬企业家精神，做爱国敬业、守法经营、创新创业、回报社会的典范；民营企业要抓好用好战略机遇，有效应对各种风险挑战，努力迈向中高端水平，在推进结构调整、培育新增长点、加快转型升级中发挥更大作用；民营企业家要勇于承担社会责任，保持定力，专注创新，为振兴实体经济作出应有贡献。

民营企业靠强身健体跨越“三座大山”势在必行，为民营企业实现“跨越”营造良好环境也至关重要。正如习近平总书记所指出的，在我国经济发展进程中，我们要不断为民营经济营造更好发展环境，帮助民营经济解决发展中的困难，支持民营企业改革发展，变压力为动力，让民营经济创新源泉充分涌流，让民营经济创造活力充分迸发。各级政府要增强服务意识，提高服务水平，在市场准入、审批许可、经营运行、招投标、军民融合等方面，为民营企业打造公平竞争环境，加强政策协调性，细化、量化政策措施，制定相关配套举措，推动各项政策落地、落细、落实，给民营企业发展创造充足市场空间。

（本文原载于《光明日报》2018 年 11 月 28 日）

城乡一体化是跨越二元结构的重要途径

中国要想跨越城乡二元结构，并不存在可以直接模仿甚至照搬的模式，必须探寻一条符合中国国情的道路。

一、不存在现成模式

城市与农村的关系如何处理，始终是现代化进程中必须认真面对并需要回答的问题。

城市与农村的关系，本质上是工业与农业的关系，城市与农村关系上出现的一系列问题均是由工业与农业关系中存在的问题引起的。从历史发展来看，人类社会进入工业化时代后，大工业生产体系与复杂的组织体系和科学管理相结合，极大地提高了劳动生产力，工业不但向人们提供了丰富的消费品，而且还提供了大量的工作机会，吸引人群向工业部门集中。与迅速发展的工业相比，农业却由于其生态化的产业属性，加上传统农业社会组织的封闭性、分散性和宗法性的制约，技术进步缓慢，劳动生产力低下，农民的生活水平提高十分缓慢。这种先进的工业与落后的农业并存的二元结构是城乡二元结构的经济原因，也是城乡关系中一系列问题的根源所在，城乡之间的巨大差距或二元结构的存在是所有走上现代化道路的国家都难以避免的。

跨越城乡二元结构，是世界各国推进现代化进程的重要任务。从历史角度看，发达国家的现代化是以本国的先进工业与发展中国家的落后农业的垂直分工和工农业产品之间的不等价交换为基础的。发达国家拥有高水平的工业，能够提供充足的就业机会，使农业人口流向城市，城市化水平大大提高，但是，这却是以发展中国家的工业化停留在极低的水平上为代价的。发展中国家工业水平低下，而农业受发达国家的盘剥又难以为工业发展提供足够的资金，导致工业发展缓慢，难以提供充足的就业机会，而土地私有化使大量农民丧失土地，被迫离开农村流入城市，由于难以获得就业机会，有些农民不幸沦为城市流民，造成严重社会问题。发达国家是靠牺牲发展中国家的利益跨越二元结构的，这种做法不具有可模仿性。发展中国家受不合理国际分工的影响，跨越二元结构困难重重。显然，就破解城乡二元结构而言，并不存在现成模式。

二、破解二元结构

中国同样面临着严重的城乡二元结构问题，破解二元结构是中国实现现代化必须解决的最重大课题。在破解城乡二元结构问题上，并不存在可以直接模仿甚至照搬的模式。中国作为发展中的社会主义国家，在破解城乡二元结构这一重大棋局上，既要解放思想，又要按经济规律办事，决不能盲目照搬西方国家和其他发展中国家的做法，不能犯颠覆性错误。

新中国成立以来，我国的农业现代化经历了一个不断摸索和发展的过程。实现农业现代化的关键，是建立合理的土地所有制。大多数发展中国家的农业现代化道路之所以不成功，重要原因之一，是他们走了一条土地私有化的道路，这条路既拖累了工业发展，也将农村置于长期落后状态。今天，许多发展中国家都陷入该困境难以自拔。我国在土地制度选择上，坚持土地集体所有制，并始终根据农业生产力的发展探索土地集体所有制的具体实现形式。改革开放以来，我国实行家庭承包责任制，极大地调动了农民的生产积极性，农民收入水平和生活水平不断提高，农村面貌也得到很大改善。目前，我国社会主义现代化建设事业已经取得举世瞩目的伟大成就，中国已经成为世界第二大经济体，与飞速发展的工业化进程相比，农业的现代化水平还不够高，农民的收入水平还比较低，农村的基础设施和公共服务条件还比较差，这就需要进一步提高农业的现代化水平，进一步改善农民的生活状况，进一步加强农村建设，要实现这些目标，走城乡一体化道路是最有希望的选择。

从各国工业化历史经验看，工业化是与城市化同步进行的。快速推进的工业化必然要求农业提供庞大的劳动力予以支持，农业劳动力离开农村流向城市，客观上要求扩大城市规模。但是，城镇化不可能一蹴而就，受到许多因素的制约。在推动中国城乡一体化进程中，让农民处于和城里人完全分隔的状态是不现实的，但是完全把农民的身份转换为城市人，让中国的城市遍地开花，也是不可取的，比较现实的做法是在一个比较长的时间里，推进城乡一体化，实现城市和乡村共同发展，按照这一新模式，解决城乡二元结构问题的核心思路是以城带乡、以工带农，城乡结合，共同发展。在新型城乡关系中，传统的户籍管理制度被取消，农民与市民的隔离被打破，农民与市民的身份可以自由转换；农业继续得到支持和发展，农业与工业的关系是相互支持、相互补充的关系，而非相互替代的关系；农村继续保留，但是农村的公共服务与基础建设纳入城市发展规划，城市与农村统一建设，统一发展。

三、城乡社区

与城乡一体化发展相适应的农民是亦工亦农的特殊社会群体，与这个社会群体相适应的社会经济和政治组织是城乡社区，也就是说，在城乡一体化发展过程中形成的亦工亦农的社会群体不是工作和生活在大城市里，也不是继续劳作和生活在传统的分散化村庄里，而是工作和生活在具备良好基础设施和公共服务条件的城乡社区里，这些城乡社区实行社区化管理体制和运行方式，既有某些现代城市运行和管理的特点，又保留了农业村社的一些特点。城乡一体化条件下亦工亦农社会群体的存在是比较符合中国跨越城乡二元结构的具体实际的，因而是有生命力的。

为了加快城乡一体化进程，必须加强城乡社区这一城乡一体化载体的建设，可以采取的措施是：其一，要坚持民生至上，努力改善城乡社区人居环境，大力推进城乡公共服务均衡发展。其二，要大力改善城乡社区人居环境，加快环境综合治理，使城乡社区人居环境明显改善。其三，大力推进城乡社区基础设施一体化，实现城乡空间融合、功能互补、基础设施共享。其四，大力推进城市公共服务向农村社区覆盖，努力实现城乡基本公共服务制度统一化、标准化和均衡化。其五，实行城镇职工医疗、城镇居民医保、新农合、医疗救助统一化，社区居民参加医保不分城乡，不限身份，不设门槛，做到可选择、可衔接、可转换。其六，实现城乡居民最低生活保障，完善新型农村养老保险，实行城乡平等的就业政策，推动城乡卫生文化体育事业发展。

（本文原载于《中国投资》2016年第8期）

改革开放政治逻辑与经济逻辑互动

一、经济与政治之间不但相互作用，而且还可能相互转化

在历史唯物主义看来，社会历史的发展有其自身固有的客观规律，物质生活的生产方式决定社会生活、政治生活和精神生活的一般过程，生产力和生产关系之间的矛盾、经济基础与上层建筑之间的矛盾，是推动一切社会发展的基本矛盾。生产力决定生产关系，生产关系对生产力具有反作用，当生产关系适合生产力发展状况时，就会推动生产力的发展，反之就会阻碍生产力的发展，这时变革和调整生产关系中与生产力发展不相适应的部分，使生产关系适应生产力的发展，就能够促进生产力水平的提高。经济基础决定上层建筑，上层建筑对经济基础具有反作用，当上层建筑适合经济基础状况时，就会促进经济基础的巩固和完善，反之就会阻碍经济基础的发展和变革，这时变革和调整上层建筑中与经济基础不相适应的部分，使之与经济基础状况相适应，就能更好地为经济基础服务。

生产力决定生产关系，经济基础决定上层建筑，这是社会发展的一般规律。但是在特殊的历史条件下，生产关系的变革或者上层建筑的变革，有可能对社会发展起决定作用，也就是说，生产关系的变革有可能成为推动生产力发展的决定因素，政治上层建筑的变革有可能成为影响经济基础发展变化的决定因素。

经济与政治之间不但相互作用，而且还可能相互转化，即经济政治化、政治经济化。所谓经济政治化，就是人类经济活动的经济规则会转变为政治规则。社会主义市场经济要求重视经济主体的个人利益和个人权力，经济主体之间的关系是平等的，只有充分尊重经济主体的个人利益和平等权利，才有利于调动经济主体的积极性，释放市场活力和创新力，推动生产力的发展，这个原则可以转化为政治建设的重要原则，对于加强社会主义民主政治建设

有积极意义。所谓政治经济化，就是人类政治活动的规则会转变为经济规则，比如社会主义民主政治维护劳动群众的共同利益，重视思想政治工作，强调高尚的精神境界对人们的激励作用。在社会主义市场经济条件下，这一政治规则可以转化为企业的日常经营管理原则，这将极大改善企业的经营管理，调动劳动者的生产积极性，提高劳动生产率，增强企业竞争力。

二、中国改革开放过程中政治逻辑与经济逻辑互动的成功经验

中国进行的改革开放是一场伟大的社会变革。改革开放不是放弃社会主义，而是社会主义制度的自我完善，这是我国改革开放的根本性质，也是改革开放过程中政治逻辑与经济逻辑互动的根本前提。深刻认识这一点，对于科学把握和正确认识我国改革开放的成功经验，对于坚定中国特色社会主义的“四个自信”，具有十分重要的意义。

第一，坚持马克思主义的指导地位，引领改革开放沿着正确方向前进。马克思主义是科学的世界观和方法论，属于上层建筑范畴，揭示了人类社会的发展规律，为人类的未来指明了发展的方向。在改革中坚持马克思主义的指导地位，是政治上层建筑对经济基础发挥反作用的具体体现。在改革开放初期，邓小平同志明确指出，以经济建设为中心，既要坚定不移地推动改革开放，又要坚持四项基本原则，这是必须坚持的政治路线。党的基本路线是我们党把马克思主义作为指导改革开放的强大思想武器的具体体现，是以政治逻辑统领经济逻辑的具体体现。苏联和东欧国家的改革之所以失败，根本原因是背离了马克思主义，这从另一个侧面证明坚持马克思主义的指导作用对确保改革开放和经济建设取得成功具有决定意义。

第二，坚持党的领导，为改革开放的成功提供强大政治保障。首先，坚持党的领导是确保公有制基础地位不动摇的根本政治保障。我国社会主义经济制度是在党的领导下建立的，公有制是社会主义政治制度的经济基础，是党执政的物质基础，没有党的领导，就不可能有公有制的建立。同样，没有公有制作为物质基础，党的执政地位就不可能稳固。其次，坚持党的领导才能真正实现以人民为中心的发展。以人民为中心，是社会主义的本质。只有坚持以人民为中心，社会主义事业才能不断发展和前进。以人民为中心不是自然而然实现的，必须通过党的坚强领导来实现。发展是为了人民，这是中国共产党的宗旨。党是全心全意为人民服务的，除了人民利益，没有任何私利。我们在改革开放过程中始终坚持党的领导，高度重视并加强党的思想建

设、政治建设、组织建设，不断提高党的执政能力和执政水平，为改革开放始终沿着正确的方向前进提供了重要政治保证。在改革开放过程中始终坚持党的领导，是我国改革开放的重要政治逻辑，以公有制为主体和以人民为中心，是我国改革开放的重要经济逻辑，政治逻辑与经济逻辑相辅相成、相互作用，共同推动改革开放取得巨大成功。

第三，坚持公有制与民主集中制，形成社会主义集中力量办大事的制度优势。集中力量办大事，是社会主义的巨大优势，这一优势来源于两个方面，一方面是社会主义公有制。公有制经济的资源归全体人民所有，国家从全体人民利益和社会长远利益出发，对公有制经济的资源进行集中配置和使用，有利于解决经济发展中面临的全局性和共同性问题。另一方面是社会主义民主政治。民主集中制是社会主义民主政治的基本原则，这一原则既尊重人民群众的首创精神，从人民群众中吸取智慧，发挥各方面的积极性，又注重统一思想、统一意志、统一行动，维护和实现人民群众的长远利益和共同利益。民主集中制原则为解决经济社会发展面临的重大矛盾，克服各种利益冲突提供了切实的政治保障。在改革开放过程中坚持社会主义公有制的主体地位是重要的经济逻辑，坚持民主集中制是重要的政治逻辑，正是因为二者有机统一，相辅相成，才形成了集中力量办大事的社会主义制度优势。

第四，坚持社会主义市场经济改革方向，为推动社会主义民主建设提供动力。建立社会主义市场经济体制是改革开放的重要任务，推动社会主义市场经济建设，就是要充分发挥市场主体的主动性和创造性，建立平等的竞争环境，规范市场秩序，使市场活力和创造力得到充分释放。社会主义市场经济的建立和发展要求社会主义民主政治建设与之相适应，鼓励劳动群众广泛参与国家和社会管理，维护劳动者的各项权益，提高劳动群众国家主人翁责任感。坚持社会主义市场经济改革方向是改革开放的重要经济逻辑，发扬社会主义民主是改革开放的重要政治逻辑，两种逻辑相互作用，既有力地推动了社会主义市场经济体制的建立和完善，又有力地推动了社会主义民主政治的建设，使劳动者当家作主的民主权利得到充分的实现，有力地调动了劳动者的生产积极性，极大地推动了社会生产力的发展。

第五，社会主义与市场经济相结合，充分发挥市场经济的优点和社会主义制度的优越性。社会主义经济是市场经济，从经济逻辑上讲，各类市场主体是平等的竞争主体，市场自身具有激励市场主体进行创新和竞争的机能，能够对资源进行必要的配置，因而不需要政府代替市场对市场主体的经营决策进行直接干预。社会主义政治制度的本质是维护劳动人民当家作主的权利和共同利益，从政治逻辑上讲，社会主义国家必须通过自己的各项职能，特别是经济职能来维护和实现劳动者的权力与共同利益。在这一认识指导下，我们在微观层次加强国有企业改革，做强做优做大国有企业，在宏观层次对传统的集中计划管理体制进行深入改革，政府不再对经济运行进行事无巨细、无所不包的管理，而是着重保持宏观经济稳定、加强和优化公共服务、保障公平竞争、加强市场监管、维护市场秩序、推动可持续发展、促进共同富裕、弥补市场失灵等。正是基于社会主义市场经济注重劳动者个人利益和首创精神的经济逻辑，和社会主义政治制度注重劳动者共同利益和主人翁地位的政治逻辑的互动，我们党成功实现了社会主义与市场经济的结合，为探索市场经济的新模式提供了中国经验。

三、新时代继续推动政治逻辑与经济逻辑的互动

巩固马克思主义在意识形态领域的指导地位。在新时代，要毫不动摇地坚持马克思主义为指导的这一根本原则，切实巩固马克思主义在意识形态领域的指导地位，巩固全党全国人民团结奋斗的共同思想基础，为实现社会主义现代化和中华民族伟大复兴的历史任务提供强大政治思想保障。坚持以马克思主义为指导，要切实加强党对意识形态工作的领导，牢牢掌握意识形态工作的领导权、管理权、话语权；要牢固占领意识形态工作主阵地，在全社会唱响社会主义意识形态的主旋律，提升主流意识形态在全社会的传播力、引导力和公信力，激发全党全国各族人民团结奋斗的强大力量；要坚持和运用辩证唯物主义与历史唯物主义的世界观及方法论，坚持和运用马克思主义立场、观点、方法，推动马克思主义中国化，正如习近平总书记在纪念马克思诞辰 200 周年大会上的讲话所指出的那样，“我们要坚持用马克思主义观察时代、解读时代、引领时代，用鲜活丰富的当代中国实践来推动马克思主义发展，用宽广视野吸收人类创造的一切优秀文明成果，坚持在改革中守正出新、不断超越自己，在开放中博采众长、不断完善自己，不断深化对共产党执政规律、社会主义建设规律、人类社会发展规律的认识，不断开辟当代中国马克思主义、21 世纪马克思主义新境界”!

进一步加强党的领导。进入新的时代，为了完成社会主义现代化建设和实现中华民族伟大复兴所面临的一系列新课题新任务，必须进一步加强党的领导。具体来说就是要大力加强党的政治领导、思想领导和组织领导，确保

坚定不移执行党的政治路线，严格遵守政治纪律和政治规矩，在政治立场、政治方向、政治原则、政治道路上同党中央保持高度一致，使全体党员不断坚定共产主义远大理想和中国特色社会主义共同理想；就是要大力提高党把方向、谋大局、定政策、促改革的能力和定力，确保党始终“总揽全局、协调各方”；就是要大力统筹领导中国特色社会主义经济建设、政治建设、文化建设、社会建设和生态文明建设各领域，协调领导推进全面建成小康社会、全面深化改革、全面依法治国和全面从严治党全过程；就是要大力加快推进全面从严治党步伐，不断增强党自我净化、自我完善、自我革新、自我提高的能力，始终保持党同人民群众的血肉联系，切实提高党的执政能力和执政水平。

坚持和完善社会主义基本经济制度。公有制为主体、多种所有制经济共同发展，是我国社会主义初级阶段的基本经济制度，“两个毫不动摇”是对我国基本经济制度内涵的丰富和发展，是科学社会主义理论和实践的重大创新，是中国特色社会主义政治逻辑与经济逻辑辩证运动的体现，是理解中国道路和破解中国奇迹奥秘的密钥。进入新时代，我们必须避免国有经济和民营经济二元对立的思维，在全面深化改革中更好坚持“两个毫不动摇”。既要理直气壮地做强做优做大国有资本，不断增强国有企业活力、影响力、抗风险能力；又要坚定不移推动非公有制经济持续健康发展，为非公有制企业发展营造良好环境。

推动社会主义市场经济建设与社会主义民主政治建设同步进行。社会主义市场经济的确立和发展，有力地推动了社会生产力的发展，也对发展民主政治提出了内在要求。随着社会主义市场经济的深入发展，对社会主义民主政治建设提出了新的要求，只有切实建设社会主义民主政治，才能为社会主义市场经济的健康发展提供广阔的政治空间。不断推动社会主义民主政治建设，真正实现人民民主，是我们党始终不渝的奋斗目标和价值取向。加强社会主义民主政治建设，必须牢牢把握党的领导、人民当家作主和依法治国三者有机统一的民主政治建设原则。党的领导是人民当家作主和依法治国的根本保证，人民当家作主是社会主义民主政治的本质特征，依法治国是党领导人民治理国家的基本方式，三者统一于我国社会主义民主政治伟大实践，我们要从制度上保障和发展人民民主，切实做到把人民当家作主制度化、法治化。习近平总书记指出：“发展社会主义民主政治就是要体现人民意志、保障人民权益、激发人民创造活力，用制度体系保证人民当家作主。”为此，我们要大力健全民主制度，丰富民主形式，拓宽民主渠道，保证人民当家作主落实到国家政治生活和社会生活之中。

参考文献

[1] 张国祚：《习近平新时代中国特色社会主义思想体现全方位的“新”》，人民网，2018 年 1 月 17 日。

（本文原载于《人民论坛》2018 年 10 月）

改革开放 40 年中国经济发展模式形成的基本经验

1978 年召开的党的十一届三中全会开启了我国改革开放的历史征程，40 年来，党领导全国人民高举中国特色社会主义伟大旗帜，不懈奋斗，努力进取，克服艰难险阻，越过急流险滩，经济建设取得伟大成就，形成了富有中国特色的经济发展模式。深入总结中国经济发展模式形成的经验，对于坚持和发展中国特色社会主义、开辟中国特色社会主义新境界、进一步取得经济建设新成就，具有十分重要的理论和实践意义。

一、中国经济发展模式的特点

经济发展模式是一国实现经济现代化所采取的发展理念、体制机制、方针政策的总称。所谓经济现代化是指近代以来随着世界科技革命和生产力的迅速发展，人类社会由传统农业社会向现代化工业社会的转型。实现经济现代化是世界各国共同面临并着力追求的目标，各国从自己的历史、文化、资源禀赋出发，采取了各具特色的理论、制度、体制、政策，形成了不同的实现现代化的特殊经济发展模式。

中国经济发展模式是中国实现社会主义现代化的理论、制度、体制、政策的总和，中国经济发展模式是中国共产党团结带领全体人民把马克思主义基本原理与中国实际相结合，总结和吸取苏联与东欧国家进行社会主义建设的经验及教训，经过不懈努力形成的。中国经济发展模式具有自己鲜明的特色，这就是：坚持党对经济工作的全面领导；坚持以人民为中心的价值导向；坚持创新、协调、绿色、开放、共享的新发展理念；坚持公有制为主体，多种所有制经济共同发展的基本经济制度；坚持按劳分配为主体，多种分配方式并存的分配制度；坚持市场在资源配置中发挥决定作用与更好发挥政府作用相结合的社会主义市场经济体制；建设实体经济为核心的现代化经济体系，实现经济高质量发展；建立开放型经济，构建人类命运共同体。中国经济发展模式是在改革开放历程中逐步形成的，深刻总结改革开放 40 年中国经济发展模式形成的历史经验，准确把握中国经济发展模式的本质特征，对于坚持和发展中国特色社会主义，对于推动中国经济发展模式更加成熟、定型，具有重要的理论和实践意义。

二、中国经济发展模式形成的基本经验

在推进中国特色社会主义经济建设实践中，我们党依据历史唯物主义揭示的社会发展基本规律，确立了一系列根本原则，积极探索和处理诸如科学社会主义与中国特色社会主义、党的集中统一领导与发挥各方面积极性、公有制与非公有制、社会主义与市场经济、政府与市场、政治与经济、虚拟经济与实体经济、经济发展与生态文明建设、全球化与独立自主、客观规律性与主观能动性等重大关系，走出了一条中国特色社会主义经济建设和发展道路，丰富和发展了马克思主义的科学社会主义理论。

第一，坚持马克思主义的科学社会主义与中国特色社会主义的辩证统一。经济发展模式是一个国家实现现代化的基础性条件，选择什么样的经济发展模式，从根本上决定着一个国家能否实现现代化。马克思主义的科学社会主义理论创造性地阐明了人类社会的发展规律，揭示了资本主义被社会主义所代替的历史必然性，为经济发展落后国家实现现代化指明了道路和方向，是无产阶级和劳动群众实现自身解放的思想体系与行动指南。中国共产党人把马克思主义作为指导思想的理论基础，坚持马克思主义基本原理同中国具体实际相结合，自觉践行马克思主义的科学社会主义理论原则，不断推进马克思主义中国化时代化，形成了中国特色社会主义经济理论，形成了中国特色社会主义基本经济制度，形成了中国特色经济发展模式。没有马克思主义的科学社会主义理论做指导，没有马克思主义中国化时代化发展，中国就不可能形成中国特色社会主义经济理论，就不可能形成中国特色社会主义经济制度，就不可能找到实现经济现代化的正确道路，中国这个古老的东方大国就不可能创造人类历史上的发展奇迹。

第二，坚持党的集中统一领导与发挥各方面积极性的辩证统一。我国是世界上最大的发展中国家，改革开放和实现社会主义经济现代化面临着一系列重大而复杂的经济、政治、社会、文化、生态问题的挑战，遇到的矛盾和困难世所罕见。要迎接挑战、战胜困难，必须充分发挥社会主义制度的政治优势，既坚决维护中央权威和政令统一，又充分发挥各地各方面积极性。只

有坚决维护中央权威和政令统一，才能集中力量办成大事，经济社会发展才有可靠的保证。各地情况千差万别，经济发展很不平衡，需要从实际出发，主动性创造性地开展工作。把维护中央权威与发挥地方积极性统一起来，上下一条心，全国一盘棋，我们就能无往而不胜。坚持党的领导，发挥党总揽全局、协调各方的领导核心作用，是我国社会主义市场经济体制的一个重要特征。改革开放40年来，我国经济社会发展之所以能够取得世所罕见的巨大成就，我国人民生活水平之所以能够大幅度提升，都同我们坚定不移坚持党的领导、充分发挥各级党组织和全体党员作用分不开。在我国，党的坚强有力领导是政府发挥作用的根本保证。在全面深化改革过程中，我们要坚持和发展我们的政治优势，以我们的政治优势来引领和推进改革，调动各方面积极性，推动社会主义市场经济体制不断完善、社会主义市场经济更好发展。

第三，坚持公有制与非公有制的辩证统一。在社会主义经济建设实践中，如何处理公有制与非公有制的关系，直接关系到建立什么样的基本经济制度、形成什么样的经济运行体制和机制。在社会主义建设实践中，纯而又纯的公有制在比较长的时期一直被认为是社会主义的本质特征。俄国战时共产主义时期实行全盘国有化，斯大林领导苏联建设社会主义建立了单一公有制，改革开放前我国也把单一公有制作为社会主义所有制的唯一形式。事实证明，纯而又纯的公有制生产关系很难与落后的生产力相适应，在分散化、多层次、水平低下的生产力条件下，将工业和农业硬性拼凑在一起，要求其按照无所不包的国民经济计划运行，是行不通的。党的十一届三中全会以后，我们党紧紧围绕解放和发展生产力这个中心，不断对生产关系中与生产力发展不相适应的因素进行改革，逐步形成了以公有制为主体，多种经济形式共同发展的所有制结构。按照这一体制，公有制不再是唯一的所有制形式，但是却是占主体地位的所有制形式，公有制在国民经济的命脉部门和支柱领域占主导地位，在国民经济运行中发挥控制力、影响力作用，引领国民经济的发展方向，维护国家经济安全，保障全体人民的根本利益。可以说，这一所有制结构适应了我国社会主义初级阶段生产力的特性，有力地调动了各类经济主体的生产积极性、主动性、创造性，充分释放了经济活力。

第四，坚持社会主义与市场经济的辩证统一。在社会主义经济建设的历史中，长期存在的一种观点认为计划经济与社会主义相联系，市场经济与资本主义相联系，市场经济与社会主义是不相容的。实践证明，这种认识是不正确的。在战时共产主义时期，苏维埃政权对生产资料和消费资料实行集中统一的调配和供给，对农民实行余粮征集制，废除了商品货币关系，结果引发了政治经济危机。苏东国家及我国改革开放前都曾长期实行高度集中的计划经济体制，尽管该体制对推动国家工业化产生了一定的积极作用，但是管理僵化、效率低下，严重制约了生产力的发展。从根本上揭示社会主义与市场经济相容性联系的，是邓小平同志。早在1979年，邓小平同志就指出，说市场经济只存在于资本主义社会，只有资本主义的市场经济，这肯定是不正确的。社会主义为什么不可以搞市场经济？这个不能说是资本主义。在1992年视察南方的重要谈话中，邓小平同志进一步指出了“计划经济不等于社会主义，资本主义也有计划；市场经济不等于资本主义，社会主义也有市场”这两个“不等于”论断。邓小平同志的这一思想是科学的，符合马克思主义政治经济学理论。国际共产主义运动的实践充分证明，商品经济是那些经济基础薄弱、发展落后的社会主义国家不可逾越的发展阶段。既然在社会主义初级阶段乃至整个社会主义阶段都离不开商品经济特别是发达的商品经济，社会主义与市场经济必然是相容的。经过不断的探索和实践，我们逐步形成和建立了社会主义市场经济体制。可以说，在社会主义条件下发展市场经济，是我们党的一个伟大创举。社会主义市场经济既发挥了社会主义制度的优越性、发挥了市场经济的长处，又有效地克服了资本主义市场经济中存在的两极分化、经济危机等弊端，有力地推动了社会生产力的发展。

第五，坚持有为政府与有效市场的辩证统一。政府与市场的关系是我国经济体制改革的核心问题。对于政府与市场的关系，我们在实践中进行了长期的探索，从“计划经济为主、市场经济为辅”“国家调节市场，市场引导企业”“使市场在社会主义国家宏观调控下对资源配置起基础性作用”，到“使市场在资源配置中发挥决定性作用，更好发挥政府作用”，我们对政府与市场关系的认识不断深入、日益丰富。使市场在资源配置中起决定性作用和更好发挥政府作用，二者是有机统一的，不是相互否定的，不能把二者割裂开来、对立起来，既不能用市场在资源配置中的决定性作用取代甚至否定政府作用，也不能用更好发挥政府作用取代甚至否定市场在资源配置中的决定性作用。习总书记指出，在市场作用和政府作用的问题上，要讲辩证法、两点论，“看不见的手”和“看得见的手”都起作用，既要有效市场，又要有为政府，努力形成市场作用和政府作用有机统一、相互补充、相互协调、相互促进的格局，推动经济社会持续健康发展。

第六，坚持政治与经济的辩证统一。经济与政治是两个紧密联系着的重要范畴，二者的关系集中体现了生产力与生产关系、经济基础与上层建筑的关系，所以处理好政治与经济的关系，对于完善社会主义生产关系、健全社会主义政治体制，优化经济资源配置、政治资源配置，都具有十分重要的意义。在处理政治与经济的关系上，我们是有教训的。在比较长的时期里，“以阶级斗争为纲”严重干扰了我们的经济建设，生产力难以大发展，人民生活难以大改善，更导致了十年“文革”。1978 年党的十一届三中全会果断放弃“以阶级斗争为纲”，决定把党和国家工作的重心转移到经济建设上来，有力地解放了人们的思想，整个社会迸发出巨大活力和创造力，中国迈入改革开放和社会主义现代化建设新时期。社会主义市场经济为实现政治与经济的辩证统一找到了一种有效的形式，一方面，社会主义具有集中力量办大事的制度优势，是破解市场经济固有的个人利益与社会利益矛盾的利器，社会主义与市场经济相结合，社会主义制度优势为市场经济健康发展开辟了广阔空间，使在社会主义条件下形成一种独特的新型市场经济模式成为可能；另一方面，市场经济的发展也推进了政治体制的改革，在优化经济资源配置的同时，也优化了政治资源的配置，使社会主义民主政治建设不断加强，社会主义制度进一步完善和巩固。在实践中，我们党加强思想政治建设，破除人们思想中残存的传统观念和习惯，大力推动市场经济的发展，同时，深刻认识市场经济的消极因素和弊端，对发展市场经济对社会主义政治可能产生的负面影响保持高度的警惕，高度重视党的思想建设、政治建设、组织建设，制度建设，严格要求党的各级领导干部不忘初心，砥砺前行，牢固树立遵纪守法、克己奉公、立党为公、执政为民的公仆意识，自觉践行为人民服务的崇高宗旨，坚决消除消极腐败对党的肌体的侵蚀，不断提升党的战斗力，大力加强党对经济工作的集中统一领导。

第七，坚持虚拟经济与实体经济的辩证统一。虚拟经济与实体经济的关系是市场经济的重要关系。虚拟经济以价值运动为中心，以价值增值为目标，主要由股票市场、期货市场、货币市场、外汇市场等金融市场形态所构成。实体经济以物质生产活动为中心，制造业是实体经济的重要组成部分。股票、期货、信贷、外汇等金融活动是在实体经济充分发展的基础上形成的，本质上是服务于实体经济的，但是一旦脱离实体经济自成体系、自我发展时，就会严重损害实体经济的发展，甚至引发金融危机。西方市场经济建立在私有制基础上，在无政府状态下，虚拟经济与实体经济经常脱节，金融危机反复发生，严重破坏社会生产力，2008 年全球金融危机就是典型，教训值得认真总结。我们党高度重视制造业发展和工业化水平的提高。经过新中国成立后30 年，特别是改革开放 40 年的艰苦奋斗和积极努力，我国已经发展成为世界制造大国，拥有完整和系统的产业链，具有强大的生产能力。深厚的工业基础为中国经济快速高效发展奠定了坚实基础：强大的传统制造业为人们的衣食住行提供了有力保证；门类齐全的制造业为技术创新和占领科技制高点提供了平台和依托；制造业的强劲发展推动了投资、出口和消费的扩大，为经济增长提供了强大动力；制造业是服务业的基础，制造业的发展有力地推动了服务业的发展。在高度重视和发展制造业的同时，我们认真吸取西方国家去工业化和经济虚拟化的教训，坚决守住不发生系统性金融风险的底线。为此，牢固树立金融回归服务实体经济本源的意识，大力提升金融业服务实体经济的能力和意愿，不断加强金融监管制度建设，努力筑牢抵御系统性金融风险的防火墙。正是由于我们始终坚持社会主义市场经济改革的正确方向，始终坚持社会主义与市场经济相结合，正确认识和处理虚拟经济与实体经济的相互关系，高度重视实体经济的发展，大力保持和巩固制造业优势，努力防范经济虚拟化，我国经济发展长期保持高速增长，却没有发生类似西方国家反复出现的经济和金融危机，在世界经济发展史上创造了奇迹。

第八，坚持经济发展与生态文明建设的辩证统一。生态文明以尊重和维护生态环境为主旨，在把握自然规律的基础上积极地、能动地利用自然，改造自然。经济发展为生态文明建设提供物质保障，生态文明建设中遇到的问题要靠发展来解决。经济发展与生态文明是辩证统一的关系。建立在生态文明基础上的经济发展才更有利于实现人、自然、经济与社会的协调发展。党的十八大以来，在以习近平同志为核心的党中央坚强领导下，各级政府牢固树立生态红线概念，按照系统工程思路抓生态建设，优化国土空间开发格局，全面促进资源节约，加大生态环境保护力度，切实改变不合理的产业结构、能源结构以及资源利用方式，大力推进绿色发展，生态文明建设取得突出成绩，资源和环境状况得到显著改善，生态环境恶化趋势得到有效遏制，经济发展与环境质量改善同步进行，绿色发展方式逐步形成。

第九，坚持积极参与经济全球化与独立自主的辩证统一，引领经济全球化朝着正确方向发展。经济全球化是生产力发展和科技进步的必然要求，人类社会从各民族的历史走向世界历史是必然趋势。历史上的经济全球化是在资本主义主导下推进的，这种全球化虽然推动了资源在全球范围内的配置，发展中国家从中得到了一些益处，但是却把资本主义的经济关系扩展到全世界，从而把资本主义内在矛盾和危机转变成全球性矛盾与危机，造成了发达国家内部、发达国家与发展中国家之间贫富差距的扩大和全球性经济危机。我们坚持对外开放的基本国策，积极主动参与经济全球化进程，把国内发展与世界发展紧密联系在一起，统筹国内与国际两个大局，用好国内国际两个市场、两种资源。在逆全球化暗流涌动的情况下，我们倡导顺应时代潮流，积极推动经济全球化朝正确方向发展，旗帜鲜明地反对保护主义和单边主义，坚持贸易自由化和多边主义，致力于健全和完善多边贸易体制，坚持共商、共建、共享原则，建立以合作共赢为核心的新型国际关系，推动构建人类命运共同体和利益共同体。同时，在深度融入世界经济的过程中，我们高度重视和维护国家经济安全，防范各类风险和不确定性，与形形色色损害我国独立和主权的霸凌主义、霸权主义行径进行坚决斗争。

第十，坚持尊重客观经济规律与发挥主观能动性的辩证统一。马克思主义认为，客观世界的一切事物，都有自身的运动和发展规律，人们的社会实践必须尊重和遵循客观规律，否则将会受到客观规律的无情惩罚；同时，人的实践是推动和改变事物的能动力量，只有通过人的能动的实践，才能把对客观规律的认识转变为改变客观事物的物质力量，所以认识规律与能动实践是相辅相成的，不可偏废。社会主义事业是全新的事业，我们党在探索社会主义建设的实践中始终坚持认识客观规律与发挥主观能动性相结合。毛泽东同志在 1962 年中共中央召开的七千人大会上，对经济建设中存在的违背客观经济规律、片面强调人的主观能动性的错误，如，经济指导方面搞瞎指挥，分配方面刮“共产风”、搞平均主义，经营管理搞高指标、“大跃进”等进行了分析批判，强调深入开展调查研究，认识和掌握客观经济规律，从必然王国进入自由王国。在建立和发展社会主义市场经济的过程中，我们积极开展对市场经济和社会化大生产的客观规律的研究与学习，不断深化对政府与市场关系的认识，从认为社会主义经济是有计划的商品经济，发展到确立市场在资源配置中发挥决定性作用和更好发挥政府作用的认识。与此同时，我们在改革中积极进行能动的改革试验，在试验的基础上将改革经验在更大范围逐步推广，从而推动改革开放稳步向前推进。

（本文原载于《政治经济学评论》2018 年第 6 期）

世界经济与当代资本主义研究

论美国法人资本所有制的崛起及其历史地位

在发达资本主义国家，股份公司是基本的、居主导地位的企业组织形式。在股份公司的发展进程中，个人或家族股东曾是居支配地位的股东形态，以致私人股份资本所有制一直被看作资本所有制的基本形式。然而，第二次世界大战后，资本主义国家股份公司中股东的形态发生了新的变化，这就是，法人股东逐渐崛起。所谓法人股东，是指已经取得法人资格的各类公司或团体以法人身份持有其他企业的股份。法人股东的出现，打破了资本主义国家股份公司个人或家族股东一统天下的局面，出现了个人股东与法人股东并存的新格局，相应地，私人股份资本所有制亦不再是资本所有制的基本形式，法人资本所有制以新的姿态出现，并成为资本主义所有制发生新变化的标志。

美国是最发达的资本主义国家，也是股份经济最发达的国家，同其他国家一样，在美国也出现了法人股东化和法人资本所有制崛起的趋势，且势头很猛。战后初期，美国法人股东的持股比重仅为百分之十几，70 年代中期该比重达到 30%左右，80 年代中期进一步上升到 40%。进入 90 年代，美国法人股东持股水平发生了根本性转折，法人股东持股比重超过个人股东而占了大量。据统计，1990 年美国法人股东持有的股份已占全部上市交易总额的 53.3%[①]。法人资本所有制的崛起标志着作为社会经济基础的生产关系发生了重大变化，美国是现代资本主义的典型，其生产关系的变化无疑具有重要的代表性。深入研究美国法人资本所有制的崛起和特点，对于我们了解现代资本主义所有制的发展趋势及特点、认识法人资本所有制的实质，有重要的意义。

① 米彻尔 · 尤西姆等:《美国机构投资者展望 90 年代的公司治理》,《欧洲管理杂志》, 1993 年 6 月, 第 11 卷, 第 2 册, 第 176 页。

一、法人股东的类型与法人股东化

法人股东的类型是多种多样的，若依其活动的领域加以分类，可以将法人股东分为两大类：一类是存在于生产和流通领域的法人股东，主要有工业法人股东、商业法人股东，统称为公司法人股东；另一类是存在于金融领域的法人股东，主要有商业银行、投资银行、人寿保险公司、年金基金、共同基金以及各类基金会等，统称机构法人股东。法人股东的两大类型在所有的资本主义国家都存在，但其地位和作用却不尽相同。在日本，两大类型均存在，并且在股份公司中居支配地位；在美国，居主导地位的则是机构法人股东，工商企业法人股东的地位微乎其微。以机构法人股东为股份占有主体是美国法人资本所有制与其他国家法人资本所有制的最大区别点，因此，美国的法人资本所有制又可称为机构法人所有制。

美国的机构法人股东是由机构投资者投资于股票形成的。根据美国法律，商业银行不允许持有工商企业的股票，金融机构则可以投资于有价证券。人寿保险公司、年金基金、共同基金均属非银行金融中介机构，它们的主要职能是代替个人投资者从事信贷、租赁、买卖股票和债券等交易活动，由于这些中介机构提供的服务具有很强的专业性，而且所媒介的交易量颇大，所以交易费用很低，交易风险很小，这些都使个人投资者得到很大的好处，正因为如此，这些机构投资者赢得了广大投资者的信任，吸纳了大量资金，成为重要的投资者。购买股票是机构投资者的一项重要的投资活动，将大量资金投资股票市场，遂使机构投资者成为上市公司股票的主要购买者，并因此成为大股东。

美国机构投资者形式多样，每种机构投资者股东化的历程和程度也各异，下面对几个主要机构投资者股东化进程的特点作些分析。

（一）商业银行信托部的股东化

商业银行是现代资本主义国家银行体系的重要组成部分，在许多国家，如日本、德国等，商业银行直接持有工商企业的股票并成为大股东。在美国，商业银行不允许直接持有工商企业的股票，其股东身份是通过附设的信托部间接地获得的。1930 年，美国政府颁布了《格拉斯-斯蒂格尔法》，严格区分了银行业务和证券活动，规定商业银行主要从事中短期贷款、存款和买卖政府公债等银行业务，不能从事发行买卖有价证券等投资银行业务。这样，商业银行直接持有其他公司的股份就成为不可能，但是，通过开展信托投资业务，美国商业银行间接地成为公司的股东。美国商业银行大都设有信托部，信托部管理不动产、年金基金、富裕家庭的财产等。信托部可以将信托基金投资于普通股票和具有固定收益的债券，这些业务不受法律的限制。商业银行信托部业务范围广、涉及领域多、经营手段灵活、吸纳资金能力强，特别是负责管理巨额年金，因而成为最大的机构投资者。

年金，又叫退休金，是雇佣劳动者从其工资中扣除的一部分旨在维持退休后生活的可支配收入。年金基金制度是资本主义国家社会保障制度的组成部分。早在大危机时期，美国政府就颁布了“社会保障法”，目的在于强调通过政府的作用来解决老年人的保障问题。1948 年美国政府规定，公司的雇主必须与工会协商确定退休金，并实行年金计划。根据这项计划，任何人都必须在工作期间将其工资收入的一部分作为养老金储蓄起来，以便在退休后，依靠领取这部分储蓄收入而生活。美国的年金基金有公共和私人之分。二战后，二者在数量上一直呈上升趋势，1950 年公共和私人年金拥有资产 120 亿美元，1970 年为 1700 亿美元，1986 年达到 11050 亿美元，其中，私人年金年平均增长率从 70 年代到 80 年代中期一直保持在 13%以上①。年金基金增长速度快的原因主要有两方面：一是加入养老金基金会的职工人数迅速增加。1940 年美国参加私人养老基金计划的人数为 410 万人，1960 年为 1870 万人，1980 年为 3580 万人，40 年间参加人数增加了 7 倍。②二是可享受税收优惠。法律规定，资本家纳入退休基金的资金被看作工资性支出，因而可以享受免税待遇。为此，资本家愿意通过建立和发展退休金计划来达到积聚资本，避免纳税的目的。

年金基金的管理主要由商业银行信托部负责。1955 年，13 家纽约银行管理着美国所有年金基金的 60%，到 1972 年，71 家信托部控制了所有信托部资产的 72.3%。③这意味着信托部成为美国年金基金的主要管理者和控制者。信托部管理的年金基金最初主要投资于债券和优先股，随着年金基金数额的增长，年金逐渐转向普通股。1974 年，商业银行信托部掌握了总计 1710 亿美元的公司股票，占全部上市交易股票额的 26.9%④。进入 80 年代，信托部

---

① 阿兰·高达：《新金融机构分析》，纽约：库洛姆出版社，1989 年，第 209 页。

② 托马斯·迈耶等：《货币、银行与经济》，北京：中国金融出版社，1990 年，第 121 页。

③ 贝思·明兹、米彻尔·舒瓦兹：《美国大企业的权力结构》，芝加哥：芝加哥大学出版社，1985 年，第 97 页。

④ 戴维·M.考兹：《美国大公司的银行控制》，加利福尼亚：加利福尼亚大学出版社，1978 年，第 68 页。

掌握的年金及其他资产的数额进一步扩大，投资于股票资产的比重也保持了较高的水平。1986 年，信托部掌握的总资产为 15531 亿美元，其中，投资于股票的资产为 7491 亿美元，占全部上市交易股票额的 24.1%，在所有机构法人股东持有的股票额中占 56.4%，居第一位。[①]可见，商业银行信托部之所以成为重要的机构股东，根源在于年金基金的形成和不断增大，年金基金的崛起是美国法人资本所有制崛起的重要动因。

（二）保险公司的股东化

保险公司是一种非银行金融机构，其基本职能是向被保险人提供各类保险，如人寿保险、灾害保险、疾病保险等。在资本主义国家，保险业于二战前就已存在，二战后的发展速度非常快，成为社会保障制度的重要组成部分。美国自二战以来，始终是世界头号的保险大国。战后初期，美国的保险收入占世界总保险费收入的 86.5%，到 1984 年，虽下降为 50.9%，但仍雄居各国之首。在美国保险业中，发展最快的是人寿保险业。二战以来，美国人寿保险公司无论就其数目、资产总额，还是寿险有效合同额来说，发展都很快。人寿保险公司的数目从 1950 年的 649 家增加到 1985 年的 2260 家，增长 3.5 倍，同期资产总额从 2342 亿美元猛增至 17783 亿美元，约增长 25 倍[②]。人寿保险的显著特点是长期性。被保险人按期交付保险费，而死亡给付和到期返还则遵从生命表分布，因而在人寿保险过程中，总有一部分资金处于长期或暂时的闲置状态，形成一个相对稳定的、可供运用的货币资金供给量，这样，就为保险公司投资于有价证券，特别是股票奠定了雄厚的物质基础。战前，美国人寿保险公司掌握工业公司的股票数量很少，而战后则以大的、长期的、稳定的资金向股票市场投资。由于投放到股票市场上的资金大量增加，公司股票额在保险公司资产总额中的比重明显增长。1950 年该比重为 3.2%，1990 年进一步达到 9.1%。[③]保险公司的股东化改变了大公司个人或家族股东为主体的格局，推动了法人资本所有制的崛起。

（三）共同基金的股东化

共同基金也称投资基金，是二战后迅速发展起来的一种新型金融中介机构。共同基金以证券分散投资为主要特征。它把众多的、分散的广大投资大众的资金集中起来，再根据最佳投资收益和最小风险目标，把资金分散投资

① 阿尔诺德 • W. 萨麦兹：《机构投资》，纽约：纽约大学出版社，1991 年，第 20 页。
② 陈福生：《当代资本主义经济》，北京：中国和平出版社，1990 年，第 188-189 页。
③ 乔纳桑 • 查克汉姆：《公司治理结构比较》，牛津：牛津大学出版社，1994 年，第 205 页。

于各种证券，从而达到既分散风险，又获稳定收益的目的。共同基金能在风险四伏的证券市场上分散风险，为投资者带来安全、稳定的收益，这适应了个人投资者既希望规避风险，又要求获得稳定收益的心理，因而为广大的大众投资者所青睐，成为取代个人而专门从事证券投资的机构投资者。

由于共同基金的上述特点，共同基金得以在各主要发达资本主义国家迅速发展起来，美国也不例外。战后，美国经济在一段时期里保持了较高的增长速度，与之相适应，美国个人投资者对共同基金表现出极大兴趣，大都将其资本投入到共同基金之中。1977 年美国共同基金资产不到 500 亿美元，1987 年增加到 7000 亿美元。80 年代美国的共同基金以年平均 25%的速度增长，90 年代仍以 15%的速度膨胀。1992 年共同基金已达到 16000 亿美元，其中的 6000 亿美元是 1990 年后聚集起来的。据估计，到 90 年代末，美国共同基金可达到 4 万亿美元。[①]

随共同基金的迅速增长，它日益成为股票的重要投资者。1975 年共同基金 70%的资产投资于股票，约 322 亿美元，1987 年投向股票的资产为 1610 亿美元，占共同基金总额的 23%。[②]进入 90 年代，随着共同基金的膨胀，投向股票的资产进一步增大，从 1990 年到 1992 年的 3 年间，共同基金累计投入 3000 亿美元购买股票[③]。共同基金在本质上是一个专事投资的金融机构，它的出现加速了股票投资和股票持有的非个人化进程，有力地推动了法人资本所有制的崛起。

二、机构法人持股的特点

由上面的分析可以看出，二战后，美国大公司股票占有的非个人化和法人资本所有制的崛起已是一个总趋势，目前，法人资本所有制已成为资本所有制的基本形式。那么，美国机构法人持股都有哪些特点呢？下面从机构法人股东持股集中度、持股的形式和持股的稳定性三个方面分析之。

（一）法人股东持股的集中度

持股集中度是反映股票持有额在股东手中集中程度或水平的指标，它是衡量股东的地位和影响力的重要尺度。从关于美国大公司法人股东持股集中度的经验资料中不难发现，法人股东的持股集中度自战后以来一直呈现上升

---

① 杰弗里·M. 拉德曼等：《共同基金的力量》，《经济资料译丛》，1993 年第 3 期，第 66 页。

② 阿兰·高达：《新金融机构分析》，库洛姆出版社，1989 年，第 193 页。

③ 杰弗里·M. 拉德曼等：《共同基金的力量》，《经济资料译丛》，1993 年第 3 期，第 66 页。

趋势，目前已占支配地位。下面从总量集中度与个量集中度两个方面对之加以具体阐述：

关于总量集中度，总量集中度指全部机构法人股东持有最大 50 家，或最大 500 家公司股份的集中度。1969 年，在美国 125 家大公司（资本额在 5 亿美元以上）中，有 9 家公司的 10%以上的股票由机构法人股东持有；47 家公司的5%—10%的股票由机构法人股东持有，这部分公司占全部公司的37.6%；53 家公司的 2.5%—5%的股票由机构法人股东持有，这部分公司占全部公司的 42.4%（见表 1）。

表 1　美国 125 家大公司机构法人股东持股集中度

（1969 年）

持股集中度	被持股公司		机构法人股东拥有单独投票权的公司	
	数目	%	数目	%
20	2	1.6	2	1.6
15—20	1	0.8	0	
10—15	6	4.8	2	1.6
5—10	47	37.6	32	25.6
2.5—5	53	42.4	50	40.0
1—2.5	8	6.4	29	23.2
1 以下	8	6.4	10	8.0
总 计	125	100.0	125	100.0

资料来源：赫尔曼：《公司控制、公司权利》，剑桥：剑桥大学出版社，1981 年，第 141 页。

1974 年，美国 200 家最大非金融公司中的 35 家（占总数的 17.5%）的 30%以上的投票股被商业银行信托部、保险公司和共同基金等机构投资者所持有，另外 64 家公司（占 32%）的 20%—30%的股票被这些机构投资者所持有，还有 5 家公司（占 27.5%）的 10%—20%的投票股也被他们所持有。这样，在最大 200 家公司中，有 77%的公司的 10%以上的投票股就被机构投资者或机构法人股东所持有（见表 2）。

表 2　商业银行信托部、保险公司和共同基金持有最大 200 家非金融公司投票股总数

（1974 年 12 月 31 日）

持股总规模（%）	被持股公司	
	数目	百分比
50 和 50 以上	1	0.5
40 和 50 以下	6	3.0
30 和 40 以下	28	14.0
20 和 30 以下	64	32.0
10 和 20 以下	55	27.5
10 以下	46	23.0
合计	200	100.0

资料来源：同表 1，引自《公司控制、公司权利》第 148 页。

进入 80 年代，机构投资者的投资能力进一步提高，它们把大公司作为投资对象，大量持有它们的股份，因而大公司的股票在更大程度上向机构投资者手中集中。据统计，从 1987 年到 1989 年，美国机构投资者在最大 50 家、最大 100 家、最大 250 家、最大 500 家等 4 个级别公司群中的持股集中度均超过 50%，在其余 2 个级别的公司群（最大 750 家和最大 1000 家）中的持股集中度也都接近 50%（见表 3）。

表 3 1987—1989 年美国大公司机构法人股东持股集中度

	持股比例		
	1987 年	**1988 年**	**1989 年**
最大 50 家公司	48.7	51.6	50.0
最大 100 家公司	53.6	53.4	53.2
最大 250 家公司	52.8	52.8	53.8
最大 500 家公司	51.8	51.2	51.8
最大 750 家公司	49.6	48.8	49.9
最大 1000 家公司	46.6	46.8	48.1

资料来源：阿尔诺德 • W. 萨麦兹：《机构投资》，纽约：纽约大学出版社，1991 年，第 21 页。

机构投资者持股集中度的提高还可以从机构投资者在最大 1000 家公司中各类持股比例的分布及其变动上反映出来。1987 年和 1989 年，美国最大 1000 家公司中 2.3%的公司的 80%以上股份为机构法人股东所持有；1987 年最大 1000 家公司中 70%以上股份被机构法人股东持有的公司占 10.7%，而 1989 年该比例上升到 11.5%；1987 年最大 1000 家公司中 60%以上股份被机构法人股东持有的公司占 26.7%，1989 年该比例上升到了 29.6%，1987 年最大 1000 家公司中 50%以上股份被机构法人持有的公司占 44.9%，1989 年该比例上升到 47.9%（见表 4）。

关于个量集中度，个量集中度指个别公司股份在机构股东手中集中的水平。如果说机构投资者在一组企业中的持股比例已达到相当高的水平，如 1989 年在最大 50 家公司中的平均持股比例为 50.0%（见表 3），那么在个别企业中的持股比例就更高了。1989 年机构股东在最大 50 家公司中的许多公司的持股比例在 60%以上，如菲利普•莫利斯公司（Philip Morris）65%，埃利•丽莉公司（Eli Lilly）69%，数据设备公司（Digital Equipment）71%。一些著名公司的法人持股虽未达到 60%以上，但也保持在较高水平，如通用汽车公司（General Motors）43%，福特汽车公司（Ford Motors）54%，国际商用机器公司（IBM）49%，通用电气公司（General Electric）51%。①

表 4　美国最大 100 家公司机构投资者持股比例分布

持股比例（%）	与持股比例相对应的公司的比例			1987—1989 变动率
	1987	1988	1989	
91—100	0.4	0.3	0.1	-0.29
81—90	1.9	2.6	2.2	0.30
71—80	8.4	7.4	9.2	0.73
61—70	16.0	18.2	18.1	2.15
51—60	18.2	18.4	18.3	0.15
41—50	19.3	16.1	18.3	-0.96
31—40	12.7	14.2	14.3	1.67
21—30	12.0	11.7	10.8	-1.21
11—20	7.3	7.4	6.1	-1.22
1—10	3.8	3.7	2.5	-1.29
总计	100.0	100.0	100.0	

资料来源：阿尔诺德•W. 萨麦兹：《机构投资》，纽约：纽约大学出版社，1991 年，第 23 页。

由上可见，美国机构法人股东的持股集中度已经达到了很高的水平，机构法人已成为大公司的大股东，法人资本所有制已在大公司居于主导地位。

① 阿尔诺德•W. 萨麦兹：《机构投资》，纽约：纽约大学出版社，1991 年，第 22 页。

（二）法人持股的形式

美国机构投资者是大公司的主要股东，但大公司并不反过来持有机构法人的股份，机构投资者与大公司之间是一种单向持股关系，这是美国法人资本所有制的基本特征。

美国机构投资者，正如前面分析的那样，并不是一对一地与大公司结成单向持股关系，而是作为一个群体来持有大公司的股份，即每个大公司的股份大都由若干个机构法人股东所持有，相对于单个公司而言，这若干个机构法人股东就构成了一个具有共同利益取向的群体，它们像一张网交织在一起，集体对公司的运营实行制约和影响。与此同时，网络中的机构法人还持有其他大公司的股份，这使得控制不同公司的不同机构法人网络重叠在一起，其结果是每个公司都被交叉在一起的机构法人股东网络群所控制，英国学者斯考特（Scott）将这种控股形式形象地称为“利益星座”式控股，在这里“星座”指机构法人群或网络，其图示如下：

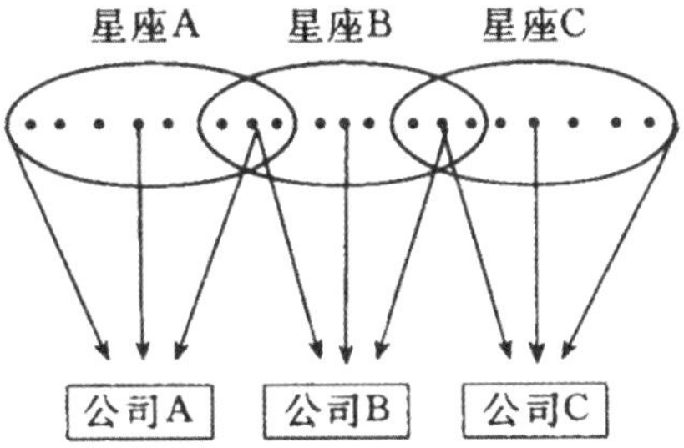

在上图中，公司 A 的股份主要被星座 A 所持有，公司 B 的股份主要被星座 B 所持有，而公司 C 的股份主要被星座 C 所持有。与此同时，星座 A 的部分机构法人又持有公司 B 的股份，从而成为星座 B 的一部分；而星座 B 的部分机构法人也持有公司 C 的股份，构成星座 C 的一部分，这样，公司 A、公司 B 和公司 C 就不仅被各自的机构法人群体所控制，同时又都置于有所交叉的机构法人网络群之中，受所有机构投资者的控制。利益星座式控股的实质是机构法人以群体形式对大公司控股，在这种控股形式下，任意一家机构法人并不能有效地影响和控制一家大公司，但机构法人群体却可以对大公司施加有力的控制和影响。

（三）机构法人持股的稳定性

机构法人持有大公司股份是一回事，能否构成对大公司的长期控制又是另一回事，关键取决于机构法人持股的稳定程度。

在学术界，关于美国机构投资者持股的稳定性问题有一种流行的说法，认为机构投资者拥有的股份具有很高的流动性，机构法人长期握有某一公司股票的现象十分罕见。支持这种观点的理由是，机构投资者支配的资本大都是属于私人委托者的，机构投资者代表其委托者进行证券投资。机构投资者为了满足其委托者的利益要求，对股票的近期收益水平十分关注，总是随着股价的变动而频繁地买进或卖出股票，这就造成了机构投资者持股的高度流动性或不稳定性。应该说，在特定的历史时期，机构投资者持股的流动性的确是很高的，这个特定时期就是机构投资者的资本额还很弱小，持股比例非常低的时期，从时间上看大体是从二战后初期到 80 年代初期。在这个时期，由于机构投资者正处于发展的初期，资本实力还不够强大，因而不可能对公司进行长期投资，从而稳定地获取高收益，只能根据股价的变动和股息的高低灵活地卖出或买进股票，以获取投机性收益。此外，持股比例低也便于机构投资者及时转让股票，以逃避风险，谋取更高收益。可以说，此时机构投资者持股不稳定，追求短期效益的行为是由其弱小的力量和不起眼的地位决定的，并非其本性使然。随着机构投资者资本实力的不断增大，特别是持股集中度的不断提高，其持股行为的短期性势必发生变化，仍用老眼光看待机构投资者就不合时宜了。

实际情况正是如此。进入 80 年代，正如前面指出的那样，美国机构投资者的资本额以及持股额均大幅度上升，90 年代初，机构投资者的持股比重已超过了个人股东占了大量，按目前趋势发展下去，到 20 世纪末，大公司股份的 2/3 将由大机构股东掌握。随着机构股东持股集中度的大幅度提高，机构股东持股的稳定性也相应增强，与大量分散化的个人股东相比，机构投资者正逐渐向长期投资者转化。据统计，纽约证券交易所股票的平均周转率约为 55%，而大机构股东的股票周转率仅为 15%至 20%，持股的平均年限已达 2.5 年，个别机构股东的股票周转率更低，持股年限也更长。以加利福尼亚公共雇员年金基金为例，该机构 90 年代初有 560 亿美元资产投资于股票市场，其持股年平均周转率仅为 10%，股份的平均持有期已达 6 至 10 年[①]。

在持股集中度提高的情况下，机构股东为什么不再遵循“华尔街法则”[②]

---

① 阿尔诺德 • W. 萨麦兹：《机构投资》，纽约：纽约大学出版社，1991 年，第 186 页。

② “华尔街法则”指股东对在任经理或公司经营状况不满而抛售股票的行为方式。这种行为方式主要发生在坐落于美国金融中心华尔街的纽约证券交易所，故得此名。

频繁转让股票，而是长期持有股份呢？原因有两个，一是股票数额太大，难以短期尽数卖出；二是大量抛售股票会引起股市剧烈波动，自身利益难保。大机构股东大都拥有数百亿资产，而且多数都将近一半的资产投资于股票，在这种情况下，若想将手中的大量股票卖出去，就必须同时在市场上找到足以买进这些股份的买主，然而，在短时间内要找到这样的大买主是十分困难的。再者将手中持有的巨额股份抛售出去也会带来十分危险的后果。巨额股票一旦抛售，势必引起股市大跌，并由此引起其他股票价格的连锁下降，从而使机构股东自身蒙受更大损失，搬起石头砸自己的脚。持股集中度的提高，造成卖股票难，即使卖了出去，也会给机构股东本人带来更大的损失，只好将其保留在手中，这就在客观上促使机构股东成为长期投资者。

三、法人资本所有制的历史地位

法人资本所有制的崛起是当代美国资本主义生产关系演进和发展过程中的重大事件，其意义重大，它标志着资本所有制发展到了一个新的历史阶段。

资本所有制，就其最一般的含义而言，是以货币资本与雇佣劳动者的劳动力相交换，以生产过程中资本家无偿占有雇佣劳动者所创造的剩余价值为核心的所有制形式，它区别于其他私有制形式的根本点在于资本能够通过拥有和支配雇佣劳动而占有剩余价值。资本所有制是通过各种不同的经济组织形式而存在并发挥作用的，因而资本所有制有不同的存在形式。在资本主义的发展进程中，资本所有制已经经历了两种存在形式，即私人资本所有制和私人股份资本所有制，而目前新崛起的法人资本所有制则是资本所有制的第三种存在形式。法人资本所有制形式的出现不是偶然的，它是资本主义生产关系与生产力矛盾运动的产物，具有客观必然性。

私人资本所有制是资本所有制的初始存在形式，其特点是资本家不但拥有生产资料所有权，而且直接控制和经营企业，资本家既是企业的所有者，又是企业的经营者，资本家能够完全按照自己的意志和愿望进行决策和经营，经营所得利润全部归资本家个人所有，不过，一旦经营失败，资本家则要承担全部损失。这种资本所有制形式适应了简单而又低下的社会生产力发展水平的要求，因而能够推动生产力的发展。尽管如此，其缺陷也是非常明显的：财产占有关系具有封闭性，不利于经济资源在更大的社会范围内优化组合；财产占有主体受人的自然寿命的影响而不能长久持续下去，企业寿命短暂；经营风险集中，限制投资规模的扩大。这些缺陷表明：私人资本所有制不是最佳的所有制形式，随着生产力的发展，势必要求一种新的资本所有制形式出现并取而代之，这种新型的资本所有制形式就是私人股份资本所有制。

私人股份资本所有制是以资本入股形式结合起来的一定数量资本家的联合占有方式。与私人资本所有制相比，这种资本所有制形式有四个特点：(1）财产占有具有开放性，占有主体具有多元性；(2）财产占有具有整体性，单个股东只拥有财产的终极所有权，直接经营和管理财产的公司法人拥有财产的法人经营权；(3）财产具有长期延续性；(4）财产所有权与控制权相分离。私人股份资本所有制是与社会化大生产相适应的资本所有制形式，它有利于进行大规模生产；有利于技术进步和经济效益的提高；有利于提高企业的管理水平。但是私人股份资本所有制也有其不足之处，主要表现在两个方面：第一，积聚资本的能力有限。在私人股份资本所有制条件下，股份公司的股东主要是一个个分散的个人或家族，相应地，公司筹资的对象也主要是个人或家族，这样，筹资规模就主要取决于个人或家族的投资能力和投资意愿。而股票投资是一项风险性极大的投资活动，它要求投资者必须具有专门的知识和丰富的信息，这是保证作出正确的投资决策的前提条件。然而在投资主体主要是个人的情况下，由于个人投资者一般都缺乏专门的投资知识，难以全面掌握股市运行的情报资料，这就大大限制了其决策的准确性，进而影响其投资的积极性和信心，投资者对股票投资缺乏信心，自然不敢大量购买股票，而是寻求别的更稳妥的投资渠道，这就限制了股份公司靠发行股票筹资的规模，进而对股份公司的发展构成约束。第二，企业经营行为有短期化倾向。所谓经营行为短期化，是指企业在经营中只关心近期收益最大化，而不重视长期投资和长远发展。这种情形在私人股份资本所有制条件下的公司中普遍存在。在私人股份资本所有制企业中，所有权与经营权是相分离的，而控制权（指选举董事会、任免经理等权利）在理论上仍归所有者，这是由所有权所决定的。然而，在股票占有分散化的情况下，每个股东并不十分关心参与决策，也没有能力运用或操纵控制权去控制董事会和监督经理，这使得公司控制权事实上掌握在经理人员之手，而股东则更加关心股价高低，一旦公司经营绩效不佳，股票价格下降，股东们往往以“用脚投票”方式表示不满，即抛售手中的股票。股东抛售股票固然是为了防范风险，在客观上也对经理阶层构成一种约束，可是其负面效应却是加大了股份公司被吞并的危险，这迫使经理为维持股票价格，提高股息率而只关注短期投资效益，不重视长期投资。积聚资本能力有限，经营行为有短期化倾向，意味着私人股份资本所有制不利于生产力的进一步发展，随着国际竞争的日趋激烈，客观上需要一种有助于增强企业融资能力、克服经营行为短期化倾向的新型资本所有制形式，这种新型资本所有制形式就是法人资本所有制。

法人资本所有制与私人股份资本所有制相比，具有显著的优点：（1）法人取代个人而成为持股主体，大大拓宽了股份公司的筹资来源，推动了生产和资本的集中，加快了企业的扩张步伐。二战后，除了传统的商业银行和投资银行，诸如年金基金、保险公司、共同基金等非银行金融机构获得长足发展。这些机构业务内容广泛，经营方式灵活，经济效益可观，因而吸纳了大量社会闲散资金。在掌握和支配巨额货币资本的基础上，这些机构纷纷介入证券市场，从而成为大公司的主要股东，与个人股东相比，法人股东资本实力雄厚，投资决策水平高，投资活动活跃，这就为大公司提高筹资能力，扩大生产规模，加快企业扩张奠定了基础。（2）实现了所有权与控制权的合一，克服了企业行为的短期化倾向。在法人资本所有制崛起的情况下，大公司的持股主体由个人股东转变为法人股东，而法人股东的持股集中度远远高于个人股东，这就使法人股东拥有了对公司行使有效控制的所有权基础，法人股东不必像个人股东那样“用脚投票”以示不满，而可以“用手投票”，积极参与公司重大问题的决策。法人资本所有制的崛起促成了所有权与控制权的合一，法人股东可以对经理阶层进行有力的监督和检查，迫使其按照法人股东的要求或愿望从事日常经营管理。法人股东的持股期限比较长，其对公司的长远发展亦相应地比较关心，这促使企业经理从长远角度进行决策和管理，谋求远期利润目标最大化，而不再像私人股份资本所有制企业那样追求短期利润最大化。显然，法人资本所有制的两个优点恰恰是私人股份资本所有制所不具备的，而这两个优点又在客观上有助于生产力的发展，适应了国际经济一体化背景下增强企业及民族经济竞争力的需要，因此，法人资本所有制取代私人股份资本所有制不是偶然现象，而是反映了社会化大生产的内在要求，具有客观必然性。

由上可见，法人资本所有制是伴随着法人股东化进程而形成的新型资本所有制形式。它突破了私人股份资本所有制的局限性，给生产力的发展提供了新的空间。二战后，日本、德国等国家经济奇迹的出现与法人资本所有制的存在有密切关系，美国法人资本所有制的崛起速度比日、德慢，起主导作用的时间也较晚，但可预言，随着法人资本所有制关系的全面形成和成熟，其对美国经济的发展必将产生重大的推动作用。

（本文原载于《南开学报》1997 年第 2 期）

论法人资本所有制

在发达资本主义国家，股份公司是基本的、居主导地位的企业组织形式。在股份公司的发展进程中，个人或家族股东曾是居支配地位的股东形态，以致私人股份资本所有制一直被看作资本所有制的基本形式。然而，第二次世界大战后，资本主义国家股份公司中股东的形态发生新的变化，这就是，个人股东不断衰落，法人股东逐渐崛起，目前在主要资本主义国家大公司中，各类机构投资者和公司法人已取代个人和家族成为公司的主要持股者，个人股东则退居次要地位，这意味着法人成为股份公司资产的直接所有者，股份公司的所有制亦相应地转化为法人资本所有制。股份资本占有结构是资本主义生产关系的核心内容，它的变化决定着资本主义生产关系的变化，研究第二次世界大战后资本主义大公司股份资本结构的新变化，对于认识当代资本主义生产关系的变化趋势，把握资本主义大公司治理结构的演进方向具有重要的理论意义和现实意义。

一、法人资本所有制的形成

（一）法人及其类型

法人是与自然人相对应的概念。所谓法人，是指拥有自主经营的财产，能独立地享有民事权利并承担民事义务的经济组织，是与自然人相对而言的另一种民事主体。就实质而言，法人是一种人造的、非真正的人，换言之，法人是一种法律虚构。作为与自然人相对应的民事主体，法人有三个显著特征：（1）有特定的组织结构。法人区别于自然人的根本点是其组织性，因而，法人必须是根据法律、法令、组织条例的规定而建立，并能够独立进行民事活动的整体。它不因该组织的个别部门或人员的变化而影响它的民事主体资格，也不因此而影响它应承担的民事责任。法人组织的核心是法人机构，如董事会、理事会等，法人通过它的机构对外代表法人进行民事活动、履行法人义务并承担民事责任。（2）拥有独立的财产。一定程度的财产独立性，是一个组织取得法人资格的物质基础，是作为法人组织参加民事活动、享受权利和义务的物质保证。法人财产来源于组成法人的自然人或创立法人组织并提供财产的国家。在这里，自然人或国家是法人财产的最终所有者，法人则享有财产的占有、支配、处分和管理权。法人财产一经形成，便具有独立性，出资人不能对整体财产拥有直接的和独立的支配权。（3）独立承担财产责任。法人独立承担财产责任是指法人以自己所有的或者依法独立支配和处分的财产，承担它在民事活动中的债权或债务。这三个特征表明，法人虽是一种法律虚构，但却有着实在的经济内容。它同自然人一样拥有独立的财产，也独立承担法律责任。所不同的是，自然人的存在受其生命极限的限制，寿命不可能永世长存；而法人则不受自然人寿命的限制，可以永远存在下去。在现代资本主义经济中，自然人和法人都存在着并发挥着作用，但相比之下，法人所起的作用更为重要。实际上，在资本主义国家的制造业、商业、金融业，各类法人组织扮演着主要的角色，少数法人巨型公司提供着国民财富的绝大部分，法人间的交易活动占据了交易的主体位置，法人组织间的经济关系构成了社会经济关系的主要内容。总而言之，法人在现代资本主义国家经济生活中占据着主导和支配的地位。

在发达资本主义国家，经济生活中的法人组织可谓形形色色，若依其活动领域加以区分，可以分为两大类：一类是存在于生产和流通领域中的工商企业法人，一类是存在于金融领域中的各类银行和非银行金融机构法人，主要有商业银行、投资公司、保险公司、年金基金、共同基金以及各类基金会等，统称为机构投资者。这些法人组织，特别是机构投资者，大多是依照股份制原则建立来的，它们的资产也都是由个人或家族提供的，法人组织的重要职责是代替出资人管理属于他们的资产。

（二）法人的股东化

法人组织，如前所述，是一种法律虚构，其主要职责是接受出资人的委托，管理属于委托人的资产。第二次世界大战前，为了使所管理的资产得以增值，法人组织已开始投资于股票市场，但由于资本额较小且受到法律的限制，法人组织在股票市场上的交易额很小。第二次世界大战后，各主要资本主义国家的公司法人和机构法人开始大量进入股票市场，投资量也逐年增加，其结果是大量法人组织由单纯的财产管理者变为股票持有者。法人组织的股东化，改变了资本主义国家大公司的股权结构，使财产占有呈现出由个人占有向非个人占有或法人占有转变的趋势。下面具体分析几种主要的法人组织形态的股东化过程：

1. 公司法人的股东化。公司法人股东是现代资本主义国家各类法人股东中比较重要的一种，在个别国家，如日本，公司法人股东则是主要的法人股东形态。公司法人股东化是法人资本所有制产生和形成的重要标志。在日本，公司法人股东化趋势是从20世纪50年代初期开始的。第二次世界大战后初期，日本颁布并实施了《独占禁止法》，该法原则上禁止非金融公司的股份持有，规定非金融公司（或公司法人）拥有其他公司法人发行的股份不得超过5%。但是1949年和1953年日本对该法作了两次修改，放宽了对公司法人持股的限制，股份逐渐集中在公司法人手中的现象由此而产生。60年代后期到70年代，为了防止资本自由化政策实施后外国资本的可能入侵，日本大公司纷纷推行“稳定股东工作”，公司法人之间相互持股，法人持股的比重大幅度提高。公司法人股东化的一个直接后果是加快了日本企业的集团化进程，有力地帮助了重化工业化战略的实施，而该战略的成功实施，则是日本50年代中期到70年代实现经济高速增长的重要原因之一。

2. 商业银行的股东化。商业银行是现代资本主义国家银行体系的重要组成部分，也是非常重要的法人股东形态之一。由于各国的国情不同，商业银行持有公司法人股份，从而成为股东的方式又有不同的形式。在美国，商业银行作为股东，是通过附设的信托部间接地实现的。1930年，美国颁布《格拉斯-斯蒂格尔法》，严格区分银行业务和证券业务，禁止银行的跨州金融活动。这种银行专业职能和地域划分的金融体制，直到20世纪60年代中期，基本上没有多大变化。商业银行主要从事活期存款和短期贷款等业务，不得经营证券（包括债券和股票）交易。这样，商业银行直接持有其他公司的股份就成为不可能。然而，美国商业银行通过开展信托投资业务却间接地成为公司的股东。信托部主要管理不动产、年金基金、富裕家庭的财产等。按照法律的规定，信托部可以将信托资产投资于公司股票。商业银行信托部业务范围广、经营手段灵活、吸纳资金能力强，因而成为股票市场的重要投资者。1986年，美国不包括年金基金在内的银行信托资产总额为6146亿美元，其中2930亿美元投资于公司股票，占资产总额的47.7%，该股票额占全部上市股票交易额的9.4%。在全部机构投资者持股额中，商业银行信托部的持股额占 2%，仅次于年金基金，居第二位。①

与美国不同，德国和日本的商业银行却是工商企业所发行股票的直接的、也是主要的持有人。德国法律允许商业银行超越通常银行储蓄、信贷和结算职能范围从事证券市场所有的投资、融资等金融业务，是多功能的综合性全能银行。在德国，德意志银行、德累斯顿银行和德意志商业银行三家银行垄断经营全部有价证券交易量的 2/3。1991 年德国公开上市发行有价证券 2200 亿马克，其中企业在资本市场上直接发行的证券额仅有 10 亿马克，其余全部由商业银行经营。德国商业银行在从事各种有价证券交易并将其垄断的同时，还对工商企业进行参股、控股。据统计，到 1992 年 4 月底，德国银行向工商企业参股金额已达 600 亿马克，相当于其自有资本的 28.6%。在日本，银行与企业的关系十分密切，通常是一家商业银行与多家大企业保持着固定的联系，银行不仅为企业提供投资资金、管理流动资金和进行票据贴现及外汇结算，而且还持有企业的股份，通过股权参与和资本结合，对企业的经营活动和财务状况实施严格监控。

3. 年金基金的股东化。年金基金又叫退休基金，是从雇佣劳动者工资中扣除一部分以维持其退休后生活的可支配收入。年金基金是各主要资本主义国家社会保障制度的重要组成部分。早在 1929—1933 年大危机期间，美国政府就颁布了《社会保障法》，目的在于强调通过政府干预来解决老年人的保障问题。美国的年金基金有公共和私人之分，第二次世界大战后，这两部分年金在数量上一直呈上升趋势。1970 年公共和私人年金拥有资产 1700 亿美元，1986 年达到 11050 亿美元，1995 年进一步上升到 49000 亿美元。美国的年金基金大多在政府法律的规范下投资于有价证券，其中股票投资占了相当大的比例。1995 年，年金基金持股总额占全部上市交易股票额的 25.4%，在所有机构投资者持有的股票额中占 45%，居第一位。②

4. 保险公司的股东化。保险公司是一种非银行金融机构，其基本职能是向被保险人提供各类保险，如人寿保险、灾害保险、疾病保险等。在资本主义国家，保险业于第二次世界大战前就已存在，第二次世界大战后的发展速度非常快，成为社会保障制度的重要组成部分。第二次世界大战后，美国人寿保险公司无论就其数目、资产总额，还是就其寿险有效合同额来说，发展都很快。人寿保险公司从 1950 年的 649 家增加到 1985 年的 2260 家，增长 3.5 倍，同期资产总额从 640.2 亿美元猛增至 9375.51 亿美元，增长了 13 倍

① 阿尔诺德 • W. 萨麦兹：《机构投资》，纽约：纽约大学出版社，1991 年，第 186 页。

② 卡洛琳 • 布兰卡特：《机构投资者与公司治理》，阿尔文专业出版社，1997 年，第 19 页。

多。1995 年美国人寿保险公司的资产总额进一步达到 19100 亿美元。[①]人寿保险的显著特点是长期性。在人寿保险过程中，总有一部分资金处于长期或暂时的闲置状态，形成一个相对稳定的、可供运用的货币资金供给量，这样，就为保险公司投资于有价证券，特别是股票奠定了雄厚的物质基础。第二次世界大战前，美国人寿保险公司掌握工业公司股票数量较少，而第二次世界大战后则以大量的、长期的、稳定的资金向股票市场投资。由于投放到股票市场上的资金大量增加，公司股票额在保险公司资产总额中的比重明显增长。1950 年该比重为 3.2%，1990 年进一步达到 9.1%。在日本，全部上市公司的股票时价总额中，人寿保险公司所占比重是 13.2%。日本人寿保险公司、第一劝业人寿保险公司、住友人寿保险公司等六大保险公司各自拥有巨额股份并在许多公司中居于大股东的位置。

5. 共同基金的股东化。共同基金是第二次世界大战后迅速发展起来的一种新型金融中介机构。共同基金以证券分散投资为主要特征。它把众多的、分散的广大投资大众的资金集中起来，再根据最佳投资收益和最小风险目标，把资金分散投资于各种证券，从而达到既分散风险，又获稳定收益的目的。共同基金能在风险四伏的证券市场上分散风险，为投资者带来安全、稳定的收益，这适应了个人投资者既希望规避风险，又要求获得稳定收益的心理，因而为广大的大众投资者所青睐，成为取代个人而专门从事证券投资的机构投资者。第二次世界大战后，美国经济在一段时期里保持了较高的增长速度，与之相适应，美国个人投资者对共同基金表现出极大兴趣，大多将其资本投入到共同基金之中。1977 年美国共同基金资产不到 500 亿美元，1987 年增加到 7000 亿美元。20 世纪 80 年代，美国的共同基金以年平均 25%的速度增长，90 年代仍以 15%的速度膨胀。1992 年共同基金已达到 16000 亿美元，其中的 6000 亿美元是 1990 年后聚集起来的。据估计，到 90 年代末，美国共同基金可达到 4 万亿美元。随着共同基金的迅速增长，它日益成为股票的重要投资者。1975 年美国共同基金 70%的资产投资于股票，约 322 亿美元，1987 年投向股票的资产为 1610 亿美元，占共同基金总额的 23%。进入 90 年代，美国共同基金进一步膨胀，投向股票的资产进一步增大，从 1990 年到 1992 年的 3 年间，共同基金累计投入 3000 亿美元购买股票。共同基金在本质上是一个专事投资的金融机构，它的出现加速了股票投资和股票持有的非个人化进程，有力地推动了法人资本所有制的崛起。

---

① 卡洛琳•布兰卡特：《机构投资者与公司治理》，第 19 页。

（三）法人资本所有制的含义

由上述分析可以看到，第二次世界大战后，发达资本主义国家大公司的股权结构发生了重大变化，由公司法人和机构法人组成的法人股东已取代私人股东成为公司股份的主要持有者，私人股东则退居次要地位，股权结构的这一变化意味着资本主义所有制关系发生了新的变化。在资本雇佣劳动的条件下，如果把资本家个人投资于企业并直接经营企业，从事资本主义生产，完全承担经营风险，完全享有经营所得的经济关系看作私人资本所有制；把私人资本以入股的方式投资于股份公司，聘任职业经理人员对公司资产进行日常管理，私人股东只以自己的持股额对公司的负债承担责任，资本的所有权与经营权相分离的经济关系看作私人股份资本所有制，那么，法人股东持有公司的股份并对公司的经营和决策发挥重大影响，公司的运营充分体现法人股东的权利意志和利益要求这样一种经济关系就可称为法人资本所有制。由于法人股东持股相对于个人股东在股份公司股权结构中已居主导地位，所以法人资本所有制对当代资本主义国家大公司的治理结构、公司经营行为、战略目标等有着决定性的影响，虽然私人资本所有制、私人股份资本所有制依然存在并发挥着作用，但其影响力已大大减弱了。

法人资本所有制的存在，是以法人持股从而成为股东为条件的，它与以法人管理者身份占有和支配公司的财产而形成的法人财产权有着本质上的区别。这种区别主要体现在两个方面：（1）法人的身份不同。在法人财产权制度中，法人只是公司资产的经营和管理者，他虽然可以直接支配和使用公司财产，但不拥有公司资产的所有权和剩余索取权；在法人资本所有制条件下，法人具有双重身份，他既是法人组织自身财产的管理者，又以股东身份持有其他公司的股份，成为大股东。（2）法人财产权的性质不同。在法人财产权制度中，法人财产权是一种派生性所有权，最终所有权仍归公司的股东所有；在法人资本所有制条件下，作为股东，法人享有所持股份的最终所有权，它构成了法人股东积极参与公司战略决策，对整个公司的运营施加重大影响的制度基础。

二、法人资本所有制的类型及特点

在发达资本主义国家，法人股东化已是普遍现象，不过由于经济、文化及法律制度的差异所致，在不同的国家，法人股东的形态存在着显著差异。在一些国家，法人股东形态比较复杂，既有企业法人股东，也有银行和非银行金融机构股东；而在另一些国家，法人股东的形态就比较单一，基本上以各类机构法人股东为主。这样，法人资本所有制在客观上就有不同的存在形式。具体来讲，法人资本所有制存在两种典型形态，它们分别是公司法人所有制和机构法人所有制。

（一）公司法人所有制及其特点

公司法人所有制，顾名思义，就是指以大公司为核心股东的法人股份资本所有制，这种所有制形态主要存在于日本。大体来讲，公司法人所有制的特点主要有以下三点：

1. 从持股主体看，公司法人和机构法人并列为大股东，其中公司法人股东居主导地位。在日本的大公司中，法人持股主体主要有两大类：一类是大企业股东，也叫公司法人股东；一类是金融机构股东，包括商业银行、保险公司、年金基金、投资公司等金融机构法人股东。就股权结构而言，包括公司法人和机构法人在内的法人股东已占有绝大部分股份。在 1950—1988 年间，日本个人股东（不包括外国人）的持股率从 61.3%下降为 22.37%，而作为法人股东的金融机构和公司法人的持股率则从 35.5%上升为 76.9%。到了 90 年代，法人持股仍占主体地位，1990 年在已发行的企业股票时价总额中，法人持股高达 72.1%。[①]

2. 从持股形式看，法人股东持股具有相互交叉、环形渗透的特点。所谓相互持股，就其典型形态而言，是指 A 公司持有 B 公司、C 公司……Z 公司的股份；而 B 公司亦持有 A 公司、C 公司……Z 公司的股份；同样 Z 公司也持有 A 公司、B 公司、C 公司等股份。这样，在 A 公司、B 公司、C 公司……Z 公司之间就形成一个互相持股的网络。因为法人股东相互持股不是发生在两个法人组织之间，而是发生于一群法人组织之间，所以法人股东相互持股在企业集团中最为普遍。企业集团是一种资本联合体，其结构和运营皆不同于一般的个别职能资本，就其实质而言，是一种新型的资本形态法人资本。

3. 从持股稳定性上看，法人股东持股的稳定性比较强。公司法人或机构法人持有其他企业的股份，目的不在于享受企业的股息和红利，而是为了防止被其他企业特别是外国企业控股，为了及时地从关系企业获得信息，加强与对方的业务来往，保持长期稳定的交易关系。由于法人股东不以谋求股息和红利或股票投机的好处为持股目标，因而不会受股市行情的左右而轻易地

---

① 乔纳桑•查克汉姆：《公司治理结构比较》，牛津：牛津大学出版社，1995 年，第 105 页。

抛出股票，所以法人股东所持股票的市场流动性很低，稳定性较强。

（二）机构法人所有制及其特征

机构法人所有制是指以银行和非银行金融机构为主体占有公司法人股份的所有制关系，这种所有制关系在英、美等国大公司中居多。其主要特征是：

1. 从持股主体看，机构法人是大公司主要的持股者。在美国，持有公司股份的法人主要是机构法人，即人寿保险公司、年金基金、共同基金以及管理个人信托资金和年金的商业银行信托部。第二次世界大战后，人寿保险公司、共同基金将大众零散资金汇集起来进行股票投资，投资量不断增大。同时，随着年金制度的普及，年金基金作为资产运用的方式也加入了证券投资的行列，而且其增长速度很快，这样，就引起了公司股权结构的变化，即机构投资者持股的比重不断上升并居主导地位。第二次世界大战后初期，美国机构法人股东的持股比重仅为百分之十几，70 年代中期达到 30%左右，80 年代中期进一步上升到 40%，进入 90 年代发生了根本性转变，法人股东持股比重首次超过个人股东而居优势。1995 年，美国机构法人股东拥有的资产达到 10.2 万亿美元，占美国全部金融资产的 22%。1995 年末，美国机构投资者持有上市交易股票额的比例已超过 50%，在最大 100 家非金融公司中的持股率从 1987 年的 46.6%上升到 57.2%，在个别大公司中的持股率则已达到 70%以上。这些数字表明，机构法人股东已经成为美国大公司名副其实的大股东了。[①]在英国，机构股东也已成为大公司的主要持股者，机构股东的持股比例 1963 年仅为 29.0%，1994 年达到 59.8%。[②]

2. 从持股形式上看，机构股东的持股均为单向持股，且以星座式持股为主。所谓星座式持股，就是每个大公司的股份往往被若干个大机构法人股东所持有，相对于单个公司而言，这若干个机构法人股东就成为具有共同利益的股东，它们联合在一起，类似一个星座，集体对公司的运营实行制约和控制。在星座式控制模式下，公司 A 的股份主要被星座 A 所持有，公司 B 的股份主要被星座 B 所持有，而公司 C 的股份主要被星座 C 所持有，在这里，公司 A、公司 B 和公司 C 已不再是独立存在的公司了，它们均被置于由大机构法人股东组成的利益星座的控制之下。显然，利益星座式持股实质上就是机构投资者的集体持股，大公司可以不受星座中任意一家机构投资者持股的影响，但却受以星座形式出现的机构投资者集体持股行为的影响，星座式持股是机构法人股东施加其所有者影响的重要制度安排。

---

① 卡洛琳 • 布兰卡特：《机构投资者与公司治理》，第 19-20 页。

② 克劳斯 • 霍普特：《比较公司治理》，1997 年，第 52 页。

3. 从持股的稳定性看，机构法人股东持股稳定性有增强的趋势。机构法人支配的资本大多属于私人委托者的，机构法人代表其真正的所有者或者说委托人而进行证券投资。为了满足委托人的利益要求，机构投资者必须密切关注股息和股价的变动，并据此作出保留还是抛售股份的决策。在持股额较小的情况下，机构投资者难以对公司经营事务施加影响，因而常常以抛售股票的方式表达对公司经营状况的不满，此时，机构法人股东持股的稳定性比较差。但是，随着持股额的增大和持股比例的提高，机构法人持股的稳定性亦相应增强，机构投资者正逐渐向长期投资者转化。据统计，纽约证券交易所股票的平均周转率约为55%，而大机构股东的股票周转率仅为15%—20%，持股的平均年限已达 2.5 年。个别机构股东的股票周转率更低，持股年限也更长。以加利福尼亚公共雇员年金基金为例，该机构 90 年代初有 560 亿美元资产投资于股票市场，其持股年平均周转率仅为 10%，股份的平均持有期已达 6 至 10 年。[①]

三、法人资本所有制的性质

法人股东在股份公司中占有的股权比重日益增高，甚至超过 50%，这无疑标志着资本所有制形式的新变化，但这是否意味着以私有制为基础的资本主义生产资料所有制发生了根本性质的变化呢？

对于如何判断一种所有制是否具有资本主义所有制性质的问题，仅从财产最终是否归个人或家族占有是难以作出正确回答的。实际上，对于资本主义所有制的性质，马克思主义经典作家始终是从资本与雇佣劳动的相互关系上加以界定的。按照马克思主义的观点，只要劳动与生产资料的结合采取资本雇佣劳动的形式，那么财产占有关系就是资本主义的占有关系。按照这一观点来看待法人资本所有制的性质，就不难作出正确的判断，这就是，法人资本所有制本质上仍然是资本主义所有制。

说法人资本所有制在性质上仍然是资本主义所有制，主要是基于这样一个事实，那就是在发达资本主义国家的大公司中，资本与雇佣劳动的对立仍然是直接生产过程的基础，整个经济运行体系仍是建立在这样一种经济关系之上。法人资本所有制并没有克服资本与劳动的对立，只不过使两者的矛盾稍微缓和一些而已。同时在现代法人资本所有制企业内部，相对于私人股份

---

① 阿尔诺德 • W. 萨麦兹：《机构投资》，第 186 页。

资本所有制而言,资本的所有权与控制权的合一程度不是削弱了而是加强了,因为经理阶层或者取得了股东的身份,或者受到法人股东强有力的约束,所有者与经理人员的关系更密切。与此同时,雇佣劳动者的地位却没有发生根本变化。雇佣劳动者可以向经理阶层提合理化建议(如在日本),或可以直接持有公司的少量股票(如美国的职工持股计划),或可以参与企业的某些决策(如德国的劳资共决制),但这些都不足以构成增加劳动者有效权利的基础。所谓有效权利是指参与重大决策的权利,这种权利是经济地位的体现,其基础不是别的,只能是对资本的所有权。雇佣劳动者隶属于资本的地位特征,决定了他们不可能对大垄断公司的重大决策发挥影响,更不可能与法人股东或经理人员平起平坐。法人资本所有制的兴起并不改变社会经济关系,特别是财产占有关系的资本主义性质。如一定要说有什么改变的话,那就是在法人资本所有制基础上,资本占有者对资本的支配和控制权进一步增强了。

法人资本所有制不仅是资本主义的所有制,而且是一种垄断资本集体占有制。法人资本所有制与私人资本所有制和私人股份资本所有制相比,其典型特点是财产占有主体非个人化了。前面已经指出过,在法人资本所有制条件下,大公司的主要持股人不再是分散的个人,而是若干个大法人,它们或是法人企业,或是年金基金,这些法人股东凭借着对大公司多数股份的占有而占据了支配和控制地位,形成了对公司经理阶层强有力的约束,以至于使公司的所有权和控制权趋向合一。法人大股东用于进行投资的资本最终源于个人所有,例如保险公司、年金基金、共同基金等金融机构的资产大部分来源于个人,但这不能证明法人资本所有制是一种私人资本所有制,道理很简单,真正意义的个人资本所有制是那种投资者不但拥有生产资料所有权,而且直接雇用并监督劳动者从事资本主义生产的所有制,在这种所有制条件下,资本的人格化就是资本家个人。而在法人资本所有制条件下,个人投资者不但远离生产过程,而且不直接持有公司的股份,个人投资者只是通过法人股东间接地持有大公司的股份,直接持有公司股份并参与决策的是法人股东。相对于个人投资者而言,法人组织是一种联合的资本,其人格化形态是资本的经理人员。这种联合资本是资本占有社会化的具体表现,其经理人员则是联合的资本家,从这个意义上讲,法人资本所有制就是现代资本主义条件下的垄断资本集体所有制。

四、法人资本所有制的历史地位

法人资本所有制的形成是资本主义生产关系演进和发展中的重大事件，其意义十分重大，它标志着资本所有制发展到了一个新的历史阶段。

资本所有制，就其最一般的含义而言，是以货币资本与雇佣劳动者的劳动力相交换，以生产过程中资本家无偿占有雇佣劳动者所创造的剩余价值为核心的所有制形式，它区别于其他私有制形式的根本点在于资本能够通过拥有和支配雇佣劳动而占有剩余价值。资本所有制是通过各种不同的经济组织形式而存在并发挥作用的，因而资本所有制有不同的存在形式。在资本主义的发展进程中，资本所有制已经经历了两种存在形式，即私人资本所有制和私人股份资本所有制，而目前新崛起的法人资本所有制则是资本所有制的第三种存在形式。法人资本所有制的出现不是偶然的，它是资本主义生产关系与生产力矛盾运动的产物，具有客观必然性。

私人资本所有制是资本所有制的初始存在形式，其特点是资本家不但拥有生产资料所有权，而且直接控制和经营企业，资本家既是企业的所有者，又是企业的经营者，资本家能够完全按照自己的意志和愿望进行决策和经营，经营所得利润全部归资本家个人所有，不过，一旦经营失败，资本家则要承担全部损失。这种资本所有制形式适应了简单而又低下的社会生产力发展水平的要求，因而能够推动生产力的发展。尽管如此，其缺陷也是非常明显的：财产占有关系具有封闭性，不利于经济资源在更大的社会范围内优化组合；财产占有主体受人的自然寿命的影响而不能长久持续下去，企业寿命短暂；经营风险集中，限制投资规模的扩大。这些缺陷表明：私人资本所有制不是最佳的所有制形式，随着生产力的发展，势必要求一种新的资本所有制形式出现并取而代之，这种新型的资本所有制形式就是私人股份资本所有制。

私人股份资本所有制是以资本入股形式结合起来的一定数量资本家的联合占有方式。与私人资本所有制相比，这种资本所有制形式有四个特点：（1）财产占有具有开放性，占有主体具有多元性；（2）财产占有具有整体性，单个股东只拥有财产的终极所有权，直接经营和管理财产的公司法人拥有财产的法人经营权；（3）财产具有长期延续性，股东的人身更换不会影响整体资本的存在，从而不会影响支配和使用资本的股份公司的营运；（4）财产所有权与控制权相分离，股东只在名义上拥有参与公司经营和决策的权利，公司的决策权和控制权实际上掌握在经理人员手中。私人股份资本所有制是与社会化大生产相适应的资本所有制形式，它有利于进行大规模生产；有利于技术进步和经济效益的提高；有利于提高企业的管理水平。但是私人股份资本所有制也有其不足之处，主要表现在两个方面：第一，积聚资本的能力有限。在私人股份资本所有制条件下，股份公司的股东主要是一个个分散的个人或家族，相应地，公司筹资的对象也主要是个人或家族，这样，筹资规模就主要取决于个人或家族的投资能力和投资意愿。而股票投资是一项风险性极大的投资活动，它要求投资者必须具有专门的知识和丰富的信息，这是保证作出正确的投资决策的前提条件。然而在投资主体主要是个人的情况下，由于个人投资者一般都缺乏专门的投资知识，难以全面掌握股市运行的情报资料，这就大大限制了其决策的准确性，进而影响其投资的积极性和信心，投资者对股票投资缺乏信心，自然不敢大量购买股票，而是寻求别的更稳妥的投资渠道，这就限制了股份公司靠发行股票筹资的规模，进而对股份公司的发展构成了约束。第二，企业经营行为有短期化倾向。所谓经营行为短期化，是指企业在经营中只关心近期收益最大化，而不重视长期投资和长远发展。这种情形在私人股份资本所有制条件下的公司中普遍存在。在私人股份资本所有制企业中，所有权与经营权是相分离的，而控制权（指选举董事会、任免经理等权利）在理论上仍归所有者，这是由所有权的性质决定的。然而，在股票占有分散化的情况下，每个股东并不十分关心参与决策，也没有能力运用或操纵控制权去控制董事会和监督经理，这使得公司控制权事实上掌握在经理人员之手，而股东则更加关心股价高低，一旦公司经营绩效不佳，股票价格下降，股东们往往以“用脚投票”方式表示不满，即抛售手中的股票。股东抛售股票固然是为了防范风险，在客观上也对经理阶层构成一种约束，可是其负面效应却是加大了公司被别的公司吞并的危险，这迫使经理为维持股票价格，提高股息率而只关注短期投资效益，不重视长期投资。积聚资本能力有限，经营行为有短期化倾向，意味着私人股份资本所有制不利于生产力的进一步发展，不利于提高公司的竞争力。随着经济全球化进程的加快和国际竞争的日趋激烈，客观上需要一种有助于增强企业融资能力、克服经营行为短期化倾向的新型资本所有制形式，这种新型资本所有制形式就是法人资本所有制。

法人资本所有制与私人股份资本所有制相比，具有显著的优点：（1）法人取代个人而成为持股主体，大大拓宽了股份公司的筹资来源，推动了生产和资本的集中，加快了企业的扩张步伐。第二次世界大战后，除了传统的商业银行和投资银行，诸如年金基金、保险公司、共同基金等非银行金融机构获得长足发展。这些机构业务内容广泛，经营方式灵活，经济效益可观，因而吸纳了大量社会闲散资金。在掌握和支配巨额货币资本的基础上，这些机构纷纷介入证券市场，从而成为大公司的主要股东，与个人股东相比，法人股东资本实力雄厚，投资决策水平高，投资活动活跃，这就为大公司提高筹资能力，扩大生产规模，加快企业扩张奠定了基础。（2）实现了所有权与控制权的合一，克服了企业行为的短期化倾向。在法人资本所有制崛起的情况下，大公司的持股主体由个人股东转变为法人股东，而法人股东的持股集中度远远高于个人股东，这就使法人股东拥有了对公司行使有效控制的所有权基础，法人股东不必像个人股东那样“用脚投票”以示不满，而可以“用手投票”积极参与公司重大问题的决策。法人资本所有制的崛起促成了所有权与控制权的重新合一，法人股东可以对经理阶层进行有力地监督和检查，迫使其按照法人股东的要求或愿望从事日常经营管理。法人股东的持股期限比较长，其对公司的长远发展亦相应地比较关心，这促使企业经理从长远角度进行决策和管理，谋求远期目标利润最大化，而不再像私人股份资本所有制企业那样追求短期利润最大化。显然，法人资本所有制的两个优点恰恰是私人股份资本所有制所不具备的，而这两个优点又在客观上有助于生产力的发展，适应了国际经济全球化背景下增强企业及民族经济竞争力的需要，因此，法人资本所有制取代私人股份资本所有制不是偶然现象，而是反映了社会化大生产的内在要求，具有客观必然性。

参考文献

[1] Charkham, J.P..Keeping Good Company.Oxford University Press, 1995.

[2] Brancato, C.K..Institutional Investors and Corporate Governance.Irwin Professional Publishing, 1997.

[3] Scott, J..Corporation, Class and Capitalism.Hutchinson of London, 1997.

[4] 奥村宏：《法人资本主义》，北京：生活·读书·新知三联书店，1990年。

[5] 何自力：《法人资本所有制与公司治理》，天津：南开大学出版社，1997年。

（本文原载于《海派经济学》2004年第4期）

对“大市场，小政府”市场经济模式的反思

——基于西方和拉美国家教训的研究*

当下，进一步深化改革成为舆论的热点。但是在改革的方向上有一种倾向值得警惕，这就是一些人妖魔化国有企业和政府，借口国有企业运营和政府行使经济职能中存在的个别问题，否定国有企业和政府在我国社会主义市场经济中的应有地位和作用，主张在中国建立新自由主义倡导的“大市场，小政府”市场经济体制，吹嘘它可以引领中国经济走向新一轮大发展和大繁荣。其实，大量经验事实表明，“大市场，小政府”的市场经济体制的表现并不像其倡导者描绘得那般美好。

一、“大市场，小政府”模式的特点及其局限性

“大市场，小政府”的市场经济体制是目前西方国家市场经济体制的一般形态。在该体制中，私有制是基本经济制度，是整个市场体制的基础，市场在资源配置中发挥主导作用，政府职能仅限于提供公共服务，包括建立福利制度、维护市场秩序、进行有限的宏观经济干预等，不直接参与社会经济活动。学术界曾将西方市场经济体制分为重市场调节的盎格鲁-撒克逊模式和重政府干预的德日模式两大类，其实这种分类只在特定的历史条件下有意义。第二次世界大战后，为了从战争破坏的阴影中走出来，西方国家普遍加强了政府对经济的干预，其中日本、法国、德国等国家政府干预经济的程度更大些，其表现是：通过制订经济恢复和发展计划对国民经济运行实行计划调节；通过发展国有经济推动产业成长；通过立法加强对市场主体的监督和控制；通过财政和货币政策干预经济的周期性波动；通过社会福利和保障制度调节

*本论文为作者主持的教育部人文社会科学重点研究基地南开大学政治经济学研究中心重大项目：“中国模式的政治经济学分析”（项目批准号 12jd790014）的阶段性成果。

收入分配；等等。自 20 世纪 70 年代哈耶克等宣扬的新自由主义思潮泛滥以来，为了克服共同面临的经济“滞胀”难题，西方国家普遍走上强化市场调节、弱化政府干预的道路，即通过国有企业私有化来提升经济竞争力；通过福利制度改革减少政府的财政负担；通过放松对经济和金融的管制释放经济活力。经过这一轮放松国家干预的改革，西方国家的市场经济体制越来越趋同，相互之间的差异越来越小。可以说，流行于今日西方发达经济体的市场经济模式是“大市场，小政府”模式，它们的共同价值观基础是新自由主义。目前在中国，凡是主张建立“大市场，小政府”市场经济模式的人，都振振有词地拿哈耶克说事，对哈耶克崇尚市场的新自由主义学说顶礼膜拜，将哈耶克的自由主义思想奉为中国下一步深化改革的思想理论基础的不二来源。哈耶克要是在天有灵，真的会为在当下中国竟有如此虔诚的信徒而窃喜不已！

在西方主流经济学看来，“大市场，小政府”体制模式是最优的，认为在该模式里，私人所支配的资源的价格都由市场决定，所有的资源都是按照所谓效用最大化原则自发配置的，因此配置效率是最高的，如果政府对资源配置施加影响，特别是国有企业参与资源配置，市场就会被扭曲，资源配置效率必然低下。然而，西方“大市场，小政府”经济模式建立在私有制和雇佣劳动这一基石之上，过度迷信市场自发调节作用而妖魔化政府的正当地位和作用，使其固有的局限性越来越突出，即难以化解生产高度社会化与生产资料私人占有之间越来越尖锐的矛盾。正是这一局限性使得实行“大市场，小政府”经济模式的发达经济体普遍面临十分严峻的产业空洞化、经济虚拟化和财政债务化问题。

其一，市场自发调节推动去工业化和产业空洞化，导致产业竞争力严重衰竭。在市场自发调节下，私人资本在各个产业部门的投资和经营活动完全以最大利润为目标，而不顾这些产业对增加就业和提升国家竞争力的意义。其结果是产业结构从早期的制造业占支配地位发展到高度服务化，制造业产值在 GDP 中的比重直线下降。据统计，2007 年制造业产值在 GDP 中的比重：美国是 20.9%，意大利是 15%，爱尔兰是 12%，西班牙是 11%，葡萄牙是 11%，希腊是 9%。这样的产业结构意味着加工制造业趋于萎缩，大部分普通消费品、日用品、工业制成品等在西方国家已不生产，消费品需求主要靠进口来满足，外贸赤字迅速扩大，产业竞争力严重衰竭。在 2008 年的全球金融危机和其后的主权债务危机风暴中，美国、西班牙、意大利、希腊等国均为重灾区。对美国制造业衰落的现状许多有识之士表达了深深的忧虑。美国世界 500 强公司陶氏化学公司主席兼 CEO 利伟诚在其专门讨论美国制造业衰落和复兴的书《美国制造》中说："现在，美国的状况可能会令许多人感到吃惊。我们正痛苦地适应着失业、企业倒闭和一些小城市甚至大城市主要街道的关闭。对许多美国人来说，'制造'这个词与过去——那个辉煌、简约和更富足的时代相联系。""美国的竞争者正在通过投资高度先进的、高度专业化的和高附加值的制造业来积累大量财富。在这场比赛中，美国正在迅速地落后。""随着美国服务业部门的扩张和制造业部门的收缩，结果不是一个新的每个人都胜利的后制造业经济。结果只是特定人的胜利，但是作为整体的国家存在大量的失业。在持续高失业情况下，没有哪个社会能繁荣。"①

其二，市场自发调节推动虚拟经济与实体经济相脱节，削弱了经济增长的持久动力。西方资本主义生产方式本来是建立在机器大工业生产体系基础上的，工业资本是经济增长和技术创新的主体性资本形态，但是在市场自发调节下，主要从事货币借贷和资本运营活动的金融资本迅速崛起。比起规模庞大管理复杂的工商业活动来，金融活动更能快速而轻松地牟取暴利，这使得越来越多的社会资本集中到金融业，而支撑经济增长的实体经济却不断被弱化。最初，金融资本凭借对资金供给的控制而支配实体经济成为金融寡头；进而贪婪的金融寡头脱离实体经济，通过形形色色的金融衍生工具在国内外股票市场、债券市场、基金市场以及房地产市场呼风唤雨，巧取豪夺，使财富以惊人的速度膨胀。其结果是虚拟经济的发展与实体经济的发展严重脱节，经济增长丧失动力，最终导致金融危机爆发，经济陷入全面衰退。西方发达经济体经济金融化后迅速陷入衰退和危机，是对"大市场，小政府"市场经济模式的莫大讽刺。经济金融化使经济的发展基础被掏空，金融资本的统治地位最终因实体经济的衰败而走向崩溃，从而引发全面的金融和经济危机。在中国，有人却将金融资本的欺诈行为描述成发财致富的神话而到处兜售，此人宣称：金融证券业发展最大的作用是把所有不能直接流通的死的资产，包括人力资本、房地产、土地以及未来的收入流等等，通过金融票据化的发展变成活的资产，主要形式就是进行货币化或者证券化，这样一来资源配置的增值效率就能达到人类社会此前从来达不到的高度，金融化、证券化的程度越高的社会，越能够提供条件让大家更好地配置资源、创造财富，尤其是从事更高经济增加值的生意的机会和可能性会大大增加。这段话试图让人们

① 利成伟：《美国制造》，北京：东方出版社，2012 年。

像古人相信有可保人长生不死的“灵丹”一样相信当下存在让人一夜暴富的“妙药”，只可惜这剂药已经在全球金融危机中令无数被忽悠的美国和其他国家及地区的无辜百姓一夜之间倾家荡产，没有人再相信了，现在却被人拿来继续忽悠善良的中国人！

其三，市场自发调节使政府背上越来越沉重的债务包袱，形成债务经济。随着产业结构的去工业化和金融服务业的发展，绝大多数中产阶级人群的收入增长缓慢，而极少数金融精英却获取了巨额收入，造成了社会财富占有的严重两极分化。为了防止社会矛盾激化，西方国家政府不得不加强公共福利支出。但是，在产业空洞化和金融化使财政收入来源不断枯竭的情况下，入不敷出的状况越来越严重，政府不得不靠发行债券维持公共支出，从而背上越来越沉重的债务包袱。当下的发达经济体政府个个债台高筑。2009 年 10 月，希腊政府宣布其 2009 年的财政赤字占国内生产总值的比例达到 12.7%，公共债务占国内生产总值的比例达到 113%，远远超过欧元区所要求的 3%和 60%的上限，随后惠誉、标准普尔和穆迪等相继下调对希腊的主权信用评级，标志着希腊主权债务危机的爆发。随着希腊债务危机的发展，欧元大幅下跌，欧洲股市暴挫，主权债务危机在欧元区蔓延，西班牙、意大利、葡萄牙和爱尔兰等国也相继陷入信用危机，希腊主权债务危机迅速蔓延为欧洲范围的一场危机。如今，虽然经过全力救助，欧债危机有所缓和，但是造成危机的经济和政治条件并未发生根本变化，新一轮危机的爆发只是个时间问题。在过去的 20 年里，日本国债平均每年以 40 万亿日元（约合 4080 亿美元）的速度增长。日本政府的债务 1981 年度超过 100 万亿日元（约合 1 万亿美元），2008 年度达 500 万亿日元（约合 5.1 万亿美元）。2013 年 8 月，日本国债达到 1000 万亿日元（约 10.4 万亿美元）大关，占 GDP 的 240%，相当于日本国民人均 8.2 万美元。现在，日本政府每年财政支出半数以上依靠发行国债，财政恶化的程度在发达国家中名列第一。自 2008 年美国爆发次贷危机以来，联邦政府一直处于举新债还旧债的状态，这种拆东墙补西墙的手段在美国政府关门事件中得到突出表现。2013 年 10 月 16 日，美国国会达成协议，结束部分政府部门长达 16 天关门危机，协议批准联邦政府借债 3280 亿美元。在这之前规定的上限是 16.7 万亿，致使美国债务首次突破 17 万亿美元，达到 17.075 万亿美元。在经济持续衰退的背景下，巨额债务这把高悬的达摩克利斯之剑随时会掉下来。

产业空洞化、经济虚拟化、收入两极化、财政债务化等问题是西方国家

“大市场，小政府”经济发展模式不能承受之重，这些问题交织在一起，共同催生了 2008 年全球金融危机和其后的主权债务危机。尽管西方国家政府想尽办法试图推动经济复苏，时至今日，依然没有走出困境，经济复苏非常缓慢而不确定。西方经济出现的问题都与“大市场，小政府”市场模式所贯穿的政府不干预教条密切相关，是其妖魔化政府干预应有地位和作用的结果。前面提到的美国陶氏化学公司主席兼 CEO 利伟诚以揶揄的口气说道：“长期以来，太多的聪明人认为纯自由市场法则将帮助经济（至少健康的经济）找到正确的平衡。但是就像过去我们已经看到的那样，一个经济体本身不能简单地实现平衡。实现平衡需要行动，它需要干预。”他不无忧虑地指出：“是时候认识到，如果我们不迅速采取行动，如果我们在每个场合都让市场法则起统治作用，我们将变成全球经济最大的旁观者、潜在的最大被淘汰者。我们的消费者将发现他们自己有更多的债务和更少的钱。我们的商业将有更少的资源用于研究和开发。我们未来几代人将缺少机会。”[①]美国制造业衰落的亲历者、世界 500 强大公司主席兼 CEO 利伟诚对“大市场，小政府”市场经济模式的反思，能否对那些至今依然沉醉在自由市场罗曼蒂克的迷思中不能自拔的人起到些许警醒作用呢？！

二、拉美国家移植“大市场，小政府”模式的深刻教训

20 世纪 80 年代以来，西方国家向发展中国家推销新自由主义，“大市场，小政府”市场体制模式被移植到拉丁美洲地区。在实践中，该模式暴露出一系列固有缺陷和弊端，教训十分深刻。

在新自由主义思潮影响下，拉美国家纷纷实行了“大市场，小政府”市场经济模式。在该模式的推动下，拉美各国实行投资自由化和贸易自由化政策，企图吸引外资推动经济增长，可是流入拉美的国际垄断资本并没有真正推动拉美经济的发展，反而借机侵蚀拉美国家的国民财富，少数大资本获得暴利而多数劳动者陷入贫困，高经济增长的承诺成为泡影。作为建立“大市场，小政府”市场经济模式的重要举措，拉美国家纷纷将国有企业私有化，强调和鼓励私人投资，企图靠市场和私人投资拉动经济增长。然而，全盘私有化措施打乱了市场与公共利益的平衡，非但没有改善劳动群众的生活状况，反而使多数底层民众丧失基本保障，生活陷入赤贫。在推行“大市场，小政

---

① 利成伟：《美国制造》，北京：东方出版社，2012 年。

府”模式过程中，当面临经济波动，特别是通货膨胀不断上升的局面时，拉美各国政府不是全面考虑宏观调控政策的协同性，而是单一地关注通货膨胀的稳定化政策，忽视其负面冲击的严重后果，使经济陷入深度休克和长期停滞。拉美国家把金融自由化视为推行“大市场，小政府”市场经济模式的关键，企图通过金融自由化来实现金融对经济发展的支持作用，然而金融自由化缺乏必要的调控和审慎的监管，金融创新成为少数金融大鳄进行金融欺诈和巧取豪夺的工具。金融自由化非但没有消除和克服金融风险，提升金融对实体经济的服务功能，反而不断放大金融风险直至催生金融危机。拉美国家实施“大市场，小政府”市场经济模式体现在产业结构调整上，就是单纯靠市场调整产业结构，轻视政府在产业结构调整过程中的必要引领和重要支撑作用，导致拉美国家产业结构被动地纳入国际垄断资本的全球产业布局之中，长期处于产业链的低端而不能自拔，国家创新能力和企业竞争力被严重窒息。拉美实施“大市场，小政府”模式忽视了社会进步和改善民生，缺乏增加社会公平和保障社会包容的长期社会政策，难以缩小不同地区之间、不同生产部门之间、不同企业之间以及不同职业人群之间结构性差异，导致严重的两极分化。拉美国家实施“大市场，小政府”市场经济模式的重要理由之一是希望实现与西方主导的世界经济并轨，借助经济全球化和全球资源实现自己的发展；但是实际情况却是拉美国家非但没有改变对西方发达经济体的依附关系，反而继续繁衍和复制旧的国际经济秩序，增加新的不对称性，拉美国家被剥削、被掠夺的边缘化和从属地位日益强化。

这样一个存在严重弊端和缺陷的模式是根本不可能推动拉美经济走上繁荣发展道路的，只会给拉美经济带来严重后果。事实正是如此，经济改革前的 1961—1981 年，拉美地区 GDP 年均增长率为 5.59%，人均 GDP 年均增长率为 1.96%；而 1981—2001 年，二者的速度分别降为 2.15%和 0.34%，即改革后的经济增长速度仅及改革前的 38%。持续的经济低迷导致社会形势恶化和社会冲突加剧，进而引发民众社会抗议运动的兴起和许多国家政局的动荡，一批积极推行新自由主义的政府和政党失去民众支持，理论界对新自由主义的批评声浪日益高涨。

三、健全和完善政府与市场有机结合的社会主义市场经济模式

西方国家和拉美国家实行“大政府，小市场”市场经济模式的教训给我们的启示是，“大市场，小政府”市场经济模式是一个存有大量失败记录的模

式。该模式建立在私有制和雇佣劳动的基础上，具有无法克服的固有弊端和缺陷，实施这一市场经济模式不可能带来经济繁荣和社会发展。经过改革开放30年的探索，中国已经找到并建立了一种新型的市场经济模式，即社会主义市场经济模式。该模式吸收和集中了传统计划经济和市场经济的优点，又形成了克服传统计划经济和市场经济缺陷的新要素，因而是具有显著优势的市场经济模式。实践证明，中国特色社会主义市场经济体制比西方国家流行的“大市场，小政府”市场经济模式更符合中国国情，更符合时代发展的潮流。在新的历史时期，我们要以创新的精神坚持中国特色社会主义市场经济体制，在实践中不断健全和完善该体制，着力点要放在两个基本点上：一是加强国有经济的主导地位；二是坚持政府主导型经济发展模式。

（一）加强而不是削弱国有经济

在西方“大市场，小政府”市场模式中，私有制是基本经济制度，国有经济是没有地位的，即使在某一个时期里国有经济成分曾经存在过，那也是权宜之计，并不被认为是该模式不可或缺的要素。与“大市场，小政府”经济模式相比，中国特色社会主义市场经济模式是以公有制为主体，多种经济形式共同发展为基本经济制度的，公有制特别是国有经济成分是必不可少的所有制形式，具有举足轻重的地位和作用。在中国特色社会主义市场经济模式中，发展国有经济具有客观必然性。

1. 发展国有经济有助于克服民营经济难以做大做强的制度缺陷

从社会资本角度讲，儒家文化是中国传统文化的基础，儒家文化素以重视家庭血缘关系而著称，它以血缘和准血缘关系作为维系社会信任的纽带，社会成员之间的信任程度在很大程度上取决于彼此之间是否具有血缘关系以及由该关系衍生出来的其他准血缘关系，如宗族、同乡、同学、战友等关系。一般来讲，处于血缘关系或准血缘关系网络内部的社会成员之间往往具有比较高的信任度，相互之间的合作关系比较牢固，命令和服从秩序容易建立，而处在该关系网络外部的社会成员往往难以融入网络，网络内外的社会成员之间缺乏信任感。这一文化传统体现在企业组织形式上，就是企业组织和运营主要以家族血缘关系为支撑，家族企业成为社会经济生活中最主要的经济组织形式。家族企业的优势是凝聚力强，决策效率高；而致命缺陷是寿命短，规模小，竞争力弱，难以与社会化大生产相适应。改革开放以来，我国私有制经济获得迅速发展，私有企业的数量越来越多。但是，受中国传统文化的影响，绝大多数私有企业都是家族企业，都具有家族企业的固有优点和缺陷。

随着中国经济的迅速发展和深度融入世界经济，中国企业面临着越来越激烈的竞争局面，客观上要求家族企业做大做强，增强自主创新能力，不断提高竞争力。但是，家族企业本来就是靠血缘纽带维系的，很难突破，一旦突破血缘纽带往往意味着企业的解体和倒闭。中国经济活力比较强的地区都是家族企业主导的民营经济发展比较迅速的地区，而民营经济浓厚的家族色彩成为严重制约民营经济进一步发展的“瓶颈”。大量经验分析表明，家族文化传统对中国民营经济的影响是相当大的，是民营经济进一步发展的重要制度约束，靠民营经济自身克服约束是非常困难的。中国民营经济的制度性缺陷决定了它很难承担起提升中国经济国际竞争力的历史责任。

与民营经济不同，中国的国有经济从一开始就是建立在超越家族血缘纽带的公有制基础上的。唯有国有企业可以突破家族血缘的束缚，成长为巨型企业，与西方国家的巨型跨国公司相抗衡。中国要迅速实现现代化，就必须加快工业化进程，而要加速实现工业化，就必须进行企业制度创新，通过建立高效的法人治理的现代企业制度来保证工业化水平的提高。考虑到中国民营经济大都以家族制度为基础，难以构建高效率的法人治理结构，发展公有制经济，建立国有企业为基础的法人治理结构以超越家族血缘关系纽带的束缚就势在必行了。中国经济发展的实践已经表明，国有经济对我国经济高速发展起着巨大的推动作用，在与国外大型企业的竞争中显示出巨大的竞争优势。可以说，如果仅仅依靠民营经济的发展，是根本不可能在短时间内形成能够与跨国公司相抗衡的巨型企业组织的。如果将目前已经形成规模的国有企业硬性地私有化，人为地限制国有企业的发展，那么，中国经济的竞争力将受到严重削弱，中国经济发展的良好势头势必被遏制。

2．发展国有经济有助于维护社会公平和正义

在国民经济各个行业中，除了竞争性行业，还存在着包括基础行业和自然垄断行业在内的非竞争性行业，这些行业与别的行业的最大不同点是它的公共性，就是说，这些行业要么是其他行业发展的共同基础和条件，如石油、天然气、煤炭等行业，要么是与所有社会公众的利益息息相关的，如自来水、道路交通、通信、电力等行业，这些具有公共属性的部门的发展对整个社会的经济发展和公众切身利益有着直接的影响。这些行业的发展不宜完全采取市场调节的办法，原因是如果让市场机制对这些行业的运行进行调节，其结果要么是具有自然垄断性质的行业，如自来水、电力、天然气等，凭借垄断地位制定垄断高价，谋求垄断利润，牺牲其他经济部门及全体社会公众的利

益；要么是基础性产业，如石油、煤炭、金融、电信、交通等，其价格变动对整个国民经济各个行业具有普遍影响，干扰宏观经济协调稳定运行。因此，处在公共行业的企业必须按照社会目标而非营利目标开展经营。最适合在公共行业经营的是国有企业，国有企业建立在公有制基础上，按照社会目标向整个社会提供高质量的服务是国有企业的责任。民营企业的性质与公共行业的属性不相符。私人资本控制公共行业的最大弊端是追求高额垄断利润，催生严重的两极分化，破坏社会公平和正义，无助于平等与效率的统一，不利于国民经济稳定有序地运行。叶利钦时期的俄罗斯将处在国民经济命脉行业的国有企业私有化，结果是私人资本成为控制国家的油气、动力、冶金业和金融业的寡头，这些人不仅在经济领域翻云覆雨，而且竭力进行政治投机，导致国家经济政治生活严重混乱和扭曲，令俄罗斯人深恶痛绝，教训非常深刻。在我国，国有企业控制经济命脉，对我国社会主义市场经济体制构建及经济协调稳定和快速发展发挥了非常重要的作用：国有企业为全社会提供了必要的公共产品和公共服务，满足社会公众不断增长的需求，如国防、义务教育和公共福利事业等；国有企业为经济的可持续增长提供了稳定的能源、原材料和基础服务的供应，国有企业提供了全社会所需煤炭的 70%、所需石油的 92%、所需电力的 91%，提供了铁路、航空、海洋运输等基础性服务，在煤炭、石油等领域发挥着主导作用和支柱作用；国有企业承担了关系国计民生的重大工程的建设，是国有重大工程建设的主力军，青藏铁路、西气东输工程、三峡水电站、高速铁路等重大工程对我国国民经济的持续稳定发展和全体中国人福祉的改善具有十分重要的意义，这些工程都是由国有企业承担并完成的；国有企业控制金融业，确立国家信用，维护金融秩序和金融安全，防范金融危机，支持实体经济，为国民经济健康稳定运行保驾护航，创造了金融业与实体经济协同发展的宝贵经验。1997 年亚洲金融危机和 2008 年全球金融危机使许多新兴经济体和发达经济体经济遭受重创，而唯独中国经济在金融危机的强大冲击面前岿然不动，保持良好发展势头，受到国际社会高度认可。毋庸讳言，现阶段我国公共部门和基础产业的国有企业的确存在收费不合理、高管和职工薪酬过高等问题，但是，这些问题是制度不健全、管理不到位造成的，解决问题的出路是加强制度建设，完善经营管理，而不是全盘否定国有企业的存在价值和巨大贡献。在国有企业改革问题上要提倡实事求是的态度，那种为了倒洗澡水连小孩一起泼出去的偏激思维是万万要不得的。

3．中国经济发展阶段的特殊性决定了发展国有经济的必然性

作为一种生产关系，国有经济并不是空中楼阁，而是有着坚实的物质基础，是与特定的生产力发展水平相适应而存在的。这个物质基础和生产力条件就是重化工业和加工制造业。从西方国家工业发展的历程看，初期阶段的工业化以劳动密集型的采矿业和轻工业为主，中期阶段的工业化以资金密集型的重化工业和加工制造业为主，成熟阶段的工业化则以技术密集型产业和战略性新兴产业为主。西方工业化的教训是：工业化以资本主义生产关系为基础，工业化成为私人资本谋求利润最大化的工具，工业化不同阶段的演进只是资本谋求最大利润的手段的变化和翻新，能够为资本带来利润的工业部门迅速发展，不能带来利润的工业部门迅速萎缩。在资本主义生产关系支配下，发达经济体在相继抛弃劳动密集型产业和资金密集型产业进入技术密集型产业发展阶段时，单纯的技术密集型产业失去了支撑经济持续发展和繁荣的能力，经济发展陷入停滞和衰退，曾经的繁荣成为历史。

中国是工业化的后来者，工业化的起步虽晚，但是发展速度很快。中国仅仅用了30年左右的时间就走完了西方国家 200多年工业化所走过的道路。目前，中国已经形成了劳动密集型产业为基础、资金密集型产业为骨干、技术密集型产业为目标的产业发展格局，与西方只有技术密集型产业一枝独秀、其他产业萎缩凋零的畸形格局相比，中国的产业格局显示出巨大的优越性和竞争力。实行家族化治理的民营经济规模小，经营分散化，经营理念陈旧，很难适应重化工业化和战略性新兴产业发展对企业制度创新的要求，难以支持中国建立劳动密集型、资金密集型和战略性新兴产业协同发展的产业体系，这个任务历史地落在了国有企业的身上。中国国有企业经济实力雄厚，运营规模庞大，组织体系严密，人力资源丰富，管理制度严格，是最适合三种产业类型有机统一、协同发展的企业组织形式。改革开放以来，在国有企业的支撑下，我国重化工业发展取得举世瞩目的伟大成就，中国已经建立了规模庞大、竞争力强大的重化工业生产体系，重化工业的许多指标都达到了世界领先水平。钢和水泥的产量 1978 年分别居世界第五位和第四位，2000 年以后一直居世界第一位。作为主要能源的煤、原油和发电量 1978 年分别居世界第三位、第八位和第七位。其中，煤在 1990 年以后一直居世界第一位，原油在 1990 年以后上升到第五位或第六位，发电量在 2000 年以后一直居世界的第二位。目前，中国已成为全球最大的制造业生产国，产值占 19.8%，工业品产量居世界第一位的已有 210 多种。中国已成为世界第一大出口国、第二

大进口国，世界第一大外汇储备国、第二大外资吸引国和重要的资本输出国。可以说，没有国有经济的支持，是根本不可能取得这些巨大成就的。

金融危机之后，世界各国都高度重视战略性新兴产业的发展，将其视为保持和提升国家竞争力的重大机遇。目前，中国已经当之无愧地成为世界制造大国，面对各国都在发展战略性新兴产业的激烈竞争局面，中国必须迎头赶上，这是事关21世纪中国经济能否在世界经济中占有一席之地、继续保持高速增长势头的重要步骤。与西方国家相比，中国在发展战略性新兴产业的激烈竞争中胜出的条件更为充分，这就是中国拥有劳动密集型和资金密集型产业的坚固基础，而该基础是发展战略性新兴产业的重要保证。西方国家已经失去劳动密集型和资金密集型产业优势，这对其形成战略性新兴产业竞争优势形成严重制约。中国重化工业和加工制造业的竞争优势是靠国有企业支撑的，在发展战略性新兴产业过程中，国有企业更是不能缺位。现在有人竭力抹黑国有企业，说什么发展国有经济就是与民争利，将国有企业的发展与民营经济的壮大有机统一的关系割裂开来，别有用心地将它们完全对立起来，据此要求国有企业从国民经济各个主要行业特别是涉及国民经济命脉和发展方向的重点领域和支柱行业中退出，为民营经济让出发展空间。毫无疑问，这种主张是完全错误的，严重缺乏经济发展的历史观和现实感，是“大市场，小政府”市场经济模式迷思作祟的具体表现。如果按照这种主张推进中国下一步改革，中国业已形成的强大工业体系和工业化成果将毁于一旦，中国在国际竞争中的优势地位将不复存在，中国 30 年改革开放形成的强大国力将迅速衰败，中华民族伟大复兴的事业将戛然而止，半途而废。这绝不是危言耸听！

（二）坚持而不是放弃政府主导型经济发展模式

政府主导型发展模式意即由政府集中资源重点支持和发展国民经济某个突出环节，以产生扩散和带动效应，进而拉动整个经济实现快速增长的模式。该模式的运行表现为政府通过调节投资方向和投资规模来主导经济运行的方向，所以又被称作投资主导型模式。与政府主导型发展模式相对的是市场主导型发展模式，该模式的特点是企业和家庭根据市场需要进行投资和消费决策，通过投资和消费拉动经济增长，私人企业的投资意愿和家庭消费水平决定着经济发展的质量和经济增长的速度。由于该模式的重要约束条件是消费需求，又被称为消费拉动型经济发展模式。投资主导型发展模式与消费主导型发展模式的不同之处是，投资主导型发展模式强调政府应当对经济主体的决策活动施加必要的干预和影响，以便使决策主体的决策具有更开阔的视野和更长远的眼光，使个人利益与社会利益实现有机的统一；而消费主导型发展模式则强调经济主体的决策自主性，决策主体个人利益最大化是决策的出发点和落脚点。

政府主导型发展模式符合经济运动的客观规律性。按照再生产理论，扩大再生产是人民日益增长的物质和文化需要不断得到满足的物质基础，是综合国力不断增强的物质保障，扩大再生产的实现离不开资本积累，而资本积累的实现手段就是扩大投资。投资通过充分利用包括劳动、资本、土地和技术在内的各种生产要素来推动经济发展，实现经济增长。消费、技术、制度等因素也是影响经济增长的重要因素，但是它们都是通过影响投资规模、投资结构及投资效率来影响经济增长的。消费对经济增长的影响主要体现在居民的购买力的提高上，在其他条件不变的情况下，居民收入水平提高越快，对消费品和服务的需求就越大，社会商品零售额和服务的增加幅度就越高，对经济增长的拉动力度就越大。但是，收入的增加最终是靠投资的增加和再生产的规模扩大来实现的，没有充足的投资，没有再生产规模的扩大，是不可能增加收入的，消费对经济增长的拉动更是无从谈起。投资的扩大有内涵式扩大和外延式扩大两种，它们的区别在于是靠技术进步支撑并提高投资效率实现投资的扩大，还是单纯靠增加生产要素的量的投入实现投资的扩大。毫无疑问，从提高劳动者就业水平和提高劳动生产率两方面考虑，这两种投资扩大方式都非常重要，都应当重视，不可无条件地肯定一方否定另一方，科学的态度应该是将两种投资扩大方式有机地结合起来，达到既满足劳动者的就业需要，又提高劳动生产率的目的。特别需要指出的是，这两种投资扩大方式的有机结合只有在公有制条件下靠政府主导才能够得到有效实现。在资本主义市场经济条件下，私人资本只是以利润最大化作为投资方式选择的唯一依据，投资扩大的决策只考虑能否给资本带来最大利润，而不考虑劳动者的就业需要，其结果是伴随着资本积累规模的不断扩大，一方面，能够雇用更多劳动者的资本有机构成低的产业部门，如劳动密集型部门，被资本放弃，越来越多的劳动者失去就业机会；另一方面，资本有机构成高的部门雇用的劳动者越来越少，失业人口越来越多。前述的西方国家产业高度空心化和服务化，经济增长停滞，贫富差距不断扩大，失业问题越来越严重等问题都与单纯靠市场和私人资本调节投资方式和投资方向有直接关系，不改变资本主义生产关系，不加强政府对私人投资活动的干预，是不可能解决这些问题的。

政府主导型经济发展模式要求政府宏观管理的侧重点放在供给管理上。所谓供给管理，就是政府基于国民经济各个产业部门发展状况和趋势的分析，制定产业发展规划和实施方案，在此基础上，通过国有企业直接参与投资活动来实施产业发展规划，通过财政和货币政策以及产业政策来引导包括国有企业在内的所有经济主体的投资活动，使各个经济部门之间保持协调的比例关系，实现国民经济健康协调稳定地运行。该调控模式的最大特点是调控由政府主导而非市场主导。为完成供给管理的职能，政府制定反映国民经济中长期发展目标和方向的经济发展规划，对经济结构、产业结构、产品结构、市场结构、地区结构等进行系统规划，综合运用经济的、行政的及法律的手段对微观主体的投资与消费活动进行调控和干预，从根本上确保总供给和总需求在结构上与总量上真正实现平衡。加强供给管理不是重回计划经济的老路，而是将计划调节与市场调节两种经济调节手段有机地结合起来，充分发挥计划调节与市场调节各自的优势，弥补各自的缺陷。毫无疑问，重视和加强政府主导的供给管理型宏观调控，必须高度重视计划与市场的结合，让计划和市场在实现宏观经济稳定运行与三次产业协同发展的宏伟目标中发挥同等重要的作用。

中国是后发国家，先期发展的国家形成的产业模式和经济增长点是我们追赶的目标，由政府确定重点投资领域和投资项目，然后集中人力、物力和财力建设这些项目，往往可以取得加快追赶速度的效果。改革开放30年来，靠政府主导经济发展模式，中国经济取得举世瞩目的伟大成就，但是，离全面建成小康社会还有不小的距离，在前进的道路上还有许多困难需要克服。比如，在政府投资的大力支持下，我国基础设施得到了很大发展，但是发展的水平很不平衡，偏远地区和广大农村的基础设施建设还有很大欠账；我国农业现代化水平有了很大提高，靠自己的力量解决了13亿人口的吃饭问题，但是农业产业化、机械化、水利化，特别是信息化水平还不高，靠天吃饭的问题还没有得到根本解决；我国重化工业和加工制造业发展迅速，为我国成为世界工厂奠定了基础，但是我国重化工业和加工制造业的技术水平还不高，许多核心技术还掌握在外国人手里，对传统制造业进行技术改造、提高自主技术创新能力、加快产业升级换代任重道远；我国城镇化水平有了很大的提高，民生得到很大改善，但是我国的城市化率还不高，提高城市化水平的任务依然十分繁重。这些问题只有通过发挥中国特色社会主义的制度优势和道路优势才能得到解决，只有靠政府主导型经济发展模式才能得到解决。

现在有一种观点认为，政府主导型经济发展模式的潜力已经释放完毕，中国必须寻找新的经济增长模式。该观点强调政府主导型经济发展模式虽然取得了很大的成就，但是也带来了一系列问题，如房地产泡沫、交通拥挤、环境污染、经济增长严重依赖信贷和投资等，因此，中国必须加大改革力度，改革的目标是让消费不断提高，靠消费来推动增长，而不是靠投资推动增长，要让市场力量而非行政力量发挥更大作用。笔者认为，这些观点对我国经济生活中存在的问题的判断肤浅而主观，以偏概全，主张用消费拉动模式取代投资推动模式，让私人资本和市场力量主导经济运行的观点更是赤裸裸地鼓吹新自由主义。主张在我国建立“大市场，小政府”市场经济模式严重脱离我国仍处在社会主义初级阶段这个最大现实，既违背时代潮流，也不符合中国国情，应当引起高度警惕。

四、结论

“大市场，小政府”模式已经被西方国家和拉丁美洲国家的实践证明是弊端丛生的模式，实行该模式必然导致严重的两极分化、经济发展停滞及国家竞争力衰竭。改革开放三十多年来，我国已经走出了一条中国特色社会主义发展道路，探索出了政府与市场有机结合的经济体制模式，该模式让市场在资源配置中发挥更大作用，同时也高度重视政府在资源配置中的干预和引领作用。中国实行的政府主导型发展模式已经被实践证明具有显著的优越性，中国凭借该模式实现了跨越式发展，创造了中国奇迹，推动了中华民族的伟大崛起，令世人注目。中国实行政府主导型发展模式的经济和社会条件没有变化，政府主导型发展模式推动生产力发展的潜力还远远没有释放完，因此，我们必须毫不动摇地坚持既定的发展道路，不被唱衰和诋毁中国道路与中国模式的思潮所迷惑，以创新的精神继续探索和完善政府主导型发展模式，使之与时俱进，不断焕发新的生机和活力。

（本文原载于《政治经济学评论》2014 年第 5 卷第 1 期）

加强国家干预：美式市场经济在转型

奥巴马在 2008 年美国总统竞选中喊出了改变的口号，这一口号反映了美国民众不满现状、迫切要求改变的愿望，因此赢得大选入主白宫。那么，奥巴马推动的改变是什么呢？美国是否在发生改变呢？回顾奥巴马入主白宫以来美国经济和社会的发展状况及美国政府的政策走向，从经济体制维度看，可以说，美国市场经济体制正在发生重大改变，改变的方向是加强国家干预。美国市场经济体制强化国家干预不是权宜之计，而是其深层次矛盾所决定的必然选择。

一、美国市场经济体制的特点

美国一直标榜自己实行的是最纯粹的自由市场经济，在西方世界堪称“楷模”。一般来讲，包括美国、德国、英国、法国、日本等在内的西方主要资本主义国家实行的都是资本主义市场经济，由于资源禀赋、经济发展水平、文化传统存在着差异，各国的市场经济体制又有各自的特点。

在奥巴马入主白宫前，美国市场经济体制主要在四个方面与别的国家显示出较大差别。一是在所有制方面高度崇尚私有制，反对国有化，认为实行国有化就是实行社会主义。二战以后，西方各国为了实现经济的恢复和发展，都不同程度地实行了国有化措施，国有成分与私有成分并存成为市场经济体制的重要特点。美国经济的国有化程度是资本主义国家中最低的，仅有的国有成分主要表现为美国政府在宇宙航天部门及水利和电力部门进行的投资。二是在市场调节与政府干预的关系上，美国一直奉行“大市场，小政府”的原则，高度重视市场的自发调节作用，政府干预被限定在很小的范围内。美国宏观调控侧重需求管理，特别重视货币政策，且主要由独立于政府的联邦储备银行来操作。美联储通过制定和运用货币政策影响社会总需求，从而间接达到刺激经济增长、实现充分就业、保持物价稳定和维持国际收支平衡的目的。美国对直接干预私人投资以实现产业结构调整目标的产业政策和调节收入分配的收入政策持反对态度，认为这些政策措施具有社会主义的性质；三是在社会保障方面崇尚个人承担风险，奖勤罚懒，社会只提供最基本的福利保障。西方多数国家的医疗保障制度早都覆盖了全社会，而美国直到奥巴马上台才只覆盖了70%的人群，有数千万的美国人享受不到起码的医疗保险服务。四是在对外经济关系中主张投资和贸易自由化，反对保护主义。在比较长的时期里，美国借助其在国际货币基金组织、世界银行及世界贸易组织中的主导地位，为了谋求自身利益最大化和维护其世界经济霸主地位，不顾各国经济发展水平的差异和特殊国情，竭力推行金融自由化和投资贸易自由化政策。美国市场经济体制的这些特点集中在一点，就是特别强调自由主义，反对国家干预，因而成为西方国家中最具自由主义色彩的市场经济体制模式。

二、美国市场经济体制在转型

2008年次贷危机爆发引发全球金融危机，美国经济遭受重创，陷入严重衰退。2011年欧洲主权债务危机爆发，且呈现愈演愈烈的态势，严重拖累了尚未摆脱金融危机的美国经济。所有这一切引起了人们对美式自由市场经济和新自由主义的强烈质疑。奥巴马入主白宫后，先是在就职仪式上公开表示政府干预与市场调节并不是完全对立的，认为政府不在大小，而在于能否起作用，能否保证提供更多的就业机会和医疗保障；市场没有好坏之分，市场具有创造财富、拓展自由的能力，而缺乏监管的市场会失去控制，偏袒富人不可能使国家持久繁荣，接着采取了一系列反危机的经济刺激政策，同时对美国市场经济体制的主要方面也进行了重大调整，遂使美国市场经济体制发生重大变化，变化的方向是不断强化政府对经济的干预。

1. 通过国有化方式救助金融机构和大公司，防止经济崩溃。2008年次贷危机引发全球金融危机，在金融危机中美国政府所有的抵押贷款机构房利美和房地美（下称“两房”）陷入经营困局，美国联邦政府出手接管“两房”。2008年9月中旬美国最大的保险公司AIG陷入困境，为了防止整个金融体系崩溃，美国政府于9月17日以79.9%的股份国有化AIG。为避免更大范围的危机，2008年9月20日，美国政府向国会提交了一项总额达7000亿美元的金融救援计划，要求国会赋予政府广泛权力购买金融机构不良资产。这是自20世纪30年代经济大萧条以来，美国政府制定的最大规模金融救援计划。2009年，金融危机开始入侵美国实体经济，作为美国工业支柱的三大车企陷入资金绝境，频频请求政府援助。4 月 30 日，美国第三大汽车制造商克莱斯勒申请破产保护，美国政府通过为其追加数十亿美元援助，使其成为政府旗下的汽车企业。同年 6 月 1 日，美国第一大车企通用汽车破产重组，美国政府以 61%的股份将通用汽车贴上了国有企业的标签。以政府救助方式挽救大银行和大公司，美国经济的国有化程度迅速提升，传统的单一私有制的经济关系发生了新变化。

2. 实施产业政策，努力推动“再工业化”战略。奥巴马上台后，将美国经济衰退的原因归结为制造业的衰落，为了实现美国经济的复苏，奥巴马政府提出了“再工业化”战略，强调回归制造业。2011 年 12 月 13 日奥巴马政府宣布成立隶属于国家经济委员会的白宫制造业政策办公室，以协调各政府部门之间的制造业产业政策制定和执行，并推动美国制造业复苏。在奥巴马政府的积极干预下，美国制造业回归步伐不断加快。例如，福特将零部件生产从中国与墨西哥转移到了美国；通用汽车加强了在美国国内的生产，计划生产高质量汽车；开发页岩天然气使得美国的石化行业与钢铁行业争先建设以天然气为燃料或原料的工厂。从奥巴马宣布“制造业回归”到设立招商引资计划，再到“制造业政策办公室”的成立，标志着美国政府干预经济的广度和深度正在大大加强。

3. 积极推动医疗保险制度建设，国家在提供医疗保险方面承担更多的责任。美国是少数至今未普及全民医疗保险的发达国家。长期以来，美国的医保体系存在覆盖面窄、开支高、效率低的特点，每年有一半的个人破产缘于医保开支不断上涨，同时还造成联邦财政赤字螺旋式上升。奥巴马上任后就把全面改革美国医保体系列为最重要内政之一，主张扩大医保覆盖范围，把公共保险引入医保市场竞争，严格监管保险商，遏制全国医疗费用不断上涨的势头。根据最终医改法案，美国政府今后 10 年将投入 9400 亿美元，把 3200 万美国人纳入医保体系，使全美医保覆盖率升至 95%左右，接近全民医保水平。在奥巴马坚持不懈的努力下，经过讨价还价、妥协退让，2010 年 3 月 21 日，美国医改法案在众议院获得通过。

4. 政府出资大力支持新材料、新能源等新兴产业的发展，努力提升美国经济的竞争力。奥巴马上台后把发展高新技术产业看作保持美国大国地位、实现经济增长的重要途径，为此，政府不惜重金扶植新兴产业的发展。2009 年 2 月，奥巴马总统推动国会通过了《2009 年美国经济复兴和再投资法》（以下简称《复兴法案》）。该法案提供了 940 亿美元的激励措施以促进清洁能源产业的发展，多晶硅产业作为太阳能光伏电池产业的基础，获得了美国联邦政府的巨额补贴。2009 年 7 月，奥巴马政府宣布出资 20 亿美元帮助两家企业建造太阳能发电站，在带来就业机会的同时，提高美国可再生能源使用率。2010 年 6 月，奥巴马政府宣布进一步支出最高达 60 亿美元用于开发电动汽车。2011 年 8 月，奥巴马政府宣布了一项价值 5.1 亿美元的投资计划用于加速生物燃料在军事和其他领域的使用，旨在减少美国对外国石油的依赖，同时创造更多就业机会。

5. 放弃贸易自由化政策，实施贸易保护主义。奥巴马上台后，为了应对美国金融危机和减少贸易赤字，一改曾经高举的贸易自由化旗号，转而高举保护主义旗帜，极力强化对外贸的政府干预，限制别国对美出口。中国是美国最大的贸易进口国，为了遏制中国产品销往美国，美国设置种种贸易壁垒，强压人民币升值，扬言将中国纳入汇率操纵国的黑名单，以便对中国实施更加严厉的惩罚。自 20 世纪 90 年代以来美国在常见的反倾销反补贴调查的基础上，启用 337 调查，也就是美国国际贸易委员会根据美国《1930 年关税法》第 337 节授权，对进口过程中出现的各种“不公平行为”或“不正当手段”进行调查。从近年美国 337 调查实践看，绝大多数案件都涉及知识产权。一旦国际贸易委员会经过调查认定被指控的“不公平行为”或“不正当手段”属实，就可以签发有限排除令或者普遍排除令，禁止侵权产品甚至其上下游产品进入美国市场。我国是 337 调查的最大受害国，一多半调查都是针对我国进行的。针对我国开展的 337 调查目的是遏制中国产业升级和产品出口，把我国产业局限在价值链的最低端。此外，美国国会参议院通过一项法案，允许美国商务部对从中国、越南等“非市场经济国家”进口的所谓受补贴商品征收反补贴关税。美国高调地将对华征收反倾销或反补贴关税法律化，等于给未来美国对中国输美商品设限提供了法律依据。所有这些干预行为表明，出于自身利益的考虑，美国已经毫不犹豫地放弃了它曾经大力推行的贸易自由化政策，走上了保护主义导向的国家干预之路。

三、美国市场经济体制转型由其深层次矛盾决定

美国市场经济体制强化国家干预不是权宜之计，而是其深层次矛盾所决定的必然选择，不以人的意志为转移。美国自由市场经济建立在资本主义私有制基础上，客观存在的资本主义基本矛盾，即生产社会化与生产资料私人占有的矛盾必然干扰市场机制的调节作用，由于美国更加迷信市场的作用，

极力维护私有制，反对国有化，轻视政府对经济的必要干预，就使得美国的市场经济的内在矛盾更加尖锐，导致经济陷入深刻危机。

首先，市场自发调节推动产业结构调整，导致去工业化和产业空洞化，工业竞争力严重衰退。美国自由市场经济建立在私有制和雇佣劳动基础上，在市场自发调节下，私人资本在各个产业部门的投资和生产经营完全以最大利润为目标，而不顾这些产业对增加就业和提升国家竞争力的意义。二战后初期，制造业已经成为美国的主导产业，凭借制造业美国实现了 50 年代的快速恢复，特别是 60 年代的高速增长和经济繁荣。但是从 70 年代开始，私人资本为了谋求更大利润，逐步放弃了能够带来就业机会和支撑出口的劳动密集型传统制造业，如纺织、服装、炼钢、造船、装备制造等，转而发展高新技术产业，而高新技术制造业把研发、材料采购、设计等制造业产品生产的上游阶段留在国内，加工、组装、制造、售后服务等中下游生产阶段则被外包到别的国家和地区，其结果是美国的制造业产值在 GDP 中的比重直线下降，1970 年该比重为 24.8%，1986 年降到 19.6%，到了 2011 年只有 12.1%。制造业萎缩使技术创新失去产业支撑，大量产业工人失业，出口锐减，贸易赤字剧增，工业竞争力严重衰退。

其次，市场自发调节推动经济虚拟化，引发全球金融危机。二战后，美国凭借雄厚的制造业实力建立了美元霸权体系，美元成为国际储备货币，金融业遂成为暴利行业，大量资金涌入金融业，使得美国金融资产流量相对 GDP 一直保持上升趋势，这一比例在 1952—1979 年平均仅为 257 倍，而在 1980—2007 年却迅速增加到 418 倍。非金融公司金融资产与实际资产之比，70 年代仅为 40%多，到了 90 年代竟达到 90%。现在，美国金融衍生产品所形成的虚假财富面值已高达 300 多万亿美元，相当于美国 GDP 的 25 倍。在市场的自发调节下，一方面是制造业的不断衰退，另一方面是经济虚拟化程度不断加深，这意味着虚拟经济的发展与实体经济的发展严重脱节，美国经济结构出现严重失衡，经济危机的爆发势在必然。2008 年全球金融海啸就是在这样的背景下发生的。

最后，市场自发调节推动超前消费，引发债务危机。美国自由市场经济的又一典型特征是收入分配两极分化。在美国市场经济中，收入分配两极分化的主要表现是资本和劳动收入的两极分化，而产业结构的去工业化和制造业的萎缩则进一步助长了收入两极分化。自 70 年代以来，美国的产业结构中制造业越来越萎缩，曾经达到中产阶级生活水平的大量白领管理人员和技术工人丧失工作机会，收入水平大幅度下降。与制造业萎缩相伴随的，是包括金融、保险、运输、信息、咨询、广告、旅游、家政服务等在内的服务业成为吸纳就业的主要领域，但是服务业对从业人员的技术要求不高，与少数高科技产业和金融业的技术精英相比，多数服务业从业人员的收入水平普遍偏低。制造业萎缩，服务业收入水平偏低，而少数高科技产业和金融业精英获取了巨额收入，这就造成了社会财富占有的严重两极分化。

20 世纪 70 年代，美国最富有的 1%家庭拥有全部财富总量的 1/3，到了 90 年代中期，美国最富有的 1%家庭拥有全社会近 40%的财富，而底层 80%的家庭只拥有全国 16%的财富。严重的两极分化必然动摇资本主义制度，为了防止社会矛盾激化，美国政府不得已实行鼓励消费的政策，一方面各类金融机构实行低息政策，鼓励人们特别是低收入人群大量举债消费和购房，以维持社会的表面繁荣，由此引发整个社会的购物狂潮，“人们购物成瘾，消费变得更像集体炫富”，使得家庭储蓄不断减少而债务迅速上升。20 世纪 90 年代初，美国家庭的平均储蓄率约为 8%，2000 年时，家庭储蓄率已锐减到 1%左右，到了 2007 年，许多美国人已经入不敷出了。另一方面，政府大量举债维持社会福利制度和政府机构自身的运行。现在，美国公共债务规模已突破 16 万亿美元之巨，人均负债 5 万多美元。靠举债提高消费水平以便拉动经济增长的实质是饮鸩止渴，这种做法虽然能够化解眼前的矛盾，却引发了更深的矛盾，这就是社会的消费能力远远超出了社会的财富生产能力，表现在外贸上，进口远远大于出口，出现巨额外贸逆差，国际收支严重失衡；表现在国家财政状况上，国家主权债务如滚雪球般迅速膨胀，财政收支严重失衡。这些矛盾最终引发严重的金融危机和债务危机，使经济陷入持续衰退。可见，美国自由市场经济体制长期积累的内在矛盾已经尖锐化，把美国经济拖入了危机的深渊，无视自由市场经济体制的严重缺陷只会进一步深化经济危机，因此，奥巴马政府加强政府对经济的干预不是偶然的，美国自由市场经济体制发生转型也是势在必然。

四、启示

在比较长的时间里，一些人对美国自由市场经济推崇备至，认为美国式的自由市场经济体制是实现经济发展和摆脱贫困落后面貌的最好制度选择，建立现代市场经济体制应该以美国自由市场经济体制为样板。大量事实表明，正是美国自由市场经济体制内在矛盾的不断积累和尖锐化，使美国制造业萎缩，经济高度虚拟化，外贸赤字激增，债务危机加剧，失业率居高不下，国家竞争力下降，最终导致美国的霸权地位发生动摇。奥巴马政府上台以来采取了一系列旨在强化政府干预的重大举措，涉及生产、分配、金融、贸易、投资等各个领域，由此推动美国自由市场经济体制发生重大转型，这一转型宣告了美国自由市场经济“神话”的终结。看清这一点对我们坚持和完善中国特色社会主义市场经济体制具有重要的启发意义。中国特色社会主义市场经济坚持公有制为主体，多种经济成分共同发展；坚持市场机制发挥基础性调节作用与政府强有力调控相结合；坚持国有经济在国民经济中发挥重要的影响力和控制力；坚持在收入分配中体现公平与效率的统一；坚持经济、社会、政治、文化和生态的统筹和协调发展，这一切标志着中国找到并建立了一种新型的市场经济模式，该模式吸收和集中了传统市场经济的优点，又形成了克服传统市场经济缺陷的新要素，因而是具有显著优势的市场经济模式。中国特色社会主义市场经济体制比美国的自由市场经济体制更符合中国国情，更符合时代发展的潮流。我们应当理直气壮地坚持中国特色社会主义市场经济体制模式，不被任何诋毁与唱衰中国特色社会主义市场经济体制模式的观点和言论所动摇。只要我们以创新的精神坚持中国特色社会主义市场经济体制，在实践中不断健全和完善该体制，就一定能够实现经济的持续快速发展和综合国力的不断提高，实现中华民族的伟大复兴。

（本文原载于《红旗文稿》2013 年第 2 期）

美国发动贸易战凸显其霸权主义本质

2018 年 6 月以来，特朗普不顾中方一再提出通过谈判协商解决中美贸易问题的意愿，置中美经贸关系大局和国际关系准则于不顾，一意孤行，肆意挥舞单边主义和保护主义大棒，诬称中国强迫美国公司对华转让技术，对中国输美产品强征高额关税，禁止中国高科技企业在美投资。人们不禁要问，特朗普政府为什么用如此蛮横无理的手段挑起贸易战？特朗普政府能成为贸易战的赢家吗？

一、中美贸易逆差只是美国发动贸易战的借口

特朗普政府是以消除美国对华贸易逆差为借口挑起贸易战的。根据美国统计数据，2017 年，美国与中国双边货物进出口额为 6359.7 亿美元，其中，美国对中国出口 1303.7 亿美元，自中国进口 5056.0 亿美元，美方贸易逆差 3752.3 亿美元。中美贸易逆差是怎么产生的？原因主要有以下几个：

1. 经济发展水平差异。中美经济发展水平的差异，是美国贸易逆差产生的重要原因。中国和美国的经济发展水平不同，决定了两国在产业链上的位置不同。中国处于产业链的中低端，在劳动密集型产品方面具有比较优势，中国输美产品以消费品和最终产品为主，如纺织品、服装、鞋、玩具、家用电器和旅行箱包等劳动密集型产品。美国处于产业链的中高端，在技术密集型产品方面具有比较优势，美国输中国产品以投资品和中间产品为主，如飞机、动力设备、机械设备、电子器件、通信设备和化工等资本技术密集型产品，以及粮食、棉花等农产品。中美处在产业链的不同位置，经贸关系具有显著的互补性。中国输美产品大都是物美价廉的消费品，具有独特优势，能够满足美国消费者庞大的需求，而美国输中国产品并不是独一无二的，许多发达经济体如日本、欧盟等都是美国的竞争对手，中国的市场实际上被日本、欧盟、美国等共同分享。中国输美产品量超过美国输中国产品量，美方出现

逆差，这完全是由中美在产业链的不同位置决定的，根本不存在所谓中国用不正当竞争手段与美国进行贸易的问题。

2. 产业结构原因。产业结构是经贸关系的基础，产业结构不同，对经贸关系的影响就不同。二战结束初期，美国拥有世界最大规模的生产能力。1947年，美国生产了世界上57%的钢铁和基础金属，62%的石油和80%的汽车，制造业生产量占世界的53%，1948年美出口贸易占世界总额的三分之一。美国正是凭借强大的生产制造能力奠定了其世界霸主地位，成为战后世界经济秩序的建立者和维护者。但是从20世纪70年代初开始，美国经济进入去工业化轨道，制造业的比重不断下降。2017年美国产业结构中三产业占GDP的比重分别为1%、17%、82%，制造业增加值的比重远远低于服务业。同期中国产业结构中三产业占GDP的比重分别为8%、40%、52%，对比中美的产业结构，二产增加值中国比美国高出23个百分点，而三产增加值美国比中国高出30个百分点，这一显著差别无疑对中美经贸关系产生决定性影响，这就是：在货物贸易中，中国比美国具有更大的竞争优势，而在服务贸易中，美国比中国具有更大的竞争优势。中国商务部数据显示，2017年，中国对美国的货物贸易顺差为2758亿美元，美国对中国的服务贸易顺差为600亿美元。可见，美国在对华货物贸易上出现逆差，中国在对美服务贸易上出现逆差，完全是各自产业结构的特性决定的，具有客观必然性。

3. 国际分工原因。中国实行改革开放以来，由于生产要素成本低，市场庞大，投资环境优越，美国、日本、韩国和东南亚其他国家或地区的制造业逐渐向中国转移，在中国开展加工贸易。加工贸易的最大特点是两头在外，即原材料主要源于进口，最终产品主要用于出口。加工贸易生产方式一方面提高了中国利用外资和国外先进技术发展经济的能力，另一方面也将这些国家或地区的对美贸易顺差转移到中国。中国的加工贸易占总贸易额的50%以上。可见，中国对美贸易顺差中的绝大部分，是由包括美国在内的许多国家或地区跨国公司的加工贸易活动推动的，这一状况是国际分工发展造成的，是经济全球化的产物。特朗普发起贸易战，对中国输美商品加征关税，这在很大程度上是对属于自己国家的公司征税，必将增大这些公司的运营难度。

4. 统计原因。中国和美国的贸易统计方法存在差别。按照美国的统计方法，中国香港转口贸易额被笼统地计算在中美贸易之中，但它实际上有很大比例应该归于中国之外其他国家或地区通过香港的贸易转口。此外，美国在计算对中国的进出口贸易额时，出口金额按离岸价格计算，进口金额按到岸价格计算，从而将装卸、运输和保险等费用的双倍数额计入中美贸易逆差。因此，美国现有统计方法严重高估了中美贸易逆差的实际数额。

5. 政策原因。如前所述，中美在产业链上的位置存在显著差异，中国在劳动密集型产品方面具有比较优势，美国在技术密集型产品方面具有比较优势，按照国际贸易的正常模式，中美双方各自集中于具有比较优势产品的生产，并通过贸易互通有无，可以极大地促进两国经济发展和人们生活水平的提高。然而，长期以来，由于冷战思维作祟，美国政府严格限制高新技术和高端武器对中国出口，造成了中美合理国际分工的人为扭曲。显然，如果美国放松对华高科技和武器的出口，那么美国对华贸易的逆差将会大大减少。

可见，美国对华贸易出现逆差是由经济发展水平、产业结构、国际分工、统计方法以及政策等多重因素共同决定的，涉及经济、政治、技术、政策等各个领域，必须客观理性地看待。

二、特朗普政府挑起中美贸易战的真正动机

特朗普政府挑起贸易战的理由是消减美国对华贸易逆差，但明眼人都知道，这只是特朗普政府的一个拙劣借口，其背后隐藏着更为真实的动机。

1. 维护霸权地位。特朗普政府之所以对中国发起贸易战，另一个重要动机是为了阻止美国的衰落，维护美国的霸权地位，在这一点上，特朗普比历届美国总统都显得更急切。实事求是地讲，美国虽然在经济总量上和科技创新水平上仍然是当今世界的超级大国，占据着霸权地位，但是从战后的发展轨迹看，美国的霸权地位在衰落也是不争的事实。现在美国经济总量占世界经济总量的比重，约为战后初期的一半，美国经济增长对世界经济增长的贡献也不断下降。据世界银行数据估算，2012—2016 年主要国家和地区对世界经济增长贡献率，美国为 10%、欧盟为 8%、日本为 2%、中国达 34%，美国、日本、欧盟加起来都不及中国的贡献大。近年来，贫富分化、种族冲突、恐怖袭击、校园枪击等社会矛盾严重困扰着美国社会。美国长期以世界领导者自居，但一段时期以来，面对战乱频发、难民潮、恐怖主义、气候变暖、传染病肆虐等国际安全问题却束手无策。受制于美国经济实力的下降，美国向国际社会提供公共产品的能力不断弱化，国际影响力不断递减。

特朗普坦承美国衰落了，但是其对美国衰落原因的认识是完全错误的。特朗普把美国衰落归咎于现有国际秩序，认为由美国历届政府主导建立和形成的众多国际组织、合作协议以及盟友关系都在牺牲美国的利益，都在占美

国的便宜。同时特朗普认为，中国是靠不公平贸易和侵犯美国的知识产权发展起来的，中国的发展是对美国霸权地位的最大挑战。基于这些错误认知，特朗普入主白宫后，公然撕毁美国参与达成的《跨太平洋伙伴关系协定》（简称 TPP）、巴黎气候协议、伊核协议，高调退出联合国教科文组织、联合国人权理事会等重要国际组织，公开批评和指责世界贸易组织，悍然对中国发起贸易战，在经济、政治、军事等各个方面对中国进行全面遏制，以经济民族主义对抗经济全球化潮流，用单边主义和保护主义对抗多边主义与自由贸易政策，向整个世界秩序宣战。

事实上，近年来，美国历届政府都采取各种措施企图阻止美国的衰落，为此绞尽脑汁，使尽浑身解数，但都收效甚微。之所以如此，是因为他们没有认识到导致美国衰落的真正原因。必须指出，美国的衰落和霸权地位动摇，是由美国的政治经济制度和僵化的意识形态造成的，是世界经济政治格局变化的结果，是大趋势，具有客观必然性。

2. 遏制中国的发展。大量事实表明，特朗普政府挑起中美贸易战只是一个幌子，其真实意图是遏制中国的发展。

遏制中国发展是美国的一贯政策，只是各届政府在不同历史时期采取的策略不同而已。奥巴马政府曾把中美关系定位为“战略伙伴关系”，更多强调彼此关系的合作性，而特朗普政府的外交政策则对中国充满敌意。在 2017 年 12 月发布的国家安全战略报告中，特朗普政府把中国和俄罗斯视为“战略竞争对手”，称中俄挑战了美国的实力、影响力和国家利益，是两个意图侵蚀美国安全和繁荣的“修正主义国家”。该报告还指责中国寻求“取代”美国在亚洲的地位，称“中国在扩张自己实力的同时不惜以别国的主权为代价”。

显然，突出中美关系的竞争性，是特朗普政府处理中美关系的既定方针。特朗普竞选班子总负责人班农对特朗普政府的对华政策影响极大，该人对中国的看法荒谬而狂妄。他说中国靠独特的政治经济制度取得了惊人的发展成就，最有可能取代美国成为新的霸权国家，而中国的政治经济制度和文化与西方截然不同，中国一旦获得世界霸权，对于西方的政治经济制度和文化将是一个巨大灾难。据此他主张西方社会应该联合起来，尽早从经济、贸易、产业、科技、军事、政治等各个方面对中国的发展实行全方位遏制。此外，现任美国白宫贸易委员会主席纳瓦罗出版的著作《致命中国》，极尽仇视、歪曲、夸大之能事，诬称中国用不公平贸易手段瓦解了美国的制造业基础，造成了工厂倒闭，大量工人失业，认为只要对中国输美商品征收高额关税，同时鼓励消费者改变购物习惯，就能够消除美国庞大的贸易逆差，扩大投资，促进美国经济更快增长。特朗普政府现在实施的政策完全是班农、纳瓦罗等人错误认识的翻版。

特朗普政府蓄意对华实施全面遏制战略和政策，企图阻碍中国的发展，是不可能得逞的，但是它对中美经贸关系会产生消极影响，在一定程度上会干扰中国的发展，也是毋庸置疑的，应当引起我们的高度重视。

三、特朗普政府不可能赢

特朗普政府真的会赢吗？答案是否定的。

1. 难以破解“特里芬难题”。“特里芬难题”认为，美元成为国际储备货币和结算工具，必然面临一个难以克服的矛盾：美国以外的成员国必须依靠美国国际收支持续保持逆差，不断输入美元来增加它们的国际清偿能力，这势必危及美元信用，从而动摇美元作为最主要国际储备资产的地位；反之，美国若要维持国际收支平衡稳定美元，其他国家国际储备资产就不可能增加，从而发生国际清偿能力不足问题，进而影响国际贸易和经济的增长。2017 年，在全球外汇储备中，美国占据 62.48%的份额，排名世界第一。2018 年初，美元在全球支付市场的占有率为 38.53%，也是排名第一，这表明美元仍然是最重要的国际储备货币和结算工具。由于“特里芬难题”的存在，世界其他国家为了获得美元，要么向美国借款，要么向美国出售商品，要么向美国发债，结果使其他国家持有的美元越来越多，而过多的美元会导致美元贬值，降低美元的购买力，引发通货膨胀，抑制经济增长。因此，为了阻止美元贬值，美国必须保持比较高的利率，这样做的后果是推动美元坚挺，而美元坚挺，势必抑制其出口，刺激进口，导致贸易逆差的出现。同时，美元坚挺会提高公司的运营成本，降低公司赢利水平甚至出现亏损，迫使美国企业用脚投票，将企业转移到海外，推动产业空心化和制造业萎缩，削弱美国出口能力，加剧贸易逆差。

从战后美元霸权地位确立开始，美国经济和贸易就是照着这样的轨迹发展的，美国历届政府都企图改变这一轨迹，结果都以失败告终。特朗普上台后对包括中国在内的一系列国家挥舞高关税大棒，企图消除贸易逆差，振兴美国制造业，恢复美国经济的竞争力，但是他面临的恰恰是他的前辈都遇到过的严重矛盾：要消除贸易逆差，振兴美国制造业，必须实施宽松货币政策，而一旦实施宽松货币政策，势必导致美元疲软，引发通货膨胀，靠坚挺美元支撑的股市泡沫势必破裂，引发金融危机和经济衰退。即使特朗普成功实施宽松货币政策，如果结构性经济失衡问题——如虚拟经济与实体经济相脱节问题——不解决，照样无法消除贸易逆差，难以振兴制造业。

2. 难以抑制本国消费者的刚性需求。美国经济已经高度虚拟化了，生产美国人日常需要的消费品的传统制造业几乎不复存在，而人们对消费品的需求是刚性的，不可能因为提高关税就大幅度减少甚至停止消费，而是会比以往拿出更多的收入满足消费。特朗普政府对中国输美商品加征高关税，只会增加美国老百姓的消费支出，并不能彻底关闭中国输美产品的大门。此外，美国对中国输美产品加征高额关税，消费者也可能会选择其他国家的商品作为替代，中国输美产品数量减少腾出的空间会被别国的输美商品所占有，美国的进口额依然不可能减少，贸易逆差依然难以降低。

3. 进一步推动美国产业空心化。特朗普政府挑起贸易战的目的之一是保护美国的制造业，实现再工业化，其后果却是会进一步削弱美国的制造业。对中国输美产品加征关税，势必推高美国企业的生产成本，挤压企业的利润空间。同时，特朗普政府挑起贸易战势必引发中国的反制，使相关企业失去中国市场，经营陷入困境。为了避免贸易战可能造成的巨大损失，相关企业要么停止运营，要么将企业转移至别的国家，这必然进一步加剧美国产业的空心化进程，削弱美国的制造业，使美国贸易逆差状况进一步恶化。

特朗普政府为了一己私利，不惜退出国际协议和国际组织，动辄用国内法对包括中国在内的众多国家发起贸易战，破坏全球治理体系，对世界经济稳定发展和世界各国利益构成严重威胁。没有规矩，不成方圆。历史经验证明，只有建立和健全全球治理体系，基于合理规则发展经贸关系，才有助于世界经济稳定发展，保障各国的共同发展利益。事实证明，推行经济民族主义，大肆破坏国际秩序，实行单边主义和保护主义，与经济全球化潮流是背道而驰的，不利于解决世界经济发展中面临的各种问题，也不利于世界经济的复苏和增长。我们坚决反对特朗普政府的逆全球化行径，愿与世界各国一道，积极推动经济全球化朝着正确的方向发展。

（本文原载于《红旗文稿》2018 年第 17 期）

产业变迁与资本主义的衰落

一、理论与现实的矛盾

流行的产业结构演化理论认为，一国产业结构的发展过程是依第一产业（包括农、林、牧、渔各业）、第二产业（采矿业，制造业，电力、燃气及水的生产和供应业，建筑业）、第三产业（金融、通信、交通、娱乐、家政等）为主导的顺序不断由低级向高级转化的过程，第三产业在产业结构中占主导地位标志着产业结构实现了高级化。在这里，技术进步、产业结构与经济增长密切地联系在一起，它们的内在逻辑是：技术进步引发产业结构的升级和高级化，而产业的高级化是推动经济增长的重要动因，只要技术进步发生了，就会推动产业结构的升级换代，三大产业顺序成为主导产业并拉动经济增长。这是产业结构变迁和转型的一般规律。克拉克、罗斯托、钱纳里、库兹涅茨等人均是这个基本理论的代表人物。

目前，在西方发达国家的三大产业中，各产业的产值在国内生产总值中的比重是：第一产业约为10%，第二产业约为20%，第三产业约为70%。据世界银行世界发展指标数据库的数据，在主要发达国家的非农业就业人口中，2001年服务业从业人员的比例美国是63.9%，英国是73.4%，法国是74.1%，德国是64.7%，日本是63.9%。根据流行的产业结构转型理论，西方国家三大产业的转型趋势及目前达到的水平被认为既反映了产业结构升级换代的一般规律，也代表了产业发展的先进水平。然而理论分析的逻辑与西方国家产业转型的实际后果并不相符。

一个高级而先进的产业结构应能够保证实现充分就业，而西方国家的就业形势长期呈现严峻态势。自1929—1933年大萧条以来，特别是第二次世界大战后，西方国家普遍加强了政府对经济的干预，充分就业一直是各国最为关注的政策目标之一。然而时至今日，充分就业非但没有实现，反而越来越严重。目前，美国的失业率在 9%左右徘徊，欧盟失业率仍在 9.4%左右，其中德国为 8%，西班牙高达 21%。美联储前主席格林斯潘坦承："大银行和高收入的富人们虽已享受到'经济复苏'，而实体经济的中小企业和相当大一部分劳动力，却无法摆脱经济困境并且仍然在艰难中挣扎。"

一个高级而先进的产业结构应能够保证经济持续稳定增长，而西方国家的经济却长期处于低迷状态。第二次世界大战后，西方国家的经济发展在经历了战后初期的恢复性发展后，从朝鲜战争爆发开始进入了迅速发展时期，经过 50 年代和 60 年代的高速发展，西方国家经济达到了前所未有的繁荣水平。这期间支撑经济迅速发展的产业基础是重化工业和加工制造业。但是从 70 年代以来，西方国家经济总的趋势是增长速度呈下降态势。

一个高级而先进的产业结构应能保证国家竞争力的提高，而西方国家的经济竞争力却大都陷入衰竭。19 世纪的"世界工场"——英国在世纪之交步入金融资本支配产业资本的阶段，霸权地位迅速衰落。美国凭借新兴的重化工业和强大的加工制造能力迅速崛起，并取代英国成为新的"世界工场"，第二次世界大战结束时，美国经济达到了顶峰：1947 年，美国生产了世界上 1/3 的粮食、1/2 的棉花、57%的钢铁和基础金属、62%的石油和 80%的汽车。美国的制造业生产量占世界的 53%，1948 年出口贸易占世界总额的 1/3，黄金储备高达 200 亿美元，占世界总量的 3/4。美国正是凭借强大的生产制造能力奠定了自己的世界霸主地位，成为战后世界经济秩序的建立者和维护者。然而仅仅过了 30 年，随着产业结构去工业化进程的加快和服务业的迅速发展，美国制造大国的地位丢失了，美国在世界经济中的霸权地位随之开始动摇。与之相伴随的是，自 1976 起，美国的外贸连年出现赤字，从 1984 年以后则是赤字年年超过千亿美元，2010 年贸易赤字达到 6000 多亿美元；政府财政收入跟不上支出需要，连年出现赤字，到 2010 年竟高达 1.4 万亿美元；受财政状况严重恶化的影响，美国政府连年发债，到 2011 年 8 月，达到了 14.2 万亿美元的高度，债务总额占 GDP 的比例超过 90%，债务违约风险不期而至。国际评级机构标准普尔公司于 2011 年 8 月 5 日宣布，将美国 AAA 级长期主权债务评级下调一级至 AA＋，评级前景展望为"负面"，美国历史上第一次丧失 AAA 主权信用评级。在 2006—2010 年期间，美国经济年平均增长率只有 0.9%。从 20 世纪 70 年代到现在，美国的经济竞争力并没有随产业结构的升级换代而不断增强，相反却是一路下滑。目前欧元区为债务危机所笼罩，究其原因，与其经济长期低迷不无关系。

二、产业变迁的实质

为什么流行理论与西方发达国家产业结构转型对经济发展的实际影响发生了矛盾呢？笔者认为，根本原因是主流经济学把产业转型仅仅看成是个技术问题，并且认为单纯的市场调节就可以使产业结构朝着所谓的优化和高级化的方向转型，忽视了产业转型还是一个制度问题，忽视了生产关系对产业结构转型的制约和影响。

流行的经济理论对产业结构转型的分析主要集中在技术创新和技术进步对产业结构变化与经济增长的影响上，而生产关系的影响则被抽象掉了。在这个分析框架里，技术进步是起点，产业结构转型是中介，经济增长和经济发展是结果。技术进步主要表现为劳动工具的改进和使用效率的提高，产业结构转型表现为产业技术的升级和三次产业之间关系与比例的调整和变化，经济发展则意味着在技术进步的推动下，一国的产业结构发生第一、二、三大产业相继占据主导地位的转型，实现经济持续增长和发展。根据这个理论框架，对任何社会来讲，尤其是对于那些经济发展落后的国家来讲，通过技术进步推动产业结构的升级换代，提高产业竞争力，就能够加快经济的发展。然而，这个分析框架忽视了生产关系的存在，抽象掉了生产关系对技术进步和产业转型的重要影响，这就使分析结论出现严重失真。事实上，技术进步和产业结构转型是在特定的生产关系下进行的，生产关系的性质对技术进步和产业结构转型的方式与结果发挥着重要影响，生产关系不同，技术进步和产业结构转型的方式与结果是大不相同的。西方国家的技术进步和产业转型是在资本主义私有制和雇佣劳动制度的基础上进行的，受资本主义基本经济规律即剩余价值规律的制约，技术进步和产业转型完全服从于资本家追求高额剩余价值的需要，体现了资本主义条件下资本与劳动关系的对抗本质。

资本主义制度环境是西方国家技术进步和产业转型的生产关系的基础，技术进步表现为新技术对旧技术的替代，这是在资本逐利的动机推动下实现的，体现着资本的意志和要求，是剩余价值规律作用的结果。也就是说，在资本主义生产关系下，激烈的市场竞争迫使资本主义企业家不断改进技术，用新的技术取代旧的技术，以提高劳动生产率。新技术对旧技术的替代在为资本家带来高额利润的同时，也在推动着新旧产业的更替，即资本有机构成低的产业不断被资本有机构成高的产业所替代。资本有机构成不断提高是资本主义条件下剩余价值规律和生产价格规律作用的必然结果。

在资本主义条件下，资本有机构成提高的过程，事实上是将劳动者排斥到生产领域之外的过程。在资本主义生产关系条件下，劳动力的供给与资本对劳动力的雇佣需求是一对矛盾，矛盾的主要方面是资本，也就是说，劳动者在多大程度上能够获得就业机会并不是劳动者自己能决定的，而是由资本说了算。资本是否雇用劳动力，取决于劳动力再生产费用与资本家所得利润的比较。在预付资本一定的情况下，资本家要获得较高的利润，必然要雇佣更少的劳动力，并将更大比例的资本投入到新技术的研发和购买更新的机器设备，这就导致资本有机构成的不断提高。所以，资本有机构成的提高意味着资本对劳动的需求的不断减少，其实质是技术对劳动的替代程度的深化。

技术对劳动的替代程度的深化，是劳动者与生产资料相分离程度的深化，是资本主义基本矛盾尖锐化的表现。从社会生产一般来看，劳动者与生产资料相结合是生产人类赖以生存所需要的物质生活资料的前提条件，而劳动者与生产资料结合所进行的劳动可分为必要劳动和自由劳动两个部分，必要劳动是生产性劳动，用于生产维持人类生存所需要的物质资料，自由劳动则是非生产性的劳动，旨在满足人类的心智发展和精神愉悦需求。随着生产力的发展和社会的进步，人类劳动中的必要劳动的比重是越来越低的，而自由劳动的比例是越来越高的。从社会生产的特殊社会形态看，自有阶级以来，人类的劳动则分为必要劳动和剩余劳动两部分，必要劳动是满足劳动者再生产所需要的物质生活资料的劳动，剩余劳动则是满足统治阶级生存需要的劳动。这两部分劳动的实现形式在不同的社会制度下是不同的，在资本主义条件下，必要劳动创造的价值是雇佣劳动者为实现劳动力再生产所获得的工资，其价值表现是工资；剩余劳动创造的价值是为资本家所占有的剩余价值。对于资本家来讲，实现剩余价值生产的前提条件是劳动者与生产资料的分离，因为只有这样，劳动者才能以出卖劳动力的方式实现与生产资料的重新结合。然而，随着技术的进步，资本与劳动的分离程度会一步步地加深。在资本主义条件下，资本家总是会不断以各种手段谋求技术进步，提高劳动生产率，以追求获得高额利润。对于资本家来讲，凭借着技术进步就能获得更多的利润，而对于雇佣劳动力来讲，采用新技术的劳动工具则在越来越大的程度上排斥劳动，也就是说，能够与技术含量更高的劳动工具结合的劳动者的数量越来越少，新技术的采用并没有给劳动者提供更多的就业机会，越来越多的劳动者永远丧失与不断进步的新技术结合的可能，这意味着劳动与生产资料的分离绝对化了。至此我们可以看到，当劳动与生产资料相分离是资本雇佣劳动和货币转化为资本的前提条件时，这种分离是相对的，它是劳动者依附于资本的社会条件，是资本主义生产关系得以形成和维系的前提；当资本通过技术进步将越来越多的劳动者排斥在社会生产过程之外时，劳动与生产资料的分离就是绝对的了，一旦劳动与生产资料的分离绝对化了，资本主义生产关系就失去了存在的前提，资本主义制度也因此走到了历史的终点。

三、资本主义面临严峻的危机局面

资本主义条件下产业结构变迁的实质是技术替代劳动程度的不断深化，去工业化进程加快，制造业不断萎缩，劳动的绝对过剩趋势出现，这些必然引发非常严重的产业危机、金融危机、债务危机和社会危机。

（一）产业危机：国家竞争力衰竭

资本主义成由工业化的兴起，败由工业化的衰微。西方资本主义已经有500年的发展历史，其间经历了200多年以制造业为主导产业的工业资本主义的发展阶段。这200多年又可以分三个阶段，即工业资本主义的形成阶段，约100年；工业资本主义的成熟阶段，约100年；工业资本主义的衰落阶段，约40年。以机器大工业生产体系为内容的制造业为资本主义生产方式统治地位的确立奠定了基础，它的衰微则击碎了资本主义生产方式的千年梦幻。

工业资本主义的形成是与第一次技术革命紧密结合在一起的。第一次技术革命推动了工业革命，其标志是棉纺织工业占主导地位。1782年第一次工业革命中最重大的技术发明——蒸汽机出现了，这项发明为工业革命的发展注入了强大的活力，催生了机器大工业的发展，基于煤炭开采、钢铁冶炼、铁路运输等产业，欧美诸国相继实现了工业化，由农业国变成工业国。第一次产业革命发生后，从生产力看，资本主义生产方式极大地推动了社会生产力的发展，资本主义在短短100年左右时间里创造了巨大的社会财富，显示出巨大的生产能力，马克思主义经典作家对此给予了高度的评价。从生产关系看，新技术的采用改变了资本和劳动的隶属关系，劳动由对资本的形式隶属转变为实质隶属。机器大生产的巨大生产力和生产的无政府状态发生矛盾，劳动者有支付能力的需求与生产的无限扩张方式的矛盾使生产过剩开始出现，从而引发经济危机。1825年爆发了资本主义的第一次经济危机。资本对劳动者的剥削引发了三次工人运动，资本主义内部矛盾开始趋于激化。

工业资本主义的成熟是与第二次技术革命联系在一起的，第二次技术革命推动了第二次产业转型，其标志是重化工业取代棉纺织业占据主导地位。

此次技术革命的主要表现是：新能源的大规模应用，如电力、煤炭等；内燃机的发明；通信工具的发明等。第二次技术革命的发生使重化工业占据主导地位，重化工业的发展进一步推动了资本主义生产社会化程度的提高，资产阶级把越来越多的国家纳入资本主义经济体系，使世界经济体系得以形成。在新的世界经济体系下，先期发展的资本主义国家将工业制成品和资本输往经济落后的殖民地半殖民地国家和地区，而后者成为资本主义国家的原材料产地。重化工业化的实现进一步提高了先期发展的资本主义国家的工业化水平，这些国家的大多数人口摆脱了贫困，生活状况得到极大改善，资本主义社会成为富裕社会的代名词。以英国为例，它是第一次技术革命的发源地，是以第一次产业革命为发端的纺织工业、煤炭工业的生产基地。它在 18 世纪是世界上第一号贸易大国和航运大国，也是造船工业、钢铁工业等大烟囱工业的生产基地。进入 20 世纪，英国作为一个纺织工业基地的地位发生了巨大变化，世界纺织工业逐步向廉价的劳动力密集的国家转移，技术密集型的以电子、机械为主的产业逐渐占据主导地位。

工业资本主义的衰退则是与第三次技术革命联系在一起的。第三次技术革命兴起以电子技术、航天技术、计算机技术的应用为代表，还包括人工合成材料、分子生物学、遗传工程等高新技术。第二次世界大战后，特别是 20 世纪 70 年代以来，科学技术的新发展、科学技术产业化和生产过程的科学技术化的循环加速，不仅使科学技术成为直接生产力，而且成为第一生产力，成为生产力发展的决定性因素。“科学技术是第一生产力。”科学技术武装了劳动者，提高了劳动技能和管理水平；科学技术运用到生产过程，产生新机器、新设备和新工艺；科学技术运用到资源开发上，产生出新能源和新材料。与第三次技术革命相伴进行的是工业资本主义开始衰退，并向后工业社会转型。

西方国家制造业的衰退是从 20 世纪 60 年代末开始的，进入 20 世纪 70 年代以后逐渐加速。具体来讲，进入 20 世纪 60 年代，发达国家的产业转型出现了新情况：一是从传统工业向现代产业转型，少数高技术产业成为经济的支撑；二是从制造业向服务业转移。仍以英国为例，它是世界第一个工业化国家，20 世纪 60 年代以来，传统产业衰退，开始向现代产业转型；20 世纪 80 年代以来，以汽车、家用电器为中心的现代工业出现衰退，以军事工业为中心的高技术产业也出现衰退征兆，新兴高技术产业发展缓慢，产业结构中缺少带头产业。进入新的世纪，英国制造业在产业、就业、出口等方面的份额都进一步下降，“后工业化”趋势愈演愈烈。从 20 世纪 50 年代至 20 世纪 90 年代，英国一直持续增长的产业是为生产者服务的生产性服务业，主要包括国际贸易、国际金融、国际保险、咨询业、广告业、批发业等，服务业就业和外汇收入方面份额都相应提高。目前，英国服务业的产出约占国民生产总值的 70%。然而进入 21 世纪以来，随着制造业的全面衰退，服务业的发展失去支撑，服务业的发展也开始减缓，从而拖累整个经济陷入困境。在整个西方资本主义世界，英国的情况具有代表性，比英国情况好些的国家如德国和北欧诸国面临同英国一样的 “去工业化”问题，比英国情况差些的国家如希腊、意大利、西班牙、葡萄牙等国则已经深陷衰退和危机之中不能自拔。

发达国家之所以在科技成为主导经济发展的主要动力的同时整个经济却陷入严重衰退，根本原因就是受资本力量主导的科技进步仅仅服务于少数垄断大资本。在资本主导下，科技进步摧毁了大批能够带来就业机会和提升国家出口能力的传统制造业，国民经济靠仅有的几个高技术产业支撑，而这些产业在发达国家之间具有严重的同质性，彼此间存在着非常激烈的零和博弈，这种竞争的结果使失败的国家一个个悲壮地倒下，经济陷入严重衰退；赢得胜利的国家最终也因为竞争对手的失败而受到严重拖累，经济也陷入低迷。

制造业衰退，新兴高技术产业发展缓慢，是目前西方主要资本主义国家普遍存在的问题，而被认为代表西方产业变迁趋势的服务业不可能是常青树，它的发展最终因为制造业的萎缩而陷入停滞。包括研发、设计、金融、咨询在内的服务活动是为物质生产活动服务的，它依存于物质资料生产，它的存在价值就在于为制造业提供必要的服务，是联结生产和消费的纽带。根据劳动价值论，物质生产活动是价值的源泉，服务劳动是不创造价值的，服务劳动依附于物质生产活动，服务劳动一旦脱离了物质生产活动的支撑，就失去了服务对象和存在的基础，孤立的服务劳动是不足以支撑一个社会的经济繁荣和可持续发展的。事实上，西方国家的服务业的发展和繁荣是以制造业为前提的，是制造业的副产品。制造业的发展提出了为生产活动提供服务的巨大要求，需要更多的人从事生产服务性活动，这就创造了大量的就业机会；制造业的高度发展提高了人们的收入水平，使消费方式多样化了，对服务的需求也多样化了，催生出许多新的服务项目，这些都创造了新的就业机会，吸纳了越来越多的人就业。可以说，如果制造业一直处于稳定发展状态的话，服务业与之形成良性互动关系，那么整个社会经济将是非常稳定而且繁荣的。但是，一旦制造业的发展停滞和萎缩了，那么孤立的服务业是不可能支撑经济繁荣的，经济陷入全面停滞就是很自然的事。西方国家目前经济在衰退，失业越来越严重，这一切都源于制造业的衰退。一国经济的基石说到底是制造业，满足衣、食、住、行需要的物质生产活动是最重要、最基本的生产活动，孤立的服务业不可能解决衣、食、住、行问题。制造业萎缩了，服务业必然紧随其后而萎缩，整个国家的经济将迅速陷入衰退且不可逆转。

（二）金融危机：金融秩序崩溃

20 世纪 70 年代亚洲爆发金融危机，进入 90 年代，先是日本经济陷入持续衰退状态，接着是新世纪之初的 2008 年，美国爆发次贷危机引发全球金融危机。金融危机对社会经济的破坏是极其严重的，世界各国纷纷采取有力措施救市，以便能够抑制金融危机的深化，恢复金融秩序，实现经济复苏。2008 年次贷危机爆发后，美国及欧洲各国政府为刺激经济走出危机投入了数千亿美元，规模之大前所未见。为什么发达资本主义国家会在很短时间里先后陷入金融危机漩涡呢？有一种观点认为，这一切都是资本主义国家对金融业监管不力造成的，是金融资本贪婪造成的。更有人认为，这场危机是短暂的，是资本主义经济波动的新周期，危机过后将是资本主义经济的复苏和新的繁荣。笔者认为，这些看法并没有切中此次西方金融危机的要害。其实，此次金融危机是资本主义衰退背景下经济危机的具体表现或实现形式，它意味着资本主义危机的深化，标志着资本主义已经不可逆转地走向衰退和危机。

从 20 世纪 70 年代开始的“去工业化”进程摧毁了西方国家的大工业生产体系，西方资本主义丧失了赖以存在的物质技术基础。今天的资本主义的主导产业是金融业和生产服务业，这样的资本主义已经失去了曾经的强大物质生产能力，变成不生产的社会了，由此导致资本主义发生危机。危机的表现是：消费疲软、投资乏力、利率低下、流动性过剩、失业人口日益增多、收入下降、复苏无望、停滞长期化。可以说，导致西方资本主义整体陷入危机的原因不是什么金融业监管不力，也不是生产的东西太多了卖不出去，而是资本主义丧失了往昔的强大物质财富生产能力，已经生产不出足够多的生产资料和消费资料去卖，资本主义经济危机的实质是制造业衰退，生产不足。

制造业衰落后出现的经济危机与过去的经济危机有一个很大的不同点，就是没有周期性。在工业资本主义时期，制造业占主导地位，由于资本主义生产的不断扩张和劳动群众有支付能力的需求相对狭小，导致生产的产品超过了有支付能力的需要，卖不出去，就会出现经济危机。由于这种经济危机表现为生产过剩，因此消除过剩的生产能力、恢复供求平衡就成为经济危机的主要作用，也就是说，经济危机用企业破产和物质财富浪费为代价，强制实现供求关系的平衡，并通过固定资本更新拉动需求，恢复市场信心，推动资本主义经济走出危机和萧条，实现复苏并逐渐步入繁荣发展的轨道。所以，制造业存在条件下的生产过剩性危机具有阶段性和周期性，即整个经济危机会经历危机、萧条、复苏和繁荣四个阶段，危机过后将会迎来新的经济繁荣。但是，从 20 世纪 70 年代以来，西方资本主义发生过多次经济危机，这些危机同过去相比，除了经济增速低下相同之外，最显著的不同点是各次危机的周期性越来越模糊，上次危机与下次危机之间的区别非常不明显。这说明了一个事实，就是这一时期的经济危机的基础已经悄然发生了变化，制造业的萎缩已经使固定资本更新难以正常进行，固定资本更新是经济危机周期性的物质基础，固定资本更新不能正常进行了，经济危机的周期性自然也就无法显示出来了。工业资本主义时期的经济危机虽然经常发生，但是危机具有周期性，每一次危机过后，经过固定资本更新，会迎来新一轮的经济复苏和繁荣，因此在许多人心目中，经济危机并不可怕，因为经济危机不会持续多久就会过去，经济复苏和繁荣会很快到来。制造业萎缩改变了传统的经济危机的发生机制和表现形式，经济危机主要表现为金融危机和经济的衰退，危机的发生将是经常性的，危机过后很难预期经济会有强有力的复苏，更难以期待新的经济繁荣。正因为如此，制造业萎缩所引起的危机具有不可逆转性，除非西方国家能够恢复已经丧失的制造业优势，否则很难改变危机局面。可以预言，西方国家的制造业优势已经丧失，重新恢复制造业优势的可能性几乎为零，因此西方国家经济将陷入长期持续的衰退，复苏之路将是十分痛苦而漫长的。

（三）债务危机：政府信用崩溃

西方国家正在发生的主权债务和财政危机也是源于技术替代劳动所推动的制造业衰落。

在表现为技术替代劳动的技术进步机制的作用下，作为资本主义物质技术基础的制造业不可挽回地走向衰落，其结果是，一方面失业人口和低收入人口不断增加；另一方面社会财富越来越集中到极少数人手中，这使得两极分化越来越严重。严重的两极分化必然会动摇资本主义制度，因此，资本主义国家的政府肯定要竭尽全力解决。具体做法就是在不改变资本主义基本制度的前提下建立社会福利制度，加大政府支配的财力，通过转移支付来为失业者和低收入者提供最后的保障。这就是为什么第二次世界大战后资本主义国家纷纷建立覆盖全社会的福利制度和政府支配更多财富进行再分配的原因。

然而，技术替代劳动的技术进步推动的产业变迁制使产业危机发生，进而导致经济停滞，对政府支撑福利制度的能力形成了严重约束：其一，制造业的衰退使经济陷入衰退，大大削弱了政府征税的规模，而经济衰退也提高了失业水平，这就既限制了政府维持福利制度的能力，同时又在加重政府的负担；其二，向资本家征税以维持福利制度迫使资本家逃税，最典型的表现是资本家为了避税而将资本投向国外，这便导致了产业的空洞化，进一步削弱了制造业，减少了税源，严重制约了政府支撑福利制度的能力；其三，高科技企业为了降低成本而减少对国内劳动力的需要，将大量业务外包，不能为促进就业做贡献，需要政府救助的失业人口增加，政府的财政和福利负担加重；其四，服务业就业人口在增加，但是随着制造业的衰退，服务业失去了服务对象，吸纳就业的能力也在减弱，难以减轻政府承担的救助失业或低收入人群的福利负担。

总之，在资本主义条件下，随着技术进步和资本对劳动替代程度的深化，一方面越来越多的劳动者失业或者生活陷入贫困，政府不得不把更多的人纳入国家救助的范围；另一方面产业变迁却导致经济衰退，政府通过扩大财政支出支撑福利制度变得非常困难。在这种情况下，资产阶级政府面临两难选择，要是不承担更大的福利责任，社会矛盾会加重并危及资本主义制度；要是承担更大的责任，财政收入根本不能提供有力的保证。为了维护社会的稳定，防止社会陷入冲突和动乱，政府不得不维持福利制度，在入不敷出的情况下，为了支撑庞大的福利体系，只好举债。在经济停滞的情况下，债务包袱如滚雪球一样越滚越大，最终必然发展到还不起债和政府信用崩溃的境地。目前发达资本主义国家，特别是欧元区深陷主权债务危机不能自拔，便是真实写照。特别需要指出的是，西方议会民主制度是政府债务危机的催化剂。选举政治下各政党为了获取选票，争相向选民许诺减税或者增加福利，导致入不敷出，不得不大肆举债，最终酿成危机。这样的政治体制不改革，债务危机也不可避免。

债务危机标志着战后资本主义国家在两极分化不断加深条件下维稳努力的失败。两极分化是资本主义的顽症，资本主义国家的政府不维稳，社会会发生动荡和冲突；维稳势必触动资本的利益，最终依然难以维稳。这再一次表明，不解决资本主义基本矛盾，仅仅对资本主义生产关系进行局部的调整和改良，是不可能克服危机的。

（四）社会危机：中产阶级没落

在比较长的一个时期里，西方主流舆论用来证明资本主义优越性的重要根据是它造就了一个中产阶级，中产阶级占主导地位的社会有两大优势，即经济上的自由和政治上的民主，这样的社会能够保持经济繁荣和政治稳定。然而目前西方社会的中产阶级正在加速走向没落。

什么是中产阶级呢？这可以从三个方面来看。首先，从职业形态来看，中产阶级主要由三类职业人群构成：一类是政府部门的中级行政官员；另一类是各种企业中执行调度、组织和监督生产劳动和流通的中级管理人员；再一类是科研机构、学校、医院、律师事务所、社会福利机构和文艺团体中的科研人员、教师、医生、律师、社会福利人员、艺术家和文学家等。这些职业人群大都从事专业性比较强的工作，通常又被称为“白领”阶层，以区别于从事非专业性工作的 “蓝领”阶层。其次，从经济地位和收入状况来看，中产阶级不直接拥有生产资料，主要凭借所拥有的技术专长和知识掌握生产资料的实际控制权，并对生产过程行使管理和监督权。中产阶级的收入以工薪收入为主，居于社会的中间水平。在美国，年收入在 4 万到 20 万美元之间的家庭被认为属于中产阶级。中产阶级家庭一般都拥有小汽车、比较宽敞的住房，生活质量比较高。最后，从政治倾向来看，作为资本职能的执行者，中产阶级依赖于大资产阶级，隶属于社会的强势阶层。由于中产阶级人群主要从事公共行政管理、企业中高级管理及科技研发、教育卫生、法律咨询、文化娱乐、商贸服务等职业，比较多地分享了社会经济繁荣的果实，因此中产阶级的政治态度往往倾向于温和、保守而反对激烈的社会变革。

作为资本主义社会的重要阶级力量，中产阶级并不是从来就有的，而只是工业化和大公司时代的产物，特别是重化工业化的产物。第二次技术革命推动了重化工业和加工制造业迅速发展，大规模批量化生产模式的形成呼唤企业组织创新，卡特尔、辛迪加、托拉斯、康采恩等大型垄断企业组织应运而生，为中产阶级的形成提供了重要的物质技术基础和制度组织条件，中产阶级作为一个重要的社会阶层迅速壮大。首先，大型垄断企业管理的职业化水平不断提高，一大批职业经理人和专业技术人员开始出现，他们成为中产阶级的重要组成部分；其次，随着物质生产领域财富生产能力的迅速增强，从事科研、卫生、教育、体育、艺术等非物质生产活动的人数不断增多，其收入也大都达到社会的中等水平，成为中产阶级的重要组成部分；再次，在经济繁荣的支撑下，西方国家的公共开支大幅度上升，其中相当大部分的开支用于维持庞大的国家公务员队伍，这些公务员的收入水平也大都在社会中等水平，他们也成为中产阶级的重要组成部分；最后，西方国家在经济高度繁荣的基础上大力推行高税收、高福利的经济政策，也促进了中产阶级的形成。第二次世界大战后，中产阶级在西方社会成为主体性社会阶层。在美国的职业结构中，以经理人、监督者、专家、技术工人为主的白领阶层占劳动力总数的比例20世纪40年代为31%，60年代上升到42.02%，到90年代进一步上升到48.73%。到20世纪末，美、英、德、日等主要发达国家的白领劳动者在总劳动人数中的比例都超过了蓝领。可见，以大规模工业化和制造业为主的经济结构造就了中产阶级，以中产阶级为主体的社会阶级结构为西方社会的政治稳定创造了社会条件，社会政治的稳定反过来进一步促进了经济的发展和繁荣。应该说，中产阶级在当代资本主义经济和社会发展中发挥着重要的作用，资本主义的经济繁荣和政治稳定离不开中产阶级。

然而，目前西方国家经济陷入严重衰退，社会问题丛生，其中最重要的社会问题之一是中产阶级趋于衰落。2006年10月2日出版的《美国新闻与世界报道》指出，现在美国人贫富收入悬殊甚于历史上任何时候。20世纪初，美国产业工人的工资可让贫穷的家庭逐渐过上中产阶级的生活。全国的穷人和中产阶级各占一半，他们的子女大多数比父母过得好。自20世纪70年代以来，美国人的收入差距迅速拉大。即使今天社会福利提高了，还是无法弥补这一差距。许多家庭认为，看上去生活水平提高了，而实际是下降了，家庭消费增多，汽车、人身保险、教育、房屋抵押贷款等经济负担更重。据美国经济政策研究所和预算与政策选择中心这两个智囊机构共同发布的题为《差距拉大》的研究报告显示，美国过去20年来的贫富收入差距明显扩大。从20世纪80年代早期到21世纪早期的这20年来，美国的高收入家庭与低收入和中等收入家庭的差距明显拉大，最富裕家庭的收入大大增加，而中低收入家庭的收入只是适度增长。据美国联邦储备银行对家庭财富积累的调查数据表明，年收入在万美元以下的家庭总财富量呈下降趋势，而年收入1万美元以上的家庭的财富积累上升风头渐盛。以1995年为例，美国最富有的1%家庭拥有近全社会40%的财富，而底层80%的家庭只拥有全国16%的财富，美国前三名巨富个人财产的总和更是超过了全球43个最穷国家的国民生产值的总和。种种数据显示，美国财富的聚集度已达到了20世纪30年代经济危机以来的最高指数。

西方中产阶级之所以面临这样的困境，根本原因是中产阶级赖以存在的物质技术基础正在丧失，即重化工业的严重萎缩，其主导地位被服务业和金融业所取代。从20世纪70年代开始，西方国家的产业发展出现了“去工业化”和“空洞化”趋势，农业、采矿、炼钢、纺织、服装、造船、机器制造等第一和第二产业在西方国家的产业结构中的地位加速下降，同时，以金融、通信、交通、旅游、咨询、广告、餐饮、娱乐、家政为主的第三产业迅速发展，所占比重越来越大。伴随着产业转型和升级换代而来的，是社会收入差距越来越大，中产阶级的收入不断下降。随着加工制造业的迅速萎缩，越来越多的生产性企业要么倒闭，要么转移到海外，要么转型为服务性企业，使得大量职业高管下岗，越来越多的企业白领职员失业。由制造业萎缩而游离出来进入服务业的管理和技术人员由于丧失了曾经的管理和技术优势，只能从事一般性服务劳动，收入水平大大下降，难以维持社会中等水平的生活条件。随着制造业的衰落，经济增长陷入停滞，严重制约了政府财政收入的增长，庞大的政府公共开支难以为继，不得不大规模削减政府公务员的数量和降低工资，这进一步造成了中产阶级人数的减少和收入水平的下降。目前正在欧美国家蔓延的债务危机在本质上是庞大公共开支因为制造业衰落而失去财力支撑的结果，该危机将会使越来越多的政府公务员收入下降、下岗失业，中产阶级的收入和人数也会迅速减少。西方国家的服务业本来是依托发达的制造业而发展起来的，在服务业就业的部分人群的收入水平也达到了社会的中等水平。然而随着制造业的衰落，服务业失去了服务对象和发展的动力，收入水平呈现不断下降态势，中等收入人群的数量不断减少。金融业是服务业的重要组成部分，其从业人员收入水平大都在社会中等水平以上，是中产阶级的重要构成部分。西方现代金融业是在制造业高度发达的基础上形成的，本来是为制造业服务的，随着制造业的衰落，金融业的发展最终失去基础并陷入困境，2008年美国爆发次贷危机并引发全球金融危机就是证明。金融危机导致大量金融机构倒闭，从业人员大量失业，也加快了中产阶级人数和收入的减少。目前，西方主要发达国家的经济处于严重衰退之中且在继续下行，复苏无望，失业率居高不下，而失去工作的主要是中产阶级人群。总之，西方国家产业“去工业化”和服务化的结果是制造业迅速萎缩，而制造业萎缩带来的严重后果之一是中产阶级的没落，即资本主义社会中等收入人群的数量越来越少，其中除了少数人上升为更富有的社会阶层外，绝大多数人的收入在减少，各类税费成为沉重负担，实际生活水平在下降，难以维持体面的生活水平。

随着中产阶级的没落和分化，中产阶级作为社会的稳定力量的作用日益削弱，缺乏保障和安全感的生活状况使中产阶级对前途充满恐惧和不安，对社会的态度也由温和、保守转变为不满，正在成为西方社会希望改变现存社会秩序的社会力量的重要组成部分。美国纽约爆发的占领华尔街运动、欧元区国家爆发的反对政府实施财政紧缩政策的示威游行的主体力量都是中产阶级人群。随着中产阶级的没落和在社会政治生活中平衡作用的消失，西方社会形成了 1%最富有人群与 99%的低收入人群的严重对立，这种状况仿佛回到了财富占有极端不平等的资本主义发展的初期，社会的阶级结构重新表现为两大对抗阶层的对立。西方社会中产阶级经济和社会地位的盛衰表明当代资本主义阶级关系发生重大变化，中产阶级由资本主义社会的稳定力量转变为对抗力量，这将对资本主义产生严重震撼，它意味着资本主义长期以来标榜的经济繁荣和富裕以及政治稳定已成明日黄花。

四、基本结论

资本主义产业转型是创造性毁灭的过程。技术进步的社会后果是技术替代劳动，最终导致劳动绝对过剩。产业结构变迁的实质是资本获取最大利润手段的更新换代，其结果是推动制造业走向衰退，最终导致产业危机、金融危机、债务危机以及社会危机的发生，使资本主义陷入全面衰落。

（本文原载于《政治经济学评论》2012 年第 3 卷第 4 期）

发达国家超发货币医不好经济疾病

自2009年以来，美联储连续实施量化宽松货币政策，欧洲央行、英国央行、日本央行也紧随其后启动了宽松的货币政策。发达经济体争先恐后实行量化宽松政策，大量向经济领域投入货币，引起国际舆论高度关注，人们不禁要问，西方国家为什么如此这般不管不顾地大量超发货币？这样做会产生什么后果呢？

一、宽松货币政策及其约束条件

宽松货币政策是西方国家政府进行宏观经济调控的重要政策手段，当经济陷入衰退，失业率攀升时，央行通常会增加市场货币供应量，比如直接发行货币，在公开市场上买债券，降低准备金率和贷款利率等，一般来讲，央行在短时期里超常释放海量货币是实施宽松货币政策的重要表现。实施宽松货币政策在理论上至少有三个好处：一是刺激投资和消费。货币投放就是增加流动性，在较低的贷款利率条件下，货币投放量增大，可以刺激投资和消费，从而产生推动经济增长的效果。二是激活股市。股市是经济运行状态的风向标，对人们的信心有直接影响，实施宽松的货币政策会让更多的资金投向股市，令资产升值，这会增强人们对经济的信心，而信心提振有助于激活人们的投资和消费愿望，对推动经济增长有好处。三是使本币贬值，推动出口。宽松的货币政策会导致本国货币贬值，这可以鼓励外商更多地购买本国商品，从而拉动本国出口。显然，宽松货币政策的这些效应的确是令人心驰神往的，对于经济低迷，热切期待复苏的经济体来讲，实施这样的政策无疑是上佳的选择。

但是，宽松货币政策产生积极效应是有条件的。其一是存在通货紧缩。通货紧缩不利于经济健康运行，更不利于经济复苏，实施宽松货币政策可以释放流动性，激活投资和消费，从而推动经济增长。其二是存在创新主导的固定资本大规模更新的可能。一般来讲，创新主导的固定资本更新是推动经济增长的有利杠杆，是经济走出衰退，步入复苏的重要物质技术条件，在企业具有固定资本更新需求的情况下，实施宽松货币政策可以满足企业进行固定资本更新的需求，推动固定资本投资，增加供给，实现经济增长。其三是存在较强的收入增长预期。在收入增长预期有力的情况下，实施宽松货币政策会刺激人们的消费欲望，从而拉动销售，推动经济增长。其四是存在较强的出口潜力。如果企业的生产能力强，库存充裕，产品具有较强的国际竞争力，实施宽松货币政策可以导致货币贬值，从而刺激出口，带动经济增长。

二、宽松货币政策的负面效应

发达经济体实施宽松政策的本意是提振经济，推动经济走向复苏，但是随着时间的推移，经济复苏的景象并没有出现，负面效果却非常严重。

一是经济复苏依然非常缓慢。自实施量化宽松政策以来，西方主要经济体依然在衰退中挣扎，经济复苏乏力。2008 年爆发金融危机后，全球经济增长率从 2007 年的 3.6%下降到 1.9%，2009 年降为-2.2%。发达经济体由 2008 年以前较高的增长率下降到 2008 年的 0.8%，2009 年降为-3.3%。美国、日本、欧元区的经济增长率分别从 2007 年的 2.2%、2.1%和 2.7%降到 2008 年的 1.1%、-0.7%和 0.7%，2009 年分别又降为-2.5%、-5.4%和-4.0%。目前，在超发货币政策的刺激下，美国 GDP 年增长率增速为 2%，日本 GDP 年增长率增速为 2%—3%，欧元区预期增速在-0.9%至 0.3%之间。这种状况虽然显示出经济有了一定程度的复苏，但是复苏基础并不牢固，一旦宽松货币政策退出，复苏势头就可能发生逆转，经济重新陷入衰退。

二是失业率居高不下。2008 年金融危机导致发达经济体出现严重失业，美国、日本、欧元区的失业率分别从 2007 年的 4.6%、3.9%和 7.1%上升到 2008 年的 5.8%、4.0%和 7.8%以及 2009 年的 9.3%、5.0%和 9.4%。实施超发货币的宽松政策并没有改变失业率高企的局面。2013 年 9 月美国的失业率为 7.2%，而青少年失业率为 21%，黑人失业率为 12.9%，西班牙人为 9%。欧元区国家的失业状况更为严重。西班牙 2013 年第一季度总体失业人数增加到 620 万，失业率升至 27.16%。意大利 2012 年 11 月的失业率为 11.1%，与此同时，年龄层面在 15 岁至 24 岁之间的青年失业率高达 37.1%，创下历史新高。希腊全国整体失业率在 2013 年初达到 27%，15 到 24 岁的青年失业率达到 64.2%，创历史新高。目前欧元区 17 国失业率为 12%。高企的失业率意味着发达经济体实施超发货币的宽松政策没有达到预期目标，而失业率居高不下必然激发社会矛盾，甚至引发动乱，反过来对经济复苏形成严重制约。

三是引发股市和楼市泡沫。发达国家的宽松货币政策刺激实体经济的效果很有限，大量货币自然涌向股市和楼市，这必然造成资产价格虚高的泡沫现象。自 2012 年年底美联储宣布进一步加强量化宽松政策以来，道指在不到半年时间里就上涨了 15%。日本安倍政府上台实施量化宽松政策以来，6 个月内，东证指数上涨了 65%，达到 2007 年以来的最高水平。日本最大的汽车制造商丰田汽车公司的股价 2013 年已累计上涨了 50%。欧洲央行 2012 年决定无限制购买国债政策后，其资产规模膨胀到欧洲危机前的 2.5 倍。日本央行 2012 年底总资产为 158 亿日元，到 2014 年将会膨胀到 290 万亿日元。美国楼市出现显著复苏迹象也是实施量化宽松政策的结果。宽松货币政策会催生股市、债市和楼市泡沫，而一旦政策出现松动，或者市场对政策的效果不再抱有希望，泡沫就会破灭，股市、楼市大跌势在必然，整个经济将陷入新一轮严重衰退。

四是推高发展中国家的通胀和金融风险。发达经济体实施超宽松货币政策，并没有使充足的流动性转化为私营部门更强的投资积极性，加快经济增速，而是大量涌入新兴经济体，使得新兴经济体的通胀预期加强，资产价格上涨，压力加剧。现在新兴经济体普遍面临着输入性通货膨胀的严峻局面。同时，在发达经济体超宽货币政策的推动下，投机性国际游资规模越来越大，对发展中国家资本市场的冲击越来越猛烈，引发金融危机的风险骤然加大。可见，发达经济体实施宽松货币政策的行为是极端自私且有害的，对发展中国家的经济安全构成严重威胁，如何有效防范通货膨胀和金融风险，已经成为新兴经济体面临的重要而艰巨的任务。

五是导致债务崩溃。量化宽松政策的实施是靠中央银行在公开市场上购买政府债券实现的，2010 年 2 月，全球各国负债总额突破 36 万亿美元；2011 年全球债务超过 40 万亿美元。美国、日本以及欧元区是负债状况最严重的国家和地区。 过去的 20 年日本国债平均每年以 40 万亿日元（约合 4080 亿美元）的速度增长。日本政府的债务 1981 年度超过 100 万亿日元（约合 1 万亿美元），2008 年度达 500 万亿日元（约合 5.1 万亿美元）。2013 年 8 月，日本国债达到 1000 万亿日元（约 10.4 万亿美元）大关，占 GDP 的 240%，相当于日本国民人均 8.2 万美元。现在日本政府每年财政支出半数以上依靠发行国债，财政恶化的程度在发达国家中名列第一。自 2008 年美国爆发次贷危机以来，联邦政府一直处于举新债还旧债的状态，这种拆东墙补西墙的手段在美国政府关门事件中得到突出表现。2013 年 10 月 16 日，美国国会达成协议，结束部分政府部门长达 16 天关门危机，协议批准联邦政府借债 3280 亿美元。在这之前规定的上限是 16.7 万亿，致使美国债务首次突破 17 万亿美元，达到 17.075 万亿美元。自 2008 年金融危机以来，美国每年的财政赤字为 1 万亿美元以上，占 GDP 的 10%以上。然而借债总是要还的，债务规模的扩大不可能无止境。一旦发达经济体央行发起的量化宽松计划走到尽头，包括美国国债、德国国债、英国国债和日本国债在内的主权债券收益率将大幅上升，引发债券市场崩溃。据统计，过去 5 年，美国 10 年期国债收益率已下跌超过 200 个基点，现为 1.8%左右。与此同时，英国 10 年期国债和德国 10 年期国债的收益率也接近历史低点，分别为 1.8%和 1.29%。一旦量化宽松政策的货币放量减少或者停止购买国债，国债收益率就会大幅上升，债务崩溃对于全球金融市场和全球经济的影响将是灾难性的。

六是挑起货币战争。发达经济体实施宽松货币政策意在推动本国货币贬值，从而提高其产品在国际市场的竞争力，与此同时，发展中国家的货币则被迫升值，使发展中国家制造业出口企业相对生产成本上升，销售量大幅度下降，制造业利润急剧下降。为了应对发达经济体实施宽松货币政策带来的危害，各国为了维护自己的利益，势必会纷纷降息和实施宽松货币政策，竞相让本国货币贬值，其结果是导致正常的国际贸易秩序陷入混乱，谁都不能通过国际贸易获得正当的利益,国内经济因外部贸易条件的恶化而陷入停滞。各国经济陷入停滞，世界经济复苏和提速自然无从谈起。

三、宽松货币政策难以产生积极效应的原因

发达经济体实施超宽松货币政策既没有达到预期的目标，又对别的国家产生了严重的负面影响，可以说是损人不利己。那么，发达经济体实施的宽松货币政策为什么没有产生积极的效应呢？主要原因在于：

首先，发达国家并不存在严重的通货紧缩，相反，存在着严重的流动性过剩。自 2008 年全球金融危机爆发以来，西方国家已经投入了数万亿资金用以反危机，援助陷入危机之中的企业和金融机构。发达国家的利率大都降到有史以来的最低点，流动性过剩成为普遍现象，也就是说，西方国家并不差钱。靠宽松政策再增发货币刺激经济复苏，只能是进一步加剧流动性过剩局面，诱发通货膨胀，却不能有效刺激投资和消费。

其次，发达国家并不存在固定资本大规模更新的条件。这是因为主要发达经济体都经历了比较长时间的去工业化进程，制造业已经大大萎缩，能够生产满足国内外市场需要的消费品和投资品的加工制造企业寥寥无几，进行大规模固定资本更新的需求根本无从谈起，就算利息降到零，也刺激不出多少固定资本投资来。尽管一些国家把改造基础设施、发展教育和培训、推动医改、开发新能源、支持环保产业作为投资的重点，但是这些投资的规模都十分有限，形不成推动经济高速增长的有效动力，且产生效果的周期很长，不足以对整个经济向好发展产生明显影响。这就是为什么自金融危机爆发以来，发达经济体投入巨额资金刺激投资却收效甚微的重要原因之所在。在这种情况下，宽松货币政策无论注入多少资金都无济于事。

再次，对收入增长缺乏信心。发达经济体大都存在两大顽症，一是去工业化，二是收入差距悬殊。前者使经济丧失了财富生产的能力，后者使有限的财富高度集中在少数富人手里，其结果是多数社会成员的收入增长缓慢，有支付能力的消费需求十分不足，难以进行高消费，即使不断降低利息，由于对收入增加没有信心，人们也不会轻易举债消费，因此，宽松货币政策不可能产生大规模拉动消费的效果。

最后，出口潜力枯竭。众所周知，主要发达经济体产业结构已经高度服务化，传统制造业高度萎缩，高科技产业具有同构性，且市场处于饱和状态，服务业出口能力非常有限，可以说，高度服务化的产业结构已使多数发达经济体丧失了强大的出口能力，这是发达经济体对外贸易长期存在巨额赤字的主要原因。实施宽松货币政策会导致货币贬值，理论上有助于推动出口，但是在出口潜力已经趋于枯竭的严酷现实面前，即便货币贬值也难以有效刺激出口。因此，靠货币贬值扩大出口和拉动经济增长是根本不现实的。

发达国家实施宽松货币政策完全是病急乱投医，并不能真正医好经济肌体的疾病。目前实施宽松货币政策使发达经济体陷入进退两难境地：继续实施宽松货币政策会使股市债市楼市泡沫越吹越大，发生恶性通货膨胀和泡沫破灭的风险也在不断加大；一旦松动或放弃实施宽松货币政策，则势必引发股市债市楼市的急剧下跌，导致经济陷入新一轮衰退，让本已复苏乏力的经济雪上加霜。发达经济体实施宽松货币政策已经走到十字路口，何去何从让我们拭目以待。

（本文原载于《红旗文稿》2013 年第 23 期）

去工业化、去周期化与经济停滞常态化

——一个认识当代资本主义的新视角

2008 年美国次贷危机引发全球金融危机，此次危机是继 20 世纪大萧条以后又一次对资本主义体系造成强烈震撼的重大事件。纵观对此次金融危机发生原因的研究，主要有四种观点：金融家贪婪论、系统性风险论、监管不力论以及经济失衡论。笔者认为这些用来解释金融危机原因的观点都缺乏说服力。金融危机本质上是西方资本主义国家实体经济的危机，是去工业化和资本主义财富创造能力枯竭的表现。金融危机标志着工业资本主义的衰落。工业资本主义衰落使西方资本主义经济陷入严重困境，经济停滞成为常态。

一、劳资关系悖论

要认识工业资本主义衰落和西方资本主义经济停滞常态化的动因，首先必须弄清楚资本主义的本质特征和深层次矛盾。

马克思对资本主义经济关系的分析以生产领域的资本运动为对象，由此建立的资本主义经济关系的分析框架实际上是以阐明产业资本为基础的工业资本主义形成、发展和走向灭亡的规律为主要任务。明确马克思研究资本主义经济关系的对象和任务十分重要：认识当代西方资本主义金融危机及经济停滞常态化的成因，不能从金融资本的运动中去找原因，正确的路径是从以产业资本为基础的工业资本主义的运动中找原因。既然工业资本主义生产方式建立在机器大工业生产体系的基础上，那么工业资本主义生产方式衰落的原因也必须在机器大工业生产体系产生、发展和衰落的历史过程中去寻找。

工业资本主义最典型的特征是资本与雇佣劳动的对立。这个对立的意义有两个方面：一方面，产业资本是居支配地位的资本形式，机器大工业生产体系是由产业资本支配的以剩余价值生产为目的的资本主义生产体系，雇佣劳动者在产业资本的支配下从事资本主义生产，产业资本与产业工人的结合是资本主义生产体系得以运转的根本条件；另一方面，产业资本为了获取超额剩余价值，为了在激烈的市场竞争中获胜，必然要不断采用新技术购置新机器，不断改进经营与管理，以便提高劳动生产率，其结果是机器排挤工人，资本有机构成高的企业排挤资本有机构成低的企业，以至于造成产业工人大量失业。在这里，产业资本排挤产业工人，产业资本与产业工人相分离也是工业资本主义赖以存在的条件。至此，我们面对着的是一个严重的悖论：资本只有与劳动结合在一起，资本主义生产方式才能得以运行，同时，资本主义生产方式的生存和发展又迫使资本与劳动相分离。其实，资本与劳动关系的这一悖论恰恰是资本主义生产方式的本质特性，这一特性可以称为劳资关系悖论。这一悖论在工业资本主义条件下的存在和发展，必然导致工业资本主义走向衰落并陷入危机：一方面，资本雇佣劳动者与其控制的机器大工业生产体系结合在一起，通过剥削雇佣工人占有越来越多的剩余价值；另一方面，越来越多的劳动者被资本主导的新技术、新机器所排挤，越来越多的传统加工制造行业被淘汰，产业空心化越来越严重，与此同时，金融业不断膨胀，金融资本逐渐取代产业资本占据支配地位，大机器生产体系的衰败最终让工业资本主义陷入严重的危机，直至经济停滞成为常态。西方工业资本主义 200 多年的发展历程是资本主义生产方式这一本质特性的真实写照。

二、工业资本主义的兴衰

从 1500 年算起，西方资本主义已经历了 500 多年的发展历史，其中由产业资本主导的工业资本主义经历了 200 年的发展历程。这一历程又可以分为两个发展阶段：一是工业资本主义的成长阶段，时间跨度为 18 世纪 70 年代到 19 世纪 70 年代，约 100 年；二是工业资本主义的兴盛阶段，时间跨度为 19 世纪 70 年代到 20 世纪 70 年代，约 100 年。200 年的工业资本主义发展历史是产业资本主导地位从确立到被金融资本所取代的历史，是从工业化实现到去工业化的历史，是制造业支撑的西方资本主义繁荣到制造业衰落导致西方资本主义陷入持久停滞的历史。

在工业资本主义成长阶段的 100 年间，资本主义生产方式呈现出的特点是：其一，第一次工业革命确立了资本主义生产方式的统治地位，资本与雇佣劳动的对立具有了坚实的物质技术基础；其二，商品输出推动世界市场形成；其三，周期性经济危机频繁发生。经济危机周期性爆发是工业资本主义的重要特征；其四，工业资本主义生产了巨大的财富，资本与劳动的矛盾却不断加深，劳动者通过激烈的革命方式表达不满；其五，英国靠机器大工业生产成就了经济霸权国家的地位。

在工业资本主义的兴盛阶段的100年间，资本主义发展呈现出新的特点：其一，金融资本在工业资本主义的发展过程中崛起并逐渐占据支配地位，改变了资本主义的积累方式，也重塑着资本主义的运行方式；其二，金融资本的出现加剧了工业资本主义的危机，金融资本的形成和发展推动了资本主义信用的发展，它虽然对产业资本的生产活动有一定的支持作用，但也加剧了资本主义基本矛盾；其三，国家在经济生活中的作用得到增强，但是难以制止工业资本主义的衰落；其四，科技进步推动了高速增长，加快了资本主义陷入严重衰退的步伐；其五，美国确立金融资本主导的经济霸权地位。美国建立的世界经济霸权体系从一开始就是由金融资本主导的，美元霸权货币体系成为这一体系的支柱，这既决定了这一霸权体系的强大扩张性，也决定了这一霸权体系的极度脆弱性。

三、西方资本主义经济停滞常态化的表现

西方资本主义自第一次工业革命确立统治地位到20世纪70年代，经历了成长和兴盛发展两个阶段，从20世纪70年代起开始走上迅速衰落的轨道。目前，西方资本主义经济停滞呈现出明显的常态化。

（一）产业空心化导致产业危机，严重削弱国家竞争力

20世纪70年代以来，西方国家的纺织、服装、造船、炼钢、家电、汽车等产业开始衰退，新兴高技术产业发展缓慢，产业结构中缺少带头产业。在制造业日益萎缩的同时，西方各国一直持续增长的产业是服务业，主要包括国际贸易、国际金融、国际保险、咨询业、广告业、批发业等。目前，在西方发达国家的三次产业中，各次产业的产值在国内生产总值中的比重是：第一产业约为10%，第二产业约为15%，第三产业约为75%。据统计，2007年制造业产值在GDP中的比重美国是20.9%，意大利是15%，爱尔兰是12%，西班牙是11%，葡萄牙是11%，希腊是9%。这样的产业结构意味着加工制造业趋于萎缩，大部分普通消费品、日用品、工业制成品等在西方国家已不生产，消费品需求主要靠进口来满足，外贸赤字迅速扩大，加工制造业产业竞争力严重衰竭。在2008年的全球金融危机和其后的主权债务危机风暴中，美国、西班牙、意大利、希腊等国均为重灾区。在产业空心化的背景下，产

业供应链无法形成，资本循环难以实现，投资无法得到回报，投资乏力必然成为常态，无论政府如何刺激都无济于事。

（二）金融危机频繁爆发

20 世纪 70 年代以来，西方国家推动金融自由化，是为了将陷入“滞胀”泥沼的经济拉出来，恢复往昔的繁荣。然而，实施金融自由化的后果却是金融风险的不断扩大和金融危机的频繁爆发。20 世纪 80 年代爆发的拉丁美洲国家的债务危机揭开了全球性金融危机的序幕。1992 年爆发了涉及 10 个欧洲国家的欧洲货币危机。1994 年 3 月，墨西哥发生金融危机，外国投资者纷纷抽走其资本，墨西哥外汇储备急剧减少。1997 年 7 月，受美元升值和美国利率上调的影响，泰国市场信心下挫，外资开始大量撤离，股市连续下滑，泰铢急剧贬值，引发亚洲金融危机。俄罗斯于 1997 年 10 月和 1998 年 5 月先后两次爆发金融危机，在货币市场和证券市场上，占俄罗斯国债总额约 1/3 的外国资本大规模外逃，引起汇率下跌和股市大幅下挫。2001 年 3 月，阿根廷进入偿债高峰，而国内资本外逃却日益严重，经济陷入严重动荡和危机。2007 年 4 月 2 日，美国第二大次级抵押贷款企业新世纪金融公司由于逾 84 亿美元的流动性债务申请破产保护，美国次级抵押贷款危机爆发，引发全球金融危机。受金融危机的冲击，从 2008 年 8 月到 2009 年 3 月世界贸易总值大约萎缩了 31%，2008 年和 2009 年全球投资也大幅下降，2009 年全球经济出现负增长 0.6%，其中美国衰退 2.6%，欧元区整体出现 4.1%的负增长。发展中国家和新兴经济体也遭遇沉重打击。金融业的发展基础是实体产业的发展，只有深厚的实体产业基础才能支持繁荣的金融。金融危机本质上是工业衰退的危机，是产业衰退和资本主义财富创造能力枯竭的表现。金融危机的作用是挤水分，是按比例发展规律在资本主义条件下的实现形式，其底线是金融业的发展与实体经济发展的要求相适应。金融危机的结果必然表现为财产性收入的大幅度缩水、金融机构的大批倒闭以及金融从业人员的大量失业。金融危机持续多久，要看产业危机持续多久，只要产业危机没有结束，金融危机就不可能根本结束。

（三）政府债务负担不断加重，公共开支难以为继

新机器、新技术替代劳动是工业资本主义条件下劳资关系悖论的典型表现。在这一悖论存在的情况下，越来越多的劳动者被从生产部门排挤出来，进入失业大军的队伍，被迫在技术含量低或者没有技术含量的第三产业就业，收入水平十分低下；财富越来越向少数人手里集中，两极分化越来越严重。

这一切对资本主义制度构成严重威胁，迫使资产阶级政府通过扩大公共开支来缓和矛盾。然而，加工制造业的衰退弱化了经济增长，政府扩大财政收入失去了经济来源。政府向资本家征税以维持福利制度，结果却迫使资本家借对外直接投资之名，将资本和相应的收入转移他国，以达到避税目的，这使政府税源进一步减少。产业空心化和制造业衰落以及资本家逃税行为使政府通过增大公共开支来支持福利制度变得非常困难，被迫举债以维持公共开支，结果使债务雪球越滚越大。目前，所有发达资本主义国家的政府都背负着巨额债务，债务危机随时可能爆发并压垮资本主义经济。2009 年 10 月，希腊政府宣布其 2009 年的财政赤字占国内生产总值的比例达到 12.7%，公共债务占国内生产总值的比例达到 113%，远远超过欧元区所要求的 3%和 60%的上限，随后惠誉、标准普尔和穆迪相继下调对希腊的主权信用评级，标志着希腊主权债务危机的爆发。随着希腊债务危机的发展，欧元大幅下跌，欧洲股市暴挫，主权债务危机在欧元区蔓延，西班牙、意大利、葡萄牙和爱尔兰等国也相继陷入信用危机，希腊主权债务危机迅速蔓延为欧洲范围的一场危机。如今虽然经过全力救助，欧债危机有所缓和，但是造成危机的经济和政治条件并未发生根本变化，新一轮危机的爆发只是个时间问题。在过去的 20 年里，日本国债平均每年以 40 万亿日元（约合 4080 亿美元）的速度增长。日本政府的债务 1981 年度超过 100 万亿日元（约合 1 万亿美元），2008 年度达 500 万亿日元（约合 5.1 万亿美元）。2013 年 8 月，日本国债达到 1000 万亿日元（约 10.4 万亿美元）大关，占 GDP 的 240%，相当于日本国民人均 8.2 万美元。现在日本政府每年财政支出半数以上依靠发行国债，财政恶化的程度在发达国家名列第一。自 2008 年美国爆发次贷危机以来，联邦政府一直处于举新债还旧债的状态，这种拆东墙补西墙的手段在美国政府关门事件中得到突出表现。2013 年 10 月 16 日，美国国会达成协议，结束部分政府部门长达 16 天的关门危机，协议批准联邦政府借债 3280 亿美元。在这之前规定的上限是 16.7 万亿，致使美国债务首次突破 17 万亿美元，达到 17.075 万亿美元。在经济持续衰退的背景下，巨额债务这把高悬的达摩克利斯之剑随时会掉下来。

（四）经济复苏无望

据世界银行统计，2008 年全球经济增长率从 2007 年的 3.6%下降到 1.9%，2009 年负增长为-2.2%。发达国家由 2008 年以前较高的增长率下降到 2008 年的 0.8%，2009 年降为-3.3%。美国、日本、欧元区的经济增长率分别从 2007

年的 2.2%、2.1%和 2.7%降到 2008 年的 1.1%、-0.7%和 0.7%，2009 年分别又降为-2.5%、-5.4%和-4.0%。金融危机期间，西方各国政府采取了一系列措施试图挽救遭受重创的经济，包括出巨资援助大银行和大公司；实施宽松货币政策，将利率降到接近于零的水平；实施再工业化政策，鼓励海外投资回流本土；加大基础设施、环境保护、高新技术产业的投资，创造新的经济增长点；等等。然而政策实施的成效甚微。目前，西方国家投资疲弱，消费不振，出口乏力，通货紧缩严重，经济增速低迷，美国经济增速为 1%左右，欧元区在-0.9%至 0.3%之间，日本增速也徘徊在 1%左右。

（五）失业率居高不下

1974 年后，各发达资本主义国家的失业率几乎都超过了 5%。到了 20 世纪 80 年代，虽然通货膨胀得到了抑制，但失业率仍然居高不下。90 年代，失业现象进一步加重，特别是欧洲国家的失业率达到空前严重的程度。1995 年，经济合作与发展组织（OECD）25 个成员国的平均失业率高达 8%。1997 年，欧盟国家平均失业率高达 10.6%。金融危机导致严重失业，美国、日本、欧元区的失业率分别从 2007 年的 4.6%、3.9%和 7.1%上升到 2008 年的 5.8%、4.0%和 7.8%以及 2009 年的 9.3%、5.0%和 9.4%。2013 年 9 月美国的失业率为 7.2%，青少年失业率为 21%，黑人失业率 12.9%，西班牙人为 9%。西班牙 2013 年第一季度总体失业人数增加到 620 万，失业率升至 27.16%。意大利 2012 年 11 月的失业率为 11.1%，与此同时，在 15 岁至 24 岁之间的青年失业率高达 37.1%，创下历史新高。希腊全国整体失业率 2013 年初达到 27%，15 到 24 岁的青年失业率达到 64.2%，也创历史新高。目前欧元区 17 国失业率为 10%以上。

（六）中产阶级分化，橄榄形阶级结构转变为金字塔形结构，阶级对抗加剧

中产阶级是由机器大工业生产体系造就的。蓝领也好，白领也好，都是制造业和大企业的产物。美国中产阶级的标准是：有房，面积人均 100 平米以上，两个孩子，职业为公司白领、政府公务员、会计、律师、医生、大学教师等，三口之家年收入 10 万—20 万美元。随着制造业衰落，越来越多的蓝领和白领进入服务业，而服务业的劳动生产率和劳动者收入水平大大低于制造业。美国第三产业每小时平均工资约比制造业低 11%。由于第三产业中零售业、金融业、保健业有大批工人从事非全日制工作，其收入水平就更低了。随着制造业的衰落，庞大的政府公共开支难以为继，不得不实行紧缩政策，大规模削减政府公务员的数量和降低工资，造成了中产阶级人数的减少和收入水平的下降。随着制造业的迅速萎缩，中产阶级的主导地位被动摇，收入增长缓慢，生活状况越来越差。2006 年 10 月 2 日出版的《美国新闻与世界报道》指出，现在美国人贫富收入悬殊甚于历史上任何时候。20 世纪初，美国产业工人的工资可让贫穷的家庭逐渐过上中产阶级的生活。全国的穷人和中产阶级各占一半，他们的子女大多数比父母过得好。1970 年美国实施经济紧缩政策后，美国人的收入差距迅速拉大。即使今天社会福利提高了，还是无法弥补这一差距。据“美国经济政策研究所”和“预算与政策选择中心”这两个智囊机构共同发布的题为《差距拉大》的研究报告显示，美国过去 20 年来的贫富收入差距明显扩大。现在，美国最富有的 1%家庭拥有近全社会 40%的财富，而底层 80%的家庭只拥有全国 16%的财富。随着中产阶级的没落和在社会政治生活中平衡作用的消失，西方社会形成了 1%最富有人群与 99%的低收入人群的严重对立，这种状况仿佛回到了财富占有极端不平等的资本主义发展的初级阶段，社会的阶级结构重新表现为穷人和富人两大集团的对立。在中产阶级分化，低收入人群越来越庞大的情况下，消费抑制必然越来越严重，消费对经济的拉动作用必然越来越微弱，消费不旺，经济复苏自然没有希望。

四、西方资本主义经济停滞常态化的直接原因

西方资本主义经济停滞趋势的发生是由多种原因造成的，既有直接原因，也有深层次原因。金融自由化、对外直接投资、美元霸权体系的内在矛盾等是直接原因。

（一）金融自由化加快资本主义经济的虚拟化程度，资本主义的财富创造能力急速衰竭

第二次工业革命之后，金融业迅速膨胀，金融资本得以形成，标志着金融资本向产业资本挑战局面的出现。到了 20 世纪 70 年代后，金融资本彻底战胜产业资本，产业资本沦为金融资本的附属物。为了克服滞胀，西方国家政府纷纷推行金融自由化，为庞大的金融资本寻找谋利机会创造条件和提供便利。各国金融机构开始突破原有的专业分工界限，综合经营各种金融业务，取消银行和非银行存款机构间的利率限制差距，取消外汇管制，实行浮动汇率制度，金融市场相互开放，金融工具不断创新，传统信贷业务逐年减少，债券业务却迅速增长，融资方式的证券化趋势出现。金融自由化导致金融危

机频繁爆发，工业资本主义经济受到沉重打击。

（二）对外直接投资大规模开展，加快工业资本主义产业空心化进程，产业竞争力急剧下降

从20世纪70年代开始，西方主要大国对外直接投资规模不断扩大。大公司争先恐后地进行对外投资，实施走出去战略。在这一过程中，大量传统产业转移到发展中国家，如服装、鞋帽、纺织、造船、炼钢、电子、汽车等。驱使西方国家大公司大规模开展对外直接投资的动因主要有：一是将已经标准化的技术转移出去，可以继续获利。二是为了避税。因为许多国家实行税收壁垒，出口产品会遭遇高税收门槛，进行直接投资就可以避免税收限制。三是逃税。将资本转移别国，可以将获得的利润通过各种手段转移到零税率的避税天堂，达到逃税的目的。四是避开国内工人涨工资的压力。经济发展了，按照历史和道德的要求，工人的工资收入必须相应地上升，以满足基本的生活需要。与发展中国家相比，发达国家工人的工资是比较高的，这对资本家而言就构成了很大的成本压力。到劳动力成本低廉的发展中国家和地区进行直接投资，可以节约成本，增强竞争力，获得更高收益。西方国家大公司在逐利动机驱使下大规模进行产业转移，产生了严重的后果：严重削弱母国的国内投资项目和生产部门的资金供给能力，导致就业机会减少；导致财政收入大幅度降低；引起产业空心化、经济衰退和社会动荡；使东道国产品与母国的产品在东道国国内和国际市场上展开竞争，甚至挤占母国产品的市场；通过直接投资渠道进行国际研发，导致母国创新体系的优势弱化以及技术流失。这一系列后果的影响是深远的，今日西方国家经济陷入停滞常态与其有直接关系。

（三）美元霸权世界货币体系导致世界经济严重失衡，美元霸权地位遭到严重质疑，去美国化成为趋势

美元霸权体系的运行逻辑是“美元是美国的，问题是别人的”。美元霸权体系使美国可以放纵地基于国内经济目标发行货币，而不必担心其国际收支状况和汇率水平，而其他国家则需要承担国际收支调整压力，不得不主动维系美元汇率的稳定，无法维护本国的货币主权。美国滥用美元作为国际交易中主要交换媒介的垄断地位，保持国内通货膨胀率居高不下，同时还可以促使美元对其主要贸易伙伴货币不断贬值，以谋取更多的铸币税收入。美国的金融霸权使发展中国家产生了对“美元体制”的严重依附，使其为了维持外部均衡而不得不牺牲本国内部经济的均衡，结果严重阻碍了自身经济的发展，加剧了全球经济失衡。美国恣意妄为、不负责任的行为遭到绝大多数国家，特别是发展中国家的强烈批评，国际社会在要求美国重树负责任大国形象的同时，开始探索避开美元进行经济往来的方法和途径，“去美国化”成为越来越多的国家的自觉行动。“去美国化”必然会动摇美元的世界霸权地位，这对经济已经陷入严重衰退且复苏无望的美国来说无疑是雪上加霜。

五、西方资本主义经济停滞常态化的根本原因

工业资本主义衰落直至陷入停滞是不可阻挡的趋势。推动工业资本主义陷入停滞常态的根本原因有以下几个。

（一）以私有制和雇佣劳动为基础的基本经济制度

经济制度规定着一定社会生产、分配和交换的基本原则，规定着该社会生产关系的性质。经济制度是经济体制的基础，决定经济体制的根本性质和主要特点，规定着它的发展方向。西方国家的市场经济偏重市场调节，轻视必要的政府干预，这与其实行的基本经济制度有密切关系。西方资本主义经济制度的核心是私有制与雇佣劳动制度，私人资本在市场经济中占据支配地位，私人资本与雇佣劳动之间的关系具有对抗性。私人资本的本性是追求最大利润，它构成了私人资本从事所有经济活动的唯一动机和目标，决定了资本主义市场经济的固有特征，即资本利益至上和契约自由。在资本主义私有制条件下，私人资本最愿意接受的市场竞争秩序是自由放任和自由竞争，市场发挥自发调节作用的自由市场经济是最符合私人资本的本性和意志的经济运行机制，体现了私人资本追求最大利润的目标和要求。基于资本主义私有制，私人资本追求私人利益最大化而不是社会利益最大化，私人利益与社会利益存在着尖锐的矛盾。私人资本对任何限制和约束其谋求私人利益最大化的行为的制度安排本能地予以抵制，拒绝承担任何以牺牲资本私利为代价的社会义务和责任，反对政府基于社会利益对其谋利行为的干预和调控，导致经济持续停滞，社会财富创造能力枯竭。

（二）以权力制衡为特征的政治法律制度

西方市场经济体制中市场力量强大而政府地位弱小，与西方的政治制度也有密切关系。在西方的三权分立制度安排中，立法是基础，司法是保证，行政只是立法和司法的从属和执行机构。表面上看，社会各种利益群体都有自己的代表参与立法决策，决策过程显示出民主性，但是事实上，真正能够影响决策的只是少数财力雄厚的利益集团，决策最终体现的是少数利益集团

的意志和要求。西方政治制度中的政府是行政机构，基本职能是落实议会批准和通过的各项政策和法规。由于政府行政职能受到立法机构的严格制约，而立法机构又控制在少数利益集团的手中，体现少数人的意志和要求，因此，政府在本质上只是为少数利益集团服务的工具。西方的多党制与三权分立制度相适应，主要任务是隔几年为政府机构选择一个掌门人，哪个政党能够执掌政府权力，就看哪个政党能够代表大资本利益集团的意志和要求，或者看大资本利益集团支持哪个政党，愿意为哪个政党捐出巨额竞选经费。西方国家最有势力的利益集团既操纵议会的立法过程，又控制政府行政部门首脑的选举，政治体制沦为利益集团的驯服工具。在西方国家的政治实践中，私人资本利益集团占有社会资源，绑架公共权力，不允许政府过多干预和限制自己的权力。在这套制度中，不同党派为各自代表的利益集团的私利在立法机构激烈争斗，相互掣肘和拆台，很难就重大经济和社会问题达成一致，决策效率极端低下，致使作为执行机构的政府难以有效发挥职能，很难及时应对、解决经济社会发展中出现的重大问题和矛盾，导致经济持续停滞，社会财富创造能力枯竭，人们的收入水平不断下降。

（三）以新自由主义为核心的意识形态

新自由主义是流行于西方社会的主流意识形态。新自由主义形成于 20 世纪 30 年代，发展于 20 世纪 50 年代末 60 年代初，主要以哈耶克、弗里德曼等人发表的一系列论著中阐述的新自由主义思想为代表。新自由主义思想的主要内容是：宣扬个人高于社会的唯心主义历史观，将个人自由视为自由市场经济的基础；反对公有制，极力主张全盘私有化；倡导经济自由主义，迷信市场自行调节，断言市场机制可以有效地实现资源配置；反对国家干预，认为国家干预只会扭曲资源配置，降低资源配置效率，管得最少的政府才是最好的政府。自 20 世纪 70 年代以来，哈耶克、弗里德曼等人宣扬的新自由主义在西方大行其道，在该思潮的影响下，西方国家实施了一系列旨在强化市场调节，削弱国家干预的政策措施，遂使西方市场经济体制向更加偏向市场的方向转变。这种模式对私人资本的经济行为缺乏有效约束，对宏观经济波动和失衡状态缺乏有力调控，对私人利益与社会利益的矛盾难以有效化解，导致经济和社会矛盾日益激化，金融危机、债务危机频发，经济停滞常态化，社会成员的高收入难以为继。

当代资本主义已经失去往昔的繁荣，去工业化和制造业的衰落使经济危机的机理发生变化，经济增长不再以大规模固定资本投入为支撑，固定资本更新对经济全局的影响力大大减弱，难以推动整个经济从衰退中走向复苏和繁荣，从一次危机到再一次危机的重复方式成为历史。这意味着西方资本主义经济波动不再具有鲜明的周期性了，经济停滞常态化成为当代资本主义的鲜明特征。西方资本主义经济停滞常态化意味着经济增长持续低迷；投资持续缺乏动力；失业率长期高企；收入不断下降；消费水平上升乏力；出口能力衰竭；政府债务越滚越大；经济刺激不再敏感。经济停滞常态化的资本主义已经失去财富创造能力，只能靠消化已有的财富维持生存，这样的日子可以过一段时间，但是不会太长久。经济停滞常态化的资本主义也会寻找新的发展路径，但是除非放弃私有制和雇佣劳动制度，否则这样的出路是根本找不到的。

参考文献

[1] 米奇·费尔斯坦：《全球经济怎么了——从欧洲危机到美国骗局》，北京：机械工业出版社，2012 年。

[2] 格雷厄姆·特纳：《未来经济之路——当前经济体系的缺陷及对策》，北京：电子工业出版社，2011 年。

[3] 丹比萨·莫约：《西方迷失之路——西方的经济模式是错误的》，重庆：重庆出版社，2011 年。

[4] 杨仕文：《美国非工业化研究》，南昌：江西人民出版社，2009 年。

（本文原载于《华南师范大学学报》2015 年第 4 期）

经济全球化与资本主义发展的新阶段

一、资本主义的演进和发展阶段

按照资本主义条件下生产力和生产关系矛盾运动的特点，可以将自资本主义生产方式产生以来的资本主义发展过程概括为以下四个阶段：

（一）自由竞争资本主义阶段

资本主义自产生以来到19世纪末，一直以自由竞争为基本模式，具体来说，该模式有以下特点：

1. 在国民经济的各个产业部门分布着规模小而分散的企业。在这些企业之间存在着剧烈的无序竞争。任何一个企业都不足以构成对行业产量乃至价格的控制。

2. 按照自由竞争和自由放任原则开展竞争的企业由企业家直接控制。企业家既是企业的所有者，又是企业的经营者。企业以私人家族企业为主，即使实行股份公司制度，家族也依然是实际的和真正的控制者。

3. 市场价格自发形成，完全受供求规律的左右，任何一个企业或者个人，都没有能力和足够的经济实力把自己制定的价格强加于市场。

4. 资本和劳动力等生产要素可以无阻碍地在不同产业部门之间流动。生产要素的流动导致利润率的平均化，等量资本带来等量利润，生产价格规律自发调节资本自由转投，整个资本家阶级都按照平均利润率规律参与市场竞争并瓜分剩余价值。

5. 企业的目标是短期利润的最大化。

6. 由于市场是唯一的经济调节机制，而市场对外部性问题、公共品供给、自然垄断、长期性问题缺乏有效的调节，导致经济秩序混乱，经济运行失衡，效率与公平错位，经济危机频频发生。

（二）私人垄断资本主义阶段

在 19 世纪末 20 世纪初，随着生产集中和资本集中的迅速进行，大型企业开始出现，它显示出了资本主义深刻的结构变革，私人垄断资本主义由此形成。该模式的特点如下：

1. 伴随着生产集中和资本集中的进行，一批大企业得以产生，这些企业在市场上占据统治地位。

2. 此时经济的中心人物是经营者，该经营者从属于资本家阶级。

3. 价格不再由市场自发确定，而是由占垄断地位的大企业制定，自发波动的价格变成被管理的价格。

4. 经济运行的调节者不再是价格的运动，而是私人垄断集团长期目标和长期利益考虑。垄断资本的市场实力已经左右了经济运行的发展方向和趋势。

5. 私人资本的对外扩展开始由主要进行商品输出，转变为主要进行资源性投资，以确保稳定的销售市场和源源不断的原材料供给。

6. 由工业资本和银行资本融合而成的金融寡头资本出现并具有了特别重要的意义。金融资本的形成使资本主义的积累能力空前提高，也使金融投机得到膨胀，这些都包含了导致更大规模的生产过剩和经济危机爆发的条件和危险。

（三）国家垄断资本主义阶段

1929—1933 年的大危机是资本主义发展的又一个转折点，这就是国家开始介入资本主义经济活动，第二次世界大战后，资本主义国家的政府更是全面干预资本主义经济运行，其主要表现是：

1. 国家所有并直接经营国有企业，包括满足国家机构自身需要的国有企业，提供公共产品的国有企业，高科技、高风险新兴工业部门中的国有企业和一般工业部门中的国有企业。这些企业的主要任务是完成靠私人垄断资本难以完成的公共品供给和科技开发活动。

2. 国家与私人共有、合营企业，包括国有企业将一部分股份出售给私人，国家和私人共同投资开办合营企业，国有企业和私人企业合并而成，国有企业对私人企业进行参股和国有企业转由私人租赁或承包经营。这些做法旨在靠国家的力量直接支持私人资本，以帮助其扩大生产规模，增强抗风险能力，提高市场竞争力和国际竞争力。

3. 国家通过多种形式参与私人垄断资本的再生产过程，包括：国家作为商品和劳务的采购者，向私人垄断企业大量订货，为私人垄断企业提供了有保证的国家市场；国家通过各种形式的津贴和补助，直接、间接地资助私人垄断企业；国家通过社会福利开支，提高社会购买力，扩大消费需求，为私人垄断企业创造市场条件。

4. 国家开展宏观调节。宏观调节主要是国家运用财政政策、货币政策等经济手段，对社会总供给和总需求进行调节，以实现经济快速增长、充分就业、物价稳定和国际收支平衡的基本目标。

5. 国家执行微观规制职能。这项职能主要是运用法律手段规范市场秩序，限制垄断，保护竞争，维护社会公众的合法权益。主要有三种类型，一是反托拉斯，二是公共事业规制，三是社会经济规制。这些规制旨在克服垄断资本主义自身发展所固有的矛盾和消极后果，促进经济和社会稳定、健康和持续发展。

6. 国家建立覆盖全社会的社会福利保障制度。为了缓和社会矛盾，实现社会和谐，发达国家建立了系统的社会福利制度，从社会保障和社会服务两个方面进行收入的再分配。社会保障以保证劳动者维持最低生活水平为目标，而社会服务则旨在提高劳动者享受和发展资料，改善劳动者的社会状况。

（四）全球垄断资本主义阶段

20 世纪 70 年代以来，资本主义的发展又进入一个新的阶段，这就是全球化阶段。在该阶段，前面三个阶段的一些特征继续保留着，如金融资本依然十分活跃；国家继续在社会经济生活和政治生活中发挥着重要的调节作用。但是，过去三个阶段的资本主义发展均是以民族国家为基础和轴心的，无止境的资本积累冲动为私人资本提供了动力，而国家权利则为私人资本的发展开辟道路，国家霸权地位的确立成为资本主义发展的重要标志，所以资本主义的发展历史可以用国家霸权的更替史来描述，如热那亚-西班牙霸权、荷兰霸权、英国霸权和美国霸权。[①]而在全球垄断资本主义阶段，国家霸权还有效吗？取代国家霸权的将是什么呢？没有国家霸权的垄断资本主义的发展前途是什么？这些问题都是资本主义发展到全球化阶段必须回答的问题。

二、经济全球化的表现及成因

（一）经济全球化的表现

全球资本主义时代的经济特征是经济全球化。对经济全球化的含义，许

① 乌尔里希・杜赫罗：《全球资本主义的替代方式》，北京：中国社会科学出版社，2005 年。

多学者从不同角度进行了解释，我们认为经济全球化实际上是生产高度社会化基础上各国经济一体化的过程。其表现是：

（1）生产的全球化。生产的全球化的标志是国家之间的垂直分工转变为国家之间的水平型国际分工。其主要特点是分工在同一产业的同一部门之内，按照产品生产的不同工艺环节，或按照产品零部件，或按照产品型号进行。这种分工以资本、技术、劳动、管理技术等生产要素的跨国流动为前提，以跨国界组织生产为核心，以全球化生产体系的形成和建立为标志，它使世界各国的生产活动不再孤立地进行，而是成为全球生产体系的有机组成部分。例如，美国波音“747”喷气式飞机，共有450万个零部件，它们由分布在8个国家的1100个大型企业和15000个中小企业协作生产，最后由美国组装而成。美国“朋蒂亚克·莱曼”牌小汽车，在德国设计，由澳大利亚制造发动机，美国、加拿大合作生产变压器，日本生产车身薄板，新加坡提供无线电设备，而韩国供应电气设备和轮胎，是名副其实的“万国车”。这样的例子不胜枚举。水平型国际分工的形成为生产全球化奠定了基础，它为每个国家平等地参与国际分工和国际竞争提供了机会和条件，为经济落后国家追赶发达国家提供了机遇。国际水平分工使各国成为生产的一部分，成为商品价值链中的一个环节，整个地球俨然一个大工厂。

（2）贸易的全球化。贸易全球化主要表现为国际贸易迅速扩大，服务贸易发展迅速，参与贸易的国家急剧增加。国际贸易迅速扩大的标志是国际贸易增长率大大高于世界经济增长率。1990—1995年，世界贸易出口量年均增长率为6%，同期世界国内生产总值年均增长率为1%，1997年含商品和服务的贸易额达到6.7万亿美元，增长率为7%，为同年世界生产增长率3%的2倍。世界服务贸易额1985年仅为3809亿美元，1995年急增至12300亿美元，在国际大贸易（商品和服务）中的比重从16.3%跃升到18.8%。1995年1月1日世界贸易组织（WTO）成立，已有112个国家和地区进入，另有二十几个国家和地区在申请之中，到21世纪前20年内，世界上所有国家和地区均会加入WTO，这意味着，一个包括全球所有国家和地区的一体化贸易体系即将建立，没有歧视和强硬贸易保护主义的全球市场将形成，一句话，贸易的全球化正在成为现实。

（3）金融的全球化。基于生产和贸易全球化，金融全球化的进程也在大大加快。首先，国际债券市场融资规模迅速扩大。1973年，包括银行贷款、票据融资和债券发行在内的国际融资额为622亿美元，1979年则为1450亿美元，增长了2.33倍，年平均增长率为15%。进入八九十年代，这一势头仍然持续，1990年与1996年上述三项融资的规模分别达到4276亿美元与15139亿美元水平，年均增长率为23.5%。其次，国际股票市场和基金市场迅速发展。国际股票市场是一个新兴的国际性市场，近十年来该市场呈现快速成长之势。1990年国际股票的发行额为72亿美元，到1996年已达到577亿美元，年均增长率为41.5%。与国际股票市场的发展相联系，基金市场迅速成长，共同基金、保险公司、养老基金等机构投资者成为国际金融市场的主力。基金市场是一种机构投资者取代个人投资者成为主体的集体性投资市场。自七八十年代以来，国际基金市场一直呈现扩大态势，到90年代中期，上市交易的基金数量在纽约与伦敦已分别达到5300个和1935个，其所管理的基金资产额，美国与英国已分别达到21000亿美元与1450亿英镑。从国际基金市场金融资产的增长情况看，1990年各类机构投资者的总金融资产为139500亿美元，到1995年上升为236000亿美元，年均增长率为11.3%，其中，投资基金类公司在1990年拥有的金融资产为27000亿美元，到1995年进一步上升到56000亿美元，这期间年均增长率为15.7%，居各类机构投资者增长速度之首。再次，金融市场高度一体化。随着各国金融市场的不断开放，全球各类金融市场正在向连成一片的方向发展。目前美国、欧洲与亚洲三大区域的外汇市场已连为一体，其运作方式、交易品种与手段基本保持一致，投资者可以在一天24小时内的任何时间进行操作。只要投资者在计算机上敲几个键，成百上千的美元就可以瞬间从一个市场转移到另一个市场。现在，国际金融市场年交易量500万亿美元，全球外汇日交易额已超过1.2万亿美元。

（4）企业经营的全球化。企业经营全球化的重要标志是跨国公司成为世界经济的主体。据统计，目前在全球范围内，跨国公司母公司已达到6万家，附属机构已有30多万家，它们分布在160多个国家和地区。近几年，跨国公司从事和控制着世界生产总值的30%，世界贸易的60%，技术转移及民用技术的研究与开发的80%，以及90%以上的海外直接投资。1995年国际的直接投资额为2430亿美元，1996年达到3660亿美元，1997年突破4000亿美元，1998年扩大到6400亿美元，2000年进一步达到10000亿美元。此外，跨国公司的规模也大得惊人。世界上200多个国家和地区中，占约90%的国家和地区的总产值低于美国通用汽车公司的总销售额。若将国家实体与跨国公司放在一起排队，世界上最大的100个经济实体中，有近一半是跨国公司。跨国公司的迅速发展，使生产、资本和商品的国际化进一步深化，极大地推动了经济全球化进程。

（二）经济全球化的原因

经济全球化已经成为不可阻挡的世界潮流，经济全球化已经把所有国家都吸纳到自己的运行轨道了。那么，是什么力量导致了经济全球化呢？是什么原因使经济全球化得以实现的呢？具体来讲，引起经济全球化的原因主要有以下三点：

(1) 科学技术的进步。科学技术，特别是信息技术的出现，为经济全球化提供了坚实的技术基础。经济全球化的进程早在资本主义生产方式产生起就已经开始，但经济全球化的形成则是以 20 世纪 70 年代以来的信息技术革命为基础，以微处理机进入办公室和家庭、超级计算机问世、卫星通信与光导通信的发展，特别是网络化的迅速发展为标志。这次科技革命以最便捷的方式沟通了各国、各地区、各企业、各团体以及个人之间的联系，并且打破了种种地域乃至国家的限制，把整个世界空前地联系在一起，推动了全球化的迅速发展。先进的信息传送手段不仅加快了信息传送的速度，也大大降低了信息传送的成本，使生产要素以更快的速度在全球范围内流动。

（2）跨国公司的发展。跨国公司为经济全球化提供了适宜的企业组织形式。任何人类经济活动都是与特定的经济组织形式相联系的，与其他经济组织形式相比，跨国公司是与经济全球化联系最为密切的经济组织形式。跨国公司自 19 世纪末 20 世纪初出现以来，对世界经济产生了深远的影响，这主要表现在跨国公司超越了原先的国际贸易、国际金融、信贷资本流动以及国际人力资源的运动，是一种综合了资本、技术、管理、人才等众多要素的、整个生产行业的跨国转移。90 年代中期以来，随着跨国公司投资的增长、规模的扩大，它们在全球经济活动中所占的地位、所发挥的作用也日益明显。跨国公司在全球范围内利用各地的优势组织生产，大大地促进了各种生产要素特别是商品和资本在全球的流通，反过来又进一步促进了生产在国际的水平分工和垂直分工。正是跨国公司在全球范围开展生产和经营活动，并相应地带动了资本、技术、商品、人力、服务等在全球范围的流动，才极大地推动了经济全球化进程。

（3）市场经济体制成为各国的选择。经济全球化赖以存在的资源配置机制是市场经济。20 世纪 90 年代以来，传统的计划经济国家纷纷放弃计划经济，转而向市场经济过渡，发达资本主义国家则为了摆脱经济滞胀而减弱了国家对经济的控制，更加强调市场机制的自发调节作用，在国际社会，随着世界贸易组织的成立，民族国家对本国市场的控制大大放松，贸易自由化和投资自由化成为时代潮流，同时世界各国均把扩大对外开放，积极参与国际竞争，充分利用别国的资本、技术及其他资源以实现本国经济的迅速发展作为基本国策。所有这些都为国际资本的流动、国际贸易的扩大、国际生产的大规模进行提供了适宜的制度环境和政策条件，从而有力地促进了经济全球化的形成。

三、经济全球化的影响和问题

（一）经济全球化的影响

经济全球化的影响是广泛而深远的，但对经济发展水平不同的国家，其影响的程度又有所不同。经济全球化对发达资本主义国家的影响是积极的，发达资本主义国家作为经济全球化的发源地，从经济全球化中获得的是大量的利益。

经济全球化的过程是生产社会化程度不断提高的过程，社会分工得以在更大的范围内进行，资源可以在更大范围内追求最优配置，这可以带来巨大的分工利益。但对于目前的经济全球化来说，全球经济仍处于发达资本主义国家占主导地位的状态。发达资本主义国家拥有比较成熟的市场经济体制和完备的宏观调控体系，同时，国际通行的制度和惯例是由它们主导的，国际规则在很大程度上体现了其国内规则的特点。这样，当这些国家的政府、企业或其他经济主体在不同市场上开展活动时，就不会面临规则的冲突及由此产生的不确定性。它们也可以利用在国内行之有效的手段和措施来应对国际市场的风险和不确定性，提高竞争力。

目前，主要发达资本主义国家的经济已经开始从工业经济走向信息经济，新兴的金融服务业、高新技术产业已成为其主导产业。发达国家可以利用由其主导的世贸规则，打开别国的金融市场、服务市场等，将竞争引向其优势领域，从而获取更大收益。发达资本主义国家在国际经济交往中往往把贸易自由化和公平竞争作为制定规则的基本原则，但是，发达国家和发展中国家的经济实力和经济发展是极不对称的，它们作为不同的市场主体，在进入市场以前的资源禀赋差异极大。从这种不对等的实力状况出发，在市场上进行自由贸易和所谓的“公平竞争”，其结果只能是弱肉强食，导致事实上的不自由和不公平。

应该说，经济全球化对发展中国家也具有积极的影响。经济全球化带来的资源在全球加速流动，为发展中国家弥补国内资源的不足提供了机会。在经济全球化过程中，发达国家对外转移过剩资本和低附加值的劳动密集型产业，发展中国家利用这一机会吸引资本、技术，接手外来的产业，加快国内工业化的完成。外来的资本、技术有助于改善国内的资源供给结构，使得劳动力资源的优势得以充分发挥。此外，发展中国家因经济发展水平和国民收入较低，市场容量相对较小，经济全球化为这一问题的解决提供了契机，发展中国家可以利用不断扩大的国际市场解决产品销售问题，以对外贸易带动整个经济的发展。但是，对于广大发展中国家来讲，经济全球化是一把“双刃剑”，它既给发展中国家带来利益，同时也给发展中国家带来巨大的风险。在当今经济全球化条件下，发达资本主义国家与发展中国家的国际经济地位仍然存在着巨大的差距，目前的国际经济机制在很大程度上是发达国家政策协调的结果，大多数的国际规则都对发达资本主义国家有利，或者干脆就由发达资本主义国家制定出来要求发展中国家接受和服从的。如在国际贸易规则中加进环境和劳工条款，借口发展中国家不顾环境污染，限制其产品进入本国，扬言发展中国家不使用“人道主义”的劳工标准就要遭到报复；在国际组织中迫使发展中国家承担超越自己水平和能力的责任等。可以说，在公平的旗号下实行不合理的经济政策，特别是借执行国际规则之名行维护自身利益之实，造成了发达资本主义国家在经济上长期控制、剥削发展中国家。

（二）经济全球化的问题

经济全球化正在迅速发展和扩大着，它不但改变着各国经济活动的方式和范围，也在改变着各国控制自己经济活动的手段和方法。但是，也应该看到，经济全球化是一个充满矛盾的进程，它在带给当代世界积极变化的同时，其迅速发展又不可避免地伴随和产生了一系列严重问题，这主要表现为以下诸方面：

第一，“数字鸿沟”出现，国家间贫富差别扩大。与经济全球化直接相关的问题是全球经济的两极分化。经济全球化意味着市场经济的全球化，而在市场经济体系中通行的是市场竞争和优胜劣汰法则，所以客观上就存在着导致两极分化的可能性。经济全球化的重要特点之一是数字信息技术的出现并在经济生活领域中的广泛运用。但是，发达国家以因特网技术为代表的数字信息技术的普及程度远远大于大多数发展中国家，数字技术给投资者和技术拥有者带来了巨额“数字红利”，而与此同时，大多数发展中国家却与数字技术无缘，这就加剧了发达国家与发展中国家之间的“数字鸿沟”。

第二，“新经济”与“旧经济”相脱节，加剧了虚拟经济与实质经济的背离。新经济指建立在数字信息技术等基础上的经济，旧经济指非信息的实质经济或者建立在传统产业基础上的经济。在新经济条件下，高科技产业，包括电脑、通信、网络、生物工程等相关行业成为最具活力和竞争力的产业，它们不但直接增加了社会财富的生产，而且通过向传统产业提供新技术而提升了传统产业的生产力，进一步增加了社会财富。但是，“新”经济在“旧”经济的运行机制和运行规则中运作，它给人一种可以持续带来滚滚财源的幻觉，其表现是高科技产业的股价一再高涨，这意味着高科技产业在通过创新改造旧经济，形成一种面向全球市场的知识经济的同时，又使其自身泡沫化，走向与实质经济脱节的道路，加剧了发达国家业已存在的虚拟经济与实质经济的失衡。

第三，环境退化与经济全球化同步，经济可持续发展面临严峻挑战。经济全球化意味着工业化成为发达国家和发展中国家共同追求的目标，但在实现这一目标的过程中，环境受到严重破坏。从表面上看，发达国家已专注于高附加值的非污染的知识产业，但实际上，发达国家在过去200年间的工业化过程中，已经严重地破坏了环境，现在第三世界成了工业制成品和资源密集实物产品的主要产地，同时也成为发达国家全球环境代价的主要承受者。当前，发达国家以仅占世界25%的人口，消费着全球能源总量的75%，排放着全球温室气体排放量的75%。同时发达国家还通过各种手段转移污染。经济全球化下生态环境的持续恶化对经济的可持续发展形成严峻挑战。

第四，经济全球化使各国的产业结构调整变成一种跨国公司主导的过程。产业结构是一国国民经济的基础和主体，一国经济的竞争力，从根本上讲，取决于产业结构的合理化和高度化。因此，为了增强经济竞争力，各国都十分重视调整产业结构，以实现产业结构的协调和技术水平的不断提高。可以说，产业结构调整一直是一种带有浓厚民族国家色彩的经济活动。然而，随着经济全球化的实现，产业结构调整已不再纯粹是个别国家的事情了。实际情形是，随着跨国公司的大举进入及企业跨国经营活动的开展，一国产业结构的变动已在更大程度上受到跨国公司的影响，相应的产业结构的调整，超出民族国家的界限，成为立足于全球的世界性经济体系的一部分。在经济全球化的背景下，积极主动地利用外国直接投资，使之服务于本国产业结构调整，这有助于增强本国经济的安全度，提高国际竞争力，反之，则会使本国经济的独立性受到损害，进而影响国家的经济安全。

第五，经济全球化使国家经济主权受到一定程度的冲击。国家主权是国家独立和民族尊严的象征，具有神圣不可侵犯性。但是，如今经济全球化已冲破了国家界限，摆脱了国家疆域的束缚，原来完全为一国所独立拥有的权利却日益成为国际社会共同体拥有的权利，各国的经济活动越来越多地遵循国际惯例和国际条例来运作。这样一来，国家主权，特别是经济主权就受到了一定程度的制约，甚至是冲击。不过需要强调指出的是，国家主权在经济全球化背景下只是局部受到约束，而不是完全消亡，恰恰相反，国家主权是经济独立的根本保证，削弱乃至取消国家主权，既不符合当代世界各国所共同遵循的"主权至上"的原则，又会导致世界经济秩序陷入混乱，阻碍各国经济的正常发展。

第六，经济全球化存在着引发全球性经济危机的可能性。经济全球化是市场经济的全球化，而市场经济原本就具有二重性，它除了具有优化资源配置和提高效率的优点外，还具有盲目性、自发性和滞后性等缺陷，经济全球化的结果是把市场经济的优点和缺点也全球化了。在一国范围内，市场经济的消极影响可以靠政府干预来纠正，而在全球范围内，现在还缺乏这样的调节机构和机制，这样，市场经济的内在缺陷在全球范围内就可能引发经济波动，甚至危机。实际情况正是如此。1994 年墨西哥爆发金融危机，震动全世界，接着巴林银行倒闭，1997 年 7 月爆发东南亚金融危机，接着 1998 年俄罗斯、巴西又先后陷入金融危机。现在全球三分之一的经济受到危机和衰退的困扰。这一切表明，一个缺乏有效防范和监控体制和机制的全球经济，必然是危机四伏的。

四、全球垄断资本主义经济体制的特点

经济全球化是当今世界发展的重大趋势之一，它与当代资本主义是息息相关的。经济全球化，一方面意味着生产社会化程度的进一步提高，是生产力高度发展的结果；另一方面则意味着资本主义生产方式的新变化。目前的经济全球化不论从生产关系覆盖面和制度安排的制定看，还是从产值和产量看，都是资本主义占主导地位。在当前世界近 30 万亿美元的国民生产总值中，美、欧、日等发达资本主义国家占 70%以上；在世界近 6 万亿的出口贸易中，它们所占的比重也大体如此；在世界 6400 亿美元的对外直接投资（1998 年）中，它们占 90%以上。发达资本主义国家的科技力量雄厚，高科技产业

水平高，它们的跨国公司在世界生产和世界市场上占据巨大的优势地位，它们在国际经济组织中起着支配作用。此外国际经济关系的各种规则基本上是由发达资本主义国家制定。从这个意义讲，经济全球化在本质上是资本推动的经济全球化，它使资本主义进入一个新的发展阶段，即全球垄断资本主义阶段，该阶段资本主义经济体制有以下特点。

（一）以全球范围而非民族国家为边界组织资本主义生产

资本主义经济的发展，如果从18世纪中期发生在英国的产业革命算起，至今已有两个半世纪。在这个过程中，它经历了若干阶段。第二次世界大战后，它逐步向经济全球化阶段过渡，到20世纪80年代中期，进入了经济全球化阶段。在全球化阶段，资本主义发展的基础不再主要依靠民族国家，而主要依靠对全球范围的资源的利用和对全球市场的依赖。民族国家曾经是资本主义生产的基地，人们可以说英国制造、美国制造或者法国制造，现在，生产已经在很大程度上变成世界性的或者跨国家的了，一件产品已经很难说清是哪国制造了。可以说，离开了全球化的生产和经营，资本主义就难以生存下去了。

（二）经济全球化的矛盾是资本主义基本矛盾的反映

在经济全球化的条件下，世界各国经济的联系空前密切，它们之间的相互依赖的关系大大加强，在这个一体化的全球经济体系里，你中有我，我中有你，谁都离不开谁。但是，在资本主义占主导地位的全球经济中，又充满了矛盾和斗争。这是资本的本性所决定的。资本的本性是不断地增值，追逐最大利润。在这种强烈欲望的驱使下，资本的对外扩张大大加强。经济全球化，为资本的全球扩张创造了前所未有的良机，而这又使资本主义的各种矛盾扩大到全球。资本主义的基本矛盾是生产的社会化同生产资料资本主义私人占有之间的矛盾，这个基本矛盾在全球化经济中取得了不同的表现形式，如各国经济的可调节性与全球经济的无计划性之间的矛盾、跨国公司的严密组织和科学管理与世界市场的盲目扩张和无序运行之间的矛盾、全球生产能力的无限扩大趋势与世界市场容量有限之间的矛盾等。这些矛盾的尖锐化，导致全球经济总量和结构以及世界经济各部门、各领域之间的失调，进而导致全球经济的起伏不定，动荡和危机。

（三）贫富差别具有了全球化特点

在全球化阶段，各国经济的发展水平并不相同，不同国家的经济实力也存在巨大差别。发达资本主义国家经济实力强大，在世界经济中占主导地位，它在经济全球化进程中可以获得最大利益。而大多数发展中国家的经济竞争力很弱，它们在经济全球化中获得的利益则非常有限，甚至被边缘化。世界政治经济发展的不平衡是资本主义的绝对规律。社会贫富两极分化和众多贫困人口的存在是资本主义民族国家的固有现象，现在又成为全球资本主义的固有现象。伴随着资本主义关系在世界范围的扩展，贫富差别也具有了全球化特点，而且差距在进一步加大。据统计，西方发达国家与低收入国家人均国民生产总值之比，1980 年为 32.8∶1，1990 年为 51.3∶1，1995 年又扩大到 59.0∶1。世界上最富有的 20%和最穷的 20%的人的收入之比，1991 年为 61∶1，1995 年为 81∶1。目前世界上仍有 30 亿人，即占人类的一半生活在严重贫困之中，每天的生活费不足 1 美元。

（四）资源配置机制趋同，基于民族国家的制度多样性渐趋淡化

在经济全球化阶段，市场机制在资源配置过程中发挥基础性作用，国家调节则发挥着干预作用。目前，曾经实行计划经济的社会主义阵营的国家已经纷纷放弃计划体制而实行了市场体制，第二次世界大战后曾经特别强调国家干预，特别是计划指导的国家，如法国和日本，都大大弱化了国家和计划的作用；文化具有较强同质性，经济体制具有一定封闭性的国家，如德国和日本，都在强调文化的多元化和体制的开放性。强调竞争和效率成为经济体制改革和政策调整的主导原则。今天，民族国家比过去任何时候都面临着更加开放和更大程度融入全球社会的紧迫性和巨大压力，按照全球性规则参与竞争已经成为加入全球社会的基本要求。

（五）区域经济一体化成为民族国家与全球经济之间的联系纽带

在全球化阶段，区域经济的一体化，具有特别重要的意义。在经济全球化阶段，单一的民族国家在国际竞争中，势单力薄，面临的风险和压力非常大，这在客观上要求单一民族国家必须参与到一个特定的区域性集团中，借助区域性集团的力量参与国际竞争。在区域性集团内部，各国经济的一体化程度比较高，跨国家的调节机构为了形成一致的行动，往往要求民族国家让出一部分权利，或者在一些重大利益问题上做出让步，以换取对民族国家在国际竞争中的权益的保护。因此，区域内部的合作和区域外部的竞争已成为全球化经济发展的重要特征。

（六）全球性经济协调机制的构建迫在眉睫

经济全球化是资本主义经济的全球化，是资本主义经济秩序的全球化，这固然表明了资本主义制度还具有进一步释放生产力的潜力，资本主义制度依然具有较强的自我调节和适应能力。但是资本主义基本矛盾决定了经济全球化的过程既是充满机遇和活力的过程，同时又是充满矛盾和冲突的过程，如果说在各国经济的联系还不够密切时，由资本主义基本矛盾所决定的经济危机的影响还仅仅限于个别国家或局部地区，那么经济全球化时代的危机和冲突则具有世界性意义，一个缺乏有效国际合作和协调的全球化经济，必然是一个危机四伏的经济，它无疑是对资本主义制度自身的严峻挑战。因此，全球化客观上要求加强全球性协调机制。目前，世界银行、国际货币基金组织和世界贸易组织，再加上西方八国政府首脑会议，是国际性的经济协调机构，它们对第二次世界大战后世界经济的平稳发展产生了积极的作用。但是，这些经济调节组织在本质上是富人的俱乐部，它们的决策功能往往掌握在几个发达国家的手里，它们在制定经济政策时往往奉行双重标准，从而大大损害了发展中国家的利益。为了使经济全球化成为世界各国“共赢”的经济全球化、世界各国平等的经济全球化、世界各国公平的经济全球化和世界各国共存的经济全球化，国际社会要共同制定事关所有国家的经济协调机制。只有在世界各国共同参与的基础上，才能制定出体现所有国家利益和意志的规则，也只有在合作和共同参与的基础上形成的国际协调机制才能真正发挥调节所有利益矛盾的作用。

参考文献

[1] 罗伯特·吉尔平：《全球资本主义的挑战——21 世纪世界经济》，上海：上海人民出版社，2001 年。

[2] 汉斯-彼得·马丁、哈拉尔特·舒曼：《全球化陷阱：对民主和福利的进攻》，北京：中央编译出版社，1998 年。

[3] 乔治·索罗斯：《全球资本主义危机》，西宁：青海人民出版社，1999 年。

[4] 约瑟夫·A. 凯米莱里、吉米·福克尔：《主权的终结？——日趋“缩小”和“碎片化”的世界政治》，杭州：浙江人民出版社，2001 年。

[5] 王列、杨雪冬：《全球化与世界》，北京：中央编译出版社，1998 年。

（本文原载于《海派经济学》2006 年第 15 辑）

经济全球化与现代资本主义

20 世纪 80 年代，世界经济发展出现了一个新情况，这就是全球经济以前所未有的速度紧密联系在一起，世界各国从未像现在这样切实地感觉到彼此的相互依赖和相互依存，各国的联系是如此的密切，以至于一个国家经济出现问题，立刻就会影响到世界经济的整体运作。作为对这样一种现象进行描述的概念，经济全球化已成为使用频率最高的词语。本文拟着重分析经济全球化的含义、表现及成因，深入揭示经济全球化的后果和实质，以期深化对经济全球化的认识。

一、经济全球化的表现和成因

（一）经济全球化的含义及表现

对经济全球化的含义，许多学者从不同角度进行了解释，比较有代表性的观点有三：一是经合组织（OECD）首席经济学家奥斯特雷的观点，他认为，经济全球化主要是指生产要素在全球范围内的广泛流动，实现资源最佳配置的过程。二是国际货币基金组织（IMF）对经济全球化的定义："跨国商品及服务贸易与国际资本流动规模和形式的增加，以及技术的广泛迅速传播使世界各国经济的相互依赖性增强"①。三是法国学者雅克阿达的观点，他认为经济全球化就是资本主义经济体系对世界的支配和控制。尽管这些观点对经济全球化含义的表述存在一定差异，但基本点还是一致的，那就是都强调了世界各国之间的经济联系越来越密切的客观事实。基于上述观点，结合对经济全球化的表现的认识，笔者认为，经济全球化实际上是在生产高度社会化基础上各国经济一体化的过程。经济全球化的主要表现是：

（1）生产的全球化。人类的生产活动是以分工和协作的方式进行的，市

① 国际货币基金组织：《世界经济展望》，北京：中国金融出版社，1997 年。

场则起着分工媒介的作用。分工深化的程度反映着生产社会化的程度。传统的国际分工是一种垂直型分工,即国家之间的劳动分工按照不同的产业进行,其主要特征是西方发达国家主要从事工业制成品生产，而发展中国家主要从事农产品生产和采掘业活动，然后发达国家拿工业制成品与发展中国家的农产品和原材料（煤、木材、矿石等）初级产品进行交换。垂直型国际分工经历了两个阶段：第一阶段是落后的农业国从事农业生产及初级产品的生产，先进的工业国从事工业制成品生产，由此形成国际分工合作体系，其特点是两种不同类型的国家的生产分别属于两个不同产业。第二阶段是发展中国家从事劳动密集型产品的生产，发达国家从事技术密集型和资本密集型产品的生产，从而在同一产业的不同部门间形成垂直型国际分工，如玩具、鞋帽等生产属于加工制造业，它同汽车、电子等同属第二产业，但前者是劳动密集型产业，后者则是技术、资本密集型产业。垂直型国际分工虽然使世界各国经济联系在一起，彼此相互依赖、相互依存，但是，在这种依赖关系中，发展中国家与发达国家之间的利益是不对称的，也就是说，由于作为分工基础的产业本身在产业发展顺序中的重要程度不同，使得不同国家在分工链条中的重要性和地位存在很大差异。从事加工制造业和技术及资本密集型产业的发达国家往往对从事农业和采掘业及劳动密集型产业的发展中国家形成优势并构成控制。再者，垂直型是以生产要素的相对凝固为前提，流动的只是商品，因而无法实现各国经济的融合，经济一体化程度处于较低层次，不可能构成经济全球化的基础。

水平型国际分工则是高层次的生产专业化形式，其主要特点是分工在同一产业的同一部门之内，按照产品生产的不同工艺环节，或按照产品零部件或按照产品型号进行。这种分工以资本、技术、劳动、管理技术等生产要素的跨国流动为前提，以跨国界组织生产为核心，以全球化生产体系的形成和建立为标志，它使世界各国的生产活动不再孤立地进行，而是成为全球生产体系的有机组成部分。例如，美国波音“747”喷气式飞机，共有450万个零部件，它们由分布在8个国家的1100个大型企业和15000个中小企业协作生产，最后由美国组装而成。美国“朋蒂亚克·莱曼”牌小汽车，在德国设计，由澳大利亚制造发动机，美国、加拿大合作生产变压器，日本生产车身薄板，新加坡提供无线电设备，而韩国供应电气设备和轮胎，是名副其实的“万国车”。这样的例子不胜枚举。水平型国际分工的形成为生产全球化奠定了基础，为每个国家平等地参与国际分工和国际竞争提供了机会和条件，也为经济落后国家追赶发达国家显现了机遇。国际水平分工使各国成为生产的一部分，成为商品价值链中的一个环节，整个地球俨然是一个大工厂。

（2）贸易的全球化。贸易全球化主要表现为国际贸易迅速扩大，服务贸易发展迅速，参与贸易的国家急剧增加。国际贸易迅速扩大的标志是国际贸易增长率大大高于世界经济增长率。1990—1995 年，世界贸易出口量年均增长率为 6%，同期世界国内生产总值年均增长率为 1%，世界服务贸易额 1985 年仅为 3809 亿美元，1995 年急增至 12300 亿美元，在国际大贸易（商品和服务）中的比重从 16.3%跃升到 18.8%。1998 年，全世界的商品出口总额为 54148 亿美元，按现价计算，比 1950 年增加了 100 多倍。此外，在 1950 年还可忽略不计的服务贸易，到 1998 年已增至 13263 亿美元。1998 年的商品贸易和服务贸易占该年世界 GDP 总额 288622 亿美元的 23.4%，这意味着世界各国每年平均有近 1/4 的 GDP 不经过国际贸易就无法实现。各国经济的相互依赖，从没有像今天这么紧密。一个包括全球所有国家和地区的一体化贸易体系即将建立，没有歧视和强硬贸易保护主义的全球市场将形成，一句话，贸易的全球化正在成为现实。

（3）金融的全球化。基于生产和贸易全球化，金融全球化的进程也在大大加快。首先，国际债券市场融资规模迅速扩大。1973 年，包括银行贷款、票据融资和债券发行在内的国际融资额为 622 亿美元，1979 年则为 1450 亿美元，增长了 2.33 倍，年平均增长率为 15%。进入八九十年代，这一势头仍然持续，1990 年与 1996 年上述三项融资的规模分别达到 4276 亿美元与 15139 亿美元水平，年均增长率为 23.5%。其次，国际股票市场和基金市场迅速发展。国际股票市场是一个新兴的国际性市场，近十年来该市场呈现快速成长之势。1994 年全球股票市场的资本总额为 151240 亿美元，到 1998 年跃升至 274621 亿美元，增加了 81.6%；与国际股票市场的发展相联系，基金市场迅速成长，共同基金、保险公司、养老基金等机构投资者成为国际金融市场的主力。基金市场是一种机构投资者取代个人投资者成为主体的集体性投资市场。自七八十年代以来，国际基金市场一直呈现扩大态势，到 90 年代中期，上市交易的基金数量在纽约与伦敦已分别达到 5300 个和 1935 个，其所管理的基金资产额，美国与英国已分别达到 21000 亿美元与 1450 亿英镑。从国际基金市场金融资产的增长情况看，1990 年各类机构投资者的总金融资产为 139500 亿美元，到 1995 年上升为 236000 亿美元，年均增长率为 11.3%。其中，投资基金类公司在 1990 年拥有的金融资产为 27000 亿美元，到 1995 年进一步上升到 56000 亿美元，年均增长率为 15.7%，居各类机构投资者增长速度之首。再次，金融市场高度一体化。随着各国金融市场的不断开放，全球各类金融市场正在向连成一片的方向发展。目前美国、欧洲与亚洲三大区域的外汇市场已连为一体，其运作方式、交易品种与手段基本保持一致，投资者可以在一天 24 小时内的任何时间进行操作。只要投资者在计算机上敲几个键，大量的资金就可以瞬间从一个市场转移到另一个市场。现在，国际金融市场年交易量 500 万亿美元，全球外汇日交易额已超过 1.2 万亿美元。

（4）企业经营的全球化。企业经营全球化的重要标志是跨国公司成为世界经济的主体。据统计，目前在全球范围内，跨国公司母公司已达到 6 万家，附属机构已有 30 多万家，它们分布在 160 多个国家和地区。近几年，跨国公司从事和控制着世界生产总值的 30%，世界贸易的 60%，技术转移及民用技术研究与开发的 80%，以及 90%以上的海外直接投资。1994 年国际的直接投资额约为 2260 亿美元，1996 年达到 3492 亿美元，1999 年超过了 7000 亿美元，2000 年接近 10000 亿美元。[①]此外，跨国公司的规模也大得惊人。在世界上 200 多个国家和地区中，约 90%的总产值低于美国通用汽车公司的总销售额。若将国家实体与跨国公司放在一起排队，世界上最大的 100 个经济实体中，有近一半是跨国公司。跨国公司的迅速发展，使生产、资本和商品的全球化进一步深化，极大地推动了经济全球化进程。

（二）经济全球化的原因

经济全球化已经成为不可阻挡的世界潮流，它已经把所有国家都吸纳到自己的运行轨道了。那么，是什么力量导致了经济全球化呢？是什么原因使经济全球化得以实现的呢？具体来讲，引起经济全球化的原因主要有以下三点：

（1）科学技术的进步。科学技术特别是信息技术的出现，为经济全球化提供了坚实的技术基础。经济全球化的进程早在资本主义生产方式产生起就已经开始，但经济全球化的形成则是以 20 世纪 70 年代以来的信息技术革命为基础，以微处理机进入办公室和家庭、超级计算机问世、卫星通信与光导通信的发展，特别是网络化的迅速发展为标志。这次科技革命以最便捷的方式沟通了各国、各地区、各企业、各团体以及个人之间的联系，并且打破了种种地域乃至国家的限制，把整个世界空前地联系在一起，推动了全球化的

---

① 刘东：《国际资本继续看好西方发达国家》，http//www.hrb.com/ cn.2001-07-31。

迅速发展。先进的信息传送手段不仅加快了信息传送的速度，也大大降低了信息传送的成本，使生产要素以更快的速度在全球范围内流动[①]。

（2）跨国公司的发展。跨国公司为经济全球化提供了适宜的企业组织形式。人类任何经济活动都是与特定的经济组织形式相联系的，与其他经济组织形式相比，跨国公司是与经济全球化联系最为密切的经济组织形式。跨国公司自19世纪末20世纪初出现以来，对世界经济产生了深远的影响，这主要表现在跨国公司超越了原先的国际贸易、国际金融、信贷资本流动以及国际人力资源的运动，是一种综合了资本、技术、管理、人才等众多要素的、整个生产行业的跨国转移。90年代中期以来，随着跨国公司投资的增长、规模的扩大，它们在全球经济活动中所占的地位、所发挥的作用也日益明显。跨国公司在全球范围内利用各地的优势组织生产，大大地促进了各种生产要素，特别是商品和资本在全球的流通，反过来又进一步促进了生产在国际的垂直分工和水平分工。正是跨国公司在全球范围开展的生产和经营活动，相应地带动了资本、技术、商品、人力、服务等在全球范围的流动，极大地推动了经济全球化进程。

（3）市场经济体制成为各国的选择。经济全球化赖以存在的资源配置机制是市场经济。从80年代初开始，发达资本主义国家为了摆脱经济滞胀而不断减弱国家对经济的控制，同时更加强调市场机制的自发调节作用。90年代以来，传统的计划经济国家纷纷放弃计划经济，转而向市场经济过渡。在国际社会，随着世界贸易组织的成立，民族国家对本国市场的控制大大放松，贸易自由化和投资自由化成为时代潮流，同时世界各国均把扩大对外开放，积极参与国际竞争，充分利用外国的资本、技术及其他资源以实现本国经济的迅速发展作为基本国策。所有这些都为国际资本的流动、国际贸易的扩大、国际生产的大规模进行提供了适宜的制度环境和政策条件，从而有力地促进了经济全球化的形成。

二、经济全球化的影响和后果

（一）经济全球化的影响

经济全球化的影响是广泛而深远的，但对经济发展水平不同的国家，其影响的程度又有所不同。经济全球化对发达资本主义国家的影响是积极的，

① 张世鹏、殷叙彝：《全球化时代的资本主义》，北京：中央编译出版社，1998年。

发达资本主义国家作为经济全球化的发源地，从经济全球化中获得的是大量的利益。

经济全球化的过程是生产社会化程度不断提高的过程，社会分工得以在更大的范围内进行，资源可以在更大范围内追求最优配置，这可以带来巨大的分工利益。但对于目前的经济全球化来说，全球经济仍处于发达资本主义国家占主导地位的状态。发达资本主义国家拥有比较成熟的市场经济体制和完备的宏观调控体系，同时，国际通行的制度和惯例是由它们主导的，国际规则在很大程度上体现了其国内规则的特点。这样，当这些国家的政府、企业或其他经济主体在不同市场上开展活动时，就不会面临规则的冲突及由此产生的不确定性。它们也可以利用在国内行之有效的手段和措施来应对国际市场的风险和不确定性，提高竞争力。

目前，主要发达资本主义国家的经济已经开始从工业经济走向知识经济，新兴的金融服务业、高新技术产业已成为其主导产业。发达国家可以利用由其主导的世贸规则，打开别国的金融市场、服务市场等，凭借其垄断性竞争优势扩展市场份额，从而获取更大收益。发达资本主义国家在国际经济交往中往往把贸易自由化和公平竞争作为制定规则的基本原则，但是，发达国家和发展中国家的经济实力和经济发展是极不对称的，它们作为不同的市场主体，在进入市场以前的资源禀赋差异极大。从这种不对等的实力状况出发，在市场上进行自由贸易和所谓的“公平竞争”，其结果只能是弱肉强食，导致事实上的不自由和不公平。

经济全球化对发展中国家也有积极的影响。经济全球化带来的资源在全球加速流动，为发展中国家弥补国内资源的不足提供了机会。在经济全球化过程中，发达国家对外转移过剩资本和低附加值的劳动密集型产业，发展中国家利用这一机会吸引资本、技术，接手外来的产业，加快国内工业化的完成。外来的资本、技术有助于改善国内的资源供给结构，使得劳动力资源的优势得以充分发挥。此外，发展中国家因经济发展水平和国民收入较低，市场容量相对较小，经济全球化为这一问题的解决提供了契机，发展中国家可以利用不断扩大的国际市场解决产品销售问题，以对外贸易带动整个经济的发展。但是，经济全球化是一把“双刃剑”，它在给发展中国家带来利益的同时，也带来了巨大的风险。在当今经济全球化条件下，发达资本主义国家与发展中国家的国际经济地位仍然存在着巨大的差距，目前的国际经济机制在很大程度上是发达国家政策协调的结果，大多数的国际规则都对发达资本主义国家有利，或者干脆就由发达国家制定出来而要求发展中国家接受和服从的。如在国际贸易规则中加进环境和劳工条款，借口发展中国家不顾环境污染，限制其产品进入本国，扬言发展中国家不使用“人道主义”的劳工标准就要遭到报复；在国际组织中迫使发展中国家承担超越自己水平和能力的责任等。可以说，在公平的旗号下实行不合理的经济政策，特别是借执行国际规则之名行维护自身利益之实，使发达资本主义国家得以在经济上长期控制、剥削发展中国家。

（二）经济全球化的后果

经济全球化的迅速发展和扩大，不但改变着各国经济活动的方式和范围，也在改变着各国控制自己经济活动的手段和方法。但是，也应该看到，经济全球化是一个充满矛盾的进程，它在带给当代世界积极变化的同时，其迅速发展又不可避免地伴随和产生了一系列严重问题，这主要表现在：

第一，经济全球化使各国的产业结构调整变成一种跨国公司主导的过程。产业结构是一国国民经济的基础和主体，一国经济的竞争力，从根本上讲，取决于产业结构的合理化和高度化。因此，为了增强经济竞争力，各国都十分重视调整产业结构，以实现产业结构的协调和技术水平的不断提高。可以说，产业结构调整一直是一种带有浓厚民族国家色彩的经济活动。然而，随着经济全球化的实现，产业结构调整已不再纯粹是个别国家的事情了。实际情形是，随着跨国公司的大举进入及企业跨国经营活动的开展，一国产业结构的变动已在更大程度上受到跨国公司的影响，相应地，产业结构的调整超出民族国家的界限，成为立足于全球的世界性经济体系的一部分。在经济全球化背景下，积极主动地利用外国直接投资，使之服务于本国产业结构调整，这有助于增强本国经济的安全度，提高国际竞争力。但是，如果政策运用不得当，任凭本国产业遭受跨国公司的激烈冲击，则会使本国经济的独立性受到损害，进而影响国家的经济安全。①

第二，经济全球化使国家经济主权受到一定程度的冲击。国家主权是国家独立和民族尊严的象征，具有神圣不可侵犯性。但是，如今经济全球化已冲破了国家界限，摆脱了国家疆域的束缚，原来完全为一国所独立拥有的权利却日益成为国际社会共同体拥有的权利，各国的经济活动越来越多地遵循国际惯例和国际条例来运作。这样一来，国家主权，特别是经济主权就受到

① 龙永图：《关于经济全球化问题》，《光明日报》，1998 年 10 月 3 日。

了一定程度的制约，甚至是冲击。需要强调指出的是，国家主权在经济全球化背景下只是局部受到约束，而不是完全消亡，恰恰相反，国家主权是经济独立的根本保证。削弱乃至取消国家主权，既不符合当代世界各国所共同遵循的“主权至上”的原则，又会导致世界经济秩序陷入混乱，阻碍各国经济的正常发展。

第三，“数字鸿沟”出现，国家间贫富差别扩大。与经济全球化直接相关的问题是全球经济的两极分化。经济全球化意味着市场经济的全球化，而在市场经济体系中通行的是市场竞争和优胜劣汰法则，所以客观上就存在着导致两极分化的可能性。经济全球化的重要特点之一是数字信息技术的出现并在经济生活领域中的广泛运用。但是，发达国家以因特网技术为代表的数字信息技术的普及程度远远大于大多数发展中国家，数字技术给投资者和技术拥有者带来了巨额“数字红利”，而与此同时，大多数发展中国家却与数字技术无缘，这就加剧了发达国家与发展中国家之间的“数字鸿沟”。据统计，西方发达国家与低收入国家人均国民生产总值之比，1980 年为 32.8∶1，1990 年为 51.3∶1，1995 年又扩大到 59.0∶1。世界上最富有的 20%和最穷的 20%的人的收入比，1991 年为 61∶1，1995 年为 81∶1。目前世界上仍有 30 亿人，即占人类的一半生活在严重贫困之中。

第四，“新经济”与“旧经济”相脱节，加剧了虚拟经济与实质经济的背离。新经济指建立在数字信息技术等基础上的经济，旧经济指非信息的实质经济或者建立在传统产业基础上的经济。在新经济条件下，高科技产业，包括电脑、通讯、网络、生物工程等相关行业成为最具活力和竞争力的产业，它们不但直接增加了社会财富的生产，而且通过向传统产业提供新技术而提升了传统产业的生产力，进一步增加了社会财富。但是，“新”经济在“旧”经济的运行机制和规则中运作，它给人一种可以持续带来滚滚财源的幻觉，其表现是高科技产业的股价一再高涨，这意味着高科技产业在通过创新改造旧经济，形成一种面向全球市场的知识经济的同时，又使其自身泡沫化，走向与实质经济相脱节的道路，从而加剧了发达国家业已存在的虚拟经济与实质经济的失衡。

第五，环境退化与经济全球化同步，经济可持续发展面临严峻挑战。经济全球化意味着工业化成为发达国家和发展中国家共同的追求目标，但在实现这一目标的过程中，环境受到严重破坏。从表面上看，发达国家已专注于高附加值的非污染的知识产业，但实际上，发达国家在过去 200 年间的工业化过程中，已经严重地破坏了环境，现在第三世界成了工业制成品和资源密集实物产品的主要产地，同时也成为发达国家全球环境代价的主要承受者。当前，发达国家以仅占世界25%的人口，消费着全球能源总量的75%，排放着全球温室气体排放量的75%。[①]同时发达国家还通过各种手段转移污染。经济全球化下生态环境的持续恶化对经济的可持续发展形成严峻挑战。

第六，经济全球化存在着引发全球性经济危机的可能性。经济全球化是市场经济的全球化，而市场经济原本就具有二重性，它除了具有优化资源配置和提高效率的优点外，还具有盲目性、自发性和滞后性等缺陷，经济全球化的结果是把市场经济的优点和缺点也全球化了。在一国范围内，市场经济的消极影响可以靠政府干预来纠正，而在全球范围内，现在还缺乏这样的调节机构和机制，这样，市场经济的内在缺陷在全球范围内就可能引发经济波动，甚至危机。[②]实际情况正是如此：1994 年墨西哥爆发金融危机，震动全世界，接着巴林银行倒闭，1997 年 7 月爆发东南亚金融危机，接着 1998 年俄罗斯、巴西又先后陷入金融危机。现在全球三分之一的经济受到危机和衰退的困扰。

这一切表明，一个缺乏有效防范和监控体制和机制的全球经济，必然是危机四伏的。

三、经济全球化的实质

经济全球化是当今世界发展的重大趋势之一，它与当代资本主义息息相关。目前的经济全球化是资本主义占主导地位的经济全球化，其实质是资本主义关系的全球化，这主要体现在以下三个方面。

首先，经济全球化是资本主义经济发展的一个新阶段。资本主义经济的发展，如果从 18 世纪中期发生在英国的产业革命算起，至今已有两个半世纪。在这个过程中，它经历了若干阶段。第一次世界大战后，它逐步向经济全球化阶段过渡，到20世纪80年代中期，进入了经济全球化阶段。当代世界经济是发达资本主义经济占主导地位的经济，在当前世界近 30 万亿美元的国民生产总值及近6万亿的出口贸易中，美、欧、日等发达资本主义国家占70%以上；在世界6400亿美元的对外直接投资（1998年）中，它们占90%

① 李景治等：《当代资本主义的演变与矛盾》，北京：中国人民大学出版社，2001 年。
② 乔治·索罗斯：《全球资本主义危机》，西宁：青海人民出版社，1999 年。

以上。发达资本主义国家的科技力量雄厚，高科技产业水平高，它们的跨国公司在世界生产和世界市场上占据巨大的优势地位，它们在国际经济组织中起着支配作用，国际经济关系的各种规则基本上是由它们制定的。

其次，经济全球化的矛盾是资本主义基本矛盾的反映。在经济全球化条件下，世界各国的经济联系空前密切，它们之间的相互依赖大大加强，在这个一体化的全球经济体系里，你中有我，我中有你，谁都离不开谁。但是，在资本主义占主导地位的全球经济中，又充满了矛盾和竞争。这是资本的本性所决定的。资本的本性是不断地增值，追逐最大利润。在这种强烈欲望的驱使下，资本的对外扩张大大加强。经济全球化，为资本的全球扩张创造了前所未有的良机，而这又使资本主义的各种矛盾扩大到全球。资本主义的基本矛盾是生产社会化同生产资料资本主义私人占有之间的矛盾，这个基本矛盾在全球化经济中取得了不同的表现形式：各国经济的可调节性与全球经济的无计划性之间的矛盾、跨国公司的严密组织和科学管理与世界市场的盲目扩张和无序运行之间的矛盾、全球生产能力的无限扩大趋势与世界市场容量有限之间的矛盾等。这些矛盾的尖锐化，导致全球经济总量和结构及世界经济各部门、各领域之间的失调，进而导致全球经济的起伏不定、动荡和危机。

最后，经济全球化使贫富差别全球化。经济全球化要求各国间加强经济协调和合作，从而缓解经济发展中的重重困难；经济全球化也意味着有可能实现资源在全球范围内的合理、有效的配置，有利于各国经济实现优势互补，实现全球范围的专业化协作，有利于各国发挥规模经济、范围经济和速度经济的优势。总之，在经济全球化的大环境中，全球经济和各国经济都有可能获得更大的发展。但是，各国经济的发展水平并不相同，不同国家的经济实力也存在巨大差别。发达资本主义国家经济实力强大，在世界经济中占主导地位，它在经济全球化进程中可以获得最大利益。而大多数发展中国家的经济竞争力较弱，它们在经济全球化中获得的利益则非常有限。世界政治经济发展的不平衡是资本主义的绝对规律。社会贫富两极分化和众多贫困人口的存在，也是资本主义固有的现象，是资本积累规律起作用的必然结果。经济全球化是资本主义经济的全球化，这固然表明了资本主义制度还具有进一步释放生产力的潜力，以及依然具有较强的自我调节和适应能力。但是资本主义基本矛盾决定了经济全球化的过程既是充满机遇和活力的过程，同时又是充满矛盾和冲突的过程，如果说在各国经济的联系还不够密切时，由资本主义基本矛盾所决定的经济危机的影响还仅限于个别国家或局部地区，那么经济全球化时代的危机和冲突则具有世界性意义。一个缺乏有效国际合作和协调的全球化经济，必然是个危机四伏的经济，它无疑是对资本主义制度自身的严峻挑战。

上述分析表明，经济全球化是世界各国经济紧密联系在一起，经济资源在全球范围内配置，所有国家都可能从中获得机会和利益的经济融合过程，是全球经济一体化过程，它使世界经济充满了活力，也为各国的经济发展带来了机遇。但是经济全球化也是各国间的竞争更加激烈，国家间的强弱分化更加深化，资本主义秩序扩展到全世界的过程。经济全球化无疑扩大和加快了信息的交流，有力地推动了科技的进步，极大地增加了全球财富的产出。但是，同时它也进一步扩大了各国及区域集团经济发展的不平衡，拉大了国家间和区域集团间的贫富差距，客观上增大了它们之间发生矛盾和冲突的可能性。现阶段经济全球化发展水平与国际合作和协调水平呈现出严峻的不对称，一个健全、有效的国际经济调节机制还远远没有形成，这就使全人类处在一个非常危险的边缘：一旦全球资本主义经济的某个环节发生断裂，势必发生多米诺骨牌效应，整个全球经济都会因此陷入空前的危机之中。因此可以说，在经济全球化的今天，资本主义正面临着一场前所未有的严峻挑战。

（本文原载于《南开学报》2002 年第 2 期）

经济全球化的后果和反全球化运动

20 世纪 80 年代，经济的全球化以前所未有的速度迅猛发展，它极大地影响和改变着世界经济的格局和运行方式，一方面推动了世界经济的发展，使一些国家和部分人从中受益，另一方面又给世界经济的发展带了许多新的问题，使另外一些国家和部分人的利益受到损害。经济全球化的这种矛盾性后果导致了反全球化运动的产生。本文将对经济全球化的后果和反全球化运动进行具体考察。

一、经济全球化的后果

（一）经济全球化的最大受益者是发达国家，但是经济全球化也给发达国家带来新的问题

发达资本主义国家作为经济全球化的发源地，从经济全球化中获得的是大量的利益，这主要表现在以下几个方面。

第一，发达资本主义国家通过制定规则而获得好处。发达资本主义国家经过数百年的发展，拥有较为成熟的经济制度、市场经济体制和市场经济运行机制，也有着完备的宏观调控体系。在国际上，国际通行的制度是由它们主导的，国际规则在很大程度上体现了其国内规则的特点，不存在与国外规则的严重冲突。这样，当这些国家的政府、企业或其他经济主体在不同的市场上开展活动时，就不会面临规则的冲突及由此产生的不确定性。它们也可以利用在国内行之有效的手段和措施来应对国际市场的风险和不确定性，减少交易成本。

第二，发达资本主义国家通过贸易获得好处。在贸易自由化的进程中，发展中国家确实获得了不少好处，但是这更有利于发达国家经济活动的全球扩张。目前，主要发达资本主义国家的经济已经开始从工业经济走向信息经济，新兴的金融服务业、高技术产业已成为其主导产业。发达国家可以利用

由其主导的世贸规则，打开别国的金融市场、服务市场等，将竞争引向其优势领域，从而获取更大的收益。

第三，发达资本主义国家从国际资本流动获得好处。国际货币基金组织（IMF）作为唯一规范的国际资本流动的全球性多边组织，产生之初完全充当了美国对外扩张的工具。20 世纪 70 年代在布雷顿森林体系崩溃后，又演变为发达国家的代言人。近年来，西方发达国家对发展中国家的援助越来越转由 IMF 代为运作。IMF 在提供每一笔贷款时都会严格体现发达国家的意图，对接受国提出苛刻的条件，直接要求发展中国家调整和改革国内体制，改革整个宏观经济政策的实施方向。这样 IMF 已不仅具有监督国际资本流动和各国汇率制度的职能，更是将西方发达国家的经济制度强加给发展中国家，其目的已不仅是以发达国家规则来规范资本流动，更是与贸易及其他领域相结合，将发达国家的规则扩展到全部国际经济交往领域。在国际货币市场，美元、日元、马克及初生的欧元基本垄断了市场交易的全部份额。这样发达国家一方面可以凭借其整体经济实力和宏观经济表现决定国际货币市场上的资金流动；另一方面，也可以利用其货币发行权和货币政策直接改变货币资本的流动方向和方式，通过这种对资金流向的控制，发达国家从中获得好处。但是，经济全球化也在一定程度上给发达国家带来消极影响，在认识现代资本主义时不能忽略这一点。

首先，全球化使包括美国在内的发达国家，在享有资本和商品全球扩张新机遇的同时，也面临来自世界各地更激烈的竞争。在这一全球竞争中，劳动密集型产业首当其冲。来自广大发展中国家和地区的纺织品等劳动密集型产品，对美国等发达市场造成冲击。这些产业向国外转移对发达国家有关部门的就业机会有着消极的影响。其次，全球化使发达国家面临经济安全的新形势和新挑战。这些国家面临的金融风险增大了。上面说过，跨国公司的发展既增强了发达国家的力量，也使发达国家的主权受到新的挑战。经济全球化有利于“新经济”的发展，同时也增加了社会的不平衡和不稳定。同发展中国家相比，全球化给发达国家经济安全构成的威胁显得比较隐蔽与缓和。这些国家雄厚的经济实力又在相当程度上掩盖了问题的严重性。以美国为例，当今美国经济面临两大严重问题，一是失业人口不断增加，二是两极分化更为严重。

关于失业问题。自二战后以来，失业问题一直严重困扰着发达国家。就国家分布来看，过去比较长的一段时间里，欧洲的失业问题比较突出，而造成失业的主要原因是经济结构的调整和经济增长乏力。但是现在，美国的失业率也日趋严重。2001 年，美国的失业率为 5.8%，2002 年是 6.0%，2003 年则进一步上升到 6.4%，创下了过去 9 年来的最高水平。而此间美国经济却呈现复苏态势，2001 年 GDP 增长率为 0.3%，2002 年为 2.4%，2003 年进一步提高。这种状况被称为是“失业中的复苏”。分析美国失业的增加，原因很多，但是一个不容忽视的原因是经济全球化加快了产业向外转移和企业生产经营外包的趋势。最近几年，美国的传统产业向外转移进一步加快，同时，以 IT 为代表的高新技术产业产品和服务外包化不断增加。据有关数据统计，美国“新经济”行业员工工资的上升幅度为传统产业员工的 4 倍。在印度、中国等亚洲国家和地区，雇佣一名网络工程师的成本仅是美国硅谷的 1/5 到 1/10。据美高技术市场调查公司加特纳的预测，2003 到 2004 两年美国将有 50 万个职位外迁到发展中国家，到 2004 年底，美国 1030 万个高技术工作岗位中每 20 个就将有 1 个外迁。另据福里斯特公司的预测，到 2015 年，美国将有 45 万个电脑行业的工作岗位流向发展中国家，相当于该行业职位总和的 8%。产业外移和企业生产经营外包，导致大企业裁员有增无减，而且伴随着产业转移，就业机会也相应减少，这都引起了美国失业的增加。此外，无医疗保险的工人人数、无工会的工人人数以及没有或仅有极低社会福利（如假期、退休金等）的临时工或半日工的劳动力的数量在美国最高，英国其次。

关于两极分化问题。美国的两极分化是个老问题。但是目前两极分化呈现一个新特点，这就是中产阶级的人数减少，收入下降，更多的社会财富向更少的人手里集中，低收入家庭的数量剧增，两极分化越来越严重。造成两极分化严重化的重要原因之一是全球化过程中大公司攫取的财富迅速增大，而传统行业，包括服务业在内的国内劳动密集行业从业人员的收入增长缓慢，政府对低收入者的福利减少。在美国，税收变得越来越累退：政府的税收越来越多地来自工薪阶层的工资，而从跨国公司资本那里征收的税务的百分比不断下降。其部分原因是在于大量的法律漏洞以及大公司税收律师为其筑起税务屏障，并把盈利的地点转移到那些低税率的国家（所谓的“转移定价”）。同累退的税收系统共存的是越来越累退的国家补贴或开支计划。一方面是低利率贷款、出口优惠、对工厂建设、地产出让、基础设施发展、研究与开发的补贴等等大公司的权益，另一方面是支付给工薪阶层的社会福利的急剧缩减。国家对跨国公司资本的补贴在增加，而对依靠工薪的工人、领取退休金的人员、低收入家庭、病残人员、单亲家庭和儿童的福利则在下降。所有这些的结果是出现了财富占有的极端不公平：不到5%的人口拥有几乎90%的私有财产。而且，一小撮经纪人和银行投资者在各种私有的、非私有的投资基金进行公司和证券的买卖过程中，获取数十亿美元手续费。

（二）经济全球化对发展中国家而言是“双刃剑”，收益与挑战同在

应该说，经济全球化确实为发展中国家带来了巨大收益和潜在的巨大机会。

1. 经济全球化带来的资源在全球加速流动，为发展中国家弥补国内资源的不足提供了机会。

发展中国家在经济起步之初，为实现工业化，需要投入巨额资本和先进的工业技术，它们现实的资源禀赋却是拥有丰富的劳动力资源，缺少资金和技术，这种资源供给结构不能满足工业化的需要。在经济全球化过程中，发达国家对外转移过剩资本和低附加值的劳动密集型产业，发展中国家利用这一机会吸引资本、技术，接手外来产业，加快国内工业化的完成。外来的资本、技术有助于改善国内的资源供给结构，使得劳动力资源的优势得以充分发挥。

2. 经济全球化可以使发展中国家利用更广阔的市场空间。

发展中国家因经济发展水平和国民收入较低，市场容量相对较小，在实现工业化的过程中可能使这一问题更加突出。因为随着经济的工业化特别是外来产业的建立，生产规模和产品供给将大规模增加，而在工业化过程中为促进资本形成，发展中国家往往实行高积累低消费的政策，这就会进一步加剧国内市场的不足。经济全球化为这一问题的解决提供了契机，发展中国家可以利用不断扩大的国际市场解决产品销售问题，以对外贸易带动整个经济的发展。

3. 经济全球化给发展中国家追赶发达国家创造了机遇。

经济全球化的最显著特征是生产要素在全球范围内的流动和配置，这就使各国利用国际生产要素发展经济成为可能。发展中国家可以通过提供各种优惠条件大力吸引外国直接投资，逐渐淘汰效率低下的劳动密集型产业，着重开发电子信息、生物工程、人工智能、新能源及新材料等高新技术产业，以实现产业结构的高级化，增强经济的竞争力，缩短与发达国家的差距。同时发展中国家还可以借助投资自由化和比较优势组建大型跨国公司，积极参与经济一体化进程，以便从经济全球化中换取更大的利益。

对于广大发展中国家来讲，经济全球化是一把“双刃剑”，它既给发展中国家带来利益，同时也给发展中国家带来巨大的风险。在当今经济全球化条件下，发达资本主义国家与发展中国家的国际经济地位仍然存在着巨大的差距，目前的国际经济机制在很大程度上是发达国家政策协调的结果，大多数的国际规则都对发达资本主义国家有利，或者干脆就由发达资本主义国家制定出来要求发展中国家接受和服从。如在国际贸易规则中加进环境和劳工条款，借口发展中国家不顾环境污染，限制其产品进入本国，扬言发展中国家不使用“人道主义”的劳工标准就要遭到报复；在国际组织中迫使发展中国家承担超越自己水平和能力的责任等。可以说，在公平的旗号下实行不合理的经济政策，特别是借执行国际规则之名行维护自身利益之实，造成了发达资本主义国家在经济上长期控制、剥削发展中国家。

经济全球化对发展中国家带来的挑战是明显的：（1）发展中国家对国际经济依赖性增强，容易受到国际经济波动的影响；（2）外来资本和跨国公司投资增加，冲击着本国的民族工业，并影响到国民经济的控制权；（3）国际资本流动的增加容易带来金融风险；（4）发展中国家受到发达国家主导的国际经济规则和秩序的制约。由于发达国家在国际投资、贸易和技术等方面占据主导地位，经济全球化总体上有利于发达国家，经济全球化的发展导致南北经济技术差距不断扩大，总体上削弱了发展中国家的国际经济地位。此外，发达国家利用在经济全球化中的主导地位加紧推行政治、文化霸权和经济上的新殖民主义，导致南北之间政治、经济和文化等方面更加不平等，势必引发一系列新的矛盾，导致国际社会的动荡。因此，必须正确引导经济全球化的发展，使其朝着共存、共赢、平等、公正的方向发展，最根本的是要建立公正合理的国际政治经济新秩序。

（三）“数字鸿沟”出现，国家间的贫富差别进一步扩大

与经济全球化直接相关的问题是世界经济的两极分化。经济全球化与经济不平等问题恶化的关系是复杂的。但是，由于全球化加强的是世界市场经济体系，而这个体系通行的是竞争、资本、技术和创新的逻辑，所以，任何国家内部和国家之间的贫富鸿沟都在加大。方兴未艾的数字技术给投资者和技术拥有者带来了巨额“数字红利”，但与此同时却加剧了世界各国之间的“数字鸿沟”。尽管因特网技术普及非常快，但世界仍然存在上网和没有上网、拥有和不拥有信息技术的区别，发达国家的因特网技术普及程度远远大于大多数发展中国家。因此，经济全球化不仅没有达到包容一切的地步，而且加重了以“边缘化”为特征的经济与社会排斥现象。全世界 1/5 的处于极端贫困状态的人类与迅猛发展的全球化带来的机会和财富无缘。可以说，全球化正在加剧世界经济中的差距。

（四）经济增长忽视社会进步，环境退化与经济全球化同步

过去几十年，一些人过分强调了市场经济意义上的全球化而忽视了全球化的政治和社会目的，导致市场、资本、技术和公司主宰一切，而世界整体的社会进步、人类大多数的基本权利以及国家主权被忽视，经济增长与社会进步日益脱节，诸如各种犯罪、价值观丧失等社会问题因为全球化而恶化了。

经济全球化下生态环境的持续恶化也让人感到不安和对未来信心不足。虽然我们不能把环境恶化的责任简单地推到全球化头上，然而，正是在这个全球化时代，“家园问题”变得越来越严重。联合国秘书长安南发表的《我们人民：二十一世纪联合国的作用》（即《千年报告》）指出：“半个世纪前，在制定《联合国宪章》的时代，没有人想到，当代给予后代一个环境上可持续的未来会成为人类面临的最大的挑战之一！”市场化（特别是发达国家建立在过度消耗资源基础上的市场扩张）、城市化、财富的不合理分配、富者的过度消费及其消费模式的“传染”“普及”效应，是地球环境退化和恶化的主因。经济全球化意味着世界劳动分工和布局的大转移，第一世界已专注于高附加值的非污染的知识产业，而第三世界则成了工业制成品和资源密集实物产品的主要产地，成了全球环境代价的主要承受者。许多发达国家和全球性公司不但没有为地球环境恶化承担更多的责任，反而自私地推卸责任。1998 年 9 月 14 日墨西哥《至上报》上一篇题为《富国和穷国的不平等也反映在破坏生态环境受害的程度上》的文章就谴责说：“工业化国家是破坏臭氧层的主要源头。但是，最终为污染和滥用土地、森林、河流以及海洋而付出代价的却是那些最贫困的国家的人民。”据联合国开发计划署 1998 年人文发展指数报告的结论，每年大量死于空气和河水污染的是发展中国家的居民。此外，他们深受土壤贫瘠之苦，不久的将来还可能因为地球气温上升而遭水灾、地震和歉收之害。工业化国家是这种现象的罪魁祸首，因为它们是世界原料最大的消费者。英国《新政治家》周刊 1998 年 10 月 16 日一期题为《环境污染穷人受害》的文章也指出：“全世界死于环境污染的大多是穷人，他们是迄今为止自然界恶化的最大受害者。……污染正在地球上最贫困的人们中间展开一场悄无声息（且鲜为人知）的‘大屠杀’。举例而言，世界卫生组织的数据表明，每年有 270 万人死于空气污染，其中 90%生活在发展中国家。……自然界环境恶化最早危及的也是穷人，他们付出的代价亦最大。……赤贫的人们生活在最为脆弱的边缘地带，这些地方往往最先被洪水洗劫或遭狂风肆虐。”

（五）国家内部和国际社会都出现了不同程度的治理危机

在民族国家的范围内，各国原有的体制、政治领导能力、社会设施、政策体系、价值观念和文化都面临着全球化的冲击。各国（包括发达国家在内）都不得不试图通过国内改革来适应越来越全球化的世界，而形成一个富有创新和竞争能力的开放经济与社会无疑是应对全球化挑战的关键。在国际社会，繁荣与发展是人类共同的心声和目标，但是，和平、发展和安全的性质、结构以及影响它们的各种因素在改变，已有的调节国际关系而非全球关系的国际制度和组织的弱点、失误和无能逐渐暴露，已远不能适应经济全球化的现实。国际政治经济体系的深入改革，是经济全球化发展的必然要求，从根本上有助于解决与经济全球化有关的问题，是各国和世界人民的根本利益之所在。发展中国家要坚决反对超级大国试图控制经济全球化“游戏规则”的霸权行为，通过协调立场和加强合作来促进国际体系的民主变革。

（六）经济全球化使国家经济主权受到一定程度的冲击

国家主权是国家独立和民族尊严的象征，具有神圣不可侵犯性。但是，如今经济全球化已冲破了国家界限，摆脱了国家疆域的束缚，原来完全为一国所独立拥有的权利却日益成为国际社会共同拥有的权利，各国的经济活动越来越多地遵循国际惯例和国际条例来运作。这样一来，国家主权，特别是经济主权就受到了一定程度的制约，甚至是冲击。不过需要强调指出的是，个别霸权主义国家从来没有像现在这样起着更为决定性的作用，以更多的精力和更大的影响去干涉地方、国家和国际层面上的经济转变和投资。如果不承认霸权主义国家尤其是美国在出钱搞宣传活动、刺激军备竞赛、资助文化和宗教宣传方面的关键政治作用，也就不可能理解市场在俄国、中国和东欧国家以及曾经是激进的第三世界国家的扩张。最基本和重要的贸易协定（关贸总协定、北美自由贸易协定、东盟会议）和贸易区（欧洲经济共同体、北美自由贸易区、南方共同市场）被民族国家所设计出来、编成法律并加以实施。从这个意义上讲，全球化所削弱的，仅仅是不发达国家的主权，发达国家的主权并没有受到削弱，实际上还在加强。

（七）经济全球化了，却缺乏有效的全球协调体系，全球性经济危机大大增强

经济全球化是各国经济活动从国内走向全球的过程，是生产活动在全球范围内实现社会化的过程，是市场经济全球化的过程。当市场跨国界延伸为世界市场时，国际层面的市场同样也存在失灵和缺陷，客观上要求市场规则和弥补市场缺陷的调控手段跨国界延伸，即为全球性的经济提供全球性的规则和制度。在经济全球化背景下，各国已经认识到加强联合，共同抵御经济风险的必要性，各国都表示出制定各国都共同遵守的旨在规范所有国家经济行为的规则的强烈愿望。但是，从总体上讲，经济全球化的国际调节能力远远滞后于经济全球化水平，具体表现在如下几个方面。

1. 全球经济的游戏规则仍然以发达国家的利益为核心，许多制度安排未将发展中国家考虑进去。经济全球化要求经济交往按照全球经济的游戏规则进行，在这里，有什么样的游戏规则，就会有什么样的经济交往方式，游戏规则决定着交往各方的可预期收益并由此影响着各方的经济决策动因和决策实施效果。在经济全球化背景下，从根本上说，游戏规则是由各国的力量对比所决定的。在现实世界中，发达国家在制定游戏规则方面拥有明显的优势。发达国家内部的基本格局是美、日、欧三强鼎立，它们的经济发展水平、经济体制及意识形态等诸多方面较为接近，具备了进行对称协调的可能性；加之国际的商品、资金、技术、劳务等要素的流动主要集中在发达国家，更增加了它们进行对等协调的必要性。这样，在世界范围内，国际规则的形成过程变成了发达国家集团与发展中国家的相互博弈过程。发达国家通过七国首脑会议或欧盟这样的组织在其内部形成共同的规则，并凭借实力优势将它们共同的内部规则延伸为世界通行的规则，主导着国际制度的形成和演化。

2. 国际组织在促进各国经济联系加强的同时，并没有找到一条适应经济全球化发展的模式。传统国际经济组织在经济全球化背景下的作用在不断下降，要求它们进行改革的呼声越来越高。IMF 和世界银行面对日益全球化的资本，调控已显得力不从心；WTO 的产生使人们看到了一线希望，但它以西方新自由主义为指导原则的做法，将人为地增加后进国家参与全球化的风险。

3. 全球一体化程度低于区域一体化程度，并且区域间一体化的发展也是不平衡的。全球缺乏统一的一体化规则，在这种情况下，发达国家与发展中国家相比较，它们驾驭经济全球化的能力更高、反应更快，它们的政策选择为发展中国家所模仿。但因两类国家制度建设上的差异，造成同样的政策选择，其效果却存在极大的差异。

4. 全球经济一体化规则最终影响经济全球化的利益分配。这种分配规则是否合理、公平，要考虑到资源的初始配置状况。然而作为这一规则的主要倡导者发达国家很少考虑到由历史原因造成的资源配置初始状况的不平等，特别是发达国家与发展中国家之间的这种初始不平等。

在经济全球化条件下，国际经济协调与合作的加强，是客观形势使然，乃大势所趋。但是，在资本主义占主导地位的世界经济中，又充满了矛盾和斗争，这是资本的本性所决定的。现在全球 1/3 的经济受到危机和衰退的困扰。这一切表明，一个缺乏有效防范和监控体制和机制的全球经济，必然是危机四伏的。

二、反全球化运动

（一）反全球化运动

经济全球化是当代世界经济发展的新特点，对于这一新特征如何评价已成为一个世界性的热点话题。迄今为止，关于全球化的讨论文献如汗牛充栋，对全球化的评价观点也是见仁见智。而自 20 世纪 90 年代末开始在世界范围兴起的反对全球化运动，则是用行动对全球化，特别是经济全球化作出的否定性回答。

1999 年 11 月 28 日至 12 月 4 日，世界贸易组织部长会议在美国西雅图举行。会议期间，来自不同国家和地区的数百个非政府组织和 5 万多抗议者举行了声势浩大的游行抗议活动。他们占据交通要道，阻止各国代表前往会场，并高呼着“关闭 WTO”之类的口号。一些示威者砸毁了麦当劳店的玻璃，并与警察发生了冲突。警察动用了催泪瓦斯、橡皮子弹和装甲车维持秩序，但会议仍然无法正常进行。这次抗议作为一次标志性事件，通常被认为是“反全球化现象”的开始。自西雅图事件以来的反全球化现象，呈现以下趋势：

第一，西雅图之后，反全球化活动频繁发生。2001 年“9•11”事件发生后，一些原定的反全球化活动被取消。但“9•11”事件和美国在全球范围内的大规模反恐行动并没有使反全球化行动者们偃旗息鼓，他们在 2002 年初又重新活跃起来。在 2002 年 2 月世界经济论坛年会开幕之际，被称为“穷人经济论坛”的第二届“世界社会论坛”在巴西阿雷格里举行，来自世界各地的数万反全球化行动者参加了这次活动。与会者就世界和平、恐怖主义、地区冲突等问题进行了研讨，债务、就业、环境、人权等问题也是讨论的重点。参加者还就反新自由主义经济政策和反全球化提出了建议。8 月底，世界可持续发展大会，即第二届地球首脑会议，在南非约翰内斯堡开幕。与此同时，来自世界 100 多个国家的约 400 个非政府组织的 3 万多名代表也会聚这一城市，举行了规模盛大的“全球人民论坛”。消除贫困、反对战争及可持续发展是此次活动的主题。会议期间，上万人在约翰内斯堡举行游行活动，呼吁消除贫困，消除两极分化。

第二，反全球化运动的规模不断扩大，涉及的国家和地区越来越广泛。与西雅图之前相比，“反全球化现象”的全球化趋势增强。2001 年，在加拿大魁北克举行的反对美洲自由贸易区协议的活动中，参与者达 6 万人之多，美洲其他国家也同时发生了抗议活动。在热那亚的抗议活动中，来自世界各地的抗议者达 10 万人。2000 年，为了避免抗议者，世界贸易组织决定在卡塔尔的多哈举行会议，尽管当地没有发生大规模的抗议活动，但在英国、法国、日本、印度、泰国等地则在同一时间发生了不同规模的抗议活动。2002 年，世界各地非政府组织代表参与的第二届世界社会论坛与第一届相比，其广泛性、全球性的特征明显加强。在全球范围，与反全球化相关的非政府组织和网站也迅速增多。

第三，反全球化运动在程度上日趋激烈，经常与警察发生冲突。在巴塞罗那，大约 8000 名反全球化示威者在市中心进行游行抗议，一些人捣毁了商店和建筑物，使反全球化的和平示威演变为与警察的冲突。在热那亚，示威活动与警察的冲突导致一人死亡。激进的反全球化者认为这是“资本主义向工人阶级和青年人宣战”的标志，是反全球化运动的“转折点”。这位反全球化青年积极分子则成为“反全球化运动在资本主义国家的第一位死难者”。2002 年 9 月，各国的反全球化人士为西方七国财长会议而云集华盛顿，结果有 65 名参加示威的人打砸花旗银行总部玻璃，并在商业区投掷烟幕弹，导致 600 人被捕。

第四，反全球化活动趋于正规化、制度化，组织意识增强，其抗议方式和策略也日趋多样化。人们可以看到，一些针对重大国际会议而举行的相对立的会议已经经常化或制度化，像针对达沃斯世界经济论坛的“世界社会论坛”，自 2001 年 1 月在巴西举行第一次会议以来，拟每年举行一次活动，与世界经济论坛同时开幕。其口号是在世界范围内推动一个“替代新自由主义”的新社会秩序。

（二）反全球化运动的主要力量

参与反全球化运动的组织主要有以下几类：

1. 环保主义者。这是反全球化运动中一个非常积极的组成部分。他们的主要观点是新自由主义的全球化忽视了生态环境的保护，唯利是图的公司为了利润而破坏了生态环境和人类资源。因此他们倡导可持续发展，主张贸易谈判应包括环保条款，反对跨国公司向环保标准低的第三世界国家转移，提倡安全食品第一，健康第一，地球第一的口号。一些知名的环保组织，如“绿色和平组织”“善待动物人民组织”（People for Ethical Treatment of Animals, PETA）、“热带雨林行动网络”（Rainforest Action Network）、“地球第一”（Earth First）组织等，都是反全球化行动的积极参与者。

2. 劳工组织。劳工组织也是反全球化运动的积极参与者，在西雅图、尼斯等地举行的反全球化抗议行动中，都有劳工组织的参与。劳工的参与对整个反全球化运动具有重大的影响。发达国家工人认为全球化降低了他们的生活条件，削弱了工会的作用。发展中国家的工人则受到跨国公司裁员的影响，导致大量的失业。劳工参与反全球化的目标主要是反对资本主义剥削、反对血汗工厂及降低劳动保障条件。他们要求提高工资待遇，制定全球最低工资，组织全球工会，要求在多边贸易谈判中包括劳动权利和社会保障条款等。

3. 农民组织。农民组织谴责资本主义全球化导致了土地集中，使农民和土著人失去了自己的土地。他们提出进行土地改革，反对土地被占有和出卖，反对单一作物；提出土地、水和种子要掌握在农民自己手中。例如法国农民“反全球化专业户”博韦（Jose Bove）组织了“农民联盟”，奔走于各国，鼓动反全球化活动，抗议农产品基因变种。他的行动在法国和其他国家得到很多支持。巴西、墨西哥等拉美国家的农民则积极投身于争取土地的运动。发达国家的一部分农民及其代言人也对全球化表示反对，这是因为面对不发达国家的农业，发达国家的农业经常不具有竞争力，他们自然会怨恨农产品自由贸易。

4. 人权组织。人权组织参与运动的目的包括反对剥削、反对剥夺劳动权利、反对雇用童工、反对与独裁国家或违反人权的政府进行交易等。他们还为保护少数民族权利、土著权利呼吁。人权组织提出，世界银行和国际货币基金组织的结构调整规划贷款不能违背现存的国际人权条约和社会福利。“全球交流”（Global Exchange）、“直接行动网络”（Direct Action Network）、“激进的根”（Radical Roots）及“全球贸易观察”（Global Trade Watch）等组织，都是在反全球化运动中非常活跃的人权组织。

5. 妇女组织。妇女运动也是反全球化运动中非常活跃的运动之一。例如在巴西举行的“世界社会论坛”中，妇女参加者超过40%。南方妇女联合组织“新时期妇女发展选择”（Development Alternatives with Women for a New Era）为世界社会论坛中妇女席位据理力争，终使论坛增加了妇女问题的讨论，使第二次论坛中妇女代表几乎遍布各个小组。妇女运动的组织者认为，妇女运动是反全球化“运动中之运动”的完全参与者，提出“现在是应该承认妇女为性正义、经济正义和共享民主而进行斗争之重要性的时候了”。在反全球化运动中，西方发达国家是反全球化的主力。在西方发达国家内部，不同社会阶层在全球化进程中的得失差距悬殊，造成新的社会不公正现象和新贫困。全球化的推进是以近年来高科技的迅猛发展为背景和动力的。由于不同群体对新科技革命的适应能力大相径庭，部分传统产业被淘汰后，传统产业工人和低技能者因不能适应这一社会变革而利益受损。这些全球化进程中的“弱势群体”把参加反全球化运动作为发泄不满的出气口，成为西方反全球化运动的主体力量。这也是反全球化运动的主力在欧美等发达国家的主要原因。

（三）反全球化运动的实质

反全球化运动的实质是反对资本主义的全球化。从反全球化运动提出的口号来看，他们最直接的反对目标有三类：一是全球著名的跨国公司，如耐克、麦当劳、微软等；二是大型国际组织，如世界银行、国际货币基金组织、世界贸易组织等；三是多边贸易协议，如北美自由贸易区协议等。反全球化者为公司全球化开列的罪名主要有：违反民主原则、破坏生态环境、践踏人权、弱肉强食、唯利是图、剥削劳工、破坏文化的多样性。

1998年度诺贝尔经济奖得主阿玛蒂亚•森认为，这些反全球化人士其实并不是真正地反对全球化，他们是在反对某种同他们本身信念、价值观相背离的全球化，其中有对世界南北差距拉大、分配不均的忧虑，有对几个大国主宰世界的不平，当然也免不了为了维护自身的狭隘民族利益甚至是无政府主义。

联合国秘书长安南在2000年4月3日发表的《我们人民：二十一世纪联合国的作用》中也认为：“很少有人、团体或政府反对全球化本身。他们反对的是全球化的悬殊差异。首先全球化的好处和机会仍然高度集中于少数国家，在这些国家内的分布也不平衡。其次，最近几十年出现了一种不平衡现象：成功地制定了促进全球市场扩展的有力规则并予以良好实施，而对同样正确的社会目标，无论是劳工标准，还是环境、人权或者减少贫穷的支持却落在后面。更广义地说，全球化对许多人已经意味着更容易受到不熟悉和无法预测的力量的伤害，这些力量有时以迅雷不及掩耳的速度造成经济不稳和社会失调。……人们日益焦虑的是……他们的呼声会被全球化的声浪淹没。”

当今的全球化进程中产生了许多严重的问题，尤其是社会问题，这主要体现在贫富分化和环境恶化及其他许多问题上，这些问题表明世界经济表面“繁荣”背后隐藏着的严重社会问题和危机。应该说，这些问题是由资本主义制度固有的矛盾所引起的，是不以人的意志为转移的。反全球化源于人们对这些问题的不满，特别是源于人们对当今资本主义制度的不满与反抗，“反全球化”中的“反”字包含了人们对资本主义全球化不同程度的不满和反抗，代表了“不满”“憎恨”“批判”“反对”“抗议”“抵制”及“反抗”等不同的意思。

反全球化的产生和发展，有利于促使国际社会对全球化带来的负面影响和未来发展方向进行反思，其矛头主要指向西方发达国家和现行不公正的国际经济秩序，对西方发达国家在全球化进程中的不公正做法是一个有力的牵制，也促使相关的国际机构对自身进行改革和完善，有利于推行全球化进程的民主化，使全球化朝着更加公正、合理、透明可控的方向健康发展，进而推动建立公正、合理的国际经济新秩序。反全球化者要求改变目前经济全球化的不公正和不平等状态，要求对全球化进行“管理”，规范跨国公司的行为，改造现存的国际秩序和国际经济组织，这应当予以肯定。八国集团领导人迫于反全球化示威者的压力，也不得不专门发表声明，强调全球化必须以全人类的共同福利为出发点。一些西方国家已开始意识到经济全球化所带来的负面问题的严重性，表示要关注发展中国家的发展，承诺对最贫困国家减免债务。国际货币基金组织和世界银行也表示要听取抗议者的意见与建议，对自身机制和政策进行改革。但是，只要资本主义生产方式和生产关系存在，只要发达资本主义国家依然是经济全球化的主导力量，诸如两极分化、环境恶化等全球性社会问题就难以避免，反全球化运动可以唤起国家社会对经济全球化消极后果的关注并采取措施加以解决，但是不可能从根本上解决这些问题。

（四）反全球化运动的局限性

反全球化运动也有自身的局限性。

1. 反球化运动缺乏统一的目标和统一的组织。反全球化运动的参加者具有多样性，其目标和动机具有多样性。如前所说，反全球化运动的主要目标是反对发达国家的跨国公司和国际组织如世界银行与国际货币基金组织。但是有些参加者提出的目标就比较单一，如争取动物权力、反对砍伐森林、反对建筑水坝、反对转基因作物或争取土著人权利等。此外现在也还没有形成一个全球统一的反全球化组织，许多运动都是自发组织的，其活动经费有的靠募捐，有的靠自筹，资金支持明显缺乏。目标的多样性和组织的松散性在一定程度上削弱了全球化运动的力量。

2. 反全球化运动与观点鱼龙混杂，有些行为与观点是显然错误、过激、非法和非理性的。在许多场合，反全球化示威者往往把诸如国际货币基金组织和世界银行等国际组织作为攻击的目标，甚至进行人身攻击。有的示威者还以暴力方式表达自己的意愿和要求。有些反全球化群体只注重集团利益，目标偏激，抗议活动的方式简单、生硬、粗暴，表现出极端主义的倾向。参与反全球化的主体成分庞杂，某些组织与民族主义、排外主义及其他极端主义力量有着千丝万缕的联系，这对国际社会的稳定将造成消极影响。事实上，通常的情况是一旦反全球化运动发起示威，往往很快演变成冲击社会秩序和治安的不可控制的力量，导致严重的社会冲突和混乱。

3. 发达国家反全球化运动和发展中国家反全球化运动的目标与要求存在严重的矛盾和冲突。发达国家的反全球化人士往往指责他们的资产阶级政府未能有效阻止来自发展中国家的低廉的劳动力对他们国家的工人构成了竞争。他们甚至建议西方发达国家在推进全球化的进程中更多地提高劳工的社会标准，这无非是找一个借口来抵制来自发展中国家的廉价劳动力的冲击。他们还要求美国等发达国家停止实行贸易自由化政策，对外实行贸易保护，有的还反对中国加入 WTO。他们认为，发达国家向发展中国家转移制造业，从发展中国家进口商品是造成发达国家失业增加，弱势群体收入减少的主要原因。他们反对 WTO 和新一轮多边贸易谈判不是为了保护发展中国家的利益，而是为了反对发展中国家向发达国家出口商品。有些参加者还要求对来自发展中国家的移民采取排他主义的政策。这种利益和要求上的矛盾与冲突，也使反全球化运动难以团结起来形成统一的力量，这在很大程度上也削弱了反全球化运动的影响。

毫无疑问，反全球化运动的局限性是明显的，但是，与反全球化运动的积极作用比起来，其局限性是次要的。我们认为，反全球化运动的主流是积极的，是为了克服资本主义全球化带来的种种弊病。反全球化运动要想真正消除全球化进程中的矛盾和冲突，真正起到推动建立更合理的国际经济秩序和政治秩序的主力军作用，就必须自觉克服自身的局限性，用更具号召力的口号团结更多的社会力量加入到运动中来，以更加理性、更加文明的姿态站在反对资本主义全球化的政治舞台上。

参考文献

[1]《马克思恩格斯选集》第 1 卷，北京：人民出版社，1995 年。

[2]《马克思恩格斯全集》第 30 卷，北京：人民出版社，1995 年。

[3] 布林：《世界经济与帝国主义》，北京：中国社会科学出版社，1983 年。

[4] 劳尔 • 普雷维什：《外围资本主义：危机与改造》，北京：商务印书馆，1990 年。

[5] 伊曼纽尔 • 沃勒斯坦：《现代世界体系》第 1、2、3 卷，北京：高等教育出版社，1998 年。

[6] 阿兰 • 鲁格曼：《全球化的终结》，北京：生活 • 读书 • 新知三联书店，2001 年。

[7] 乌 • 贝克 • 哈贝马斯等：《全球化与政治》，北京：中央编译出版社，1999 年。

[8] 雅克 • 阿达：《经济全球化》，北京：中央编译出版社，2000 年。

[9] 戴维 • 赫尔德：《全球大变革：全球化时代的政治、经济与文化》，北京：社会科学文献出版社，2001 年。

[10] 约瑟夫 • 斯蒂格利茨：《全球化及其不满》，北京：机械工业出版社，2004 年。

[11] 王逸舟主编：《全球化与新经济》，北京：中国发展出版社，2004 年。

[12] 威廉 • 格雷德：《资本主义全球化的疯狂逻辑》，北京：社会科学文献出版社，2004 年。

（本文原载于《政治经济学评论》2004 年第 3 期）

中国方案开启经济全球化新阶段*

面对全球治理失序、逆全球化浪潮汹涌、世界经济复苏前景不确定性增强的复杂形势，中国国家主席习近平出席达沃斯世界经济论坛 2017 年年会并发表主旨演讲，向全世界提出了推动经济全球化的中国方案，宣示了中国坚持自由贸易和继续推动经济全球化的坚定决心与愿望，彰显了中国在全球治理中的责任、担当和领导力，为国际社会应对风险和危机，完善全球治理体系，推动世界经济走上强劲、平衡、可持续和包容性增长之路指明了方向，具有重大的理论和现实意义。

一、经济全球化与逆全球化

经济全球化，顾名思义，就是世界各国由于资金、技术、商品及人员的广泛流动而相互开放、相互联系、相互依赖的一体化过程。经济全球化早在地理大发现助推资本主义向海洋扩张时期就已启动，随着科学技术的进步和社会生产力的发展，经济全球化得到不断发展，到 2008 年金融危机爆发前，经济全球化达到了高潮，其表现是：国际分工从垂直型分工发展到水平型分工，全球价值链得以形成，在全球范围内开展协同生产达到新的高度；世界贸易的增速远远超过了世界经济的增速，规模庞大的贸易成为推动世界经济的强大引擎；股票、基金和债券三大市场全球联网，国际金融市场的规模迅速扩大；跨国公司数量不断增多，对外直接投资规模不断扩大，生产组织、技术研发、市场营销、人员配置等经营活动实现了全球化布局。经济全球化极大地推动了世界经济的发展，增进了世界各国的经济联系，提高了资源在全球范围内进行配置的效率。

然而 2008 年全球金融危机之后，经济全球化的强劲发展势头戛然而止，

---

* 本文为作者主持的国家社会科学基金重点项目“经济全球化条件下当代垄断资本主义经济停滞常态化及其影响研究”的阶段成果。项目批准号：15AJL001。

随之而来的是贸易保护主义抬头，逆全球化浪潮兴起。其表现是：其一，国际贸易的规模和增速都显著萎缩。2008年国际金融危机以来，全球贸易增速明显放缓，已经从1990年到2008年间平均增长7%，降至2009年到2015年间平均增长3%的水平。跨国公司的发展和对外直接投资增速也持续放缓，至今未恢复到危机前的水平。贸易和投资增速持续呈现低迷状况，意味着经济全球化陷入停顿。其二，投资限制和贸易壁垒加大。自2008年全球金融危机爆发以来，发达经济体普遍陷入空前严重的经济衰退，为了实现经济复苏，一些国家纷纷采取保护主义措施。曾经风靡一时的投资自由化和贸易自由化政策被束之高阁，严格的投资限制和严密的贸易壁垒大行其道。美国、日本和欧盟背信弃义，无视中国严格遵循国际贸易规则和自觉履行义务的事实，不承认中国的市场经济地位，公然践踏国际规则。美国总统特朗普则声称要将中国视为汇率操作国，并扬言对中国输美商品征收45%的关税，企图挑起贸易战。为了推动投资从别国回流美国，特朗普威胁美国大公司若不将投资转回国内，就将对这些公司的输美商品征收惩罚性高额关税。凡此种种，不一而足。保护主义严重阻碍国际贸易和投资的扩大，使经济全球化面临严峻挑战。其三，区域经济一体化呈现排他性、封闭性、碎片化发展态势。区域经济一体化是经济全球化的重要组成部分和推动力量，区域经济一体化有助于推动经济全球化的发展。但是金融危机之后，由于各种复杂的政治经济社会原因，一些地区的区域经济一体化进程受到重创。如，欧盟的建立曾是区域经济一体化和经济全球化取得的标志性成果，然而英国却不顾欧盟各国以及国际社会的劝阻和反对，借助公投强硬脱离欧盟，使欧洲一体化进程和经济全球化进程遭遇重创。区域经济一体化进程的扭曲和逆转严重阻碍了经济全球化的发展。

二、逆全球化的成因

近年来贸易保护主义抬头，经济全球化出现逆转，这不是偶然的，而是由经济全球化的特殊性质决定的。经济全球化具有两重性，一方面，它是生产高度社会化的产物，是社会生产力发展的客观要求和科技进步的必然结果，代表了社会经济发展的方向；另一方面，它是在资本主义生产关系主导下进行的，反映了资本主义生产方式在全球范围的扩展。这种特殊性质决定了经济全球化本身就是一个由积极效应与消极效应构成的矛盾统一体，当积极效应成为矛盾的主要方面的时候，经济全球化受到人们的欢迎，其进程就会加快，当消极效应成为矛盾主要方面的时候，经济全球化就会受到一些人的指责，其进程就会发生停顿甚至逆转。目前逆全球化浪潮的出现，意味着经济全球化内部的消极效应取代积极效应成为矛盾主要方面。

1. 技术进步迟缓，缺乏具有划时代意义的技术突破。经济全球化是生产力发展水平不断提高的产物，技术进步则是生产力发展的强大推动力。自经济全球化进程伴随地理大发现和工业革命启动以来，技术进步一直是经济全球化的强大推动力。15 世纪末世界造船技术实现重大突破，推动了地理大发现和海上贸易，拉开了经济全球化的序幕。18 世纪 60 年代蒸汽机技术的发明助推第一次工业革命，人类步入工业化时代，机器大工业生产体系吸纳的原材料来自世界各国，所产出的商品远销异国他乡，有力地推动了经济全球化的发展。19 世纪 60 年代电和内燃机的发明推动第二次工业革命的发生，社会生产力进一步发展，大规模的商品资本输出和借贷资本输出推动世界市场形成，经济全球化水平进一步提高。20 世纪 80 年代兴起的信息技术革命推动产业升级换代，促进经济迅速增长，推动经济全球化步入历史发展的新阶段。但是，进入 21 世纪以来，诸如 3D 打印、人工智能等新技术虽然已经出现，但是并没有像以往历次技术进步那样引发生产方式深刻而全面的变革，没有形成推动全球经济快速增长的全新供给能力，难以对经济全球化进程形成强有力的支撑，这意味着技术进步迟缓限制了经济全球化进程。

2. 收入差距和社会不平等扩大。发达国家是经济全球化的主导者和主要获益者，理应承担起继续推动和引领经济全球化的责任，但是事实上近年来西方发达国家内部反全球化的呼声一直很高，其原因是经济全球化的真正获益者并非多数人，而是极少数私人垄断资本。发达国家私人垄断资本通过对外直接投资、对外贸易以及跨国金融交易，财富快速膨胀，富可敌国，导致国内收入差距急速扩大；私人垄断资本通过大规模对外投资获取巨额利润的同时导致产业严重空心化和大量制造业工人失业，进一步拉大收入差距；私人垄断资本在海外投资赚取巨额利润的同时采取种种手段进行避税，导致政府税源枯竭，债台高筑，调节社会矛盾的能力锐减。所有这些引起了发达国家内部大量普通民众对经济全球化的强烈不满，一些极端政治势力借此进行政治投机，利用反全球化宣传拉选票，将制造业衰败和工人失业的责任归结到别国头上，进而实施贸易保护主义政策，逆全球化浪潮兴起。

3. 发展模式缺乏包容性。长期以来，世界经济虽然在经济全球化的推动下有了长足发展，各国都分享了经济全球化的积极成果。但是由于经济发展模式缺乏包容性，世界经济发展严重失衡。首先，发达经济体凭借资本、技术和管理等方面的强大优势在国际经济关系中占据中心地位，广大发展中国家则处于外围和依附地位，中心与外围的关系是支配与被支配、剥削与被剥削的不平等关系，严重制约了发展中国家的发展。其次，发达国家凭借高科技产业保持发展优势，而将资源耗费量大、环境污染严重的落后技术转移到发展中国家，加上发展中国家自身也缺乏保护环境的意识和技术条件，导致资源过度开发、环境污染严重、发展条件日益恶化。再次，发达国家通过直接投资控制发展中国家的经济命脉，以附加政治条件的方式向发展中国家提供贷款，使发展中国家成为发达经济体的商品倾销地和原材料输送地，导致发展中国家失去独立自主发展经济的能力，难以摆脱贫穷落后面貌。经济发展模式缺乏包容性使发达国家和发展中国家经济发展出现严重失衡，导致经济全球化出现停顿和逆转。

但是，经济全球化已经把世界各国紧密联系在一起，形成了你中有我、我中有你、相互联系、相互依存的局面。因此，必须积极打造经济全球化新动能，缩小收入差距，改革过时发展模式，健全全球治理体系，推动经济全球化健康发展，助推世界经济走上强劲、可持续、平衡、包容增长之路。

三、开辟经济全球化新时代

在新的历史条件下，面对逆全球化思潮的兴起，习近平主席在出席达沃斯论坛和访问联合国日内瓦总部期间所发表的系列重要讲话，向全世界提出了推动经济全球化的中国方案，回答了需要什么样的经济全球化的问题，指出了经济全球化的发展方向，表达了继续推动经济全球化的坚定决心，为开辟经济全球化新时代贡献了中国智慧。

1. 坚持创新发展理念，打造富有活力的增长模式，厚植经济全球化新动力。创新是从根本上打开增长之锁的钥匙。以互联网为核心的新一轮科技和产业革命蓄势待发，人工智能、虚拟现实等新技术日新月异，将给人们的生产方式和生活方式带来革命性变化。创新增长方式：其一，要创新政策手段，推进结构性改革，为增长创造空间、增加后劲。其二，要把握好新一轮产业革命、数字经济等带来的机遇，世界各国通力合作，把实施创新政策的力量汇集一处，做到理念上有共识、行动上有计划、机制上有保障。其三，要处理好开发智能产业与创造新就业机会的关系，在培育新产业新业态新模式过程中创造新的就业机会，让世界各国重拾信心和希望，共享创新发展成果。

2. 坚持开放发展理念，打造公正合理的治理模式，推动经济全球化有序进行。其一，打造全球经济治理要以平等为基础，更好反映世界经济格局新现实，增加新兴市场国家和发展中国家代表性和发言权，确保各国在国际经济合作中权利平等、机会平等、规则平等。其二，打造新型全球经济治理要以开放为导向，坚持理念、政策、机制开放，适应形势变化，广纳良言，充分听取社会各界建议和诉求，鼓励各方积极参与和融入，不搞排他性安排，防止治理机制封闭化和规则碎片化。其三，打造全球经济治理要以合作为动力，全球性挑战需要全球性应对，合作是必然选择，各国要加强沟通和协调，照顾彼此利益关切，共商规则，共建机制，共迎挑战。其四，打造全球经济治理应该以共享为目标，提倡所有人参与，所有人受益，不搞一家独大或者赢者通吃，而是寻求利益共享，实现共赢目标。

3. 坚持联动发展理念，打造互利共赢的合作模式，协同推动经济全球化进入新阶段。其一，要在世界经济共振中实现联动发展，坚定不移发展全球自由贸易和投资，在开放中推动贸易和投资自由化便利化，旗帜鲜明反对保护主义。其二，要加强政策规则的联动，一方面通过宏观经济政策协调放大正面外溢效应，减少负面外部影响，另一方面倡导交流互鉴，解决制度、政策、标准不对称问题。其三，要夯实基础设施的联动，推动全球基础设施互联互通，加大对基础设施项目的资金投入和智力支持。其四，要增进利益共赢的联动，推动构建和优化全球价值链，扩大各方参与，打造全球增长共赢链。

4. 坚持包容发展理念，打造平衡普惠的发展模式，夯实经济全球化的共赢基础。旧的经济全球化是赢者通吃、弱肉强食的全球化，这样的全球化不可持续，发生逆转是难以避免的，新的经济全球化必须体现公平包容原则，这是实现经济全球化持续推进的根本保证。其一，要让全球经济发展更加平衡，让发展机会更加均等、发展成果人人共享，就要完善发展理念和模式，提升发展公平性、有效性、协同性；其二，要着力解决贫困、失业、收入差距拉大问题，照顾好弱势人群的关切，促进社会公平正义；其三，要保护好生态环境，推动经济、社会、环境协调发展，实现人与自然、人与社会和谐；其四，要建设包容型世界经济，夯实经济全球化共赢基础，努力让经济全球化更具包容性。

中国已经成为世界第二大经济体，中国的发展得益于深度参与经济全球化，中国也是经济全球化的有力推动者。推动经济全球化的中国方案为经济全球化的新时代描绘了一幅新的蓝图，可以预见，这将大大增强国际社会对实现世界经济复苏的信心，有力遏制逆全球化的浊浪，为经济全球化持续发展注入新动能，助推世界经济走上强劲、可持续、平衡、包容增长之路，为构建人类命运共同体，实现世界各国人民共赢共享崇高目标做出伟大贡献。

（本文原载于《红旗文稿》2017年第3期）

比较经济学与比较制度分析

苏南自治理论比较

自治理论是关于社会主义政治和经济体制形成和发展的理论。继南斯拉夫运用自治理论对其政治和经济体制作了全面深刻的改革以后，今日苏联是把自治理论作为改革和完善其政治体制与经济体制的理论依据。苏南在实现社会主义民主化的实践中都强调社会主义自治原则，这是苏南两国经济和政治发展中的一个有趣的趋同现象。研究和认识苏南两国的自治理论，无论对于了解苏南的政治和经济改革，还是对于深化我国的改革，都有重要的意义。

一、关于自治以及自治与国家的关系

关于南斯拉夫对自治的认识，即自治就是劳动者通过自己当家作主，自由地劳动和创造自己的幸福。南斯拉夫认为国家集权与自治是相矛盾的。国家在经济上和政治上的高度集权，意味着它只在名义上是全社会劳动者的代表，实际上，工人阶级和广大劳动者仍然无权支配自己的劳动计划，安排扩大再生产和支配自己的收入。工人阶级和劳动者在这种体制下仍然处于经济和政治的异化状态。中央高度集权必然导致官僚主义。因此，南斯拉夫主张，国家管理体制必须让位于自治制度，自治制度的形成与国家的消亡是统一的过程。苏联称自治为劳动人民自治。什么是人民自治？人民自治之要义是劳动人民通过国家参加国家和社会事务的管理。苏联把社会主义人民自治看作一个体系，其中包括党、苏维埃、各社会团体及劳动集体，在这个体系中，人民代表苏维埃是国家的政治基础，它不仅是权力机关，而且是联合人民的机关，国家的这种双重性质决定了人民自治的发展与国家不是矛盾的，也不是对立的，通过加深国家的组织和活动的民主原则，加强国家机关同社会团体的互相配合，积极吸收劳动群众参加管理，便可促进自治的发展。苏联认为，自治的国家形式和社会形式之间的区别只能是社会主义人民自治内部的区别，如果割裂开来，就不能正确解释自治的内容。

苏联和南斯拉夫对自治及自治与国家的关系的认识存在着明显的差别。南斯拉夫对自治的理解侧重于劳动者通过自己管理国家、社会和企业的事务，国家只是劳动者用以实现自治的工具或社会形式；苏联对自治的理解则着重于劳动者通过国家参与国家和社会事务的管理。由这种差别所决定，南斯拉夫对待国家集权采取坚决反对的态度，通过削弱国家的职能，尤其是经济职能来发展自治，国家机构根据自治原则来设置，并以保障自治为目的发挥职能。苏联对待国家集权采取保留的态度，把人民自治理解为加强国家本身的自治性、民主性和全民性，只要吸收劳动人民广泛参与国家和社会事务的管理，加强劳动人民对国家机关工作的监督，就意味着自治的实现。应当说，南斯拉夫对自治与国家关系的理解比苏联更符合客观实际的。自治，作为社会主义民主的实质，要求在社会主义的各个领域和各个方面充分体现劳动者当家作主的地位，要求决策权的分散化，要求在社会主义和共产主义的全部发展过程中贯穿人民主体性原则。现阶段，国家存在是必要的，社会许多重要的职能如保卫、监督、协调等还需要由国家来承担，国家对国民经济也还要进行组织和管理（主要表现在宏观上）。国家只有在保证劳动者充分享有民主权利，按照劳动者的意志发挥作用时才是有意义的。国家集权必然阻碍自治的实现。在国家集权体制下实行自治，在一定程度上可以克服官僚主义，但是这是极其有限的，它不可能充分实现社会主义民主。

二、关于社会主义民主的形式

在推动社会主义民主化的进程中，社会主义民主的形式有重要意义。现阶段，社会主义民主制度有两种形式，一种是代表制民主，一种是直接民主。代表制民主是指人民群众通过选举产生的专门国家机构来行使对国家和社会事务的管理；直接民主制则是劳动者不通过任何专门的国家机构，而是直接参与国家和社会事务的管理。苏南自治理论在社会主义民主的形式上提出了各自的见解。列宁在谈到苏维埃政权的特点时指出，“它保证能够把议会制的长处和直接民主制的长处结合起来”（《列宁选集》第3卷第309页）。南斯拉夫认为列宁所讲的就是直接民主制。南斯拉夫认为代替国家而出现的自治制度应该是一种直接民主制，在这种制度中，政治问题不再仅仅是国家机关的事，社会各种政治组织和自治组织均有权参与决策，权力不再集中于国家机关，权力直接来自人民，权力属于人民及其自治民主的代表机构。南斯拉夫认为自治者正是凭借这种权力直接决定自身的利益。苏联在推进人民自治的过程中，也重视直接民主制，把它看作实现人民参与、管理国家和社会事务的重要形式。但是，与南斯拉夫不同，苏联认为代表制民主是现阶段主要的政治制度形式。苏联强调现阶段社会仍然存在着阶级划分、政治和政权，相当一部分社会权能仍然属于那些专职的国家机关，并不是一切权能都毫不例外地由人民直接来行使，人民自治不可能是十分完全的。真正的直接民主制是"通过人民自己实现的人民管理制"，这种制度只有在共产主义社会才能出现，现阶段——共产主义第一阶段的政权基本上还是"为劳动群众的政权"即表现为代表制民主的政权。苏联认为从社会主义自治过渡到共产主义自治，从代表制民主过渡到完全的直接民主是一个复杂而漫长的历史过程，要由一系列社会发展因素来决定，这既包括共产主义的物质技术基础的建立，又包括社会的社会成分单一性的形成，同时还包括造就新人，群众的政治意识和文化的进一步提高。基于上述认识，苏联把社会主义人民自治的重点放在广泛吸收人民群众参加管理国家事务、社会事务和生产上以便加强代表制民主，同时，逐步扩大由劳动者直接按照自己的意志行使决定权，不把这种权能委托给劳动人民代表的直接民主的范围。

苏南自治理论关于社会主义民主的形式的认识是他们改革政治体制的基本指导思想。苏南的共同点是都把自治看作政治体制的内容，并以加强自治作为改革和完善政治体制的目标。他们都认为代表制民主和直接民主制是政治体制的两种存在形式。他们的不同点是南斯拉夫把直接民主制看作社会主义阶段的基本民主政治制度，苏联则把代表制民主看作社会主义阶段的基本民主政治制度。苏联和南斯拉夫把自治作为改革和完善政治体制的目标，根据各自的国情确定政治体制的基本形式，有力地推动了社会主义政治民主化进程，为全面的经济改革提供了极为重要的政治保证。从苏南关于社会主义民主的形式的认识中，我们可以得到一些启示：(1) 社会主义民主必须制度化。人民群众以什么方式来行使属于自己的民主权利是至关重要的。没有一定的制度形式作保证，人民群众就不可能真正行使民主权利。(2) 政治体制的改革取决于对社会主义民主的形式的选择。代表民主制和直接民主制是社会主义民主的两种基本形式，在现实的政治生活领域较多地存在着的是它们的混合体。我们不能不在它们的主辅关系上做出选择。(3) 自治应成为我国政治体制改革的目标模式。目前，我国正在酝酿进行政治体制改革。从近期看，改革的主要目标和内容是党政适当分工，权力下放，精简机构，克服官僚主义；从长期看，则是要通过干部制度改革和完善人民代表大会制度，推动党和国家政治生活的民主化进程。这一系列改革用什么东西来统一呢？我认为，这些改革应当用实现劳动者自治来统一，由此而形成的政治体制模式应当是直接民主为主的自治模式。

三、自治与党的关系

社会主义国家政权都是通过无产阶级政党领导的无产阶级革命打碎旧的国家机器建立的。随着无产阶级专政的建立，无产阶级政党也就变成了执政党，党的组织机构与国家的职能机构并存，形成了社会主义政治体制特有的二元结构。这种结构的重要特点是党政合一。按自治原则改革政治体制，必然遇到如何处理自治与党的关系问题。南斯拉夫认为，实行社会自治与党的领导不矛盾，但这必须以党政分工为前提。南斯拉夫强调无产阶级政党不是政权，而是思想政治上的领导力量。南斯拉夫提出作为工人阶级先锋队的共产主义联盟，不能靠对接管国家行政机构的职能和政治垄断的办法来对社会行使思想和政治领导，而只能靠发挥先进性在群众中产生的影响来实行这种领导。基于上述认识，南斯拉夫建立自治制度过程中采取了以下措施：（1）实行党政分工，党的任务是制定路线，确定国家的基本方向和每个特定时期的基本任务，党员在各级组织中通过民主对话和协商的方式发挥党的影响，使党的路线、方针、政策转化为自治共同体劳动者的自觉行动。（2）实行集体领导原则，防止个人专断和个人崇拜。（3）实行干部任期制和轮换制，防止领导权垄断。苏联坚决主张按照人民自治原则改革政治体制，强调党对发展社会主义人民自治的领导，但是苏联没有像南斯拉夫那样明确指出党政合一的弊病。苏联认为党是推动社会主义自治发展的主导力量和主要保障，党在完成社会的领导作用的同时，本身又是社会、政治、自治组织的最高形式，政治体制的其他环节，国家、工会、共青团以及合作社组织和社会组织只有在党的领导下才能发挥作用。党的领导作用表现在发展政治体制，在提高劳动群众的政治和劳动积极性，广泛吸引他们参加对生产、国家和社会事务的管理的基础上，加深社会主义民主和人民自治。苏联也强调各级党组织在宪法范围内进行活动，不能代替苏维埃组织、工会组织、合作社组织和其他社会团体，不能把党的机关与其他机关的职能混同起来，不允许在工作中存在不必要的平行现象。

苏南在自治与党的关系上都强调党的自身的自治性，强调党对社会自治或人民自治的领导作用，这是他们突出的共同点。我国的政治体制改革同样要坚持党的领导，这一点是毫无疑问的。人民自治也好，社会自治也好，其实质都是为了实现劳动人民当家作主这一社会主义根本原则。无产阶级的政党作为无产阶级实现自己当家作主伟大理想的领导力量，是实现自治的根本保证，离开党的领导，片面强调工人阶级和劳动群众的自我管理，就不可能实现真正的民主和自治。从这个意义上讲，在进行政治体制改革的过程中，必须坚持党的领导。但是，坚持党的领导并不意味着党代替和包办一切。在政治体制改革中，实现党政适当分工是非常必要的，这样做，只会加强党的领导，而不会削弱党的领导。

四、关于经济领域的自治主体

苏南自治理论包括政治和经济两个方面。经济方面的自治理论旨在确认经济领域的自治主体及其特征。自治主体的特征对社会主义生产方式以及经济体制有着决定性的影响。南斯拉夫的自治理论认为经济领域中的自治主体就是企业，即联合劳动基层组织。这种自治主体有三个基本特征：（1）在生产资料社会所有制的前提下，劳动者自由联合成生产单位，劳动者运用生产资料进行的共同劳动是支配、管理和决定劳动条件与劳动成果的唯一基础；（2）自治生产单位内部的所有经济关系都由劳动者自己管理和监督；（3）自治生产单位的劳动集体是独立的商品生产者。南斯拉夫认为自治主体这种基本生产关系的特征决定了自治经济制度的不同于中央集中计划体制的特征，这就是：（1）生产资料与劳动者实现直接结合，国家不再介入其中；（2）劳动者自主决定生产计划，国家不再对企业的生产经营活动进行直接管理；（3）企业收入由劳动者自主支配，并按照按劳分配原则进行分配，劳动者的物质利益和自己的劳动成果直接结合在一起；（4）企业的管理职能由企业劳动者选举的工人委员会来承担，它对全体劳动者负责，劳动者有权罢免不称职的管理人员。此外，工人委员会还负责与其他联合劳动组织和计划机关通过自治协议和社会契约来建立经济联系；（5）自治主体之间的经济关系是完全的商品关系，社会主义经济的本质是商品经济。在苏联的自治理论中，自治主体是劳动集体，即企业和联合公司。确认劳动集体为自治主体，这是苏联在经济领域贯彻社会主义人民自治原则的结果。苏联认为，劳动集体在政治上是社会主义自治体系的环节之一，在经济上是社会主义经济体系的基本环节。在确认劳动集体为自治主体的基础上，苏联提出对原有经济体制进行根本的改革，并勾画出了新经济体制的蓝图，这就是：中央领导经济的重心放在实现经济战略的基本目标和确定国民经济的发展速度与比例、国民经济的平衡方面；扩大联合公司和企业的独立自主的范围，提高联合公司和企业对取得最大最终成果所负的责任；中央各部门对经济的领导，采用经济方法，充分发挥利润、价格、财政信贷、经济核算等经济杠杆的作用；用经济定额代替指令性计划指标，把国家与企业的关系建立在定额的基础上；在联合公司和企业实行经济承包，把劳动者的劳动报酬同劳动贡献结合起来；充分利用商品货币关系和价值规律，提高劳动集体生产和经营的积极性、主动性和有效性；建立部和劳动集体二级管理体制。

苏南关于自治主体的理论是两国新经济体制的基础，它们都强调企业自治，因此，它们的企业有几个方面的共同点：（1）坚持公有制，实现劳动者与生产资料的直接接合；（2）企业管理民主化，劳动者通过特定的组织形式（苏是劳动集体委员会，南是工人委员会）参与企业管理；（3）企业是自主经营、自负盈亏、独立核算的商品生产者，企业实行自治，劳动者通过特定的组织形式全面参与企业管理，民主权利受到尊重，主人翁责任感自然产生，生产的积极性亦会充分地释放出来，企业的活力必然增强，整个国民经济便能稳定地向前发展。苏南自治主体理论强调管理民主化，是其一大特色。了解和把握这一点可以准确地理解苏南经济体制改革的目标与措施。苏南自治主体理论对我们如何深化企业内部改革也有一定的启迪作用。（1）企业管理民主化是搞活企业的根本。在公有制条件下，每个劳动者都有过问企业经营状况的权利，只有让劳动者充分行使这种权利，企业才能有所发展，劳动者才会释放出巨大的生产积极性。我们深化企业内部改革，最重要的是探索企业管理民主化的途径，做好了这个工作，就抓住了搞活企业的关键。（2）理顺职代会与厂长（经理）负责制的关系。职代会与厂长（经理）负责制是我国经济体制改革的产物，它是民主集中制原则在企业管理中的具体运用。但是，现在真正起作用的是厂长（经理）负责制，职代会起的作用甚微。据报道（见《世界经济导报》1987年2月23日），超过半数的企业职工对目前职工在企业中主人翁地位及职代会的现状和作用不满。这些情况告诉我们，理顺职代会与厂长（经理）负责制的关系势在必行。这项工作的重心是强化职代会的作用，将企业全部领导人员均置于职工监督之下，形成厂长（经理）对职代会负责、职代会对全体职工负责的正常秩序，实现企业民主管理制度化。在这方面，南斯拉夫的做法值得借鉴。

我国的政治和经济体制改革应当用马克思主义自治理论作指导，吸收苏东国家实行自治的经验，借鉴西方国家真正先进的管理方法和价值观念，探索出具有中国特色的社会主义自治模式。社会主义自治是实现政治民主化、经济商品化的坦途。实现社会主义自治应成为我国改革的大方向。

（本文原载于《天津社会科学》1987 年第 5 期）

苏联新经济机制中的计划和市场

一、经济改革的指导思想及实质

苏联是高度集中计划体制的发源地。从 20 世纪 50 年代中期到 70 年代末，苏联对其经济体制进行过三次改革，每次改革都对传统体制作了不同程度的变动和调整。但是，从总体上看，苏联的经济改革只是在具体管理形式上做文章，而未触及经济体制的根本问题。苏联传统经济体制有三大根本问题：一是国家对企业实行指令性计划管理，计划就是法律，企业缺乏自主经营的权力；二是排斥商品生产，忽视价值规律的作用，将计划与市场对立起来；三是经济管理缺乏民主，国家包办一切，劳动者无权管理企业，没有主人翁责任感，缺少增加生产的积极性和主动性。由于这三大根本问题未有效解决，经济管理体制的效率难以从根本上得到提高，以至于从 50 年代中期开始下滑的苏联经济在经过 60 年代后期短暂的回升后转而进入持续的下滑状态，到 1979 年，国民收入增长率仅为 2.2%，80 年代前半期国民收入增长率基本上在 3%—4%之间徘徊。在严峻的经济形势面前，苏联深深感到只有根本改革传统的经济体制、建立新的经济机制，才能制止苏联经济的衰退趋势并最终摆脱经济危机。这样，从 80 年代，特别是自 1985 年苏共新领导戈尔巴乔夫上台开始，苏联掀起了经济改革的新高潮。此次改革不同以往，它是在新的指导思想下进行的。其指导思想概括起来有以下几点：

（1）指令性计划不是社会主义计划经济的唯一形式。传统经济理论认为，社会主义经济是计划经济，计划经济等于中央对经济的指令性计划管理。按照这个公式，指令性计划成为社会主义的基本原则，谁否定这个原则谁就是否定社会主义。现在，苏共新领导把这种观点斥责为教条主义，他们强调指出经济改革并不是要放弃计划经济，不是放弃经济的集中领导，而是根本改变制订计划和实施计划的方法，指令性计划是经济管理的一种形式，但不是唯一形式，计划管理可以采取其他的形式。阿巴尔金院士说，指令性计划并不是社会主义计划不可缺少的部分，没有这样的计划，社会主义经济照样可以运行。这意味着苏联冲破了“计划就是法律、计划就是指令”的禁区。

（2）确认商品货币关系属于社会主义经济体系。长期以来，苏联对商品货币关系抱有偏见，把它看作是和社会主义经济格格不入的异己力量，在实践中实行单一的自上而下的指令性计划管理，排斥和反对市场调节，否定企业是商品生产者，结果导致了一系列消极后果。戈尔巴乔夫说，对商品货币和价值规律的偏见以及往往把它们看作某种异己的东西同社会主义直接对立起来的做法，导致了经济中的唯意志论，导致了对经济核算的估计不足，以及在劳动报酬上的平均主义，在价格中产生主观主义，不重视调节供求问题。1987年苏共六月全会上，戈尔巴乔夫进一步指出：根据对社会主义的科学认识，商品货币关系是有机地引入社会主义经济体系的。这样的认识为在新经济机制中充分利用商品货币关系提供了理论依据。

（3）贯彻劳动人民自治原则，实行管理民主化。民主集中制原则一直是苏联经济管理的基本原则，但是，在实践中企业往往是听命于上级主管部门的直接领导，企业领导人由上级任命，企业以完成国家指令性计划指标为己任，无权根据企业的实际利益和社会需要自主制订计划，由此导致了企业经营管理中的一系列缺陷，如不注重经济效益，缺乏改进技术的自觉性，弄虚作假，劳动者没有生产的积极性和主动性等。现在，苏联在坚持集中管理的同时强调劳动人民自治原则。苏联认为不应该把企业和劳动集体只看作是计划的对象，还应该把它们看作是计划活动的主体，劳动者要参与计划制订过程，计划要体现企业以及劳动者的切身利益。让劳动者参与企业管理，对企业生产计划和经营方向发表意见，有助于增强其主人翁意识、提高生产的积极性和主动性。

上述指导思想触及了传统体制的三大根本问题，按此指导思想改革经济体制就意味着要对现存体制进行根本性的而不是形式上的改革。正像苏联经济改革的纲领性文件《根本改组经济管理的基本原则》指出的那样，改革的实质是所有各级从主要是行政的领导方法过渡到经济的领导方法、过渡到管理各种利益并通过各种利益进行管理，实现管理的广泛民主化，大力调动人的因素。在新的指导思想下，苏联的新经济机制具有了不同于传统体制的新内容和特点。

二、新经济机制的内容和特点

苏联的新经济机制与南斯拉夫、匈牙利一样，也是以计划与市场相结合为基本内容的，也是计划市场模式，但它的计划与市场结合形式不同，因此又有别于南斯拉夫和匈牙利。

苏联新经济机制的基本内容是：（1）扩大企业（联合公司）的自主权，改革完善经济核算和自筹资金，在劳动关系中广泛发展集体承包制；（2）集中领导主要体现在决定整个国民经济发展的战略、速度和比例及其平衡的主要过程上，放弃中央干预下级经营环节业务活动的做法；（3）根本改革计划工作、价格形式、财政信贷机制，过渡到批发贸易；（4）建立新的组织结构，强化专业化和协作，实现科技与生产的直接结合；（5）转变国家各级组织的职能，发展人民自治，从过分集中的管理体制向民主的管理体制过渡。

新经济机制中的计划机制主要体现在国民经济计划的内容和计划管理的形式两个方面。

传统的国民经济计划是事无巨细、无所不包的，新的国民经济计划在坚持集中管理原则的前提下把计划重点放在制定经济和社会发展战略、经济发展速度和比例以及保证经济运行的平衡上。为此，国家主要制订长期（15 年）发展计划和中期（5 年）发展计划。在制订长期计划之前先提出长期发展设想，它包括国家发展的优先项目、目标、结构政策、投资政策、科技进步方向、社会发展水平、教育文化和国防能力的任务。然后根据这个时期发展设想制定十五年经济和社会发展的基本方针，把上述设想具体化为具体数字和任务。根据十五年经济和社会发展方针制定的五年计划是实现基本方针规定的目标和任务的主要形式，也是苏联国民经济计划的主要形式。从以上国民经济计划的内容看，国家计划主要涉及宏观经济的运行和发展方向，不再具体规定直接干预微观经济运行的详细指标。这个转变具有决定性意义，它为市场机制发挥调节作用，为主要利用经济手段管理经济奠定了基础。

计划管理形式主要涉及国家与企业的关系。按照新经济机制，国家不再向企业下达指令性任务，国家只将国民经济五年计划的目标和任务具体化为控制数字、长期稳定的经济定额、国家订货和限额，作为企业编制五年计划的起始资料，企业自主编制计划，国家不再直接干预。控制数字、长期稳定的经济定额、国家订货和限额是国家对企业进行计划管理的形式。

控制数字体现国民经济全局发展对企业的基本要求，就是说它反映企业所生产的产品的社会需要、最低的生产效率水平。控制数字包括：①供签订合同用的价值表示的产品；②工作和服务的产量指标；③利润收入；④外汇收入；⑤科技进步的最重要的一般指标和社会领域发展的指标。在新旧体制的过渡时期还包括劳动生产率指标和材料消耗量指标。控制数字是新经济机制中计划管理最重要的手段之一，它不具有指令性质，只作为企业制订计划和签订合同的参考。

长期稳定的经济定额，它主要用于规定国家和企业的经济效益关系、劳动报酬基金的形成和经济刺激基金的形成及企业自有资金的使用方向。实行经济定额的目的在于既保证企业有自筹资金，能行使经营自主权，又保证国家财政预算的稳定收入，体现社会利益。经济定额一定五年不变。经济定额主要分为三个层次：一是国家与企业的利润分配定额；二是企业留利使用方向的定额（占企业利润总额之比）；三是使用土地、矿藏、自然资源、水资源的付费。在新经济机制中，经济定额是用以调节国家和企业利益关系的主要手段。价格、利率等经济杠杆主要是与它结合起来影响企业的经济活动，促使企业为了社会利益进行活动，达到计划的特定目标。

国家订货的作用在于保证满足极重要的社会需求，如由中央投资的重点建设项目、全国性的社会任务、为实现科技纲要项目所需要的重要物资和巩固国防所必需的物资以及某些农产品。国家订货是必须完成的，因而具有指令性，但是，它是国家与企业之间在平等的基础上通过经济合同确定的，订货单位和执行单位都要承担相应的责任和义务，这与以往的指令性指标不同。实行合同订货，合同的作用就大大提高了，完成合同成为评价企业活动和对劳动集体进行物质刺激的最主要标准。

限额指的是列入国家计划的重要项目的基建投资的最高数额、建筑安装工程量和承包工程量的最高数额以及集中分配的物资的最高限额。

由上面的分析可以看出，新经济机制中的计划机制有以下几个特点：

（1）国家和企业是平等的计划主体，企业自主制订计划，不再受国家的直接干预。

（2）计划管理形式多样化，形成有机的整体。控制数字确定了基本的社会需求，限额则规定了企业要素投入的最高限量，这有利于保证供给和需求的平衡与提高效率；长期稳定的经济定额给企业灵活地制订计划和从事经营留有了充分的余地；国家订货则使国家重点建设和国防建设得到可靠的保证，这有利于一般发展和重点建设的结合。

（3）指令性计划与指导性计划相结合。经济定额和国家订货计划具有指令性，控制数字具有指导性。不过，新的指令性计划与过去有所不同，经济定额一经确定就具有了指令性，但是它不像过去那样频繁变动，而是具有了相对稳定性，比如定额一定五年不变，使国家和企业的分配关系具有了较大的稳定性，企业在这段时间里创造的利润越多，归企业自主支配的留利就越多。国家订货虽是指令性的，但它已不包括各种产品的全额，而且又以合同形式规定各方责任、权利和利益，这和传统的指令性指标也不同。

（4）长、中、短期计划并举，以中期计划为主。年度计划过去是计划管理的主要依据，该计划所列指标数目繁多，对企业均具有强制性，因而决定了计划机制的高度集中的特性。现在中期计划，即五年计划，取代年度计划而成为计划机制的主体，这样，就为计划管理的重点由微观经济活动转向宏观经济活动，由单纯的控制转向调节与控制的有机结合奠定了基础，使在计划管理中运用经济手段成为可能。

从以上特点来看，从总体上讲，苏联新计划机制属于指导性体制，因为控制数字是指导性的，经济定额实质上是突出了约束性的指导性计划。这固然不同于西方和匈牙利的指导性计划，但比它们更进了一步。事实上，指导性计划不仅要起诱导作用，还应起约束作用，没有约束力的指导性计划难以有效地实施，不利于经济的有计划发展。国家订货虽是指令性的，但所占比重很小，不代表计划机制的主流。指导性计划的基本特点是既给企业的自主活动留有较大的余地，同时又对企业有一定的约束力，保证企业的自主活动与国民经济全局的发展相统一，防止经济发展出现大的波动。苏联的新经济机制比较鲜明地体现了这一特点。在苏联新经济机制中，除了计划机制外，市场机制也存在并发生着作用。在一种经济运行机制中，存不存在市场机制，市场机制在多大程度上起作用，主要取决于作为基本生产单位的企业有没有自主权和自主权的范围有多大。在苏联的新经济机制中，企业（联合公司）较之过去有了更大的自主权，成为相对独立的商品生产者，这就为市场机制的存在和发生作用提供了条件。

苏联的企业（联合公司）拥有较大的自主权，成为具有独立物质利益的商品生产者，这主要体现在以“三自一全”，即自我补偿、自筹资金、自我管理和完全经济核算制为基本内容的经营机制上。自我补偿的含义是企业以自己的经营收入补偿自己的支出，做到不亏损。该原则旨在使企业承担起维持简单再生产的责任。自筹资金的含义是企业依靠自己挣得的资金实现对生产的改建、扩建和社会发展的投资。该原则旨在使企业担负扩大再生产的经济责任。自我管理，也叫自治，其含义是劳动者参与企业管理，企业在国家订货、控制数字、长期经济定额和限额的基础上自主地编制和批准自己的五年计划和年度计划。完全经济核算制是上述三项内容的统一体，它与这三项内容的关系是纲和目的关系。完全经济核算制的基本思想内核是企业（联合公司）对自己活动的成果负全部经济责任，企业的收入水平直接依赖于自己活动的成果。企业改行以完全经济核算和自筹资金为基本原则的新经营机制以后，便不再是国家的附属物，而是成为具有独立性和自主性的商品生产者了。作为商品生产者，企业必然要求按照市场法则从事生产和经营活动，在新经济机制中企业的这一要求得到了体现，使得市场机制得以存在和发生作用。苏联新经济机制中的市场机制的存在和作用表现在以下几个方面：

①根据自筹资金原则，企业可以自由选择经济联系伙伴，建立原材料及其他生产资料的供应关系。在选择经济伙伴过程中，谁会成为被选择对象，将主要取决于其产品的性能、质量、规格及价格条件。供货单位的产品只有符合购买单位的需要，双方才达成供需合同，否则便建立不了伙伴关系。自由选择借贷对象，通过竞争建立供需之间的经济联系，表明市场机制开始发生作用。

②企业有权将完成合同义务后的剩余产品和签订合同的消费单位及物资供应机关拒绝接受的产品出售给其他企业、组织和居民或者与其他企业进行交换。企业可以自由出售产品，商品货币关系必然要在其中发挥调节作用，这意味着市场机制的客观存在。

③产品价格的形式反映社会生产和销售产品的必要消耗、产品的使用性能、质量和有效支付能力的需求。企业如果改变了产品使用性能和产品配套的附加要求后，经与用户协商有权对中央规定的批发价格提出补价或减价。此外，企业有权对一次性订货的产品和个别订货的产品、首次生产的产品、新的非食用消费品、国营企业向居民收购的农产品、合作社收购和销售的产品及法律规定的其他产品采用同用户协议的价格，企业对不实行中央批准价格的产品可以自行定价。实行合同价格和自定价格制度，表明市场机制对价格的形成发挥着调节作用。

④企业有权把闲置不用的楼房、设备、运输工具、用具、原料和其他物资转让或出售，交换或租赁给其他企业和组织。这体现了企业自主权的扩大，表明企业作为商品生产者的地位的巩固和加强。

⑤企业可以自行批准人员总额编制和确定职工的职业构成与技术构成。企业根据最终工作成果按规定的定额形成工资基金，在按定额确定的工资基金范围内，企业有权根据生产特点和生产任务自主地规定工程技术人员的工资基金，劳动者的劳动报酬将主要取决于他的最终成果，对职工的劳动贡献的最高额不加以限制，企业有权确定职工劳动报酬的形式和制度。企业劳动工资权限的扩大使企业在生产和经营中能够按照经济规律的要求，合理地配置生产要素和确定生产的规模，从而获得更多的利润。

从上面分析可以看出，在苏联新经济机制中市场机制是存在的并且在发挥着作用。

三、对新经济机制的评价

（1）苏联新经济机制中的计划是一种混合型机制，从本质上讲是一种指导性计划机制。新计划机制的这种属性体现了社会主义国家计划体制改革的一般趋势，是经济体制演变的一般规律的反映。到目前为止，社会主义国家的计划机制都向着缩小命令性、加强指导性的方向发展，都把运用经济手段实施宏观计划管理作为改革和完善计划机制的指导方针。苏联对计划机制的改革没有背离这一趋同潮流，但是苏联的新计划机制也有自己的鲜明特色，这就是针对宏观和微观经济活动的不同运行机制，建立相应的功能各异的计划管理形式，它们分工明确，各尽其责，互相配合，疏而不漏，形成有机的整体。这样的计划机制无疑有利于国民经济协调稳定的发展。与之相比，南斯拉夫、匈牙利的计划机制就逊色一些了。南缺乏统领国民经济发展全局的计划管理形式，造成了宏观经济运行的无政府状态，严重影响了经济发展的协调性和稳定性。匈牙利对微观经济活动的干预太频繁，尽管这种干预往往是采取经济的手段，频繁的干预导致经济参数变化无常，使企业难以据此进行生产要素的优化配置，从而影响了微观经济运行效率的提高。苏联新计划机制中的控制数字、国家订货等计划管理形式有助于克服南斯拉夫计划机制的弊端，长期稳定的经济定额则有助于弥补匈牙利计划机制的缺陷，但是苏联的新计划机制面临的问题是难以操作，这会影响该机制的运行效果。控制数字和经济定额都是数量指标，是基本的经济参数，事先必须进行测算，是进行总量测算还是进行个量测算便是一个问题，而且对于苏联现在的经济规模来讲，测算工作本身就是非常艰巨和复杂的。特别需要指出的是国家订货这种计划管理形式带有较多的传统体制的遗传基因，它的运用范围的大小直接关系到新计划体制的质的规定性，国家订货范围太大，计划机制的指令性就居主导地位，范围太小，重点建设就难以得到保证，不利于经济的长期发展。从苏联目前的实际改革状况看国家订货的面过大，主要原因是企业习惯于依赖国家的帮助，大都愿意接受国家订货，对自筹资金和完全经济核算不太适应。国家订货范围过大必然会延缓旧计划向新计划机制的转换，影响新计划机制的运行效果。

（2）苏联新经济机制中的市场因素比传统体制有很大增加，商品货币关系对生产和流通发挥着调节作用。重视商品货币关系对经济的调节作用，特别是确认企业是相对独立的商品生产者，允许企业具有独立订计划的权利，在确保国家的经济利益的前提下允许企业面对市场自由选择供货伙伴。自由出售产品、自行确定工资额和报酬形式、自行协商定价，这表明企业已在很大程度上摆脱了对国家的从属地位，商品货币关系成为国家与企业之间、企业与企业之间经济关系的基础，市场机制开始发挥调节不同经济单位之间的经济关系的作用。但是，从市场与计划的相互关系看，市场机制并不具有经济运行的导向功能，它与计划机制的关系是隶属型的关系，形象地说是鸟与笼子的关系。市场是计划这只大笼子中的鸟，意味着计划机制在整个新经济机制中居于主导地位，市场机制只在计划确定的范围内存在和发生作用，它的较大灵活性是建立在由计划机制决定的国民经济协调稳定运行的基础上。从苏联的新经济机制中可以看到，市场是受到较大限制的，如企业从事生产和经营的行为规范由计划确定，企业的竞争规则也由计划机制加以规定和监督，价格形式仍以计划价格为主，合同价格和自定价格的范围较小，物资供应采取批发贸易形式，但是，操作者和实施者仍是中央和地方的各级物资部门。需要指出的是，尽管苏联新经济机制中的计划与市场的结合表现为计划为主、市场为辅，但是，由于计划机制比过去有较大改进，注重调节与控制，这就为市场机制发挥作用创造了良好的条件，避免了计划在事实上取代市场的可能性。

（3）苏联新经济机制中计划与市场的关系从经济改革的战略角度看是正常的。社会主义国家经济改革的历史经验表明，从一个高度集中的经济模式一下转向市场调节为主的模式是难以做到的，这中间必须经过一个渐变的过程，因此，经济机制起初必然要偏重调节和控制，强调计划机制的主导作用。苏联改革之初在确定经济机制的目标模式上采取审慎的态度无疑是完全正确的，这样的改革看上去步子慢，实际上是快的，它比进一步退两步的改革效果要好。从长远看，扩大市场机制在经济机制中的作用将是苏联经济改革的发展趋势，发展速度将视政治、经济形势而定，或快或慢，但是总的趋势是不会变的。

（本文原载于《南开经济研究》1989 年第 1 期）

南斯拉夫的经济困难与自治社会计划体制

一、经济困难及其产生的原因

南斯拉夫是社会主义国家中率先突破集中计划体制的国家，作为一种替代，南斯拉夫建立起了一套以自治为特征的计划市场模式。该模式从20世纪50年代初到70年代末，一直给人以效率较高的印象。社会产品的年平均增长率，1951—1960年为6.5%，1961—1970年为6.3%，1971—1980年为5.8%。但是，进入80年代，南斯拉夫经济状况恶化，经济增长速度下降，通货膨胀率上升，呈现出典型的“滞胀”症。1980—1984年社会产值增长率分别为2.2%，1.4%，0.7%，-1.3%，1.7%。通货膨胀率很高，1983年和1984年为60%，1986年为88%，1987年突破了100%。与“滞胀”相应的是劳动生产率下降，设备利用率低，企业亏损严重，据南斯拉夫官方统计，从1981—1987年，南斯拉夫劳动生产率每年平均下降1.5%，工业设备的利用率均为60%。劳动生产率相当于发达国家的1/3，1987年底南斯拉夫企业亏损总额已超过南斯拉夫经济部门的积累总额。南经济出现如此困难，人们不禁要问：这一切为什么会发生？原因是什么？许多研究南斯拉夫经济的学者从不同角度分析了这一问题，如能源危机、经济增长速度过快、消费膨胀、地方主义等。毫无疑问，这些因素都与经济困难有一定的因果联系，但是，它们并不是主要的因素，其主要因素之一是不合理的计划与市场的结合形式。

二、自治计划理论与计划市场模式

改革集中计划模式，建立计划市场模式，在理论上必须解决两个问题：一是对计划与市场含义的认识，二是计划与市场结合形式的选择。前者是后者的理论前提，后者是前者的具体实现形式。南斯拉夫回答了这些问题，但答案是有缺陷的。

南斯拉夫自治社会主义理论的突出贡献是它首次确认社会主义经济是商品经济。按照这样的认识，价值规律在社会主义条件下必然对生产过程和流通过程发挥调节作用，自治联合劳动组织之间的关系是商品交换的关系，同时该理论也正确地指出，价值规律的作用机制，即市场机制，既存在着优点，也存在着缺陷，对市场机制的缺陷要用计划机制，即自觉指导去补充。市场机制与自觉指导相结合意味着自觉指导经济的发展是通过为市场正常发挥职能创造条件，通过市场供求的平衡来实现的。但是，认识到计划与市场相结合的必要性与是否正确认识到计划和市场的含义毕竟是两回事。

在计划与市场的含义上，南斯拉夫认识上的错误主要在计划而不在市场。南斯拉夫对市场的含义及其作用的认识与通常为大家所共同接受的认识一致，这里不再赘述，我们着重分析其对计划的含义的认识。

南斯拉夫对计划的认识以南共理论家卡德尔的观点为最典型。关于经济计划，卡德尔就其含义的理解曾提出了五个难题，对这些难题的回答就形成了关于计划的系统观点。这五个难题是：一、计划工作是中央集权的还是权力下放的；二、计划是强制性的还是非强制性的；三、计划是国家的法令还是预测；四、计划的有效性是根源于国家强制的职能还是联合劳动制度中相互关系的职能；五、计划是发展政策的工具还是巩固工人自治地位的工具。卡德尔认为回答这些难题的关键在于明确计划工作的实质。他说：“制订计划实质上首先是支配劳动、生产资料、收入和社会资金的一种形式。因此这一工作不能脱离对生产资料或社会资金拥有所有权的人，或者脱离对这些资料拥有垄断的政治权力的人。因此，计划工作制度始终首先直接反映生产关系和一系列社会经济关系和政治关系的性质。”按照这种生产关系决定论，自治社会主义社会计划决定了自治社会主义社会的生产关系、社会经济关系和民主关系，它反映这种生产关系的要求。根据这样一种认识逻辑，对上述难题所做出的回答，归纳起来就是：一、制订经济计划的主体是联合劳动组织，即直接支配生产资料的生产者的联合体。二、计划不具有强制性，强制性的计划意味着取消自治，经济计划及其目标只能由自治主体来制订并通过自治主体之间自主的协调来确定，国家只在必要的时候按照宪法确定的职权范围来表达共同的和普遍的社会利益。三、计划是国家用来协调和指导经济自发发展的国家经济政策措施的制度，但是这意味着自治联合劳动还不能就最普遍的利益及需要做出协调和指导，这种计划是计划发展中的一个过渡形式。四、计划的有效性取决于自治主体的义务感和责任感。自治主体之间通过相互协商可以使个人利益和社会利益有机地结合起来，这样一种民主的相互关系制度（指自治协议和社会契约）是计划有效性的根据。五、计划是巩固工人自治地位的工具，将计划工作降低到劳动和发展的计划的水平会背离计划工作的本质，背离自治生产关系。

从上述观点我们可以看出，这完全是从生产关系的角度看待计划的，对计划的制订、计划的形式，有效性的确定、计划的作用以及计划实现方式均从生产关系的性质出发做出决定。这种生产关系决定论的认识是片面的。其实，计划工作除了受生产关系的影响外，还受生产力性质的制约，甚至可以说生产力性质是具有决定意义的制约因素。计划的范围，计划的形式归根结底取决于生产力发展的状况。生产关系的性质对计划工作有影响，但绝不是唯一的影响因素，也不是决定性的影响因素。从集中计划与国家所有制相联系，进而推论出社会计划与社会所有制相联系，完全否认社会所有制下国家计划存在的必要性，这种推论是简单化的。经济计划，特别是国民经济范围内的计划，在商品经济和社会化大生产条件下，是必要的，社会化大生产客观上要求按照一定的比例关系安排社会生产各个部门和各个企业的活动，以保证社会再生产的顺利进行。关系到国民经济的全局协调发展的计划理应由国家来制订，即使是除了国家之外还应存在若干制订局部计划的主体，也不应否定国家计划对这些局部计划的指导作用和基础地位。制订计划并不一定要求有对生产资料的支配权，特别是制订国家计划绝不意味着国家必须是生产资料的所有者，毋宁说，国家通过制订体现社会整体利益和共同目标的经济计划，把各个计划主体的个别计划与国家总的经济计划协调起来，连接成一个整体而扮演着社会利益和局部利益调节人的角色。国家通过各种经济的、行政的和法律的手段实施计划，从根本上讲，是符合各个经济主体的根本利益的。

上述理论观点从自治生产关系出发否定了国家制订计划、协调整个经济运行的必要性，把协调社会整体利益和需求、实现经济发展一体化的任务交给了各个独立的自治联合劳动组织，指望它们通过协商和对话自主地决定各自在社会再生产和收入分配中的权利、义务和职责。这种协商和对话过程就是制订、通过和实施计划的过程，它的具体组织形式便是自治协议和社会契约。关于自治协议的作用和意义概括起来讲，就是：一、自治协议的签订者通常是作为经济法律主体的联合劳动组织。二、自治协议主要解决由于互相竞争而引起的冲突，以及各种利益在市场上和发展过程中造成的冲突等等。

三、自治协议可以涉及某项工作，可以处理某些比较长期的关系，也可以协调各经济法律主体的整个活动。四、自治协议的目的，是为了用合作关系来取代竞争关系，或为了发展积极的竞争而消除不正当的竞争。关于社会契约，其作用和意义概括地讲有这样几点：一、签订社会契约的倡议者和签订者，首先是社会政治共同体和社会政治组织，也包括比较复杂的联合劳动组织。二、签订社会契约的领域往往是容易发生社会经济冲突的领域，如物价、投资、发展政策、社会自治计划等等。三、社会契约是社会经济活动的承担者用自治社会所特有的方式来协调其活动的一种机制，以便纠正市场作用所引起的消极现象，保证经济进程取得最佳经济效果、最恰当地实现劳动者和整个社会的利益。四、通过社会契约，一方面确定在联合劳动主体和社会共同体之间进行分配的基本比例，另一方面确定把内部积累分配为基金和个人收入的比例，制定整个经济和社会的个人收入政策，从商定最高个人收入直到协调平均个人收入的水平和差距，确定对外贸易关系和参加国际分工。总之，签订社会契约是为了通过平等协商以确定社会行为准则。由此可以看出，自治协议和社会契约被赋予了本应由国家计划承担的职能，它们成了自治商品经济条件下计划与市场结合的具体形式。自治协议和社会契约成为社会所有经济主体之间联系的基本的或一般的方式，这意味着整个社会经济实际上变成契约经济。

自治协议和社会契约果真能那样承担起实现经济一体化的任务？答案是否定的，理由是该设想赖以实现的以下两个假设根本不能成立：首先假设自治企业之间通过自主平等地协商可以把自己的利益与社会利益很好地结合起来；其次假设自治企业通过自治协议和社会契约，可以有科学根据地协调生产和消费之间以及整个社会再生产与社会再生产各部门之间的物质比例关系和进程。先看第一个假设。我们知道，不论自治企业，还是别的什么企业，就其本质而言，都是具有独立的物质利益的经济单位，追求自身的物质利益是企业从事生产和经营活动的内在动因与外在目标。不同企业之间的利益关系从一般性上讲是矛盾的、对立的，利益的一致性总是表现为各种相互矛盾的利益彼此之间的制约。联合劳动并在此基础上实现劳动一体化固然是有利于经济协调稳定发展的，是符合劳动者乃至企业的根本利益的，但是，联合劳动实质上是利益关系的重新组合，它必然伴随利益的矛盾和冲突，在缺乏一种有效的强制和约束力的情况下，利益矛盾和冲突会反过来阻止联合劳动的实现。因此，尽管联合劳动具有客观必要性，但是，在利益发生矛盾的情况下，劳动者和企业，哪怕是自治企业，都绝对不愿意实行联合。这样，我们就可以说，仅靠自治企业相互间的协商以及在此基础上签订自治协议和社会契约来实现劳动联合和经济一体化是不可能的。实际的效果往往更糟，那就是助长了地区主义、本位主义乃至垄断。再看第二个假设，这个假设与第一个一样不合理。我们知道，社会生产与社会需要之间存在着矛盾，为了使社会再生产正常地进行，必须自觉地协调社会再生产各部门的比例关系，使社会生产和社会需要的矛盾得以缓和，达到生产与需要的基本平衡。怎样做到这一点呢，这只能依靠国家计划和国家有效的干预，国家计划确定国民经济的基本比例关系、国民收入的分配：总供给与总需求的总量和结构平衡，以及经济发展的总方向。通过各种经济、行政和法律手段实施计划，就可以保证社会再生产稳定协调地进行。自治企业间的自治协议以及更高层次的社会契约是做不到这一点的。自治企业，作为基本经济单位，固然最了解自己的生产和经营状况，知道怎样根据需求的变化调整生产规模和结构。但是，它无法确切了解市场供求关系变化的长远趋势，难以判断一项投资是否能产生较高的经济效益，更重要的是，它无法确定社会再生产的比例关系。自治协议也好，社会契约也好，都只能反映局部的经济联系，在局部范围内有一定的有效性，即使是所有的自治协议和社会契约都连成一体，组成所谓的社会计划，这种计划也只是局部联系的生硬组合，不能体现国民经济各个部门、各个企业、各个生产和流通环节之间的有机联系，因为自治协议和社会契约本不是根据事先提出的国家总的计划构想来协商并签订的，而是自治企业和社会政治共同体出自自身利益的考虑签订的，从自治协议和社会契约中体现的局部利益往往与社会整体利益相矛盾，它们很难统一在一起。显然，靠这种自治协议和社会契约根本不可能推动经济一体化进程，根本不能保证社会再生产稳定、协调地进行，即使存在着社会计划，它也只是一种形式，不起任何作用。

以上分析表明，在南斯拉夫占统治地位的经济理论中，关于计划的认识是片面的、错误的，以此为基础而确立的计划与市场结合的形式体现计划原则的自治协议和社会契约——不能承担实现经济一体化的任务。在计划市场模式基本理论问题上存在错误认识，以它为指导建立的计划管理体制，乃至整个经济模式必然存在缺陷，这无疑会对经济发展产生消极影响。

三、自治社会计划体制及其缺陷

南斯拉夫计划管理体制是一种不同于集中计划体制的新型计划体制，即自治社会计划体制，它是在我们上面分析过的计划理论的指导下建立的。该体制有以下特征：

（1）计划主体是多元的。在南斯拉夫现行计划体制中各级联合劳动组织、区、自治省、共和国和联邦都制订计划。各计划主体制订的计划又分为两大类，自治计划和社会计划。自治计划是指由各级联合劳动组织制订的计划。它包括各级联合劳动组织生产和经营中所涉及的所有重大问题，制订计划的方式是在就所有重要经济问题进行协商的基础上签订自治协议。自治协议是自治计划的具体形式。社会计划是指由各级社会政治共同体，即各级政权机关制订的计划。这种计划包括经济发展的总的比例、部门和地区的远景发展问题、收入分配问题、价格形成原则等涉及自治社会主义经济发展的重大问题，这种计划是在各有关社会团体如经济协会、工会、社盟及大型联合劳动复合组织进行协商的基础上签订社会契约而制订出来的。社会契约是社会计划的具体形式。

（2）制订计划的基本原则是协商一致。各级计划主体在制订计划过程中就共同关心的问题进行协商，在协商一致的基础上签订自治协议或社会契约。凡是参加签订协议或契约的签约人都享有协议规定的权利和利益，同时，承担协议规定的义务，不得任意违约和破坏协议。

（3）联邦社会计划指标不具有指令性，企业等基层组织在自主制订计划过程中参考社会计划规定的基本任务和主要比例关系。就性质而言，联邦社会计划是意向性的指导性计划。

以上是对南斯拉夫计划体制的概述，从中不难看出，在自治社会计划体制中居主导地位的是自治协议和社会契约，联邦的社会计划虽说是意向性的，但是，仅仅停留在政策建设的阶段不起任何作用。这种计划实际上并不是真正意义上的指导性计划。真正的指导性计划有两大特征：一是计划指标必须通过协商体现到各级计划主体制订的计划中，二是计划通过完善的市场体系和调节手段来实施。这两个特征意味着指导性计划是必须执行的，在这一点上它与指令性计划没什么区别，所不同的是指令性计划是以非商品性的、强制的方式下达给执行者的，而指导性计划是靠协商来传导信息，以市场为实施媒介的。这两个特征在南的计划中是不存在的。南斯拉夫的社会计划与真正意义上的指导性计划相似的只有一点，即它不硬性实施。

既然自治协议和社会契约在自治计划体制中居于主导地位，那么自治计划体制的缺陷便一目了然了，这就是对宏观经济缺乏有效的控制，导致整个经济的运行处于畸形状态。现实的南斯拉夫经济状况完全证明了这一点，具体表现有这样几个方面：

（1）盲目举债，负债累累。南斯拉夫建立了新型经济体制后，完全放松了对外债规模的控制，自治企业直接向国外举债，由此导致外债数量迅速增加，1976—1980年间，外债年平均增长率为22.82%，负债总额1961年只有6.3亿美元，10年后达到31.77亿美元，1976年增至79.28亿美元，1982年突破了200亿。大量举债使南斯拉夫背上沉重的债务包袱。进入80年代，外债偿付遇到困难，迫使南斯拉夫采取限制外债的措施，此举实施的结果是，外债增长率从1980年的23%急剧下降到1983年的1.2%。可是与此同时，靠大量举债支持的经济增长速度也骤然下降。现在，南斯拉夫已落到不举债经济就难以恢复，而举债便会遇到偿付困难的境地。

（2）收入分配缺乏有效的社会调节，消费膨胀，积累不足。收入分配是经济发展中的一个极为重要的问题。在自治计划体制中，南斯拉夫将收入分配权完全下放到自治的联合劳动组织中，自治企业通过自治协议和社会契约自主决定收入分配，对此国家不再进行任何有约束力的调节。自治企业从自身利益出发，在收入分配中，不断提高消费的比重，同时降低积累的比重，形成了消费膨胀、积累不足的局面。长期以来，南斯拉夫个人收入和个人消费的增长快于劳动生产率的增长，1953—1981年社会所有制部门人均个人实际收入的增长率为3.5%，而劳动生产率年平均只增长2.7%。在一些有负积累的部门中却有很高的个人收入，联合劳动组织在亏损的情况下还在增加个人收入。70年代积累率只有10%多一点，差不多1/3的劳动组织没有积累或积累率在2%以下，一半的劳动组织的积累率只有5%，只有1/4的劳动组织有足够的积累（11%以上）。此外，积累在生产部门之间的比例也不合理，货币积累主要集中在设备多的加工部门，而投资需要量大、发挥效用周期长的动力和原料部门则积累不足，1982年整个加工工业部门的积累为整个动力原料工业部门积累的8.7倍，80年代动力原料工业部门的积累率为，1981年3.3%、1982年0.4%、1983年为负数，而加工工业部门则分别为8.1%、6.3%和7.6%。积累规模小、积累的结构分布不平衡造成两个后果：一是大量投资资金主要依靠国外资金，形成对国外资金的依赖；二是基础工业落后，经济结构不平衡。

（3）投资使用缺乏统一的政策诱导，投资费用和投资效果难以比较，投资效率低。南联邦没有投资权，只有指导投资的意向性计划，并通过减免税收及银行发行长、短期贷款来引导执行计划。但是在投资决定中真正起作用的是共和国，共和国对本地区的投资控制很严，资金在共和国之间很少流动，绝大部分投资资金来自本地区的“母银行”，使用“母银行”的投资贷款占国内贷款总额的90%以上。共和国在投资使用上搞区域封锁，使经济丧失一体化功能，进而商品和劳务的交换也随之地区化了，在过去几十年中，在共和国和省内流通的商品与劳务从59%增加到68%，而共和国和省之间的流通则从28%减少为21%。目前，南斯拉夫在共和国之间的交换比例比同许多西欧国家之间的交换比例还低。投资资金不能自由流向社会最需要、最适合的部门，极大地降低了投资的社会效益和经济效益。

南斯拉夫缺乏完整的市场体系，经济参数失真，难以正确衡量投资的合理性。南斯拉夫的价格比例不合理，原材料和能源等基础工业以及农产品价格较低，而且这些部门的扩大再生产所需投资大而收效慢，劳动组织不愿向这些部门投资，相反，汽车、家用电器和其他耐用消费品的加工工业价格较高，各劳动组织竞相向这些部门投资，造成经济结构不平衡。南斯拉夫折旧率低,没有考虑目前技术工艺在非常短的时期内发生变革而造成的精神磨损，这导致南斯拉夫经济技术落后。不现实的折旧率导致不现实的收入，部分折旧资金变成了简单再生产资金，这部分收入在市场上表现为需求，成了通货膨胀的原因之一南斯拉夫贷款利息率低于通货膨胀率，这会导致投资回收率的错误计算。此外它还意味着企业把大部分投资费用转嫁给社会，企业偿还的社会资金实际上只是贷款资金的一小部分，大部分成了馈赠。

由于地区封锁和垄断的存在，经济参数失真，南斯拉夫普遍存在重复建设的浪费现象，各共和国都建立自己的工业体系，而且工业体系又以加工工业设备能力过剩、基础部门发展缓慢为特征，这意味着设备利用率下降。现在南加工工业设备利用率只有55%—60%，比欧洲发达国家低25%—30%，那些依靠进口原材料的加工部门的设备利用率还要低。设备利用率低，劳动生产率自然随之下降。投资活动出现的这些不合理现象使南斯拉夫投资效益大大下降，1960年平均资本系数（固定资产总价值与社会产值之比）为2.08，1979年为2.51。如果按边际资本系数（固定资产投资额的增长率与社会产值增长率之比）计算则投资效益更低，1976—1981年经济部门固定资产投资增长率为23.3%，经济年增长率为4.8%。这就是说，生产每实现1%的增长，需要投入大约5%的社会产品。1980年和1981年边际资本系数继续提高，竟达到了10.3和14.1。

从上面的分析可以看出，以自治协议和社会契约制度为基础的社会计划并没能真正发挥经济一体化的作用，它的固有缺陷导致了南斯拉夫经济运行的畸形化，形成了分散化的、闭关自守的、自给自足的发展模式，割裂了经济的整体性和统一性。正如南斯拉夫学者指出的那样："在很大程度上基于关于计划原则的自治协议的分散性社会计划体制没有显示出作为价值规律作用形式的经济计划的一体化和发展功能，相反，它鼓励了不顾经济标准和可用资财的发展狂热"，"它忽视了市场机制的作用，同时，与政治体制相串通，将联邦一级的经济决策由共和国、自治省乃至共同体的经济决策来取代。这种行为的后果是形成了众多的制度性屏障，它们阻止资本劳动力、商品和劳务以及情报在全国范围内的流动，这样，统一的南斯拉夫市场越来越变成为共和国、自治省以及共同体的地区性的相互分割的市场的机械组合"。毫无疑问，这样一种不合理的体制必然引起全面的经济危机。

理论和实践充分证明，南斯拉夫建立的以自治协议和社会契约为内容的计划市场模式是不成功的，计划与市场都没有发挥应有的作用。现在，南斯拉夫正在总结50年代初以来在自治的基础上实行计划与市场相结合的经验和教训，重新认识计划与市场的关系，特别是重新认识国家的经济职能，探索摆脱经济危机的出路。目前，南斯拉夫理论界在计划与市场关系、国家经济职能问题上已形成新的看法。这些看法也已经体现在稳定经济的政策措施上了。

四、新型的计划市场模式

南关于计划与市场关系的新认识最突出地表现在重申南斯拉夫经济体制目标模式是自治的计划市场模式上。

自治的计划市场模式的特点是：（1）市场经济是主体，计划建立在市场的基础之上，计划机制与市场机制相结合、相互补充。（2）联邦计划确定的经济和社会发展的方针与目标是制订各共和国、自治省及各级计划的主要依据。（3）简化计划程序，不再把自下而上层层签订自治协议和社会契约作为制订计划的必要条件。（4）加强国家的经济协调职能，用经济手段、行政手段和法律手段实现计划管理。（5）扩大企业自主权。

从以上特点可以看出，新的计划市场模式加强了国家宏观控制的职能，突出了联邦计划对其他各种计划的基础地位和指导作用，削弱以致否定了自治协议和社会契约在计划制订和计划实施中的主导地位。显然，新的计划市场模式的提出和确立旨在取代70年代以来一直居统治地位的“契约经济”，恢复市场机制的主导地位，并在此基础上加强国家计划管理职能。需要指出的是南新型计划市场模式的轮廓仍是粗线条的，还没有转化成具体的客观实在的体制。对南来说，当务之急是摆脱目前的困境，使经济恢复正常。新经济模式将会在克服经济危机的过程中逐渐成熟，最后取代“契约经济”而成为居统治地位的经济模式。

（本文原载于《苏联东欧问题》1989年第1期）

试论西方国家的经济计划

20 世纪 30 年代大萧条后，西方主要资本主义国家普遍加强了政府对经济的干预，第二次世界大战后，一些国家又在市场经济的基础上实行经济计划，加强了经济决策的集中化。迄今为止，西方国家实行经济计划的实践已有 40 多年的历史。现在的问题是，西方国家实行的是什么样的经济计划？怎样看待西方国家计划与市场相结合的经验和教训？本文拟就此作一些尝试性分析。

一、经济计划化的历史回顾

西方国家实行经济计划大致经历了五个阶段，即 40 年代的复兴计划、50 年代的短期计划、60 年代的发展计划、70 年代的稳定计划和 80 年代的振兴计划。

（1）40 年代的复兴计划。战后，各资本主义国家都需要复兴被战争破坏了的经济，把战时经济转为和平经济。为了恢复生产力、重新组织经济，政府需要有复兴计划。1947 年 6 月，美国国务卿马歇尔提出美国对欧洲的援助计划，当时的各主要资本主义国家都据此制订了复兴计划，并把改善国际收支作为复兴计划的头等重要的问题。这种计划是战后资本主义国家正式实行经济计划的开端。法国的第一个经济计划就是以马歇尔计划为基础制订的，英国亦如此。总括起来说，此时的计划性质仍属于战时的物资分配计划。

（2）50 年代的短期计划。1951 年，根据马歇尔计划制订的为期 4 年（1947—1951 年）的复兴计划即将结束，欧洲各国的经济复兴也基本上完成了，资本主义经济已从以往的供给不足的短缺型经济转变为供给过剩的膨胀型经济，因此，这时的经济计划主要是从宏观上刺激有效需求的短期经济计划。

（3）60 年代的发展计划。50 年代短期计划获得了一定程度的成效。除了英国外，其他各资本主义国家都迎来了战后的经济繁荣时期，经济增长率持续上升。但是，进入 60 年代，经济高度增长所引起的各种矛盾日趋尖锐化，劳动力及其他各种生产要素严重不足，劳动生产率的增长速度远远落后于资本积累率增长速度，同时也使公害泛滥、环境破坏严重。因此，经济计划如果仍是短期地刺激有效需求就无法解决上述问题。各国采用了综合性的经济计划，不仅是长期的，而且还涉及生产结构的调整、劳动力培训以及经济以外的社会发展战略和措施。这一时期，日、法、荷等国所制订的经济社会发展计划就具有这样的性质。

（4）70 年代的稳定计划。这一时期内，资本主义世界爆发了两次严重的“石油危机”，西方主要发达国家的经济出现了“滞胀”现象，经济衰退，失业大增。石油价格的暴涨引起各消费国国内经济的混乱失调，大大加剧了这些国家的通货膨胀，使各石油进口国的外贸和国际收支情况严重恶化。这时，资本主义国家宏观计划管理的主要内容是：第一，努力保持物价稳定，同时协调生产要素供给、国际收支和财政收支方面的不平衡，使国内经济沿着稳定增长的路线发展；第二，积极开发能代替石油的能源，并调整产业结构，发展耗油少的新产业，努力扩大和确保国内经济的供给能力。

（5）80 年代的振兴计划。整个 70 年代西方主要资本主义国家为“滞胀”的阴影所笼罩，经济呈现持续的萧条状态。各国为摆脱“滞胀”的困扰，争相寻求新的出路，相互间的竞争异常激烈。进入 80 年代，资本主义国家的经济计划都把开发先进科学技术、发展新型产业部门、增强经济竞争力作为重要内容，以期振兴经济。日本 1980 年公布的《80 年代通商产业政策构想》，宣布“追赶型现代化”已经完成，提出要以“技术立国”取代“贸易立国”的口号，并提出以“创造性知识密集化”作为产业结构的发展方向。构想具体提出要促进新能源、信息、航空航天等技术开发，扶植新材料、生物工程新机能元件等下一代产业基础技术的开发，使经济发展进入一个新阶段。法国经济计划把扩展核堆芯、新能源、电子计算机、电信等新工艺作为重点，以此改造现有产业结构和工艺条件，促使经济走上振兴的道路。

战后西方国家实行的经济计划，在形式上与社会主义国家的传统的集中计划有相似的地方。首先，西方经济计划也有长、中、短期之分，并以中期计划为主（五年计划）。个别国家或个别时期，中期计划的时间可能稍长或稍短，如日本的中期计划既有五年的也有四年和六年的。日本还制订过为期十年的长期计划，如池田内阁制订的著名的《国民收入倍增计划》（1961—1970）。法国经济计划以五年和四年计划居多。其次，政府设有专门制订经济计划的机构。一般由政府首脑或内阁给出国家计划的主要目标和经济社会发展的优先事项，制订计划的组织机构负责编制和执行计划。国家计划在付诸实施之前都须经过议会批准。最后，计划确定若干优先发展的目标。西方经济计划的目标服从经济发展不同阶段的基本任务，任务不同，计划目标也就不同。每个计划都确定若干目标，计划的实施便以实现既定的优先目标为中心。西方国家经济计划与传统计划的相似之处显然是受苏联计划实践影响的结果。二战之前，世界上只有苏联一个国家实行计划经济，战后，西方国家实行经济计划必然要研究苏联的经验，借鉴苏联的做法，尽管不是全盘吸收。

但是，西方国家的经济计划与社会主义国家的传统计划在实质上是完全不同的。这主要表现在：（一）社会主义国家的传统经济计划建立在公有制基础之上，计划的规模和内容庞大精细，涉及经济和社会生活的各个方面，而且经济计划是经济管理的基本形式。西方经济计划以私有制为基础，它是资本主义生产关系自我调节的手段，受资本主义生产关系固有矛盾的制约，经济计划的规模、作用程度和范围都较为狭小，经济计划只是对市场的一种补充。（二）传统计划是一种高度集中的计划，计划不但指出未来的经济发展目标，而且还以指令的形式直接下达给企业。西方经济计划则是一种非强制性的指导性计划，计划也指出未来的经济发展目标，但是不作为指令直接下达给企业，而是作为企业进行经营决策的参考，并通过经济政策手段来实施。长期以来，指导性计划一直是西方经济计划的基本形式。随着经济计划化进程的推进，西方国家逐渐形成了一套关于指导性计划的理论，该理论既是对经济计划实践经验的总结和概括，又是推动经济计划向前发展的指导思想。

二、指导性计划理论的主要内容

西方指导性计划理论是关于市场的不确定性、计划与市场的关系以及计划的功能的系统认识，因此这些就构成了指导性计划理论的主要内容。下面分述之。

关于市场的不确定性。该理论认为，市场经济存在着环境如气候、世界贸易和世界政治形势等的不确定性和市场参与者的行为不确定性，这种不确定性有很大危害，它使私营企业无法获得非常完备的信息，以供其做出关于生产、定价、投资以及其他经济活动的正确决策，而生产技术上的变化又对经济结构和运行方式产生影响，将政治和经济权利不平衡地集中在一些私人决策者手中，私人决策往往具有短期性，而技术发展却需要进行长期的规划，这样，私人的经济决策活动必然妨碍社会经济的发展，因此有必要由政府出面组织全国各方面的力量进行统一规划，以消除市场的不确定性的危害。

关于计划与市场的相互关系。该理论认为，计划与市场具有互补性。在市场中的“人”有二重性：一方面，人是关心切身利益并总是要试图扩大自己收入的消费者，另一方面，人又是遵守公共利益并关心国家未来建设的一员。因此，它既有追求市场竞争的一面，又有可计划的一面，这就决定了计划和市场的互补性。

关于计划的功能。该理论认为，计划具有自我完成功能。在社会中，每个人、每个企业都有自己的计划，但是经过情报的交换和收集，以及个别计划之间的协调，可以形成总的国民经济计划。由于计划的协调一致对企业家有说服力，他相信这种一致性对他的经营和发展是有利的，因而企业家愿意而且能够根据协商一致的原则做出适当的投资。这样，经济计划一经形成，或者仅仅国民经济计划的存在，就可以减少不确定性，使资源的使用更有效率。

从上述可以看出，西方指导性计划理论实质上是关于计划与市场相互关系的理论。按照该理论，实行经济计划的目的不是取代市场，而是弥补市场的缺陷，消除市场的消极作用，通过计划与市场的结合，促使资本主义经济稳定迅速地运行。指导性计划理论对计划与市场相互关系的认识与那种要调节不要计划的可调节市场经济理论形成了鲜明对照。在现代西方资本主义国家，凡是坚持指导性计划理论的国家大都通过制订系统的国民经济计划纲领来管理和协调社会经济活动。凡是坚持可调节市场经济理论的国家则只对经济进行有限的干预，不制订系统全面的经济计划纲领。在后一类国家如美国、西德等，国家进行干预主要不是为了消除市场的不确定性、弥补市场的缺陷，而是为了消除市场经济中出现的阻碍竞争的因素，如生产集中和垄断，以恢复竞争，靠市场竞争来进行资源配置，实现经济的均衡发展。

三、经济计划的实施方式

经济计划的实施过程也就是经由国家操作的计划调节过程，这是西方国家宏观计划管理的主要内容。由于经济计划是在混合经济的基础上实施的，计划的实施呈现为多样化形态。

（1）财政支出。这主要表现为政府的公共消费支出和投资。西方国家的政府预算占国民总产值的 20%—25%，国家预算对投资的拨款在固定资本投资总额中也占有一定比例，这样，国家就有一定财力保证计划的优先项目，并对全国的经济活动和市场发生影响。

（2）税收。税收在保证经济计划目标实现方面有极为重要的作用。国家对计划内的产品或关系全局的关键部门采取税收优惠政策，而对需要限制的产品则征重税；为鼓励对外贸易，出口商品免征增值税；为加速产品更新换代，对新产品实行免税；为推进产业结构高级化过程，对特别急需的新设备的制造试用减免法人税和所得税；对为适应现代化需要而进口的机械设备免征进口税。

（3）金融手段。西方国家运用金融手段实施计划调节主要表现在两个方面：一是政府加强对中央银行的管理，使其成为贯彻国家计划的机构；二是通过一定机构对一般私营银行进行监督，通过后者的业务活动实现国家计划。法国政府拥有中央银行和四大储蓄银行，还通过在私人银行董事会中任命主要人员的方式，控制了许多重要的私人银行，此外还有许多专门的信贷机构属政府所有或由政府控制。由于整个银行系统基本由政府控制，因此政府能够影响银行的信贷业务活动，贯彻国家经济计划纲领。日本也有一套政府控制的银行系统，“强力政府”的形象在运用银行信贷和利率手段调节经济、实施计划方面得到充分显示。在其他实行经济计划的国家，如瑞典、挪威等也都十分重视利用金融手段，信用的分配目标都由政府统一规定，政府对私人货币市场也都有明确的限制。

（4）国有企业。在实行经济计划的国家，国有经济占有很大比重，例如1982 年，法国政府直接或间接控制的国有企业达 3500 家，包括全部电子工业、煤气工业、采煤工业、铁路、交通和邮政、电信等公用事业以及大银行。国有企业控制了全国工业生产的 1/3，国家占有的资产达到国内全部资产的36%（见中国社会科学院世界经济与政治研究所编：《外国长期计划》）。政府拥有一定的经济实力是实行经济计划的基础。政府往往通过国有企业的活动来贯彻国家经济总政策、工资收入政策、发展科技政策、货币政策等，通过国有企业的活动影响社会经济的重大问题，如产业结构调整、地区生产力布局、经济增长速度、竞争能力等，最终对社会生产的再生产周期给予影响。

四、经济计划的特点

西方经济计划作为一种指导性计划，具有不同于指令性计划的特点，概括起来主要有：

（1）经济计划是一个多样化的、多层次的体系。这个体系包括国家计划、地区计划、部门计划、企业计划、经济发展计划和社会发展计划，还包括定期的“中期计划”和不定期的“临时计划”。这些计划由各级计划机关制订，经过协商而联结成一个统一体。

（2）计划主要采取指导性指标，同时还包括少量国家财政资金保证的必须实现的指标。指导性指标只起诱导作用，不强制执行。这种指标一般都是些宏观经济方面的指标，如国内生产总值、物价总水平、工资收入、工业、农业、进口、总投资、总消费的增长率等。对于计划确定的若干优先发展项目则规定比较具体的指标，并以各种措施保证实现，这主要由政府负责完成。指导性指标与必须实现的指标之间不是并列关系，后者往往是关系到经济发展全局的优先项目的指标，这些指标的实现对指导性指标的实现具有决定性作用。

（3）计划与产业政策相辅相成。产业政策是西方国家调节产业结构的重要措施，在实行经济计划的国家，产业政策又与经济计划紧密地结合在一起，成为计划调节的重要内容。西方国家在经济计划中确定的优先项目，主要是依靠产业政策来保证实现的。这方面搞得最成功的是日本。日本的国民经济计划是与一套系统的产业政策结合在一起的。以日本池田内阁制订的《国民收入倍增计划》为例，在该计划中，加快产业结构的现代化，增强经济的竞争力，实现农林渔业与工业部门的平衡发展，被作为极其重要的内容，与之相适应还制定了一系列产业政策，它包括推动企业合作、发展专业化生产、保证资金供应和原材料及能源的供应、调整产业的地区布局、加强科学研究和技术培训、促进大中小企业分工协作等政策。这个计划实施结果非常好，经济增长率达到 10.9%。可以这样说，日本战后经济获得迅速发展，产业结构始终占据现代化的前列，这与经济计划和产业政策相结合、有计划地调整产业结构有直接关系。

（4）有一套严密的法律制度配合计划管理。西方实行经济计划的国家为使私营经济适应国家计划，重视运用法律手段和行政干预。例如，挪威政府为了使私营企业适应国家计划，对私营企业实行五种基本经济（财政、货币、价格、建筑和外汇）控制。私营企业的储蓄和投资决定必须遵循政府划定的总框架（根据年度国家计划中总投资预算确定）。产业建筑的私人投资由政府的定额建筑许可证制度控制，没有领到许可证，私人不得投资建新企业或扩大企业规模。为稳定价格，政府颁布价格控制法，凡有关价格的重大决策均由政府做出。

（5）计划调节是一种间接的控制过程。西方经济计划是指导性计划，计划的制订和实施都贯彻协商一致的原则，政府不向企业下达指令，计划调节以说服、引导和经济手段如财政政策、货币政策、收入政策、价格政策、汇率政策等相结合的方式来进行，通过这种方式，使企业自觉地把自己的经营活动与国家的计划目标统一起来。

五、经济计划的成效及其面临的问题

二战后，西方国家实行经济计划取得了较为显著的成效，其具体表现有以下几个方面：

（1）加速了垄断资本企业的资本积累和固定资本投资。为实施经济计划，国家通过税收集中了大量资金，同时又以国家支出、国家投资、优惠贷款、补助金、津贴等形式把这些资金转移给垄断资本，还通过加速折旧、减免税收、调节利息率、贴现率等政策措施扩大垄断资本企业的积累，刺激投资。这些都有力地推动了经济的发展。

（2）推动了科学技术的发展和科研成果的运用。科学技术的研究和运用是西方经济计划的重要内容，任何一项计划都把它作为优先项目来安排。国家为实现此项目标，建立了许多科研机构，组织和领导科研工作，同时拨付大量科研经费予以资助。对于科研成果，国家以低费或免费的方式提供给生产企业，既加快了科研成果的应用，又推动了经济的发展。

（3）促进了产业结构的调整。产业结构是经济发展的基础，西方经济计划始终把调整产业结构、加快产业结构现代化作为重要的目标。为此，政府有计划地推动产业的集中，加强企业的合作和合并以及专业化生产，将资本集中投入到新兴产业，对新兴产业实行种种优惠待遇，如减免税收、低息贷款等。由于经济计划把调整产业结构作为一项长远的战略任务来对待，并在各方面对新兴产业给予保护和扶植，这就有力地加快了产业结构的调整和改革，增强了经济的竞争力，推动了经济的发展。

（4）在一定程度上缓和了经济危机。国家是在对未来经济发展趋势作出预测的基础上制订经济发展计划的，又运用各种经济政策和调节手段来实现既定的目标，这就使企业的投资决定有了较为可靠的信息作依据，在一定程度上避免了投资的盲目性。对于某个时期的经济危机和经济波动，政府有计划地采取紧缩、扩张或两者兼用的政策进行调节，这一切使得经济危机的可能性及现实危害得到缓解。

（5）缓和了社会矛盾。在西方经济计划中，除了经济目标外，社会目标就是主要的目标了。社会目标旨在缩小收入差别、缓和社会矛盾。政府通过财政的再分配功能将取自社会各阶层特别是高收入阶层的税收用于社会保障、教育、文化、医疗等事业，特别是用于补助和救济低收入阶层，这就在一定程度上缩小了收入差别，缓和了由此所引起的社会矛盾，为经济发展提供了较为稳定的社会条件。此外，在制订经济计划过程中，由于社会各利益集团在一起就经济和社会发展的一系列问题进行协商与讨论，因此在此基础上产生的计划体现了各方面的利益要求，这也在一定程度上缓和了社会矛盾，保证了经济的稳定发展。

西方经济计划对经济发展的推动作用还可从一些国家50年代和60年代经济发展所取得的成就得到证明。50年代，法国完成了第二计划和第三计划，在1953—1963年的十年间，法国国民生产总值年平均增长率为4.9%，失业率为1.3%，国际收支只在1956—1957年出现逆差，1958年以后出现较大顺差。日本此间也完成了二个计划，第一计划（1956—1960年）实际经济增长率为8.7%，第二计划（1958—1961年）实际增长率达到10.1%。瑞典、挪威等国经济增长速度也都很高。进入60年代后，实行经济计划的国家经济发展情况仍然很好，在1960—1970年期间，法国、日本、挪威、瑞典、荷兰等五个实行经济计划的国家按人口平均的国民生产总值每年平均增长5.2%，而美国、加拿大、西德、英国、意大利等五个没有实行经济计划的国家该指标每年平均增长仅为3.4%。

经济计划对西方一些资本主义国家的经济发展起了推动的作用，这是事实。但是，毋庸讳言，经济计划也存在着严重问题，由此引起了人们对经济计划成效的怀疑。经济计划存在的问题主要表现为计划确定的目标与实际执行的结果之间出现较大差距。以计划最发达的法国为例，在整个70年代，它所实施的各次计划均未达到预计目标，如GDP增长率，1971—1975年和1976—1980年的两次计划目标均为5.9%，而实际执行结果却只为3.7%和3.9%（J. R. Hough所著《法国经济》1982年英文版第119页）。进入80年代，法国实施的旨在重振经济的第八和第九计划仍未创造出奇迹，第八计划国民生产总值年平均增长率仅为1.16%，通货膨胀率为9.6%，失业率为8.7%，国际收支经常项目年年出现逆差。怎么看经济计划存在的这个问题呢？笔者认为导致经济计划的执行结果与预计目标不一致的原因是多方面的。首先，从外部情况看，进入70年代，特别是石油危机爆发以后，世界经济转入持续的不稳定和衰退时期，恶化的外部经济环境必然会对实行计划的国家的经济产生消极影响，也会对既定的正在实施的计划产生冲击，这样，预计的计划目标自然难以达到。其次，从内部情况看，凡是实行经济计划的国家，过去经济基础都比较薄弱，实行计划的目的之一就是加快生产集中进程，提高产业结构的现代化程度，加速经济增长，但是，产业结构的优化不可能一蹴而就，在产业结构还不能完全适应国际市场需要的情况下，经济增长速度势必要受到影响，如果计划目标脱离了产业结构所决定的经济增长的可能性，其执行结果自然也不会与目标相一致。再次，从计划本身看，计划预测是否准确，实施计划的组织机构是否得力，也会影响计划目标的实现。就西方国家的经济预测而言，短期预测效果尚好，长期预测成果不佳，国内预测精度较高，国际预测精度较差。现在，西方各资本主义国家经济一体化程度大大提高，外部经济形势的变动对国内经济的影响极大，对国际经济发展和变动的趋势作不出准确的预测，据此制订的经济计划的目标当然也就实现不了。实施计划的组织机构是资本主义经济体制的一个部分，它的运作要受其他体制要素的制约，特别是受居主导地位的生产资料私有制的影响，经济计划不可能完全消除资本主义基本矛盾，由该矛盾所决定的一系列社会的、经济的矛盾都会妨碍计划的正常实施，影响计划目标的实现。毫无疑问，导致经济计划执行结果与预计目标之间不一致的原因还有许多，但指出以上三点就足够了，它表明西方经济计划存在问题不是偶然的，而是由外部、内部，特别是制度因素所决定的必然现象。

六、结论

经济计划是西方资本主义国家用来调节社会经济活动的工具，它是一种非强制性的以补充市场缺陷为己任的指导性计划。经济计划把需求管理与供给管理、短期发展与长期发展、经济目标与社会目标结合起来，推动了经济的发展。现在，由于种种原因，计划的经济成效不如过去显著了，一股否定计划存在必要性的势力开始出现。但是，计划是生产高度社会化的产物，是资本主义生产关系自我调节的重要手段，它在一定程度上缓和了资本主义的矛盾，维护了资产阶级的利益，因此对它的运用不会因经济成效一时不佳而减弱。正是基于这一点，西方资本主义国家目前还不会放弃经济计划，经济计划仍将继续成为他们实现各种经济和社会目标，维护资本主义生存和发展的重要手段。

（本文原载于《南开经济研究》1991 年第 1 期）

试论法国经济计划的作用机制

法国的经济计划是一种指导性计划，它以市场为基础，主要通过各种经济政策手段诱导企业把经济活动纳入国家计划的轨道，从而实现经济的有计划发展。现在的问题是，作为一种不具有强制性的计划，法国的经济计划是如何使企业接受其调节或影响的？是否所有的企业都接受计划的指导？计划对微观经济的影响效应如何？弄清这些问题对于准确认识指导性计划的性质和作用，正确处理计划与市场的关系有着重要的意义。

一、法国经济计划的主要特点

为了更好地分析经济计划对企业活动的影响，有必要先了解一下法国经济计划的特点。法国是从二战结束起开始实施经济计划的，迄今为止已经实施了十个经济计划。纵观法国实行经济计划的实践过程，可以看出以下主要特点：

（1）计划服务于市场。法国是老牌资本主义国家，市场经济很成熟，也很发达。但是就经济实力而言，与其他欧美国家相比，法国一直居于下游。在第二次世界大战中，法国的重要工业基础设施又遭到严重破坏，为了恢复经济，特别是缩短与其他欧美国家在工业现代化程度上的差距，战后法国走上了对整个国民经济实行计划管理的道路。但是，法国对经济的计划管理是建立在市场经济基础之上的，它的目的不是用计划取代市场，而是为了维护市场的正常秩序，减少和抵消市场机制的自发作用而造成的对资源的破坏和浪费，在计划与市场的相互关系中，市场依然是基本的调节机制，计划只是从属于市场并为市场服务。这是法国经济计划的本质特征之一。

（2）用协商方式制订计划。法国经济计划不是由计划机关独自构想出来的，而是按照“协商一致”的原则，通过特定的组织形式制订出来的。所谓“协商一致”就是凡是涉及国民经济全局和社会各阶层利益的重大决策，都要在政府同社会各界共同讨论、达成共识的基础上作出。作为该原则的具体体现，法国建立了一系列制订计划的机构，如按部门、行业组成的垂直委员会，按跨部门的共同性问题组成的横向委员会，还有集体事务委员会和地区事务委员会等，所有这些委员会都由政府官员、各行各业职业机构代表、雇主协会代表、工会代表和政府聘请的专家组成。由于经济计划是在社会各阶层共同参与、自愿协商基础上制订的，计划体现了他们各自的利益和要求，这就为经济计划的顺利实施提供了保证。

（3）计划主要采用指导性指标，同时确定少量强制性指标。法国经济计划主要是确定指导性指标，如国内生产总值、工业、农业、进出口、总消费、总投资的增长率等，其计划指标只下达到部门，并只对部门和国有企业有某种约束力，对大量的私有企业并不要求强制执行，而只是提供信息，指导企业的决策。当政府需要实现某种目标或发展某个项目时，也采用某些必须实现的强制性指标，对这些指标，政府通常提供财政资金作为保证，并对其实施承担道义上和法律上的责任。

（4）政府通过控制资金供给渠道实施经济计划。法国的经济计划虽然对企业没有强制性，但为了将私营经济纳入计划发展轨道，政府重视通过财政、金融、合同等手段来刺激企业的投资和生产活动。法国政府的公共开支和投资约占全国投资总额的 50%，这对计划的实施产生了积极的作用。为了有效地使用金融手段实施计划，法国政府将中央银行和四大储蓄银行控制在自己手里，还通过在私人银行董事会中任命主要人员的方式，控制了许多重要的私人银行。由于整个银行系统完全由政府控制，私人资本市场受到严格限制，因而政府能够有力地影响银行的信贷业务活动，贯彻经济计划。

由上可见，法国的经济计划是服务性、协商性、指导性和刺激性相统一的计划，是适应市场经济的要求而形成的新型的计划模式。它的突出特点在于通过各种方式诱导企业按照计划的要求行动。在这里，企业是否和在多大程度上接受诱导，决定着计划调节的成败。

二、经济计划对企业决策的影响

（一）计划对企业决策的影响机理

在企业的经营机制中，决策机制是企业活动的基本行为，它贯穿于企业生产经营活动的全过程，主要包括投资决策、资金筹集决策、营销战略决策和研究与开发决策等方面。计划对决策的影响主要通过对这些具体决策活动的影响体现出来。那么，计划对决策的实际影响是怎样的呢？一项调查显示，在企业的几项主要决策中，政府的经济计划对投资决策发挥的影响最大。这项调查的对象是371家法国企业，调查的目的是检验政府的经济计划对投资、筹资、营销和研究与开发等四项决策的影响程度。调查结果表明，法国的经济计划对企业的投资决策影响最大，对资金筹集决策的影响也比较大，对营销和研究与开发决策的影响次之。投资决策为什么受计划的影响最大呢？这主要是因为经济计划对企业投资决策所要考虑的四个因素，即市场预期、货币或资本市场状况、技术开发和政府可能提供的财政支持有着重要影响，换句话说，法国的计划当局对企业投资决策所考虑的诸因素实行了有力的控制和干预，这使得经济计划能够对企业的投资决策本身施加有力的影响。

首先，经济计划确定了投资和生产的目标，指出了供求关系的变化趋势，这就在很大程度上提高了市场的透明度，使决策者有了安全感，他们相信只要按照计划指引的方向去行动，预期的利润最大化目标就可能实现，因而愿意按照计划的要求进行投资决策。

其次，政府对银行系统的控制是影响企业投资决策的最有力手段。如前所述，法国银行体系完全由政府控制着，其职能就是根据经济计划的要求从事信贷业务，向企业提供资金。在现实经济生活中，各类企业的投资资金主要是依赖银行供应，这样，通过资金控制，经济计划就可以对企业的投资决策施加有力的影响，使之符合计划的要求。

再次，为了实施经济计划，法国政府设置了一系列基金，凡是与政府确定的计划目标相一致的投资活动都可以得到政府的资助，这对企业是个有力的刺激，企业为了获得投资所需的资金，必然要按照计划的要求进行投资决策。

由此可以看出，法国的经济计划虽然对企业没有约束力和强制性，但是计划指明了经济发展的方向，特别是政府对资本市场实行了直接的控制，以保证计划的实施，这就使计划在事实上对企业的决策构成约束，迫使企业按照计划的要求去行动，这就是指导性计划作用机制的奥秘之所在。显然，政府对财政尤其是金融银行系统实行有力的控制是很关键的，否则，计划的实施就成了纸上谈兵，更谈不上引导整个经济协调稳定地运行了。

（二）接受计划影响的企业的类型

是不是所有的企业的投资决策都受计划同等重要的影响呢？答案是否定的。法国的经验表明，企业的类型不同，其接受计划影响的程度就不同。在前面提到的那项调查中，调查者将被调查企业的特点划分成四类，即企业规模、所有权构成、经营类型和营销取向。然后以它们为标准，将企业划分为不同的类型，如按照企业的规模，企业被区分为大、中、小三种类型；按照所有权构成，企业被区分为公营企业和私营企业，私营企业又被进一步细分为本国控制的企业和外国控制的企业；按照经营形式，企业被划分为资本密集型企业和劳动密集型企业；按照营销取向，企业被划分为完全内向型企业、基本内向型企业和完全外向型企业。

就企业规模而言，大企业的决策受计划影响最大，而中小企业受计划影响的程度则较小，换句话说，经济计划对大企业比对中小企业更为重要。这种差别反映了大企业与中小企业在经济地位上的不同。按照法国的计划体制，在国民经济中占有举足轻重地位的有影响的大企业通常派代表参与经济计划的制订，或者与计划机关保持长期直接的联系，以获取有关信息，因此，大企业对计划很熟悉，它们的决策势必在更大程度上受到计划的影响。据调查统计，在雇佣职工 5000 人以上的企业中，有 51%的企业的投资决定受到计划的明显影响。中小企业是制订计划的局外人，计划对他们的影响自然也就很小。

从所有权构成看，法国自己控制的企业对计划的重视程度远比外国控制的企业大；公营企业对计划的重视程度又比私营企业大。在法国，外国控制的企业比法国自己控制的企业拥有更多的独立性，这类企业在决策中考虑更多的是国际经济环境，再者这类企业的决策者要么不赞同“国家计划”这种管理形式，要么认为没有必要熟悉和了解法国的经济计划，这样，计划对他们的经营决策影响很小就是自然的了。至于公营企业比私营企业更加重视计划，这正体现了法国经济计划的一个鲜明特色，即政府对经济的计划调节在很大程度上是借助于公营企业进行的。在西方国家中，法国是公营企业在国民经济中比重最高的国家之一。长期以来，法国政府一直致力于推行国有化政策，凡拥有强大实力并在经济中起关键作用的大工业公司和大银行皆被国有化，成为公营企业。再者，公营企业分布的范围也很广，几乎涉及诸如交通运输、电讯、邮政、能源、重工业、军事工业、纺织、造纸、电子、航天等所有重要经济部门。由于公营企业在经济中占有如此重要的地位，计划对其影响自然非常大。计划不但通过确定优先发展部门或优先实施项目来影响和引导公营企业的发展方向，而且还通过公营企业的投资以及国有银行信贷机构提供的投资资金调节和影响全国企业的生产与投资活动，在这里，公营企业成为实施经济计划的强大物质基础和有力的手段。由此可以看出，指导性计划的有效实施是与政府掌握着国民经济的命脉相关联的，后者是前者的强大的物质基础，离开了后者强有力的支持，计划调节是无法真正发挥作用的。

再从经营类型来看，调查数字表明，资本密集型企业受计划的影响比劳动密集型企业大。这主要是由于投资在资本密集型企业占有显著位置的缘故。既然投资在资本密集型企业比在劳动密集型企业更为重要，而投资资金又主要掌握在政府的手里，并根据计划的要求在国民经济各个部门和企业之间进行分配，那么资本密集型企业必然重视经济计划，其生产和投资活动也必然在较大的程度上受到计划的影响。再者，资本密集型企业受计划的影响大也反映了政府对其的重视。在法国，资本密集型企业主要集中在钢铁、机械、电气、交通运输、飞机制造、化学、石油和宇航等部门，为了优化产业结构，提高工业技术装备的现代化水平，根据国民经济计划的安排，法国政府对这些部门一直实行倾斜政策，优先提供了大量资金。这样做的结果是，资本密集型产业获得了长足发展，产业结构得以调整和优化，工业技术装备的现代化水平大大提高，同时，整个工业和国民经济也在它的带动下取得较快发展。根据特定时期经济和社会发展的要求，在经济计划中确定优先发展的产业或项目，然后集中财力和物力支持、扶植其发展，并通过这些产业的发展再进一步带动其他产业部门乃至整个国民经济的发展——这是法国运用指导性计划调整产业结构、促进经济发展的重要经验。

最后，从营销取向看，经济计划对完全内向型企业和基本内向型企业的影响比较大，而对完全外向型企业的影响则比较小。完全内向型和基本内向型企业生产和营销活动主要面向国内市场，它们是国民经济运行体系的主要组成部分，这决定了国民经济计划必然要对其施加影响，而且计划也能够对其发挥影响。而外向型企业则不然，这类企业大都是跨国公司，其所面对的主要是国际市场，其营销活动遍及全球，影响这类企业的因素除了包含在本国经济计划里的各项经济政策外，还有世界其他国家的经济政策及政治法律制度，后者的影响甚至远比前者大得多。这样，外向型企业在决策中不大重视计划便是可以理解的了。不过，这倒给我们提出了一个问题，这就是：随着资本国际化的发展，各国间的联系进一步密切，相应地，每一个国家都会面对越来越多的外国资本流入和本国资本流出的问题，在这种情况下，一个民族国家应该怎样对这种资本的流动进行计划管理呢？这是个很复杂的课题，有待进一步研究。不过，有一点是清楚的，那就是，仍旧基于民族国家的范围来管理和协调资本的国际流动是越来越困难了，对资本的国际流动的计划协调需要站在一个更高、更广阔的基点上。

三、经济计划的影响效应

上面我们对法国经济计划对作为微观经济主体的企业的影响进行了具体分析。分析的目的旨在探讨计划如何对企业决策施加影响，以及什么样的企业对计划调节的反应最明显。现在的问题是如何看待法国经济计划的影响。我们认为，从总体上讲，法国经济计划对企业实现自己的经营目标的影响，既有积极的方面，也有消极的方面。

（一）计划的积极效应

一般来说，法国的经济计划在向企业提供信息、刺激企业实现经营目标、调和社会各阶层之间的利益矛盾、指导企业按计划的要求行动等方面发挥着积极的作用，因此，其积极效应主要有以下几个方面：

（1）信息效应。企业在进行决策时，通常需要掌握大量的信息，在经济形势和经营环境不断变化的情况下，企业对信息的需求无论在数量上还是在质量上都越来越高，仅仅靠市场供应信息已远远不够了，计划在提供信息方面将发挥越来越重要的作用。计划作为信息的来源对企业决策有着积极的影响：首先，计划指明了经济发展的方向、速度和规模，提供了实现各项目标的手段和途径，排列了各产业部门的发展先后，更重要的是确定了国民经济内部主要的比例关系，这就在很大程度上减少了市场的不确定性，为企业做出正确的决策奠定了基础。其次，经济计划是采用投入-产出法制定出来的，它考虑到了现有资源的供给和需求的平衡关系，这就为单个企业的决策提供了可靠依据，增强了决策的安全感。最后，计划是对未来发展的预测和自觉安排，它指出了经济发展的可能和潜力，这有助于企业在决策中确立长远打算，避免经济行为的短期化。

（2）约束效应。法国的经济计划是以其所预期的经济和社会发展目标来引导企业的决策与经营活动的，并不强制企业服从计划。但是，计划机关控制资金的供给，拥有一整套鼓励和促进计划得以实施的措施与手段，它既可以通过增加投资资金、提供各种优惠待遇来刺激企业按照计划的要求进行决策和经营，也可以运用种种措施如减少财政拨款、提高贷款利率、增加税收等来限制不符合计划要求的生产经营活动。从这个意义上讲，计划实际上发挥着迫使企业按照计划确定的规范行动的约束性作用。

（3）动力效应。在市场经济条件下，每个企业都是独立的经济主体，其从事生产和经营的内在动力和外在目标是追求最大限度的利润与不断扩大市场占有份额，而在实行经济计划的条件下，企业的这种主体地位和内在动力又得到进一步加强。首先，经济计划确定的经济增长目标为单个企业的发展和扩张指明了方向，与这些目标相配套的一整套经济政策为企业实现自己的经营目标提供了机会和可能，这些都构成了对企业的刺激，有力地推动企业在激烈的市场竞争中求得生存和发展。其次，除了规定经济增长目标和提供相应的政策以外，政府还支配和掌握了大量的投资资金，以确保计划的实施，这使企业确信计划目标一定能够实现，从而更自觉地服从计划的指导和调节。由此我们可以说，实行经济计划等于给经济生活提供了新的刺激，计划调节对于企业具有动力效应。

（4）协调效应。法国的经济计划是在社会各界广泛参与下制订出来的，制订计划的过程就是“社会对话”的过程。通过这种对话，各种社会集团和阶层可以彼此表达自己的意志，了解对方的愿望。对话无疑是一个讨价还价的艰巨过程，许多利益矛盾也不是仅靠对话就可以消除的，但是对话毕竟为协调利益矛盾提供了机会和条件，使减小经济和社会发展过程中不可避免的冲突、缓和阶级矛盾成为可能。

（二）计划的消极效应

经济计划的效应具有双重性，既有积极的效应又有消极的效应，其消极效应主要有：

（1）对部门内部的竞争有消极影响。在法国的各个经济部门内部，大企业与中小企业是同时并存着的，彼此间的关系既有合作性，又有竞争性，而且这种竞争又往往是不平等的，经济计划的实行有可能加剧这种不平等。法国的经济计划通常是在大企业参与下制订出来的，计划所确定的优先发展项目也大都跟大企业有关系，因此大企业从计划那里得到的好处远比中小企业多，如减免税负、加速折旧、增加补贴等。这样，计划在加强大企业的竞争实力的同时，却在客观上削弱了中小企业的竞争实力，使二者处于不平等的竞争起点上。

（2）对部门间的竞争有消极影响。经济计划通常都要根据特定时期经济和社会发展的要求确定若干优先发展的部门，并采取相应的倾斜政策来支持和推动这些部门的发展。这样做，对于实现产业结构高级化、提高工业技术装备的现代化水平是十分必要的。但是，那些未被列入优先发展序列的部门则得不到计划的积极支持，它们的发展因此受到限制。计划的这种部门歧视效应往往给非优先发展部门带来不利后果，使它们在与优先发展部门的竞争中处于劣势地位。

（3）对企业自主发展有消极影响。为了引导企业的生产和经营活动适应计划的需求，计划机关往往采取一系列强有力的措施来制约企业的行为，如控制资本投放、控制信贷机构的长期贷款、控制银行的中期贷款、扩大或缩小公共开支总额、增加或减少公司税收等。另外，计划机构还采取其他一些行政控制手段，如价格管制、建筑许可、投资项目审批等。这些经济的和行政的手段对于实施计划、调节宏观经济的运行是非常必要的，但是这些手段对于企业的自主发展却可能构成限制，特别是当这些手段在数量上不断膨胀、在干预程度上不断扩大时，企业的活力就可能被窒息，经济的发展也会受到束缚。

消极效应是难以避免的，但是与积极效应相比，这毕竟是次要的。在经济计划的实际运作中，其积极效应远比消极效应大。这可从企业的反应得到证明。一项涉及 158 家法国企业的调查表明，有 95%的被调查企业认为计划提供的信息对他们的决策影响非常大或比较大，有 13%的被调查企业认为计划对其经营活动起着重要的刺激作用，只有 23%的被调查企业抱怨计划偏向大企业，有 21%的企业认为计划确定的优先发展项目与自己无缘。经济计划的积极作用被大多数企业认可，这是经济计划能长期在法国经济生活中存在和发展的根本原因。

四、结束语

指导性计划是适应于市场经济特性的新型计划模式，是政府加强宏观调控，保持国民经济持续、稳定、协调运行的重要手段。法国的经验表明，指导性计划与指令性计划虽有本质上的区别，但在必须得到有效贯彻这一点上却是相同的。指导性计划若想得到有效贯彻执行，控制企业的决策条件和运行环境如市场预期、资金来源、投资方向等是至关重要的，而要做到这一点，政府必须掌握国民经济命脉，支配国民经济的核心部门，控制财政和金融体系，只有这样，计划的贯彻和实施才能得到切实的保障。他山之石，可以攻玉。我国正在建立社会主义市场经济体制，处理好计划与市场的相互关系成为当务之急，在这方面，除了不断摸索经验外，还应学习国外的做法。法国已经有了 40 多年对市场经济实行计划调节的经验，这些经验值得我们认真思考和借鉴。

（本文原载于《南开经济研究》1993 年第 6 期）

比较制度分析述评

一、比较制度分析产生的背景

在现代经济学体系中，比较制度分析（Comparative Institutional Analysis）是一门新兴的学科。它出现的背景是20世纪80年代发生的世界局势的巨大变化，以及自20世纪70年代以来经济学理论自身的发展。

首先，20世纪80年代末，苏联和东欧国家的政局发生剧变，剧变后，这些国家把建立西方式的政治制度和经济体制作为改革的目标。在经济改革方面，他们企图运用休克疗法实现由计划经济向新自由主义式的市场经济的过渡。在经济转轨的实践中，人们逐渐认识到，作为经济转轨目标的市场经济体制并不是单一的，市场经济其实有多种模式，对于向市场经济过渡的国家而言，在选择哪一种目标模式问题上，存在着较大的选择余地。在多种市场经济体制模式中如何进行选择，这是一个急需解决的重要理论问题，比较制度分析正是适应这一选择需要而产生的。

其次，同样是20世纪80年代，在世界经济舞台上，“东亚奇迹”成为人们关注的亮点。继日本之后，韩国、新加坡和我国台湾、香港等地均取得了惊人的经济发展成就；泰国、马来西亚、印度尼西亚也紧跟其后；中国大陆，特别是以沿海地区为中心的工业化也在迅速形成。纵观东亚经济发展的道路，人们发现了一个共同的地方，这就是东亚各国和地区的经济成就在很大程度上是依靠国家（政府）对市场的大规模介入或补充而取得的。东亚经济发展模式引起了人们对这样一些问题的关注：发展中国家为了实现经济的起飞，除了要利用市场机制以外，是否有必要有效地利用一些包括政府各机构在内的各种制度？为了使市场机制更好地发挥作用，政府是否应该发挥重要的补充作用？对这些问题的思考和研究推动了比较制度分析的产生和发展。

再次，比较制度分析也是经济理论自身发展的产物。20世纪70年代以来，理论经济学发生了重大的变化，不确定性和风险、信息与激励、契约与谈判等成为经济学研究的热点课题，相应地，许多新的分析工具，诸如“组织经济学”“契约理论”“交易费用理论”“产权经济学”“博弈论”等，被开发了出来。运用这些分析工具，比较制度分析不再像新古典经济学那样仅仅分析单纯的市场机制，而是可以以多样化的机制和制度为分析对象。

1990年秋季，在美国斯坦福大学经济学研究生院，由青木昌彦、保罗·米尔格罗姆、阿布纳·古莱依夫、钱颖一、约翰·利德巴库等人开设了比较制度分析课程，这是比较制度分析首次进入大学课堂。青木昌彦是比较制度分析的主要代表人物，他提出了许多有影响的观点，比较制度分析也因为他的努力而为越来越多的人所关注。

二、比较制度分析的研究对象

制度分析在比较制度分析中居于核心位置，按照青木昌彦的观点，“比较制度分析是对现行的各种制度进行比较分析”。这实际上明确了比较制度分析的对象。那么，什么是制度？制度是怎样产生的？制度的作用是什么？对此青木昌彦做了系统分析：

1. 制度是共有理念的自我维持系统。青木昌彦认为，制度是“关于博弈重复进行的主要方式的共有理念的自我维系系统”。在这里，博弈重复进行的方式就是博弈规则。他强调指出，博弈规则不是外生给定的，或者由政治、文化和超级博弈决定，而是参与人的策略互动内在产生的，它们被参与人所预期，是自我可实施的。制度作为共有理念的自我维系系统，其实质是对博弈均衡的概要表述，或信息浓缩，它作为许多可能的表征形式之一，起着协调参与人理念的作用。制度也许存在于人们的默契理解中，也许存在于人们头脑之外的某种符号表征之中。但在任何情况下，某些理念被参与人共同分享和维系，由于具备足够的均衡基础而逐渐演化为制度。

2. 制度分析的基本单位是域。域包括两个要素：一是参与人集合，二是每个参与人所面临的技术上和意识上可行的行动集合。青木昌彦说，假定时间是由无穷时期的序列组成，在每个时期，每个参与人只能选择一种行动，在一定时期所有参与人选择的行动加在一起，称为行动组合，它规定了该期域的参与人的福利后果，如产量的最终分配。每个参与人都试图使其报酬最大化，即实现自己最佳的结果。不过，最终结果不能由单个人的行动唯一决定。每个参与人最优的行动决策取决于别人的决策。对此，我们将从别人的行动决策的理念的角度研究参与人之间的策略互动。在做了这些设定后，青木昌彦指出，我们把域特征和联结每个行动组合和后果的对应规则称为博弈的外生性规则。

3. 制度是内生的。制度到底是由政府或官僚机构设计出来规范和约束参与人行动的规范呢，即是外生的呢，还是在参与人的重复博弈过程中形成的，或者说是内生的呢？对此，青木昌彦认为，均衡制度是一种社会建构的现实，因而它必然内生于域之中。它通过其简要表征——默契的或符号的——协调着参与人的理念。制度作为一种均衡现象，只要别人不忽略它，任何人都不敢不正视它的存在，从而对人们的策略选择构成影响。制度虽然是内生的，但同时又客观化了。制度的内生性和客观性是其本质特征，如果人们对制度做出内生规则论和外生规则论的区分，这正是制度的双重性质导致的。

4. 制度的形式是多种多样的。青木昌彦认为，制度作为共有理念的自我维系系统，可采取多种不同形式，这主要取决于博弈的性质和对应的适当的均衡概念以及均衡达成的方式。具体来讲，制度的形式主要有：（1）管制制度；（2）社会规范；（3）规则和惯例。制度形式尽管形形色色，但有一点是共同的，那就是它们都必须对参与人有切实的制约作用。

5. 制度的作用。按照青木昌彦的观点，制度的作用是制约参与人的行为，通过协调人们的理念来控制参与人的行动决策规则。作为制度，共有理念引导着参与人在多种可能性（即多重均衡）中抉择，朝其中某一特定的方向行动。在此意义上，不论共有理念是管制性的、规范性的还是认知性的，制约都是其内生特征。制度通过对均衡状态的简要表征来协调参与人的信念；在一个信息非完备和非对称的世界里，制度又协助理性有限的参与人节约决策所需的信息加工成本。

将制度作为比较制度分析的对象，意味着比较制度经济分析在经济学的大家族中确定了自己的位置，也意味着比较制度分析明确了自己不同于其他经济科学的研究领域和发展方向。

三、比较制度分析的方法论特点

比较制度分析是经济学发展的一个新领域，与其他经济学科相比较，其方法论的特点是：

1. 比较制度分析以经济活动的复杂性和有限理性作为经济分析的前提。任何经济分析都要对分析对象做出必要的限定，比较制度分析也不例外。比较制度分析对其赖以进行分析的基本前提是这样假定的，即经济过程是个复杂的系统，而经济活动的主体只有有限理性。经济活动过程的复杂性，要求建立起能够有效利用各企业和消费者的信息来进行资源分配的经济机构与制度。在复杂的系统中，为什么要通过诸如组织、制度、规则等制度因素协调经济活动呢？对此，比较制度分析是从经济主体的“有限理性”出发加以说明的。所谓有限理性，是说由于现实的经济生活是一个复杂系统，在此背景下经济主体要清楚地权衡自己所面临的所有利害得失，并选择最佳的行动，几乎是不可能的。因此，经济主体只具有有限理性。这样，在现实中的人类行为是以在经验的基础上创造出的类型吻合法，选择与所面临的各种状况相适应的手段、与归纳式决策相接近的决策方式为基础的。显然，将社会经济过程看作一个复杂系统是比较制度分析区别于其他经济学的重要标志。

2. 比较制度分析将制度要素的相互作用和互补性看作制度存在的重要条件。在现实和理论的关系上，新古典经济学主要采用演绎的方法进行经济分析，而比较制度分析则主要利用相互作用的理论进行经济分析。就是说，构成经济体制的各种制度要素并不是孤立的，而是相互作用、彼此适应的，一种有效的制度形式一经出现，就要求其他制度形式与之相适应，以便使整个体制系统和谐有效地运行。在一种经济体制中，如果设计了某个制度要素，那么这个制度为了能够持续下去，就必须和其他制度很好地契合。一般情况下，即使体制的变化过程出现了较大的断裂层，新构成的各项制度仍然会呈现出某种互补性和彼此适应性。运用相互作用的理论研究制度变迁和演进，有助于准确揭示制度变迁的内在逻辑和路径，有助于准确刻画一种经济体制的内在制度结构的具体特征。

3. 比较制度分析注重历史研究。制度的形成过程是多重博弈的过程，而这种博弈可以有多重解。青木昌彦认为，制度虽然不是任意设计或随意执行的产物，但却是人力所为。制度分叉一旦发生，即使两国随后面临同一技术和市场环境，它们整体性制度安排仍可能会相差甚远，其结果取决于各自制度发展的历史轨迹，这就是“路径依赖”。在进行比较制度分析过程中运用历史分析，须以历史和比较知识为基础，首先区分出哪些技术和制度因素可以看作是“外生的”，哪些制度因素需要当作“内生变量”；要研究哪些历史因素促成了对特定均衡的选择，由此确定历史对制度形成的作用。

四、比较制度分析在经济体制研究中的运用

基于上述的比较制度分析的研究对象和方法论，比较制度分析对经济体制的研究形成了鲜明的特色，这主要体现在以下几方面：

1. 比较制度分析着重研究经济体制的多样性。如前所述，20 世纪 80 年代末苏联和东欧发生剧变后，许多人认为市场经济是唯一的资源配置机制，各国的经济体制都必须朝市场经济体制转变。实际上，市场经济体制并不是唯一的，而是多样的。对市场经济体制多样性和差异性缺乏理解和认识，在行动上必然导致有害的后果。众所周知，苏联和东欧国家在向市场经济过渡的初期，都不约而同地把新自由主义学派关于市场经济的理论描述视为市场经济体制的唯一模式，都把由计划经济向市场经济的跳跃式过渡看作建立市场经济体制的唯一选择。他们完全忽视了本国的经济、制度、历史、文化、价值观的特殊性，无视市场经济体制自身的特点，仅仅从极其抽象的角度出发看待市场经济体制，这样做的结果是可想而知的。

2. 比较制度分析将经济体制看作复杂的进化系统。经济体制的构成和运作类似于自然界的生态系统。青木昌彦指出，比较制度分析的经济观接近于进化生物学的自然观。由各种各样的制度构成的多姿多彩的经济体制共同存在于世界经济中，就仿佛地球上共同生活着许多种生物一样。在通过历史的进化过程而形成的生态系统中，很难说哪一个物种是最优越的、最适宜的。现在日本、美国等国的经济体制也是由于复杂的历史原因进化而成的，尽管其在今天有较良好的表现，但至多不过是局部意义上的最合适的制度。即使这样，比较制度分析比较这样的只具有局部意义上的最优体制，本身也是有意义的。

3. 比较制度分析将经济体制看作自我约束的体制。经济体制作为一个系统，是经过漫长的历史进程进化而来的，尽管进化的途径是多种多样的，但有一点是肯定的，那就是在各种经济体制中，每一个经济主体都是按照自己的利益需要来行动的。青木昌彦认为，无论在什么样的社会，人们都是遵循各自的利益来行动的，并且由此产生的许多问题也大致相同；但是各个社会的解决方式却是多样的。由于解决问题的方法可以是多种多样的，因此经济体制也自然是多种多样的。各种经济制度都是为了协调每个人根据自己的利益所采取的行动而建立的，而体制本身也是靠个人基于自身利益所采取的行动来维持的。因此，各经济体制在不断地进行更新改造的同时，也保持着不

同程度的自律性。这样，经济体制就成为自我约束的体制。

4. 比较制度分析认为经济体制的进化过程具有路径依赖性。为什么经济体制是由许多不同的制度要素构成的，但它同时又表现出某种显著的协调性？青木昌彦的解释是：这是因为这些制度拥有相互补充的功能和路径依赖性。构成经济体制的诸项制度是在漫长的历史过程中，在对已有制度进行修改的基础上逐渐形成的，而这大大提高了制度间的互补性。就制度创新而言，哪怕是从和以往全然不同的角度出发，来设计和执行某个制度，这个制度为了能持续下去，就必须和其他制度很好地契合。所以，就算体制的变化过程中出现了较大的断裂层，但新构成的各项制度间仍然会呈现出某种互补性。经济体制的均衡状态有可能同时存在着好几个，而体制进化的方式根据初期状态的不同而出现差异。一旦采取了某种进化方式，就很难再过渡到其他方式，这是制度进化的惯性使然。青木昌彦指出，由一整套具有互补性的制度所构成的经济体制在进化的时候，因为各自的历史初期条件不同而有可能形成不同的平衡状态，这是体制对历史的路径依赖。

5. 比较制度分析对经济体制转轨的渐进式道路持肯定的态度。从比较制度分析的方法论出发，青木昌彦对经济体制转轨的两种模式（大爆炸方式和渐进主义方式）进行了分析。青木昌彦认为，经济是一个复杂的系统，即使某种环境的变化导致经济体制的性能下降，人们一般也无法知道向什么样的体制转轨更为理想。而且，假使已经把握住了制度改革的大致方向，规划者也找到了最优的新制度体系并着手实施的时候，人们会发现，由于现实的制度是有赖于极其复杂的刺激体系来发挥作用的，因此实际上它很有可能并不能按照我们所期望的那样发挥性能。青木昌彦认为，在这方面，俄罗斯是个典型。随着社会主义体制的解体，俄罗斯在美国经济学家的劝说下，采取了一举建立市场经济的大爆炸式的转变。但是，引进市场经济并没有取得预期的成果。与俄罗斯相比，中国的渐进主义改革要更为安全，同时也是一个降低社会成本的方法。

参考文献：

［1］青木昌彦、奥野正宽：《经济体制的比较制度分析》，北京：中国发展出版社，1999 年。

［2］青木昌彦：《政府在东亚经济发展中的作用》，北京：中国经济出版社，1999 年。

［3］青木昌彦：《什么是制度？我们如何理解制度》，《经济社会体制比较》，2000 年第 6 期。
［4］青木昌彦：《比较制度分析：起因和一些初步的结论》，《经济社会体制比较》，1997 年第 1—2 期。
［5］张仁德：《比较经济体制》，西安：陕西人民出版社，1993 年。
［6］A.G.格鲁奇：《比较经济制度》，北京：中国社会科学出版社，1985 年。
［7］纽伯格达菲：《比较经济体制》，北京：商务印书馆，1984 年。

（本文原载于《经济学动态》2001 年第 8 期）

现代企业制度与公司治理

美国大公司股份资本占有结构的新变化

美国是当代最发达的资本主义国家，也是股份制经济最发达的国家。二战后，在美国出现了法人股东崛起，个人股东不断衰落的新变化，且发展势头迅猛。战后初期，美国法人股东的持股比重仅为百分之十几，20 世纪 70 年代中期达到 30%左右，80 年代中期进一步上升到 40%，进入 90 年代发生了根本性转折，首次超过个人股东所持比例而居优势。股份资本占有结构是资本主义生产关系的核心内容，它的变化决定着资本主义生产关系的变化。美国是当代资本主义国家的典型代表，研究美国大公司股份资本占有结构的新变化，对于认识资本主义生产关系的变化趋势，把握资本主义大公司治理结构的演进方向具有普遍意义。

一、法人股东的类型与法人股东化

从发达资本主义国家现实经济运行情况看，法人股东的具体形态是多种多样的。如果依据它们活动的行业性质加以分类，可以将法人股东分为两大类：一类是活动于生产和流通行业的法人股东，主要有工业法人股东、商业法人股东，统称为公司法人股东。另一类是存在于金融行业的法人股东，主要有商业银行、投资银行、人寿保险公司、年金基金、共同基金以及各类基金会等，统称为机构法人股东。在美国，居主导地位的是机构法人股东，公司法人股东的地位微乎其微。

美国机构法人股东是由机构投资者投资于垄断大公司的股票而形成的。机构投资者在组织性质上属非银行金融中介机构，其主要职能是代替个人投资者从事信贷、租赁、买卖股票和债券等投资活动。机构投资者是专业性金融中介机构，其投资活动相对于个人具有显著的优点，即投资量大、交易费用低、交易风险小，因而很受大众投资者的欢迎。人们大都将投资资本交其利用，机构投资者因此而成为资本市场的重要投资者。购买股票是机构投资者的一项重要投资活动，将大量资本投资于工商企业的股票，使机构投资者成为上市公司的大股东。机构投资者投资于公司股票的过程，就是机构投资者股东化的过程。美国机构投资者形式多样，每种机构投资者股东化的历程和程度也各异。

（一）年金基金

年金基金又叫退休基金，是从雇佣劳动者工资中扣除一部分以维持其退休后生活的可支配收入。年金基金是美国社会保障制度的重要组成部分。早在大危机期间，美国政府就颁布了《社会保障法》，目的在于强调通过政府干预来解决老年人的保障问题。美国的年金基金有公共和私人之分，二战后，这两部分年金在数量上一直呈上升趋势。1970 年公共和私人年金拥有资产 1700 亿美元，1986 年达到 11050 亿美元，其中私人年金年平均增长率从 70 年代到 80 年代中期一直保持在 13%以上。年金基金增长速度快的原因主要有两个：一是加入年金计划的职工人数迅速增加。1940 年美国加入私人年金计划的人数为 410 万人，1960 年为 1870 万人，1980 年为 3580 万人，40 年间增加了 7 倍。二是可享受税收优惠。美国政府法律规定，企业主纳入年金基金的资金是一种工资性支出，因而可以享受免税待遇。

为了减少雇主和雇员的缴费负担，提高养老保险的福利水平，美国的年金基金大都在政府法律的规范下投资于有价证券，其中股票投资占了相当大的比例。1986 年，在全部 11050 亿美元年金基金中，54%的资产投资于公司股票，其中私人年金基金的 70%投资于公司股票，年金基金持股总额占全部上市交易股票额的 19.5%，在所有机构投资者持有的股票额中占 45%，居第一位。

（二）商业银行信托部

商业银行信托部是美国商业银行附设的管理信托资产的机构，该机构通过将信托资产投资股票而成为大股东，同时也使商业银行间接地成为机构股东。美国不允许商业银行持有工商企业的股票。1930 年美国政府颁布了《格拉斯-斯蒂格尔法》，严格区分信贷业务和证券业务，规定商业银行主要从事中短期贷款、存款和买卖政府公债等业务，不能从事发行、买卖有价证券的业务，该业务由投资银行承担。美国商业银行不能直接持有公司股票，但通过附设的信托部却间接地成为大股东。信托部主要管理不动产、年金基金（主要是私人年金）、富裕家庭的财产等。按照法律的规定，信托部可以将信托资产投资于公司股票。商业银行信托部业务范围广、经营手段灵活、吸纳资金能力强，因而成为股票市场的重要投资者。1986 年，不包括年金基金的银行信托资产总额为 6146 亿美元，其中 2930 亿美元投资于公司股票，占资产总额的 47.7%，该股票额占全部上市股票交易额的 9.4%。在全部机构投资者持股额中，商业银行信托部的持股额占 22%，仅次于年金基金，居第二位。

（三）共同基金

共同基金也称投资基金，是二战后迅速发展起来的一种新型金融中介机构。共同基金以证券分散投资为主要特征。它把众多的、分散的大众投资集中起来，根据最佳投资收益目标和最小风险，把资金分散投资于各种证券。共同基金能在风险四伏的证券市场上分散风险，为投资者带来安全、稳定的收益，适应了个人投资者既希望规避风险，又要求获得稳定收益的心理，因而为个人投资者所青睐，成为取代个人专门从事证券投资的机构投资者。

二战后，美国经济在一段时期里保持了较高的增长速度，与之相适应，个人投资者对共同基金表现出极大兴趣，大都将其资本投入到共同基金之中。80 年代美国的共同基金以年平均 25%的速度增长，90 年代仍以 15%的速度上升。1992 年共同基金已达到 16000 亿美元，其中的 6000 亿美元是 1990 年后聚集起来的。据估计，到 90 年代末，美国共同基金可达到 4 万亿美元。随着共同基金的迅速增长，其日益成为股票的重要投资者。1987 年，共同基金投向股票的资产为 1610 亿美元，占共同基金总额的 23%。进入 90 年代，随着共同基金的膨胀，投向股票的资产进一步增大，1990—1992 年的 3 年间，共同基金累计投入 3000 亿美元购买股票。

（四）保险公司

保险公司的基本职能是向被保险人提供各类保险，如人寿保险、灾害保险、疾病保险等。战后初期，美国的保险收入占世界总保险费收入的 86.5%，1984 年虽下降为 50.9%，但仍雄居各国之首。在美国，保险业中，发展最快的是人寿保险业。二战以来，美国人寿保险公司无论就其数目、资产总额，还是就其寿险有效合同额来说，发展都很快。人寿保险公司从 1950 年的 649 家增加到 1985 年的 2260 家，增长 3.5 倍，同期资产总额从 640.2 亿美元猛增至 9375.51 亿美元，增长了 13 倍多。

人寿保险的显著特点是长期性。被保险人按期交付保费，而死亡给付和到期返还遵从生命表分布，因而在人寿保险过程中，总有一部分资金处于长期或暂时闲置状态，形成一个相对稳定的、可供运用的货币资金供给量，这就为保险公司投资于有价证券，特别是股票奠定了雄厚的物质基础。1986 年人寿保险公司资产总额达 9375.51 亿美元，其中投资于股票的资产为 908.64 亿美元，占 9.7%。

二、机构法人持股的特点

与个人或家族股东持股相比，机构法人持股者有什么特点？下面从持股集中度、持股的形式及持股的稳定性方面加以分析。

（一）机构法人持股的集中度

持股集中度是反映股票在股东手中集中程度或水平的指标，也是衡量股东的地位和影响力的重要尺度。从美国大公司股权结构的变动趋势看，机构法人股东的持股比重在不断增大。目前，相对于个人股东，机构法人股东持股比重已经超过 50%，成为名副其实的大股东。下面从公司组群和单个公司对机构法人股东的持股情况做些分析。

所谓公司组群，指由最大若干家公司构成的一组公司，或者 50 家，或者 500 家。这些公司在经济生活中均居举足轻重的地位，考察机构法人股东在这些公司中的持股状况，可以反映机构法人股东的真实地位和影响力。20 世纪六七十年代，美国机构法人股东的持股比重不断上升，进入 80 年代，机构投资者的投资能力进一步提高，它们把大公司的股票作为重要投资对象，因而大公司的股票在更大程度上向机构投资者集中。据统计，从 1987 年到 1989 年，美国机构投资者在最大 50 家、100 家、250 家和最大 500 家等 4 个公司组群中的持股率均超过 50%，在另外两个公司组群（最大 750 家、1000 家）中的持股集中度也都接近 50%。进入 90 年代，机构法人股东的持股比例又有进一步的提高。据统计，1990 年机构法人股东的持股额占美国上市交易股票总额的 53%。

如果说机构投资者在一组公司中的持股比例已达到相当高的水平，那么在单个公司中的持股比例就更高了。1989 年，机构法人股东在最大 50 家公司中的许多公司的持股比例在 60%以上，如菲利普•莫利斯公司（Philip Morris）占 65%，数据设备公司（Digital Equipment）占 71%。在一些著名大公司中，机构法人股东持股虽未达到 60%以上，但也保持在较高水平，如通用汽车公司占 43%，福特汽车公司占 54%。

（二）机构法人持股的形式

美国机构投资者是大公司的主要股东，但反过来大公司并不持有机构法人的股份，机构投资者与大公司之间是一种单向持股关系，这是美国机构法人持股形式的基本特征。

美国大公司的股份主要由机构投资者持有，但这里所说的机构投资者不是指单个机构投资者，而是指一群机构投资者，这就是说，美国机构投资者并不是一对一与大公司结成单向控股关系，而是作为一个群体持有大公司股份的。美国大公司的股份大都由若干个机构法人股东所持有，相对于单个公司，这些机构法人股东构成了一个具有共同利益取向的群体，它们凭借占大量的持股额集体对公司的运营施加影响或实行控制。与此同时，利益群体中的机构法人还持有其他大公司的股份，其结果是每个机构法人群体往往同时支配数家大公司的股份。1989 年，美国最大 20 家年金基金控制着最大 10 家非金融公司 7.7%的股份；10 家最大的共同基金掌握着最大 10 家非金融公司 7.8%的股份，两项相加为 15.5%。这 30 家最大机构投资者共同构成 10 家大公司的大股东，这些大股东凭借手中持有的巨额股份足以对这些大公司施加有力干预，促使公司经理阶层的决策体现他们的意志和利益要求。

（三）机构法人持股的稳定性

机构法人能否凭借持股对大公司进行长期控制，关键看机构法人持股的稳定性如何。学术界存在着一种颇为流行的观点，认为机构投资者拥有的股份具有很高的流动性，机构投资者长期握有某一家公司股票的情形十分罕见。持这种观点的理由是：机构投资者支配的投资资本是属于私人委托者的，机构投资者只是代表委托人进行投资的受托人。为了满足委托人的利益要求，机构投资者必须密切关注股票的价格变动和近期收益水平，一旦发现股票市场出现波动，机构投资者就会迅速抛售股票，以防范风险，保护委托人利益，这就造成了机构投资者持股的不稳定性或高度流动性。应该说，在特定的历史时期，机构投资者持股的流动性的确是很高的，这个特定时期就是机构投资者的资本额还很弱小、持股比例比较低的时期，从时间上看，大体是从二战后初期到 80 年代初期，约 30 年。随着机构投资者资本实力的不断增大，特别是随着机构投资者持股集中度的不断提高，其持股行为的短期性势必发生变化。进入 80 年代，美国机构投资者的资本额以及持股额均大幅度上升。90 年代初，机构投资者的持股比重已超过个人股东，照目前趋势发展下去，到 20 世纪末，大公司股份的 2/3 将由大机构股东掌握。随着机构股东持股集中度的大幅度提高，机构股东持股的稳定性也相应增强，与大量分散化的个人股东相比，机构投资者正逐渐向长期投资者转化。据统计，纽约证券交易所股票的平均周转率约为 55%，而大机构股东的股票周转率仅 15%—20%，持股的平均年限已达 2.5 年。个别机构股东的股票周转率更低，持股年限也更长。以加利福尼亚公共雇员年金基金为例，该机构 90 年代初有 560 亿美元资产投资于股票市场，其持股年平均周转率仅为 10%，股份的平均持有期已达 6—10 年。

在持股集中度提高的情况下，机构股东不再遵循“华尔街法则”频繁转让股票，而是长期地持有股票。其原因主要有两个：一是股票数额太大，难以短期内尽数卖出；二是大量抛售股票会引起股市剧烈波动，自身利益难保。目前，大机构股东大都拥有数百亿资产，而且多数大机构股东将近一半的资产投资于股票。在这种情况下，机构股东若想将手中的大量股票卖出去，就必须同时在市场上找到足以买进这些股份的买主，然而，在短期内要找到这样的大买主是十分困难的。再者将手中持有的巨额股权抛售出去也会带来十分危险的后果。巨额股票一旦抛售，势必引起股市大跌，并由此引起其他股票价格连锁下降，这会使机构股东自身蒙受更大损失。这就在客观上迫使机构股东长期持有股票，并借助投票机制直接参与公司决策以保证其权益不受损害。

三、机构法人股东兴起的意义

（一）标志着资本主义生产资料所有制发展到了一个新的历史阶段

资本主义生产资料所有制或资本所有制，就其最一般的含义而言，是以货币资本与雇佣劳动相交换，以生产过程中资本家无偿占有雇佣劳动者创造的剩余价值为核心的所有制形式。在特定的生产力发展阶段，资本所有制总是采取特定的存在形式，而随着生产力的发展和变化，资本所有制的形式也相应地发生变化。个人或家族资本所有制可看作资本所有制发展的第一个阶段。其特点是：生产资料所有权和控制权统一于资本家，雇佣劳动者在资本家的直接支配和监督下，使用资本家占有的生产资料生产剩余价值。这种所有制形式适应了简单而又低下的社会生产力发展水平，因而在一定程度上推动了生产力的发展。但是这种所有制具有财产占有关系封闭性强，企业寿命短暂，限制企业扩张的缺陷。这些缺陷表明个人或家族资本所有制不是最佳的所有制形式，随着生产力的发展，势必要求一种新的资本所有制形式出现并取而代之，这种新型的资本所有制形式就是私人股份资本所有制，它可以看作资本主义生产资料所有制演进和发展的第二个阶段。

私人股份资本所有制是一种私人资本家联合占有生产资料的所有制形

式。其特点是：资本占有主体多元化，而资本的使用具有整体性，作为资本所有者的股东仅凭借作为所有权凭证就以股息形式得到一部分剩余价值，整个股份资本由职业经理直接管理和控制，资本所有权与控制权相分离。私人股份资本所有制是与社会化大生产相适应的资本所有制形式，有利于集中资本进行大规模生产，有利于提高资本运营效率。但是这种资本所有制形式也存在着致命的缺陷，即以个人为筹资对象，集中资本的能力有限，经理阶层过分关注短期投资收益，经营行为具有短期化倾向；经理权力不受约束，企业内部资源得不到有效配置。这些缺陷不利于企业的长期发展和竞争力的持续提高，最终不利于社会生产力的进一步发展。随着国际竞争的日趋激烈，客观上需要一种有助于增强企业融资能力、克服经营行为短期化、提高企业内部资源配置效率的新型资本所有制形式，法人资本所有制就是这样一种资本所有制形式。

法人资本所有制是法人股东化的产物，其基本特点是：各类法人（包括公司法人和机构法人）取代个人或家族股东成为企业的主要出资人，企业的股票高度集中于少数法人股东之手，这些法人股东凭借集中化的控股权干预甚至直接参与公司决策，监督和制约经理阶层的经营行为，使公司资本的所有权与控制权重新趋于合一。法人资本所有制的兴起弥补了私人股东资本所有制的缺陷，这主要体现在三个方面：（1）大公司不再直接面向个人，而是直接面向各类公司和机构法人筹集资本，大大拓宽了筹资渠道，增大了筹资规模；（2）法人股东凭借集中化的持股直接控制公司资本的运营，监督公司经理的经营行为，促使经理从长远角度进行决策和管理，谋求远期目标利润最大化；（3）法人股东对公司经理构成有力的约束，实现了公司内部各利益相关者权益的均衡化，保证了公司内部资源的优化配置。这些优点表明，法人资本所有制是比私人股份资本所有制先进的所有制形式，它的兴起反映了社会化大生产的内在要求，具有客观必然性。

（二）标志着“经理革命”的终结和所有者主权的复兴

“经理革命”是指股份公司出现后职业经理取代资本家在资本的运营和管理中居于主导地位，公司所有权与控制权相分离的制度变迁活动。应该说，“经理革命”的确反映了一定时期资本主义大公司权利结构的变动特性，没有财产权的经理阶层的确执掌过大公司的控制权，“两权分离”的确具有客观基础。然而，“经理革命”并非企业制度变迁的永恒主题，“两权分离”也非千古不变的定律。实际上，资本所有权与控制权可以由合一趋于分离，那么，同样也可以由分离再趋于合一，这是由客观事物内在矛盾运动的法则决定的。在发达资本主义国家，法人股东化已是普遍现象，而法人股东化的过程实质上就是“两权”由分离趋于合一的过程。如前所述，在美国大公司的股权结构中，机构法人股东已经控制了绝大多数股票，不可能像昔日的分散小股东那样远离公司决策层，动辄将公司控制权拱手让给经理阶层，而是积极参与公司决策，使公司的治理结构发生了新的变化。这就是股东、董事会以及经理之间建立了相互依赖、相互制衡的关系，机构股东能够对董事会行使有力的控制，使其真正代表股东的意志和利益对公司进行治理，即监督和制约经理的经营行为；与此同时，经理阶层也在董事会的有力约束下按照股东的意志进行决策和管理，经理人员的去留由董事会决定，董事会在公司治理中的主导地位得以确立。这些表明，经理在大公司的控制和支配地位已开始动摇，公司控制权正在向所有者回归，所有者的主导地位正在建立，“两权分离”正在被“两权合一”所取代。

（三）对于提高美国经济在国际上的竞争力将起到积极推动作用

从 19 世纪末到第二次世界大战，美国经济稳定发展，综合国力不断提高。然而，二战后美国经济虽然也经历了五六十年代的繁荣发展时期，但从长期发展趋势看，其经济实力却是相对下降的，经济竞争力也今不如昔。造成这种状况的原因是多方面的，其中最主要的是大公司经营行为短期化。在过去数十年间，美国大公司的股权结构以股票发行高度分散为特征，持股主体是个人或家族。在这种股权结构安排下，用手投票机制难以正常运转，董事会无法发挥监督和制约经理的治理动能，整个企业的决策和经营权全部落入经理之手，经理阶层成为企业的实际控制者。在用手投票机制难以正常运转的情况下，股东只能选择“用脚投票”来表达作为所有者的权力意志和利益要求。这样，频繁地买进和卖出股票，以谋求短期投资收益就成为美国个人投资者的行为特征，这也使美国的股票市场成为流动性最高、投机性最大的市场，进而成为最具短视性的市场。股票市场的短视性对大公司的影响是消极的，这就造成了大公司经营行为的短期性。因为股票市场的短视性意味着个人投资者只关心投资的短期收益，一旦投资者认为所持股票收益不佳，就会抛售股票，而股东抛售股票势必引致股票价格下降，这不但会影响公司的形象，恶化公司的融资条件，而且会置公司于被其他公司购并的危险境地。对于大公司的经理人员来讲，公司被收购就意味着经理地位的丧失，甚至意味着职业经理生涯的断送。因此，为了防止公司被收购，公司经理势必千方百计满足股东短期投资收益最大化的要求，在进行诸如融资、投资、营销和研究与开发等重大问题的决策时，着重考虑短期效益，不惜牺牲公司的长期利益和长远发展。这种短期化的经营行为固然可以取得一时的效益，但最终会导致公司乃至整个经济竞争力的下降。美国大公司经营行为的短期性是由个人股东为主体的股权结构造成的，随着法人股东的兴起，特别是法人股东取代个人股东成为持股主体，大公司的经营行为必将发生新的变化，即由注重短期效益转向重视长期效益和长远发展。在机构法人股东持股占大量的情况下，机构法人股东不会再像个人小股东那样追求短期投资效益，也不会再按照“华尔街法则”表达自己对公司经营的不满，而会积极介入公司治理，对经理阶层进行严格监督和约束，使公司的各项决策和政策措施体现自己的意志和要求。随着机构法人股东干预作用的加强，股票市场的流动性相应减弱，敌意接管活动大大减少，经营行为的短期化倾向亦渐渐收敛，这无疑会大大提高企业的竞争力，并最终使整个经济的竞争力得以恢复和增强。

（本文原载于《世界经济》1997 年第 4 期）

家族资本主义、经理资本主义与机构资本主义

——对股份公司所有权与控制权关系演进和变化的分析

股份公司制度是现代资本主义经济中最基本的组织形式，也是资本主义占有关系的具体实现形式，这种实现形式不是一成不变的，而是随着经济的发展和制度的变迁不断演进的。迄今为止，这种演进已经经历了三个阶段，即家族资本主义阶段、经理资本主义阶段和机构资本主义阶段。这三个阶段既是资本主义股份公司制度的内在权利安排与经营机制发展和演化的三个阶段，也是资本主义占有关系实现形式发展和演化的三种形态。

一、家族资本主义：所有权与控制权相统一的资本占有形式

家族资本主义是资本主义股份公司产生初期资本占有关系的具体实现形式。

众所周知，资本主义企业组织形式有三种最基本的形式，即单人业主制企业、合伙制企业和股份公司，作为一种新型的企业组织形式和产权安排，股份公司具有不同于其他企业组织形式的特点，这主要体现在三个方面：一是公司是法人，而不是自然人，作为法人，公司可以独立地享有民事权利并承担民事义务；二是公司出资人拥有对公司资产的所有权，但将资产委托给代理人（经理）管理和经营，代理人可以享有公司资产的占有、使用、处分等权能；三是出资人对公司资产拥有控制权，控制权是所有权的实现形式，通过对控制权的掌握，所有人可以对代理人运用占有、使用、处分等权能的过程进行监督和约束，使这些权能的运用体现所有人的意志和利益。在这三个特点中，最重要的莫过于作为所有权实现形式的控制权，所有权与控制权相统一，所有者的利益就能得到保证，代理人就会为了所有者的利益管理公司；所有权与控制权相分离，代理人就会为了自己的利益而管理公司，所有

者的利益亦会因此而蒙受损失。所有权与控制权是统一还是分离，主要取决于所有者持有公司股票额的多少，尤其取决于所有者持有公司股票的集中化程度，集中程度高，两权就可能统一，集中程度低，两权就可能分离。

股份公司制度作为一种企业制度和财产制度，形成于17—18世纪。1600年，英国成立了东印度公司，其主要职能是垄断英国的海外贸易并行使对东方殖民地的管理。1613年荷兰成立了世界最早的证券交易所。到19世纪末，股份制度在银行业、保险业、交通运输业以及一些公共事业部门得到了发展，逐步成为企业的主要组织形式。这一时期资本主义股份公司的规模虽然是不断扩大的，但股份公司的股票持有却是相对集中的，公司大都由大私人家族控股，表现在所有权和控制权的关系上，就是私人家族基于控股对公司行使完全的控制权，公司代理人或经理受大家族股东的严密监督，能够按照家族资本的要求管理和经营公司资产。由于家族资本是公司的真正控制者，家族资本在资本主义经济和政治生活中居于支配地位，故这一时期的资本主义又可称作家族资本主义。

具体说来，家族资本主义的股份公司所有权与控制权关系有以下主要特点：

（1）从所有权看，股东均为私人股东，股份持有相对集中，股票主要被少数私人家族所持有，持股比例一般在50%以上。由于是家族控股，因此此时的大财团大都有私人家族背景。在美国，19世纪与20世纪之交时的著名私人家族就有杜邦家族、福特家族、梅隆家族、洛克菲勒家族、哈里曼家族、哥根海姆家族等，这些家族控制的大财团在制造业、金融业、铁路及石油开采和提炼等行业居于支配地位。其他资本主义国家的情形也是如此。

（2）从持股的稳定性看，大家族股东持股的目的主要是对自己的投资行使直接的控制，而不是通过股票买卖投机获利，因而持股的稳定性很强。

（3）从持股形式看，长期性、控制型持股是主要形式。大家族股东大都采取“参与制”式持股，即私人家族资本以其所开办并直接控制的股份公司作为“母亲公司”去购买别的公司的股票，通过掌握一定的股票控制额，使其从属于自己，成为自己的“女儿公司”，各“女儿公司”又以同样的方式控制别的公司，使其成为“孙女儿公司”，如此逐级控制，就形成了庞大的金字塔式资本联合体，在这里，大家族股东凭借少量的资本，控制了数倍于其资本额的巨型资本。

（4）从权力结构看，公司设立股东大会、董事会、总经理等三个机构，由于股票持有很集中，大家族股东往往支配着股东大会和董事会，有关公司运营的各项重大战略决策均由大股东亲自参与做出，公司董事会全面负责这些决策的贯彻和落实，职业经理只负责公司的日常管理事务，如生产、开发、人事、营销、融资等，职业经理的行为受到大家族股东的严密监督和控制。

（5）从外部控制机制看，资本市场已有初步的发展，存在流动性较强的股票市场和比较活跃的公司控制权市场。资本市场的存在为股票交易提供了条件，使大股东通过购买股票控制别的企业成为可能。再者，资本市场的存在也为公司通过并购扩大自身规模创造了条件。但是，由于大家族股东持股比较稳定，对职业经理的约束直接来自私人家族控制的董事会，因此资本市场对公司运营的影响不大。

从以上所述特点可以看出，家族资本主义条件下股份公司内部的所有权与控制权是相统一的，大家族股东能够对公司的运营施加直接且有力的影响，经理人员是在家族资本的直接监督和控制之下行使公司的经营权的，其违背家族股东的意志谋求私利的情况极少发生。在这里，家族资本之所以能够有效控制公司的运营，根本原因是家族股东掌握着公司的控股权，正是凭借该控股权，家族股东才支配了公司的战略性、决策权，并有效地加以实施。一旦控股权丧失，家族股东对公司的控制权也就相应地丧失了。历史是无情的。家族资本主义发展到 19 世纪末 20 世纪初的转折时期，随着股份公司规模的进一步扩大，股票发行高度分散化，由此导致了家族股东持股比例的大幅度下降，家族股东逐渐丧失了对公司的控股权，家族资本主义的大厦随之倾覆，代之而来的是经理资本主义的崛起。

二、经理资本主义：所有权与控制权相分离的资本占有形式

经理资本主义是一种新型的资本主义经济组织形式和占有关系形态，它是资本主义股份公司股票持有高度分散化的产物。从 20 世纪初开始，资本主义进入大公司时代，该时代的重要特征是公司规模不断扩大，而公司股票持有呈现高度分散趋势。在美国，进入 20 世纪，公司规模始终是不断扩大的，相应地，公司股东数目迅速增多，股份持有极度分散。从 1929 年到 1976 年，在大约一半以上的公司中，私人家族的持股比例下降了 75%以上，在五分之四的公司中，私人家族的持股比例下降了 50%以上。1929 年福特家族有福特汽车公司百分之百的股份，1976 年持股比例降至 40.3%；1929 年梅隆家族持有海湾公司 80%的股份，1976 年降至 7.6%；1929 年洛克菲勒家族持有美孚

石油公司 14.5%的股份，1976 年降至 0.9%；杜邦家族 1929 年持有通用汽车公司 32.6%的股份，到 1976 年持股比例下降到 8%以下。1932 年，美国学者伯利和米恩斯在他们出版的著作《现代公司制度与私有财产》中第一次对美国最大 200 家非金融公司内部所有权与控制权相互关系进行了系统研究，他们的研究结论是：随着公司规模的扩大和股票发行的高度分散化，家族股东股票持有比例大幅度下降，而这种下降产生了非常严重的后果，这就是家族股东对大公司的控制力被大大削弱，公司控制权由公司所有者之手向没有财产权的公司支薪代理人或经理的手中转移，公司经理摇身一变而成为公司的实际控制者。据此，他们宣布，美国大公司出现了“经理革命”。由于大公司在资本主义经济运行中扮演举足轻重的角色，而经理人员又成为公司的真正控制者，故这一时期的资本主义可以称作经理资本主义。

经理资本主义条件下股份公司所有权与控制权的相互关系有以下主要特点：

(1) 从股权结构看，股东人数众多，持股主体是大量的私人股东，股票持有呈现高度分散化态势，每个股东的持股比例都很小。以美国最大 20 家非金融公司 1929 年 12 月和 1974 年 12 月股东数目为例。1929 年，在 200 家最大非金融公司中，有 47%的公司股东人数在 2000 人以下，而 1974 年拥有同样股东人数的公司的比例只有 4.5%；1929 年拥有 200000—499999 股东的公司占 200 家公司的比例只有 1.5%，1974 年该比例已上升到 10.5%。这意味着从 1929 年到 1974 年，美国 200 家最大非金融公司的股东数量大幅度增加，持股分散化程度大大提高。

（2）从持股的稳定性看，股东的持股额很小，不足以对公司经营施加有效的影响，因而股东都比较关注公司短期经营状况和股息及红利分配水平，一旦对公司业绩不满，绝大多数股东都会抛售手中所持股票，所以，持股的稳定性很差。由于股东大都以投机谋利作为持股的主要目的，所有股票的流动性非常强。

（3）从权利结构看，也设有股东大会、董事会、总经理等机构，股东大会名义上依然是公司的最高权力机关。然而，公司运营的实际和真正的支配者和控制者是经理阶层。在公司股票持有高度分散化的情况下，单个股东的持股额不足以对公司运营施加有效影响，对参与公司决策缺乏兴趣和能力，即使个别股东试图联络别的股东共同参与决策，也会因为难以承受巨额联络成本而无法达到目的，而经理人员则可以凭借自己的职业优势来影响和左右公司的决策，在事实上成为公司的控制者。

（4）从外部控制机制看，资本市场十分活跃。资本市场活跃表现为股票市场流动性很强，敌意兼并和收购频繁发生，在资本市场十分活跃的情况下，对公司经理人员的职业稳定构成严重威胁。为了防止“袭击者”并购企业，公司经理人员往往要千方百计提高公司短期赢利率，保持较高的股息和红利分派水平，以避免股票价格下降。以资本市场为主体的外部控制机制的存在固然对经理人员加强责任心、不断改善管理、增加股东收益产生一定作用，但同时却造成公司经营行为的短期化。

由上述特点可以看出，在经理资本主义条件下，大公司内部所有权与控制权发生了分离，公司所有者已难以对公司进行有效的监督和控制了，只能通过“用脚投票”方式消极地表达自己的不满，而公司经理则成为公司的事实上的控制者。公司所有权与控制权的分离是公司股票发行高度分散化的结果，这一分离的消极后果是显而易见的，其主要表现在以下两个方面。

第一，导致公司经营目标和经营行为的短期化。在所有权和控制权相分离的情况下，如果公司经营不善、效益下降、股票收益减少，公司股东主要通过“用脚投票”方式，即卖出股票来逃避风险。这一机制对公司经理有一定约束作用，因为股息和红利分派额减少，股东势必抛售手中持有的股票，而抛售股票必然引发股价下降，股价下跌便会给“袭击者”造成可乘之机，公司很可能因此成为“袭击者”的囊中之物。一旦公司被并购，公司经理人员就会被解雇，其职业经理生涯便会被断送，这对公司经理人员无疑是莫大的打击。因此，公司经理出于维护自己权利和地位的考虑，在进行投资决策时，考虑较多的是投资能否在短期里带来较高的利润，对于那些对公司长期发展有重要作用，但短期内不会增加利润的项目往往不予投资。这意味着受股东“用脚投票”的影响，公司经营行为呈现出明显的短期化倾向。

第二，经理收入过度膨胀，内部收入分配差距悬殊。在所有权与控制权相分离的情况下，公司的实际控制者是经理，股东以及董事会难以对其实施有效监督和控制，特别是难以有效地利用经理报酬约束或激励经理，实际情况是公司经理往往凭借手中的权力为自己谋利益，以至于经理报酬与公司绩效相脱节，经理报酬不受限制地上升。据统计，美国大公司经理人员收入的增加与公司绩效之间缺乏正相关性。美国学者克里斯蒂尔对美国 150 家大公司经理报酬进行研究，发现当每股的收益上升 10%，经理人员基本薪金和年度奖金就上升 13.4%。而当每股收益下降 10%，经理人员的基础薪水和年度奖金却上升 4.1%，甚至每股收益下降 5%，经理人员的收入仍跟过去一样。美国公司经理报酬与公司职工的差距也很大。1983—1993 年美国经理的报酬增长了 70%，而同期大多数公司职工的收入下降。大公司的总经理年收入超过 100 万美元的已不罕见。90 年代初美国公司经理报酬是工人人均报酬的 160 倍，而日本经理的报酬约为工人人均报酬的 16 倍，德国为 21 倍，英国为 33 倍。

经理资本主义股份公司所有权与控制权的分离带来了一系列代理问题，引起了人们的关注，各国学者围绕如何强化公司股东的权利，怎样使公司经理人员为了公司股东的最大利益管理和经营公司，如何加强公司董事会监督和约束经理人员的职能等课题展开了深入探讨。进入 80 年代，特别 90 年代以来，世界各国都加强了对旨在强化公司股东和董事会监控功能，增强股东控制权的公司治理结构的研究，许多国家和地区组织还制定了公司治理原则，以便统一协调各国公司治理结构改革的步骤和措施，推进建立和健全规范、高效的公司治理结构的进程，从而增强公司在国际市场上的竞争力。不过需要指出的是，建立和健全公司治理结构，强化公司董事会的地位和作用，固然有助于增强对公司经理的监督和控制，有利于公司经理为了广大股东的利益管理和经营公司资产，但是，要想使公司经理真正为了股东的意志和利益要求而管理和经营公司，就必须增强股东对公司的控制权，实现公司所有权与控制权的统一。那么，如何实现所有权与控制权的统一呢？答案其实是很清楚的，正如所有权与控制权的分离是由公司股票持有高度分散化造成的一样，所有权与控制权的统一只有通过公司股票持有的重新集中化才能实现。而纵观现代资本主义经济运行的实际，我们可以清楚地看到，公司股票持有的重新集中化进程已经开始，不过此时公司股票不是重新集中到私人家族之手，而是集中到了机构投资者的手中。可以说，公司所有权与控制权的关系，在 19 世纪和 20 世纪之交时呈现出分离的趋势，而到了 20 世纪和 21 世纪之交时则呈现出重新统一的趋势，这一转折的出现，意味着经理资本主义的衰落和机构资本主义的崛起。

三、机构资本主义：所有权与控制权重新统一的资本占有形式

自第二次世界大战结束以来，在西方发达资本主义国家，以退休基金、商业银行信托机构、保险公司、投资银行、共同基金等为主体的机构投资者逐渐崛起，它们以灵活的经营活动、广泛的业务范围、新颖的服务方式见长，

成为最具竞争力的投资场所，从而吸纳了巨额社会闲置资本。在此基础上这些机构投资者又将资本投向股票市场，成为股票市场的主要交易者。机构投资者是以法人而非个人身份投资于股票市场的，这就使大公司的股东身份发生了非个人化的转变，随着公司股票逐渐向机构投资者手中集中和机构法人持股比例的不断上升，大公司的股东主体亦由大量的个人股东转变为少数机构法人股东，相应地，法人股东对大公司的控制地位得到大大加强，这意味着机构资本主义的崛起。机构资本主义崛起的实质在于推动公司内部所有权与控制权的关系由相互分离向重新统一转变。

机构资本主义股份公司所有权与控制权关系的主要特点是：

（1）从股权结构看，个人股东与法人股东并存，以法人股东为主体。美国目前最大的法人股东是机构投资者，如退休基金、商业银行的信托机构、人寿保险公司、共同基金以及各类基金会和慈善机构等。其中退休基金的规模最大，信托机构次之。二战后初期，美国机构投资者的持股比重仅为百分之十几，70 年代中期达到 30%左右，80 年代中期进一步上升到 40%，进入 90 年代发生了根本性转变，机构投资者持股比重首次超过个人股东而居优势。1995 年，美国机构投资者持有上市交易股票额的比例已超过 50%，在最大 1000 家非金融公司中的持股率已从 1987 年的 46.6%上升到 57.2%，在个别大公司中的持股率则已达到 70%以上。美国的退休基金持股比重在所有机构投资者中是最高的。1995 年，退休基金持股总额占全部上市交易股票额的 25.4%，在所有机构投资者持有的股票额中占 45%，居第二位。二战后初期，日本公司个人持股的比例曾达到 70%，但在以后的经济恢复和发展过程中，股票逐渐向法人股东集中，法人股东取代个人股东成为大公司股份的主要持有者。法人持股的比例，1960 年为 53.2%，1970 年为 59.6%，1980 年为 70.5%。进入 90 年代，法人持股仍然占主体地位，1990 年法人持股高达 72.1%。在德国，机构持股的比例也达到很高的水平，包括非金融公司、保险公司、养老金和银行在内的机构法人持股比例，1970 年为 52%，1990 年达到 64%。

（2）从持股形式上看，主要有两类：一类是单向持股，一类是交叉持股。单向持股就是每个大公司的股份往往被若干个大法人股东所持有，相对于单个公司而言，这若干个机构法人股东就成为具有共同利益的股东，它们联合在一起，类似一个星座，集体对公司的运营实行制约和控制。按照这种持股形式，大公司可以不受“星座”中任意一家机构投资者的支配，但要受以星座形式出现的机构投资者集体持股行为的控制。交叉持股，就是在 A 公司、

B 公司、C 公司……Z 公司之间，A 公司持有 B 公司、C 公司……Z 公司的股份；而 B 公司持有 A 公司、C 公司……Z 公司的股份；同样 Z 公司也持有 A 公司、B 公司、C 公司的股份。这样，在 A 公司、B 公司、C 公司……Z 公司之间就形成了一个交叉持股的网络。交叉持股主要发生在一群法人之间，因而交叉持股在企业集团中最为普遍。

（3）从持股稳定性看，法人股东持股比较稳定。机构法人支配的资本大都是属于私人委托者的，机构法人代表其真正的所有者进行证券投资。为了满足委托人的利益要求，机构投资者必须密切关注股息和股价的变动，并据此做出保留还是抛售股票的决策。在持股额较小的情况下，机构投资者难以对公司经营事务施加影响，因而常常以抛售股票的方式表达对公司经营状况的不满。此时，机构投资者持股的稳定性比较差。但是，随着持股额的增大和持股比例的提高，机构法人持股的稳定性亦相应增强，机构投资者成为长期投资者。据统计，美国纽约证券交易所股票的平均周转率约为 55%，而大机构股东的股票周转率仅为 15%—20%，持股的平均年限已达 2.5 年。个别机构股东的股票周转率更低，持股年限也更长。以美国加利福尼亚公共雇员退休基金为例，该机构 90 年代初有 560 亿美元资产投资于股票市场，其持股的年平均周转率仅为 10%，股份的平均持有期已达 6 至 10 年。

（4）从内部机构设置看，美国公司设股东大会、董事会、董事会的附属机构以及首席执行官职位。为加强董事会的监督和控制职能，美国法律规定公司必须要有一定数量的外部董事，而且要求上市公司必须设立由外部董事组成的审计委员会、董事提名委员会以及薪酬委员会，全面负责公司业务的审查、董事任免及董事和经理人员的收入分配工作。首席执行官与董事会主席职务分设，首席执行官由董事会任命并对董事会负责。

（5）从控制机制看，“用手投票”机制和“用脚投票”机制并存，而“用手投票”机制的作用越来越大。在持股占大量的情况下，机构法人股东不再遵循“用脚投票”原则频繁买卖股票，因为在持股数额巨大的情况下，短期内难以尽数卖出所持股份，再者，大量抛售股份还会引起股市波动，自身利益难保。为了维护自身的权益，机构股东转而积极参与公司重大问题的决策，对公司经理阶层进行有力的监督和检查，迫使其按照法人股东的要求和愿望从事日常经营管理。对那些观念保守、管理不力、经营亏损的经理果断地予以解职。自 90 年代初以来，由于机构股东的积极干预，美国一系列大公司的首席执行官被强制离职。

从上述特点可以看出，机构资本主义是完全不同于经理资本主义的新型资本占有关系形态，与经理资本主义相比，机构资本主义具有以下显著的优点。

其一，法人取代个人而成为持股主体，大大拓宽了股份公司的筹资来源，推动了生产和资本的集中，加快了企业的扩张步伐。在经理资本主义条件下，股票市场的投资主体是个人，而个人投资者受股票投资知识不足、投资信息不充分以及资本实力有限等因素的制约，往往难以把握股市行情，无法做出准确判断，因而缺乏投资的信心，这在很大程度上导致个人投资兴趣和持股比例的下降。与个人投资者不同，年金基金、保险公司、共同基金等非银行金融机构具有业务内容广泛、经营方式灵活、经济效益可观的优点，特别是这些机构拥有一批专业化的投资分析人员，能够对股市行情做出准确的分析，并按照投资组合原理进行投资，投资风险小，投资回报丰厚，因而吸纳了大量社会闲散资金。机构投资者资本实力雄厚，投资决策水平高，投资活动活跃，它们进入股票市场，极大地扩充了股市的容量，这就为大公司提高筹资能力、扩大生产规模、加快企业扩张奠定了基础。

其二，实现了所有权与控制权的合一，克服了企业行为的短期化倾向。在机构资本主义崛起的情况下，大公司的持股主体由个人股东转变为机构法人股东，而机构法人股东的持股集中度远远高于个人股东，这就使机构法人股东拥有了对公司行使有效控制的所有权基础，法人股东不必像个人股东那样“用脚投票”以示不满，而可以“用手投票”积极参与公司重大问题的决策。机构资本主义的崛起促成了所有权与控制权的重新合一，机构法人股东可以对经理阶层进行有力的监督和控制，迫使其按照机构法人股东的要求或愿望从事日常经营管理。机构法人股东的持股期限比较长，对公司的长远发展也就相应地比较关心，这迫使企业经理从长远角度进行决策和管理，谋求远期目标利润最大化，而不再像经理资本主义条件下的公司经理那样追求短期利润最大化。

四、结论

通过对资本主义公司制度内部权利结构演进过程的分析，我们可以得出以下重要结论。

首先，股份公司作为资本主义占有关系的实现形式并不是一成不变的。在学术界，一谈起现代企业制度，人们往往把所有权与控制权相互分离看作其最显著的特征，似乎所有权与控制权不分离，就不是现代企业制度，显然，这是对现代企业制度的误解。所有权与控制权相分离只是资本占有关系的实现形式之一，它只在公司股票发行高度分散化、股东数量众多的历史条件下才是真实的，一旦股票持有高度集中化了，少数大股东掌握了足够的股票控制额，公司所有权与控制权就会实现统一，股东就会成为公司的事实上的控制者。

其次，迄今为止资本主义股份公司产生和发展的演进过程已经经历了400多年的历史，在这期间，资本占有关系的实现形式经历了家族资本主义、经理资本主义和机构资本主义三个阶段，相应地，公司所有权与控制权的相互关系也经历了由统一到分离，又由分离到重新统一的过程，这一过程是个否定之否定的过程，符合事物发展的一般规律。

再次，资本主义占有关系的演进过程是资本占有的非个人化过程。在资本主义股份公司产生和发展的初期，资本占有是个人化的，即私人家族是资本的主要占有者和控制者，私人家族对公司乃至整个社会的经济和政治生活行使着完全的控制。在经理资本主义阶段，私人家族的势力大大衰落，经理取代私人家族成为公司中最有权威的经济主体，这意味着私人资本的影响的弱化。到了机构资本主义阶段，公司股票持有主体呈现出非个人化态势，即非个人的机构法人成为公司股票的主要持有者，机构股东的崛起，改变了资本所有者在公司控制上的弱势地位，实现了所有权与控制权的重新统一。可以说，机构资本主义是资本占有关系非个人化的实现形式。

最后，认识资本主义股份公司所有权与控制权相互关系的演进规律对我国建立现代企业制度的改革实践具有重要的借鉴意义。现代企业制度的核心是高效运行的公司法人治理结构，而建立和完善公司法人治理结构的实质是理顺公司所有权与控制权的相互关系。资本主义股份公司内部所有权和控制权的相互关系，经历了先统一，后分离，再统一的演变过程。在这个演变过程中，最初的所有权与控制权的统一是和公司规模较小、公司所有者拥有公司控制股相联系的；所有权与控制权相分离是和公司规模不断扩大、公司股东数量剧增、股票持有高度分散化相联系的；而所有权与控制权重新统一则是和公司规模的进一步扩大、非个人机构投资者崛起、股票持有在机构手中高度集中相联系的。

应该说，撇开股份公司的资本主义财产占有关系属性，作为社会化大生产的有效组织形式的股份公司的权利安排和经营机制同样适用于社会主义。

在国有企业中建立现代企业制度，应当坚持所有权与控制权相统一的原则，这一方面是因为只有所有权与控制权相统一的现代企业制度才是最有效的制度，另一方面则是因为两权的统一反映了社会化大生产的发展趋势，体现了公司权利结构安排演进的方向。

参考文献

［1］赫尔曼：《公司控制、公司权利》，剑桥：剑桥大学出版社，1981 年。
［2］戴维 • M.考兹：《美国大公司的银行控制》，加利福尼亚：加利福尼亚大学出版社，1978 年。
［3］阿尔诺德 • W.萨麦兹：《机构投资》，纽约：纽约大学出版社，1991 年。
［4］卡洛琳 •布兰卡特：《机构投资者与公司治理》，阿尔文专业出版社，1997 年。
［5］奥村宏：《法人资本主义》，北京：生活 •读书 •新知三联书店，1990 年。

（本文原载于《南开经济研究》2001 年第 1 期）

论公司控制与公司治理

一、引言

当前，在如何建立现代企业制度以及建立什么样的现代企业制度的问题上，人们的认识并不完全一致，有些认识则存在严重缺陷。比如，有的观点认为，现代企业制度就是以所有权与控制权相分离、受雇的经理阶层支配企业为特征的公司制度。还有的观点认为，建立现代企业制度就是建立以经理阶层为主导的公司法人治理结构。显然，这些观点均具有明显的“经理革命论”的色彩。应该说，“经理革命”的确反映了资本主义大公司权利结构的变动特征，没有财产权的经理阶层的确执掌过大公司的控制权，“两权分离”——不论是所有权与经营权相分离，还是所有权与控制权相分离——的确有其客观基础。然而，“经理革命”并非企业制度变迁的永恒主题，“两权分离”也非千古不变的定律，它只是股份公司制度发展到特定历史时期的产物。因此，只从“经理革命”的角度观察和理解现代企业制度是不完全的，也是不科学的。笔者认为，现代企业制度从本质上讲，是一个包括公司所有权、公司控制权、公司治理权和公司经营权在内的权利系统，这四种权利要素既彼此独立，又相互制约，共同决定着企业的运营和绩效，要正确认识现代企业制度的本质特征，必须从揭示这些权利要素的特性入手，深入探讨它们之间的内在联系及运作机制。本文拟对构成现代企业制度的权利要素进行重新界定，并在此基础上探讨构成现代企业制度运营机制的主体的控制机制和治理机制的特点，以期为分析和认识现代企业制度提供一个理论框架。

二、对三个基本范畴的界定

公司权利结构由公司所有权、公司控制权、公司治理权和公司经营权所组成。公司所有权就是公司的归属权，公司的资本为公司股东所提供，因而公司所有权属于公司的出资人，即股东，这是不言而喻的，因此这里不对其展开分析，只对公司控制权、公司治理权和公司经营权进行分析和界定。

（一）公司控制权（Corporate Control）

什么是公司控制权？对此，学术界有多种观点，其中主要的有：（1）“选举董事”论。在现代公司体制下，公司投资者或所有者只以股票形式握有公司资产的所有权，并不直接参与公司的运营管理，所有者将经营和管理公司的权利交给了公司内部的董事会，然后通过选择和决定董事会成员而行使对公司的控制权。（2）“决定公司政策”论。选举董事会固然是控制权的重要内涵，但不是控制权的全部内涵，公司控制权应该定义为“决定一个公司广泛政策的权利”。这里的“广泛政策”包括公司的经营目标、公司的扩张、公司的融资、公司的利润分配等四项政策。（3）“战略决策权”论。现代公司体制中的决策活动有两大类，一类为经营性决策，一类为战略性决策。经营性决策包括关于营销活动、中层管理人员任免、制定工资标准、制定公司预算等决策。战略性决策则包括投资、融资、经理人员考核、企业的并购、破产和资产售卖等决策。与经营性决策相比，战略性决策关系到公司的发展方向和发展前途，直接决定着公司的生死存亡，因此，战略决策权就是公司控制权，谁掌握了战略决策权，谁就控制了整个公司。

以上三种观点提出了把握公司控制权内涵的三个思路，它们对于准确理解控制权的含义有重要的启示，就此而言，三种观点均应给予肯定。但是，若就对公司控制权内涵揭示得更为准确而言，笔者倾向于第一种观点，即公司控制权本质上是一种决定公司董事会成员任免的权利，该权利属于股东。

现代公司体制是一种资本的所有者与资本的管理者相分离的企业制度，在这种制度中，股东不可能，也不必直接参与决策，不论是经营性决策，还是战略性决策，更不必亲自去经营和管理企业。公司的股东既然不直接参与决策与管理，它又怎么行使控制权呢？股份公司制度的理论与运营实践告诉我们，股东是通过一个特定的投票制度和一个专门的管理机构实现其对公司的控制权的，这就是股东大会制度和董事会机构，它们是股东对公司的控制权在企业制度安排上的具体体现。股东大会制度本质上是一个控制机制，董事会则是一个决策和监督机构，股东通过股东大会对公司各项决策和管理事项进行表决，行使最终决定权，特别是投票选举董事会，使其代表自己在公司直接参与决策和管理。总之，股东为了维护自身合法利益，必须对公司拥有控制权，而股东对公司的控制权体现在选举公司董事会上。

公司出资人在拥有公司资产所有权的同时还拥有公司控制权，这意味着公司的所有权与控制权必然是统一的，它是保障所有者权益的根本条件。正是出于维护所有者权益的考虑，各国都在法律上明确规定公司必须建立和健全股东大会和董事会制度，特别是规定股东在董事会成员任免上享有最高决定权。在现实的公司运营中，由于种种原因所致，的确存在所有权与控制权分离，即所有者失去董事会成员任免决定权的现象，这无疑是不正常的。规范的公司制度必然是所有权与控制权相统一的，坚持“两权合一”应成为建立和完善公司制度的基本准则。

（二）公司治理权（Corporate Governance）

公司治理（权）是目前很流行的一个概念，人们在分析和描述现代公司制度的组织和管理制度时大都使用这一范畴。然而令人不解的是许多人往往将公司治理与公司控制作为同义语来使用，在谈公司治理问题时使用公司控制的概念，而在讨论公司控制问题时又使用公司治理概念。笔者认为，公司治理与公司控制是有区别的，弄清二者的区别有助于更深刻地把握现代公司制度的本质特征。

关于公司治理的内涵，国内外学者有多种解释，有的学者认为，公司治理是指“董事会据以监督经理行为的过程、结构和关系”；有的学者认为公司治理包括两个基本要素：“对经理阶层的监督（supervision）和就组织的行为和政策对所有与该组织有关联的利益相关者承担责任（accountability）”；还有的学者认为公司治理是指股东、经理人员、职员及贷款人、供应商、消费者等在公司有重大利益的当事人之间的一种权利安排，其核心是所有权结构及在此基础上的制衡结构。从这些解释来看，公司治理大体上有三层含义：一是董事会监督和控制经理阶层的行为；二是董事会为履行对股东承担的责任而对经理人员的监督和制衡；三是一种权利制衡体系。这三层含义无疑是从不同角度对公司治理内涵的界定，如果对公司治理下个一般的定义，可以这样说，公司治理实质上是董事会对经理行为进行监控的权力。

将公司治理理解为一种对于经理行为的监督和控制的权力，是符合现代公司制度的运营实际的。从根本上讲，公司治理旨在克服所有权与经营权相分离情况下公司运营中可能出现的代理问题，按照委托-代理理论，现代公司制度是一种层级组织，各层级之间存在着委托-代理关系，其中股东与经理之间的关系就是一种委托-代理关系。在代理关系存在的情况下，股东与经理的利益会出现冲突，这就是公司经理会以损害股东们的利益为代价而追求个人目标，诸如经理会给他们自己支付过多的报酬和过多的奖金；实行没有效益但可以增强自身权力的投资；寻求使自己地位牢固的目标；等等。这样，为了维护股东的利益不受损害，对经理人员进行有效监控就显得十分重要。在这里，对经理人员进行监控，就是公司治理，行使治理职能的权力主体就是董事会。

至此，我们已看到，公司治理是不同于公司控制的。首先，二者的作用主体不同。公司控制的作用主体是股东；公司治理的主体则是董事会。其次，二者的作用对象不同。公司控制的作用对象是董事会成员，即股东通过选举和控制公司董事会而使自己对公司的所有权和控制权得以体现；公司治理的作用对象则是经理人员。再次，二者的作用目的不同。公司控制旨在支配和决定董事会，使之体现和反映股东的意志和利益；公司治理则旨在影响和规范经理行为，使公司经营绩效达到最优。最后，二者的作用结果不同。公司控制决定董事会成员的去留，而公司治理决定经理的去留。可见，公司控制与公司治理不是一回事，二者之间存在着明显的区别。

（三）公司经营权（Corporate Managing）

明确了公司控制和公司治理的含义后，再来看公司经营的含义就十分清楚了。公司经营与公司治理，按美国学者 K. 戴顿的话说，是“同一枚银币的两个侧面”。按照他的观点，公司治理是指董事会据以监督经理行为的过程、结构和关系，而公司经营则是指经理人员确定并实现公司目标的行为。毫无疑问，戴顿对公司经营内涵的界定是正确的，不足之处是内涵界定过于简单了些。

公司经营是以公司经理人员为主体所从事的公司日常经营和管理活动，包括计划、组织、指挥、协调等活动。公司经营是一种复杂的劳动过程，它只有在各种专门管理知识的参与下才能进行。公司经营的专业性和复杂性决定了对经营管理人员的特殊要求，不具备经营管理知识，没有受过专业管理训练的人是不能管理好企业的。由职业经理人员专门从事公司的经营与管理，意味着所有权与经营权相分离。公司经营是经理人员行使的权利，它主要涉及公司的日常经营性决策，而不包括战略性决策，战略性决策已不属于公司经营的范畴，而是属于公司治理的范畴，由董事会来决定。有人把日常经营性决策和战略性决策合二而一，统统纳入经营性决策范畴，这是错误的。它势必导致弱化公司治理而强化公司经营的后果，使代表股东或所有者利益的董事会名存实亡，使经理阶层成为公司事实上的支配者和控制者，使所有权与经营权的分离转化为所有权与控制权的分离。

由以上分析可知，在现代企业制度中，公司控制权、公司治理权和公司经营权是不同的权利要素，各有自己确定的权利重心和权利边界，任何混淆或抹杀这些权利要素内涵及其边界的认识或做法，都不利于科学准确地把握现代企业制度的特点，也十分不利于旨在建立现代企业制度的政策实践，甚至会将改革引入歧途，这绝不是危言耸听。

三、公司控制权的基础及其运作模式

以上对公司控制权的内涵的界定表明，公司控制权是股东或所有者对公司董事会成员进行选择和任命，从而对企业的决策和管理进行干预和制约的权力，这种干预和制约的实质是保护所有者权益。现在的问题是所有者是基于什么和如何行使控制权的？换句话说，公司控制权的运作机制是什么？

（一）公司控制权的基础

公司控制权，如前所述，是属于公司出资人的权利，其在本质上是与所有权紧密结合，不可分离的保护性权利。在现代企业制度中，构成控制权基础的是所有权，它有两种基本形式：一是股权，二是债权。

在现代公司体制下，通过发行股票融资是公司获取资本的重要途径之一。股票融资具有融资速度快、资金持有永久的特点，因而对筹资公司的扩张与发展有积极意义。一个投资者，一旦用其货币购买了一个公司的股票，其以货币形式表现的财产权就转化为股权，而股权则具有二重权利属性，一是收益权，二是控制权。收益权，亦即剩余索取权，通过这种权利，股东可以从公司获得股息和红利。这是最主要的权利，股东投资于股票大都是为了凭借收益权而获得应得的收益。控制权则是股东参与投票和影响决策的权利，它的基本作用在于保证收益权的实现，防止股东的投资利益受损。可见，控制权从根本上决定于所有权，是所有权的实现形式，没有所有权作依托，控制权也就无从谈起。

除了股权以外，债权也是一种重要的公司控制权基础。在这里，债权是指由借贷行为而形成的信用性债权。债权之作为控制权的基础，主要体现在借贷双方在建立和维系借贷关系时地位的不对称上。工商企业在向大规模、多样化方向发展时，往往需要巨额资金的支持，当公司的内部积累赶不上需求时，不得不向银行等金融机构借贷，这样，在银行与公司之间就形成了借贷关系。对于公司来讲，当经营中出现资金短缺时，能否及时补充资金，或借到资金后，能否如期还付本金并支付利息，这都对公司的生死存亡具有决定意义，这使得银行能够借助贷款数额、限制性贷款协议、人事参与等手段影响和制约公司的运营，使之从属于自己。这样，银行与公司间的关系就变成控制与被控制的关系，而债权则构成控制的基础。

（二）公司控制权的运作模式

公司控制是所有者基于股权和债权而对董事会，进而对经营者的经营管理活动进行的干预和约束，由于股权与债权的差异以及二者的不同结合方式，使得公司控制呈现不同的运作模式，相应地，具有不同的控制强度和控制效应。在现实的经济生活中，公司控制模式主要有两类，一是制约型控制，二是参与型控制。

（1）制约型控制。制约型控制是一种比较重视目标，而不太注重过程的控制机制，在这种控制机制中，投资者并不积极参加投票以影响董事会并通过董事会干预决策和管理，而是根据投资权益满足的程度进行相机干预，或者运用“用脚投票”方式进行干预，或者借助破产清算进行约束。

制约型控制是一种间接控制机制，即主要是通过股东在市场买进或卖出股票的方式实现的控制，其控制效应具有明显的消极性，即会导致公司经营行为的短期化。制约型控制运作的股权基础有其特殊之处，这就是股权持有高度分散化，每个股东都无力凭借有限的股份对公司行使长期、稳定的控制。在股权高度流动条件下，控制权运作有其独特的机理和效应。当公司经营状况良好，股票收益丰厚，股价呈上升趋势时，股东愿意继续持有股票；而当公司经营绩效不佳，股息收益减少时，股东便随时出售手中的股票。股东转让或买卖股票意在规避投资风险，或谋求更大收益，主观愿望不是行使控制权，但其客观效果却是对经理阶层形成约束和制衡。当公司经营绩效恶化时，股东往往会抛售股票以逃避风险，而股东抛售股票势必引起股票价格下降，这不但会影响公司的形象，恶化公司的融资条件，而且更重要的是会将公司置于被其他公司收购和兼并的危险境地。对大公司经理人员来讲，公司被收购就意味着经理位置的丧失，甚至意味着职业经理生涯的断送。为了防止公司被收购，公司经理势必千方百计满足股东短期投资收益最大化的要求，以使股东长期持有公司股份，避免股价下跌。在这里，股东以“用脚投票”方式固然实现了对股东的控制或约束，但其效果却是消极的、有害的。因为公司经理为了使股东对公司的经营业绩表示满意，必然在诸如融资、投资、营销和研究与开发等重大问题的决策时，着重考虑短期效益，不惜牺牲公司的长期利益和长远发展。

在股东凭借流动性股权对公司进行制约性控制时，贷款人也凭借债权发挥着控制作用。但是，由于债权与股权分别掌握在不同的人之手，因而债权人并不直接参与企业的经营和决策，只有在企业无力支付融资合同中规定的本金和利息时，才对企业进行干预。这意味着债权控制在本质上也是一种制约性控制，控制效应具有间接性和事后性，同股权流动性较高条件下的股权控制具有异曲同工之处。

（2）参与型控制。参与型控制，又叫干预性控制，是指所有者或投资者派遣董事进入公司董事会，通过董事会的作用对企业决策和管理进行干预和监督。同制约性控制相比，参与性控制的主要特征是控制具有经常性、直接性，控制的重点在过程而不在目标，控制力度大，而且控制效应积极。

参与型控制同制约型控制相比，据以进行控制的基础也是股权和债权，然而其不同之处则是股权持有人与债权人合二而一，也就是说，股票持有者不但握有公司的股份，而且还向公司提供长期贷款，这意味着控制机制在双重基础上进行运作。以股权与债权相结合为基础的控制机制的最大特点是控制力度大。在这种控制机制起作用的条件下，股东和债权人对董事会行使着强有力的控制，董事会在公司资产运营决策和管理中发挥主导作用。公司内部的经理阶层负责日常经营决策，但不能任意左右公司的选举机器，自己选举自己做公司经理，而是接受股东和债权人委托的董事会的严格控制和监督。经理阶层通常按照股东和债权人的意志开展业务并进行决策，一旦公司的运营方向和战略违背了债权人与股东的利益，作为公司外部控制者的股东和债权人就会迫使公司改变决策，或者改组董事会，或者罢免经理，直至满意为止。参与型控制并不意味着股东和债权人每日每时都干预公司的经营，而只是在公司经理阶层作出的决策明显损害所有者权益时，或公司的经营出现显著危机征兆时出面加以干预，这与股东在公司出现危机时抛售股票的制约型控制形成鲜明对照。

参与型控制机制通常存在于银企联合体中。当银行不仅向公司提供贷款，而且还持有公司的股份时，银行就成为基于股权和债权对公司进行控制和约束的主体。基于股权和债权相结合而形成的银企联合常常表现为企业资本结构中较高的资产负债率，在一般情况下，高负债率意味着高经营风险，一旦公司不能按期还本付息，就可能面临破产清算。但是在股权与债权合二而一的情况下，银行与企业之间的关系具有长期性和稳定性。这样，高负债率就不再是一种高风险的标志，反而显示着银行对企业的强有力的支持和帮助，企业因此而具有更强的发展动力和竞争能力。

由上述分析可以看出，公司控制客观上存在两种模式，在建立现代企业制度过程中，要使所有者的权益得到保护，同时又避免所有者随意干预企业的决策和运营，最佳的选择是建立参与型控制机制。

四、公司治理及其制约因素

公司控制是所有者实现和保障自身经济利益的手段，而公司控制的真正实现又依赖于公司治理机制的有效运转，没有健全的公司治理，就没有切实的公司控制。

（一）公司治理的功能

公司治理，如前所述，是公司权利体系的重要组成部分，其在本质上是一种制衡经理的机制。公司治理是由董事会承担并具体加以实施的，所以公司治理的功能就是董事会的功能，作为公司治理的组织实现形式，董事会的功能是多方面的，其中最重要的有三项，这就是：

（1）任免公司首席执行官（CEO）及高级经理。在现代大公司中，行使公司日常管理职能的是经理阶层，他们的职能发挥得好坏，直接关系到公司长期经营目标的实现和公司的健康状况。任命一个优秀的首席执行官并在其周围组成得力的高级经理集团，公司就会兴旺发达，公司的所有者（股东）及其他利益相关者的权益就可得到保障，否则就会受损。选择和任命首席执行官既然如此重要，那么董事会就必须牢牢掌握选择和任命权，这可以说是公司治理的核心内容，如果忽视甚至放弃了对首席执行官的任命权，那么公司治理就成了一句空话。

在选择首席执行官或总经理的过程中，董事会始终要面临如何处理与现任首席执行官的关系问题。因为除非现任首席执行官因某种原因被罢免，否则他必然要参与选择接班人的工作。为此，董事会在选择新首席执行官候选人时，可以征求现任首席执行官的意见，甚至可以邀其一同进行工作，但董事会必须始终掌握主动权和居主导地位，特别是在候选人的最后确定上有决策权。在现实的公司运营实践中，有大量事例表明，现任公司总经理往往容易左右新总经理的选择过程，董事会只在形式上加以认可，失去了选择总经理的主动权，这显然是不正常的。

（2）行使战略决策权。在现代大公司中，诸如公司的经营目标、重大方针和管理原则，特别是公司的长远发展规划的决策对公司的生死存亡具有决定意义，因而均属战略性决策范畴。战略性决策具有全局性、原则性、方向性，这种决策一经做出，便会在公司的各项活动中显示出来并产生深远影响。董事会是包括股东在内的所有利益相关者的代表，是确保公司长期发展目标得以实现的核心机构，承担战略决策任务并将其完成好是董事会义不容辞的职责，在这一点上，谁也不能替代董事会。

战略性决策权归董事会拥有，这是没有疑问的，但是董事会能否承担起战略决策任务却是一个需要认真思考的问题，在这方面最重要的是董事会成员能否获得关于公司战略决策所需的各种信息和董事会成员是否具备做出战略决策的能力。为此，董事会在履行战略决策职能时，必须充分认识到搜集和掌握第一手资料的重要性，并相应地建立各种机制和渠道以保障各种信息源源不断地流向董事会。战略决策往往涉及政治、社会、经济、文化、心理、技术及法律等各个领域，客观上要求决策者具备相关领域的专门知识，相应地也要求董事会成员必须由通晓各方面知识和技能的专家组成，这是保证董事会切实履行战略决策职能的重要条件。

（3）监督和控制公司的运营绩效。在确定了公司高级经理人选和做出关于公司长远发展的战略性决策后，董事会便要集中精力去监督和控制经理人员的日常经营活动，以确保各项决策得到认真贯彻和落实。董事会对公司运营绩效的监控主要包括运营性监控和战略性监控两方面。

运营性监控是指对公司日常经营和管理活动及其成效的监控，它主要包括对公司的利润率、清偿能力和企业经营规模的扩大等三大指标运行情况的综合检查和评价。战略性监控旨在督促公司经理人员贯彻和执行董事会确定的战略决策并使之取得预期成效。战略性监控主要涉及四类指标：一是市场占有率；二是产品和劳务的质量；三是劳动生产率；四是新产品的研究与开发。这四项指标均具有长期性、基础性和综合性，关系到公司的长期发展和竞争力的提高，关系到公司的生死存亡，因而是董事会监控的重中之重。监控公司运营绩效是董事会的重要治理职能，这项职能履行不好，公司各利益相关者的权益就得不到切实保障，公司的生命力就会被断送。

董事会在行使治理职能过程中需要运用多种权利，发挥多种功能，而上述三项功能，即任免首席执行官及高级经理人员、行使战略决策权、对公司运营绩效进行监控是最为重要的，它们共同构成了董事会治理的权能体系，缺一不可。要建立一套新的公司治理体系，最关键的是建立这三个功能环节，并使之相辅相成，有机结合，共同行使制衡经理、克服代理问题的治理职能。

（二）影响公司治理成效的因素

公司治理是公司董事会的基本职能，从理论上讲，这一职能是不能与别人分享的。然而，董事会又不是在真空中行使治理职能的，事实上，大公司是在一个复杂多变的经济和社会环境中运营着，公司治理必然要同相关公司及其赖以运作的社会环境发生联系并受后者的影响。具体来讲，影响公司治理成效的因素主要有社会压力、法律秩序、股权结构及董事会制度。

（1）社会压力。社会压力是社会公众对某些共同性社会问题所表达的强烈情绪或要求，通常与特定时期的意识形态和社会舆论结合在一起，涉及有关政治意愿和责任、履行承诺等重要问题。在现实经济生活中，对假冒伪劣产品的生产厂家进行曝光，要求服务窗口提供微笑服务，各行各业提倡承诺制并对其进行舆论监督等均属社会压力的范畴。社会压力显示了社会公众的意愿和选择，这对公司治理有着重要的影响。公司董事会必须认真了解社会公众的消费意愿，根据公众的意愿合理地组织生产，安排销售。如果公司治理违背了社会公众的意愿，一味地盲目决策和生产，势必会损害公司的社会形象，进而制约公司的生存与发展。

（2）经济管制。迄今为止，世界各国均无一例外地制定了一系列法律和法规并建立起相应的执行机构，以对经济生活，特别是企业的经营活动进行规范并实行管制。经济管制是政府干预和协调公司治理活动的重要工具，它在客观上影响着公司治理的方式和成效。

经济管制的范围很广，其中主要有三个大的方面：①反托拉斯。旨在限制垄断，反对限制竞争的不合理商业行为，维护市场竞争秩序。②公共事业管制。主要针对具有自然垄断性质的产业，管制的目的是防止这些产业部门凭借垄断地位获取高额垄断利润，损害公众利益。③社会经济管制。这项管制内容十分广泛，涉及保护自然资源和环境、保护消费者权益、保护劳工权益、保护知识产权等诸方面。经济管制主要是通过制定和颁布一系列法律与法规来实现的，其目的在于对公司的经营行为进行规范，使公司的经营行为与社会公众的利益保持和谐。经济管制对公司行为的规范实际上是对公司治理的规范，它要求公司治理必须按社会公众的意志行事，要求公司董事会在进行决策时遵守法律和法规，如果公司治理违背了规章制度，势必受到严厉的惩罚。

（3）股权结构。股权结构指的是公司的股票被各类股东所持有的比例。

股权结构体现着公司的所有制形式，进而决定着公司治理的方式和成效。当公司的股份主要由少数个人或家族集中掌握时，这些个人或家族股东往往直接治理着公司。随着公司规模的扩大和股票持有人的高度分散化，股东对公司的影响发生变化，即由直接介入公司治理转变为以“用脚投票”方式间接影响公司治理，这导致公司治理及公司经营追求短期目标，公司经营行为呈现显著的短期性。目前，西方国家大公司的股权结构又发生了新的变化，这就是以年金基金、商业银行、人寿保险公司、共同基金为主体的法人股东取代个人股东成为大公司的主要持股人，作为大股东，法人股东稳定地持有公司股票，积极参与决策，使董事会的治理活动更大程度地体现股东的意志和利益，公司经营行为也逐渐由短期化转变为长期化。可见，公司股权结构是影响公司治理的重要因素，有什么样的股权结构，就有什么样的公司治理行为，要使公司治理取得预期成效，就必须探讨并建立与之相适应的公司股权结构。

（4）董事会组织结构。董事会是现代企业制度中唯一行使治理职能的组织机构，董事会组织结构的差异直接影响着公司治理的成效。从世界各国的经验看，董事会组织结构的差异主要体现在董事会成员的来源、董事会主席的作用以及董事会行使职能的方式上。董事会成员是行使治理职能的责任人，世界各国都十分重视董事的遴选和任用，但在不同的国家董事来源却很不同。在英美等国，董事有内部和外部之分，且外部董事所占比重较大，而在日本则是清一色的内部董事。董事会主席是董事会的最高责任人，负责召集和主持董事会并对所讨论议题有最后决定权。在日本，董事会主席与总经理职务通常是分开的，董事会在决策中起主导作用；而在美国公司中，董事会主席大都由总经理兼任，总经理在决策中往往起主导作用。在德国，为了突出和加强董事会的地位和权威，专门设置了监事会和经理会。监事会是企业最高决策和监督机构，其职责是决定企业的经营方针、投资方向、审查预算。经理会则是执行机构，具体负责处理公司的日常管理。经理会成员由监事会任命并对监事会负责。而有些国家则没有对董事会的决策职能与决策的执行职能做出区分，以至于在大多数情况下，经理人员侵蚀董事会的权利，造成了经理阶层在公司治理和经营过程中事实上占据支配和主导地位。可见，董事会的组织结构对公司治理影响很大，有什么样的组织结构，就有什么样的治理效应。

五、结论

综合以上对现代企业制度中控制和治理机制的分析，可以得出如下结论：

（一）现代企业制度是由所有权、控制权、治理权、经营权所构成的权利体系，这四项权利要素既相联系，又相区别，共同推动着企业的运营。

（二）在现代企业制度条件下，公司所有权与控制权是相统一的，这种统一并不是体现在所有者直接参与企业的决策和管理上，而是体现在所有者遴选和确定企业的董事会成员及支配与控制董事会的运作上。那种主张按照所有权与控制权相分离原则建立现代企业制度的观点是错误的。

（三）公司治理权是现代企业制度中为董事会所享有的重要权利，其功能是对公司经理阶层进行监督和控制，目的在于最大限度地克服所有权与经营权相分离情况下经理阶层可能对所有者权益造成的损害。

（四）公司控制与公司治理是现代企业制度中保障所有者权益，提高公司运营绩效的最根本的权利要素，将二者混为一谈，或者重视一方，轻视另一方，都会破坏现代企业制度权利结构的完整性，都不利于建立科学、规范的现代企业制度。

（本文原载于《天津社会科学》1997 年第 6 期）

论机构投资者在美国公司治理中的作用

第二次世界大战后，以商业银行信托部、退休基金、保险公司、共同基金等机构投资者（Institutional Investors）为主体的机构法人逐渐崛起，并已取代个人或家族股东成为目前美国大公司的主要持股者。机构投资者的崛起，改变了美国大公司的股权结构，也对美国公司的治理结构（Corporate Governance）产生了重大影响。本文拟对美国机构投资者的崛起、机构投资者的持股状况及机构投资者在公司治理中的作用效应及前景展开分析，以期获得对美国公司治理结构的新的认识。

一、机构投资者的崛起及其持股状况

（一）机构投资者的崛起

美国机构投资者作为股票市场的投资者，战前就已出现，不过，机构投资者成为股票市场的主要投资者则是战后的事情。二战期间，美国政府对工资实行管制，规定对公司超额利润课征 90%的税。此举促使许多美国公司建立起固定收益退休基金制度（defined benefit pension），按照这项制度，领取退休金的人退休后，每人每月可获得数额固定的退休金。在退休基金制度下，公司用于建立基金的收入是免税的。退休基金制度的建立为雇员提供了收入保障，同时也为防止公司违反政府的战时工资管制体制奠定了基础。

最初，退休基金主要由商业银行信托部和保险公司管理，其资产大都投资于收入固定的债券，如长期政府债券和公司投资等级债券。到了 20 世纪 50 年代和 60 年代，退休基金逐渐转由注册投资咨询机构管理，这些机构开始将退休基金投资于股票，以获取更高的收入。最早进行这种尝试的是埃克森公司的退休基金，该基金 1950 年投入股票的资本是基金全部资本的 23%，1960 年达到 56%，1990 年超过了 75%。

退休基金大量转向股票市场始自 20 世纪 60 年代末，其经济原因是股票收益远远高于债券收益，这就使退休基金放弃债券而钟情于股票。其政治原因则是1974年美国政府颁布的《联邦雇员退休收入保障法》。该法旨在保护雇员的固定收益退休金，为此，对公司退休基金的托管职责作了新的规定，过去，托管人竭力避免在股票上进行投机性投资，害怕违背法律规定的做“稳健人”（Prudent Man）的行为准则。而《联邦雇员退休收入保障法》则强调所有组合证券的效益，就是说，与对证券组织中个人投资者的要求相反，该法鼓励退休基金管理人员进行多样化的投资，敢于冒险。在经济利益和法律的驱使与鼓励下，美国退休基金投资于股票的势头猛增，以至于退休基金成为美国目前最大的机构投资者。

除了退休基金以外，保险公司、投资银行共同基金及各类基金也都投资于股票，并成为主要的持股者。在这些机构投资者中，共同基金发展比较快。二战前，共同基金就已存在，但发展缓慢，二战后，随着美国经济的高速发展，共同基金亦相应得到长足发展。与其他投资机构相比，共同基金具有收益高且稳定、风险小的特点，因而很受不具备投资分析能力的个人投资者的青睐，大都将其资本投到共同基金，这使共同基金以爆炸性的速度成长。1974年，投资于共同基金的金额为640亿美元，到了1987年已增到7000亿美元。目前，在美国有2000种不同的基金，有将近2500万人参加投资，普及率极高，据统计，大约每4户人家就有一户投资于共同基金。

保险公司，特别是人寿保险公司，也是美国重要的机构投资者。二战以来，美国人寿保险公司无论就其数目、资产总额，还是寿险有效合同额来讲，都有很大发展，人寿保险公司的数目从1950年的649家增加到1985年的2260家，周期资产总额从2342亿美元猛增至1985年的17783亿美元。二战前，美国人寿保险公司几乎没有掌握多少工业公司股票；二战后，人寿保险公司以大量的、长期的和稳定的资金向股票市场投资，这使其成为工业公司重要的持股者。

商业银行信托部是美国商业银行附设的管理信托资产的机构，该机构通过将信托资产投资于股票而成为大股东，同时也使商业银行间接地成为机构股东。美国不允许商业银行持有工商企业的股票。1930年，美国政府颁布了《格拉斯-斯蒂格尔法》，严格区分信贷业务和证券业务，规定商业银行主要从事中短期贷款、存款和买卖政府公债等业务，不能从事发行、买卖有价证券的业务，该业务由投资银行承担。美国商业银行不能直接持有公司股票，但通过附设的信托部却间接地成为大股东。信托部主要管理不动产、退休金（主要是私人退休金）、富裕家庭的财产等。按照法律的规定，信托部可以将信托资产投资于公司股票。商业银行信托部业务范围广、经营手段灵活、吸纳资金能力强，因而成为股票市场的重要投资者。

（二）机构投资者的总资产与持股集中度

机构投资者现已在美国资本市场上居主导地位，成为大公司的主要持股人，这可以从以下经验资料的统计分析中得到证明。

1. 机构投资者的总资产

自战后以来，美国机构投资者持有的资产规模一直呈现上升趋势。据纽约证券交易所的统计，1950 年机构投资者拥有的总资产为 1070 亿美元，占美国金融资产总额的 8.4%。到了 80 年代，机构投资者拥有的资产额有了迅速的扩大，由机构投资者管理的资产 1981 年为 2099.4 亿美元，1987 年增加到 4605.9 亿美元，1988 年底又进一步增加到 5222 亿美元，这意味着从 1987 年到 1988 年增长率为 13.4%，从 1981 年到 1988 年年均增长率为 13.9%。在所有各类机构投资者中，退休基金资产的数量最大，而且增长速度也保持了较高的水平，在 1981—1988 年间年均增长率为 14.1%，高于各类机构投资者资产的平均增长率 13.9%。另外，保险公司的资产额在各类机构投资者中仅次于退休金，但其增长速度却比较快，从 1987 年至 1988 年，保险公司资产增长率为 24.5%，这一增长率超过了同期其他各类机构投资者资产额的增长水平。

2. 各类机构投资者资产额及其在总资产中的比重

在美国各类机构投资者中，资产数额最大的是退休基金，其次是保险公司，再次是共同基金，接下来是银行信托部。1988 年退休基金资产额为 22396 亿美元，占机构投资者资产总额的 42.9%，从 1981 年至 1988 年，退休基金资产呈现稳定上升趋势。保险公司的资产额也呈上升趋势，1988 年资产额占全部机构投资者资产总额的 24%。共同基金资产额占总资产额的比重也比较高，不过比重变动的幅度较大，1981 年的比重为 11.8%，1988 年为 15.6%，而 1987 年曾达到过 17.2%的水平。

3. 机构投资者在股票市场中的地位

机构投资者是美国股票市场的主要交易者，同时也是上市公司股票的主要持有者，这可从机构投资者的持股集中度上看出来。自二战结束以来，美国机构投资者持股的比重一直呈上升趋势。二战前，机构投资者已在投资于股票，不过持股的比例很低，1900 年时的比重仅为 6.7%，到 1945 年，也才达到 16.5%的水平。二战后，机构投资者积极投资于股票市场，使机构投资者的持股比例迅速上升。1958 年，机构投资者持股比例上升到 22.7%，经过了 60 年代的进一步扩大，到 1974 年，机构投资者的持股比重达到 33.3%的水平。

进入 80 年代，美国机构投资者所支配的股票总量又有了进一步的扩大，持股集中度得以迅速提高。据美国哥伦比亚大学机构投资项目研究中心提供的资料，1981 年，美国各类机构投资者拥有的股份总额为 5943 亿美元，占全部股票市场价值的38.5%，1986年机构投资者拥有的股份总额增加到13272亿美元，占上市股票总额的比重增加到 42.7%。直到 80 年代中期以前，美国机构投资者的持股集中度虽然在不断提高，但还未超过 50%，也就是说，机构投资者持有的股票在全部上市交易股票中所占的比重还低于个人投资者。而到了 80 年代末 90 年代初，情况发生了根本性变化，这就是，机构投资者的持股比例超过个人而占了大量。据统计，1990 年，美国机构投资者持有的股份占股票市场交易总额的 53.3%。机构投资者取代个人成为股票市场的主要投资者，标志着机构投资者在股票市场上主体地位的确立。

4. 机构投资者持股的集中度

持股集中度是反映股票持有额在股东手中集中程度或水平的指标，它是衡量股东的地位和影响力的重要尺度。从关于美国大公司机构投资者持股状况的经验资料中不难发现，机构投资者的持股集中度自战后以来一直呈现上升趋势，目前已占支配地位。下面从总量集中度与个量集中度两个方面对之加以具体阐述。

关于总量集中度，总量集中度指全部机构投资者持有最大 50 家，或最大 500 家公司股份的比例。1969 年，在美国 125 家大公司（资本额在 5 亿美元以上）中，有 9 家公司的 10%以上的股票由机构投资者持有；47 家公司的 5%—10%的股票由机构投资者持有，这部分公司占全部公司的 37.6%；53 家公司的 2.5%—5%的股票由机构法人者持有，这部分公司占全部公司的 42.4%。这意味着，到 60 年代末，机构投资者在绝大多数公司中的持股比例在 10%以下。

70 年代是美国机构投资者扩大股票投资规模的时期。1974 年，美国最大 200 家非金融公司中的 35 家（占总数的 17.5%）的 30%以上的投票股被商业银行信托部、保险公司和共同基金等机构投资者所持有，另外 64 家公司（占总数的 32%）的 20%—30%的股票被这些机构投资者所持有，还有 55 家公司

（占总数的 27.5%）的 10%—20%的投票股也被他们所持有。这样，在最大 200 家公司中，有 77%的公司的 10%以上的投票股就被机构投资者所持有。

进入 80 年代，机构投资者的投资能力进一步提高，它们把大公司作为投资对象，大量持有它们的股份，因而大公司的股票在更大的程度上向机构投资者手中集中。据统计，从 1987 年到 1989 年，美国机构投资者在最大 50 家、最大 100 家、最大 250 家及最大 1000 家等 4 个公司组群中的持股集中度均超过 50%，在最大 750 家和最大 1000 家两个公司组群中的持股集中度也都接近 50%。

关于个量集中度，个量集中度指个别公司股份在机构投资者手中集中的比例。如果说机构投资者在一组公司中的持股比例已达到相当高的水平，如 1989 年在最大 50 家公司中的平均持股比例为 50%，那么在个别企业中的持股比例就更高了。1989 年机构投资者在最大 50 家公司中的许多公司的持股比例在 60%以上，如菲利普·莫利斯公司（Philip Morris）65%，埃利·丽莉公司（Eli Lilly）69%，数据设备公司（Digital Equipment）71%。一些著名公司的机构投资者持股虽未达到 60%以上，但也保持在较高水平，如通用汽车公司（General Mortors）43%，福特汽车公司（Ford Mortors）54%，国际商用机器公司（IBM）49%，通用电气公司（General Electric）51%。

二、机构投资者对公司治理的介入

机构投资者的崛起，改变了美国大公司的股权结构，这必然会引起公司控制主体的变化，并进而导致公司治理结构的变化。实际情况正是如此。

随着机构投资者持股比例的逐渐增大，机构投资者取代个人或家族或为美国大公司的主要持股人。作为大股东，机构投资者一反过去个人或家族股东在经理阶层面前无可奈何的窘态，勇敢地向经理阶层发出自己的声音，将原本属于自己的权利重新夺回来。机构股东的挑战和行动使传统的经理主导型治理结构发生了变化，这具体体现在两个方面：一是“华尔街法则”的衰落，二是委托投票权竞争的复兴。

（一）“华尔街法则”的衰落

“华尔街法则”，就其实质而言，是一种股东为保护自身利益而采取的规避风险的行为。其机制是：当公司经营绩效不佳时，股东为表示失望和不满，在股票市场上抛售手中持有股票，并放弃相应的权益。“华尔街法则”是股票发行高度分散化和股权大大削弱情况下股东最常采用的投票方式。“华尔街法则”虽是一种股东维护自身利益的防御性机制，但在客观上却作为一种控制机制而发挥作用，即在该机制存在和发挥作用的情况下，公司股价会大幅下跌，而股价下跌则会将公司置于被袭击者收购的境地，公司经理也会因此面临职业经理生涯被断送的危险，为了避免出现这些后果，公司经理不得不注重提高公司的经营绩效，以增强股东对公司运营前途的信心。然而，“华尔街法则”的控制效应弊大于利。众所周知，“华尔街法则”是借助过度活跃的公司控制权市场而起作用的，而公司控制权市场是个短视的市场，所有的投资者都把短期收益高低作为评价投资对象的标准，这就迫使大公司始终把能否维持高股价作为判断投资效益的标准，一切投资决策均围绕保持和提高短期投资效益而进行，结果导致公司行为的短期化，并最终使整个经济的竞争力下降。显然，“华尔街法则”是个不利于公司实施长期投资战略，不利于增强经济整体竞争力的控制机制。“华尔街法则”控制效应的短期性决定了该法则必然要在经济资源配置机制的优化选择过程中被淘汰。事实上，从 60 年代起，“华尔街法则”已开始逐渐衰落，进入 80 年代，衰落进程进一步加快。

“华尔街法则”的衰落根源于机构投资者的崛起和股票在机构投资者手中的集中，其标志则是机构投资者持股稳定性的提高，机构投资者的持股率，如前所述，在过去 20 年间（自 60 年代中期到 80 年代末）一直呈上升趋势，即从百分之十几上升到百分之四十多，进入 90 年代，持股比例更是超过了百分之五十，据预测，到 20 世纪末，美国大公司股份的三分之二将由大机构股东掌握。随着机构投资者持股集中度的提高，机构投资者持股的稳定性亦相应增强。据统计，纽约证券交易所股票的平均周转率约为 55%，而大机构持股者的股票周转率仅 15%—20%，持股的平均年限已达到 2.5 年，个别机构投资者的周转率更低，持股年限更长。以美国加利福尼亚公共雇员退休基金为例，该机构 90 年代初有 560 亿资产投资于证券市场，其持股年平均周转率为 10%，对特殊股份的平均持有期为 6—10 年。

在持股比例提高的情况下，机构投资者为什么不再遵循“华尔街法则”而是长期持有股份呢？原因有二：一是持股量庞大，股票难以在短期内卖出；二是抛售会引起股市下跌，导致股东自身利益受损。机构投资者大都拥有数百亿资产，而且多数大机构投资者将近一半的资产投资于股票。1990 年 9 月，美国最大 15 家退休基金拥有资产 3474 亿美元，其中投向股票的资产额为 1436 亿美元，占资产总额的 41.3%。在这种情况下，机构投资者若想将手中的大量股票卖出去，就必须同时在市场上找到足以买进这些股份的买主，然而，在短期内要找到这样的大买主是十分困难的。再者将手中持有的巨额股票抛售出去也会带来十分危险的后果。巨额股票一旦抛售，势必引起股市大跌，并由此引起其他股票价格连锁下降，这会使机构股东自身蒙受更大损失。巨额股票短期内难以卖出，一旦抛售又会导致自身利益受损，这就迫使机构投资者将股票长期保留在手中并由此成为长期投资者。

在持股集中度大大提高后，机构投资者随意出售股票已成为不可能，“华尔街行走”（Wall Street Walk）已不再是最好的选择，因为此时已无路可走。当机构股东成为长期投资者时，如何保护其投资并且获取最大收益就成为机构投资者最为关心的问题了，一旦股票收益下降，出售股票又不可能，那么最好的解决办法就是通过参与公司治理来维护自己的权益。

（二）委托投票权竞争的复兴

随着机构投资者持股集中度的提高，机构股东不再以“华尔街行走”的消极方式对待经营绩效不佳的公司，而是采取积极的措施直接约束和影响公司经理的决策行为，使之更加符合股东的利益和要求，这里的积极措施便是争夺委托投票权。

委托投票制度是现代公司制度中治理机制的基本形式之一，其作用是保证由于种种原因不能出席股东大会的股东能够行使自己的权利。不过，委托投票制度为股东提供表达权力意志的条件是一回事，它能否真正为股东所利用并实现股东的意志又是另一回事。实际上，这项制度能否为股东所利用，关键取决于股东能不能借助它征集到足够多的股票，以便对投票结果发挥决定性影响。因此，在实行委托投票制度条件下，股东要想左右投票结果，从而影响公司治理，最重要的是尽一切所能争取尽可能多的股票。通常情况下，争夺投票权的竞争主要在在任经理与一部分试图影响公司决策从而参与公司治理的股东之间展开。那么，在这种争夺战中，究竟鹿死谁手呢？这主要取决于股东的实力，即股东的持股集中度。在过去一个较长的时期里，在任经理往往在争夺战中获胜，并有力地强化其在公司治理中的主导地位，造成公司所有权与控制权的分离，究其原因，主要是由于股票高度分散化造成的股东实力的弱小。在股票高度分散化情况下，单个股东的持股额很小，很难在投票中产生决定性作用；个别股东要想参与决策，就必须联络或说服那些不愿参加股东大会的股东将投票权委托给自己，而这样做要花费极大的成本，这个成本负担是个别股东难以承受的；再者“搭便车”效应的存在也妨碍个别股东去从事征集投票权的活动。股东放弃或无力征集委托投票权，大量投票权自然被熟悉和了解公司情况的在任经理所掌握，其结果是导致经理阶层成为公司的实际控制者和支配者。

然而，随着机构投资者的崛起，特别是随着机构股东持股比重的迅速提高，情况开始发生变化，大股东们不再像以往那样以“华尔街行走”方式表示对公司的不满，而是积极参与委托投票权的竞争，试图通过掌握足够多的股票投票权来影响公司决策和治理，这使得争夺委托投票权的竞争得以复兴，且愈演愈烈。

（三）委托投票权竞争的成效

机构投资者开始通过争夺委托投票权而获取公司控制权，从而深深介入公司治理，已是不争的事实。现在的问题是机构投资者是否达到了目的？

机构投资者通过争夺委托投票权介入公司治理有多重动机，最主要的有五类：一是谋求公司合并；二是实现公司重组；三是改变公司经营方针；四是派遣董事；五是改组董事会。这些动机反映了机构投资者介入公司治理的愿望，也显示了机构投资者介入公司治理的不同途径和方式。从经验资料反映的情况看，机构投资者不但有强烈而又明确的介入公司治理的愿望，而且其愿望在多数情况下都得到了实现。美国一家调查机构曾对 1984 年 10 月至 1990 年 9 月发生的 192 起委托投票权竞争案例进行了研究，该研究的结果表明，在所有竞争案例中，机构投资者获胜的案例占 74%。具体说来就是，在 28%的案例中，机构股东大获全胜，取得了对公司董事会的完全支配权；在 15.9%的案例中，机构股东获得控制权并将效益不佳的公司拍卖；在另外 15.9%的案例中，机构股东实现了在年度董事会选举中将代表自己利益的董事安排进董事会的目标；有 6.5%的案例是机构股东通过协商办法获得另一个公司的控制权；有 5%的案例是机构股东对公司进行了重组；还有 3%的案例是机构股东虽未完全操纵董事会，但却使对方做出了很大让步。在其余 26%的案例中，机构股东未能达到目的。还有一项研究对 1989—1990 年期间发生的 17 起委托投票权竞争案例进行了分析，结果表明，机构投资者达到控制公司并对公司行使治理权的目的的成功案例有 11 起，在全部案例中占 65%。1991 年初，主要从事铁矿开采的大公司——克里富兰-克里福斯公司的经营业绩下降，引起机构股东的强烈不满。机构股东认为公司经理手中掌握了巨额资金，却没有用于真正有利可图的投资项目上。为了改变公司经理的决策，机构股东联合提出改组董事会的要求。在机构股东的强烈要求下，公司经理被迫对 12 人的董事会作了调整，吸收了大股东提名的 5 位董事会候选人。此类例子还有许多，在此不一一列举。

上述情况表明，在委托投票权竞争中，相对于在任经理，机构投资者已明显占据上风，机构投资者凭借自己的雄厚持股实力屡屡击败经理，迫使后者要么调整经营方针，要么改组董事会，要么辞职。在机构投资者的强大攻势面前，曾经不可一世的经理阶层节节败退，锐气大减。机构投资者借助委托投票权加强了自己对公司决策和管理的影响，增强了在公司治理中的作用，从而恢复了失去已久的对公司的控制权，这意味着公司所有权与控制权由分离向重新合一的转变。这正是我们从分析机构投资者崛起并积极介入公司治理这一重要经济现象中应当得出的结论。

三、机构投资者参与公司治理的前景

机构投资者已成为美国大公司中最有影响力的权力主体，它的崛起已经和正在改变着美国的公司治理结构。但是，美国机构股东的成长还不够迅速，特别是美国机构股东的影响力还没有达到日本和德国的水平。这种状况是由多种因素造成的，如经济的、历史的和法律的因素等，其中法律因素尤为重要。这里所说的法律因素包括美国联邦和州政府制定的一系列限制股东发挥治理功能的法律规章，其中最主要的有委托投票条例、所有权比例或持股比例、公开投票等。

委托投票条例是由美国联邦证券交易委员会于 20 世纪 30 年代起陆续颁布的。该条例的核心是要求所有试图为谋求投票权而开展联络活动的股东必须在指定的机构登记。这种登记并不是简单地填写一个身份证明，而是要求参与联系投票权的人登记其所进行的每一次联络活动，即谈话、信件、文件或电报文本，以便证券交易委员会官员对之进行严格审查。此条件对股东间的非正式联系以及提供和传递关于公司政策的信息的行动给予严格限制。凡是不登记委托书或不向证券交易委员会公布信件，就不允许同别的股东联络。同样，不在政府有关机关登记委托书，非正式的股东集团亦不可能轻易组成委员会，以考虑和讨论新的董事提名。这一切均增加了争取选票的成本，也对股东采取非正式行动去进行联络并组成团体构成了限制。规定持股比例是证券交易法限制股东之间加强联系，特别是限制各类股东联合行动的最重要的措施。该规定要求持股超过 5%界线的股东登记身份证明、所持股份以及持股目的。这一规定主要是为了限制持股超过 5%，以防止股东采取联合行动。这个规则使任何企图通过联合的方式监督并向经理阶层提出挑战的行动付出高昂成本并冒很大的法律风险。

法律还规定股东在进行投票时，必须用真名进行公开投票。这种方式旨在防止股东私下串谋，限制股东的联合统一行动。不过这样一来，股东就无法以集体的力量来对抗经理阶层，在客观上处于被动地位。

诸如此类的法律限制还有很多。纵观这些规定，一个显著的特征是极力限制股东的联合行动。显然，在这样一种法律秩序下，股东可能采取的“合法”行为只有“华尔街行走”，而采取具有联合特点的投票权竞争活动，不免会受到法律的牵制。可见，在机构投资者崛起后，特别是机构投资者的持股集中度提高后，继续沿用过去的法律，势必会损害机构股东的利益。在这里，机构股东的利益与现存法律存在着矛盾冲突。然而政治法律制度毕竟属于上层建筑的范畴，上层建筑由经济基础所决定，当经济基础发生变化后，上层建筑势必发生相应变化。在当代美国，这个原理依然适用。现在美国大机构股东已对现存法律秩序公开表示不满，并提出了改革要求，同时，美国立法机关也开始对现存法律进行调整，以适应变化了的经济关系。

1986年，美国机构股东的联合组织机构投资者委员会提出了一份《股东权利目录》，该目录提出四项基本权利：①一股一票；②平等和公正地对待所有股东；③由股东批准公司的所有决策；④由股东单独批准和决定经理报酬，并对之进行审计。此外，美国机构股东的另一个联合组织联合股东协会就投票权问题向美国联邦证券交易委员会提出了自己的改革要求。关于改革投票权制度的理由，该协会的主任拉尔弗•V.怀特沃斯说道：“美国公司委托投票制度需要作重大修改。委托投票权制度本来是要求股东通过选举董事会来使经理服务于股东的利益，并使股东对各项公司政策进行评价，然而现在这项制度却成了离奇的神话。实际情形是经理阶层控制并利用该制度为其逃避责任服务，排斥股东对公司事务的参与。” “股东不能利用这项制度来使经理对公司绩效负起应有的责任导致美国产业的竞争力出现严重的问题，在今日的全球经济一体化形势下，我们不能再让那些只对自己负责而不对公司负责的经理们操纵我们的公司了。”基于这一认识，联合股东协会提出了四项改革要求：

（1）由公开投票改为秘密投票。他们认为，现存投票制度可以使公司经理分辨出每位股东的投票意向，这使其向股东施加经济的或别的隐蔽压力以影响投票，达到维护经理阶层地位，损害股东利益的目的。而且经理在获得了股东的“否定性”投票后依然能够重新游说股东。而秘密投票则可以有力地限制经理利用压力策略收买股东选票的能力，使股东能够基于表决议题本身的优劣自主进行投票。

（2）股东应全面介入投票过程。他们认为，现存委托投票机制只包括分发公司的委托证书和经理就投票事宜进行种种游说活动，而股东则被排除在外。他们认为，股东完全有能力通过公司的正式委托材料同别的股东开展联系，股东应有了解公司的委托文件的平等权利，以便于提出和确定董事候选人。为了使股东征集到足够多的投票权以参与公司投票并影响选举结果，应该允许股东了解和掌握公司全部股东的名单，以便于股东开展联络。

（3）经理建立的强化自身地位的措施须经股东同意。80 年代中期，美国公司控制权市场十分活跃，公司兼并和收购掀起新高潮。为了防范袭击者，公司经理们采取了一系列旨在限制股东行动、进一步削弱经理对股东所尽责任的措施，如："绿衣邮使""金降落伞""毒药丸"等。对此，机构股东十分不满，他们要求证券交易委员会允许股东在经理实行这些措施前进行投票表决，以决定是否同意经理的行动。

（4）允许股东之间就投票事宜进行充分交流。他们认为，现存的委托投票制度严格限制股东之间进行的交流和联络是不公正的，是违背美国宪法保护言论自由的条款的。他们主张应该彻底放弃各种限制，允许股东之间就公司各项经营事务进行广泛、全面的交流和讨论，并据此进行投票。从上面的各项要求可以看出,机构股东已不满足于按照传统的模式对公司施加影响了,而是要求根本改变现存的法律秩序,以便于有力地干预公司经营和管理事务。应该说这些要求并不过分，它们本来就是股东权利不可分割的一部分。如果说在过去相当长的一个时期里，股东丧失了这些权利，那是因为股票高度分散化导致股东持股额下降，股东没有能力行使这些权利，那么现在情况发生了变化，机构投资者的持股额已经足够大了，他们有能力行使自己的权利了，如果继续剥夺他们的权利，必然导致股东与经理间矛盾的激化，也不利于扭转由经理与股东权利不对称造成的美国产业竞争力下降的趋势。因此，可以预言，随着资本所有权形式的变化，随着机构股东在公司治理中地位和作用的加强，现存的不利于机构投资者的法律规定必然逐渐被破除，一个适应新型所有制形态和公司治理结构的法律秩序必将逐步建立起来。

参考文献

[1] 赫尔曼：《公司控制、公司权利》，剑桥：剑桥大学出版社，1981 年。

[2] 戴维 • M.考兹:《美国大公司的银行控制》，加利福尼亚：加利福尼亚大学出版社，1978 年。
[3] 杰弗里 • M.拉德曼等:《共同基金的力量》，《经济资料译丛》，1993 年第 3 期。
[4] 阿尔诺德 • W.萨麦兹:《机构投资》，纽约：纽约大学出版社，1991 年。

（本文原载于《南开经济研究》1998 年第 3 期）

“两权分离”理论新探

“两权分离”理论，即“公司所有权与经营权相分离”的理论是学术界很流行的理论，它不但被人们看作所有制理论研究的创新成果，而且被当作指导国有企业改革的理论依据。然而，该理论在逻辑上存在着严重的缺陷，在实践上则可能将改革引入误区，因此，有必要重新加以探讨。

一、“两权分离”理论的主要内容

“两权分离”理论是一种所有制理论，该理论由两个核心命题所构成：一是生产资料所有制是所有、占有、支配和使用等经济关系的体系；二是生产资料所有制的各项权能可归结为所有权和经营权，且两权既可以统一，也可以分离。

按照第一个命题，所有的实质是归属，指所有者可以按照自己的意见处置自己所有的生产资料的意志行为；占有则是一种有条件的归属关系，即占有者不能像所有者那样任意处置其占有的生产资料，但在所有者认可的条件下，占有者又可像所有者那样处置生产资料；支配是指对生产资料的处置和管理，其具体体现为生产过程的日常组织和管理；使用是指人们运用生产资料进行的直接生产活动。这四个方面经济关系在法律上表现为所有权、占有权、支配权和使用权，因此生产资料所有权不外是包括所有权、占有权、支配权和使用权的权利体系。

按照第二个命题，所有权、占有权、支配权和使用权既可以统一，也可以相互分离，而在分离的情况下，则具体表现为所有权与经营权的分离。在这里，经营权包括占有权、使用权和支配权，是这三权的统一。在引述经典作家关于资本主义条件下土地所有者和农业资本家之间土地租赁关系的分析，职能资本家和借贷资本家之间货币资本借贷关系的分析，以及股份公司中资本所有者与资本管理者的关系的分析之后，许多论者断言，生产资料所有权与经营权是可以分离的，并进而将这种分离作为指导中国国有企业改革的依据。在这方面，最典型的观点是：传统的计划经济体制把全民所有等同于国家直接经营企业，即将所有权和经营权都集中于国家之手，这不符合市场经济发展的要求。要体现市场经济的要求，就必须改革全民所有制的内部关系，使国家保持所有权，使企业具有经营权。这样，既在整体上坚持了公有制，又在局部上保证了各个企业生产经营的自主性，这不但有利于促进市场经济的发展，而且也有利于全民所有制优越性的发挥。

上述“两权分离”理论旨在通过重新界定所有制内部结构来为“政企分开”提供理论依据，以便使国有企业冲破各种束缚，真正成为独立的商品生产者和经营者。应该说，该理论倡导者的动机和出发点是良好的，应予以肯定，它也确实在推进国有企业改革方面起了积极作用。然而，“两权分离”理论在指导国有企业改革方面所起的作用是十分有限的。由于该理论本身存在着严重的缺陷，决定了它不可能像其倡导者希望的那样真正引导国有企业改革走上健康发展的道路，相反却会使改革走入误区。

二、“两权分离”理论的缺陷

“两权分离”理论的缺陷，从根本上讲，就是将所有权与占有、使用、支配诸权割裂开来，否定了所有权的统一性和主体性。应该说，将所有权肯定为所有人对属于他所有的物的占有和充分完整的支配权利，是理解所有权的基本出发点。这是因为它符合马克思主义经典作家及我国民事法典的解释：从历史上看，1804 年颁布的《拿破仑法典》规定：“所有权是对于物有绝对无限制地使用、收益及处分的权利，但法律所禁止的使用不在此限。”在这里，所有权包含使用权、收益权、处分权。马克思说：“地租的占有是土地所有权借以实现的形式。”（《马克思恩格斯全集》第 23 卷，第 714 页）“所有权对于资本家来说，表现为占有别人无酬劳动或产品的权利，而对工人来说，则表现为不能占有别人的产品。”（同上）在这些论述中，马克思把所有权看作占有权和收益权的基础，换句话说，在马克思看来，所有权包含占有权和收益权。列宁也是把占有权、使用权、收益权、支配权等包括在所有权之中的。列宁指出：“所谓国家所有，就是说国家政权机关有获得地租的权利，并且由国家政权规定全国共同的土地占有和土地使用的规则。”（《列宁全集》第 13 卷，第 313—314 页）“土地国家所有制……要求在全国性的法律范围内把土地转交地方和省区自治机关。”（同上）我国《民法通则》第 71 条对财产所有权的规定是：“财产所有权是指所有人依法对自己的财产享有占有、使用、收益和处分的权利。”这些论述所强调的所有权都包括占有权、支配权、收益权、使用权、处分权，这无疑是正确的；而“两权分离”理论把占有权、支配权、使用权、处分权统称为经营权并将其与所有权割裂开来，则是对所有权本意的曲解。

“两权分离”理论将经营权界定为财产的占有权、使用权、支配权和处分权的统一，然后将其与所有权相割裂，其要害是剥夺了所有者对归自己所有的财产的控制权。根据“两权分离”理论，包含占有权、支配权、使用权和处分权在内的经营权是由企业掌握的，留给所有者的只剩下根据法律规定的财产归属原则所享有的剩余索取权。至于所有者是否有权约束和控制企业，所有者怎样维护自己的权益，则不再是有意义的问题了，因为从逻辑上讲，所有权既然已不含有占有、支配、处分等权能了，那么所有者自然也就无权约束和控制企业的运营了。

然而，不论对所有者来讲，还是对企业来讲，控制权绝不是无关紧要的，现代企业制度的运营经验表明，在所有者丧失对企业运营的有效约束和控制的地方，所有者的权益往往得不到切实保障，而在所有者权益受损的情况下，企业经营的绩效也不可能得到有效的改善和提高，因为不受约束和控制的企业行为必然是短视的和不负责任的。也许“两权分离”理论的倡导者会争辩说，他们的理论并不主张剥夺所有者的控制权。但是，只要坚持“两权分离”论的推理逻辑，那么所有者的控制权势必被剥夺。

三、对现代企业制度权利结构的新界定

前面的分析表明，流行的“两权分离”理论割裂了所有权的统一性和完整性，其实质是剥夺了所有者对归其所有的企业资产的控制权。若按这种理论进行国有企业改革，建立现代企业制度权利结构体系，势必导致改革后的国有企业出现“内部人控制”局面，即企业被经营者所支配和控制，而所有者的权益却失去保障，其利益受损在所难免。显然，这样一套理论不适合作为国有企业改革的依据。

应当用什么理论来取代这一理论呢？笔者认为，现代企业制度的权利结构不应当用流行的“两权分离”理论来界定，而是应当另辟蹊径，重新界定。在新界定的企业权利结构体系中，所有权与经营权仍是相分离的，但其含义已发生根本变化。现代企业制度的权利结构其实是由四种权利要素构成的权

利体系，这四种权利要素是：公司所有权、公司控制权、公司治理权和公司经营权。这四种权利要素既彼此独立又相互制约，共同决定着企业的运营和绩效。正确把握和理解这些权利要素的特性，有助于正确认识现代企业制度的本质特征。需要指出的是，公司所有权就是公司的所有者对公司资本的所有、占有、支配、收益和处分权的统一。这里仅对公司控制权、公司治理权和公司经营权进行界定和分析。

1. 公司控制权。公司控制权本质上是一种决定公司董事会成员任免的权利，该权利属于所有者或公司的股东。现代企业制度是一种资本的所有者与资本的管理者相分离的企业制度。在这种制度中，所有者或股东不可能也没必要直接参与决策，不论是经营性决策，还是战略性决策，更不必亲自去经营和管理企业。公司所有者或股东不直接参与决策和管理，并不意味着不行使控制权。所有者或股东之所以要控制公司，是因为控制权是所有者权益的实现手段，公司所有者或股东只有对公司运营实施有力控制，才能保证公司资本的运营体现其利益要求和权力意志。公司所有者或股东不是通过直接参与公司决策和经营而行使控制权，而是通过支配和影响董事会实现对公司的控制。在这里，董事会是体现股东意志和实现股东利益要求的工具。公司所有者或股东对董事会的支配不是体现在股东亲自进入董事会，而是体现在股东对董事会成员遴选的支配上。通过选举董事会并牢牢支配董事会的运作，公司股东对公司资本运营的最终控制权得到有效实施。

2. 公司治理权。公司治理权实质上是对公司经理人员的管理和经营行为进行监督和制约的权利，该权利属于董事会，本质上是公司所有者授予的权利。将公司治理权理解为一种对经理行为进行监督和控制的权利，是符合现代企业制度的运营实际的。从根本上讲，公司治理旨在克服所有权与经营权相分离情况下公司运营中可能出现的代理问题。按照委托-代理理论，现代公司制度是一种层级组织，其中股东与经理之间的关系就是一种委托-代理关系。在代理关系存在的情况下，股东与经理的利益会出现冲突。这就是公司经理会以损害股东们的利益为代价而追求个人目标，如经理会给自己支付过多的报酬和过多的奖金，进行没有效益但可以增强自身权力的投资，寻求使自己地位牢固的目标等。鉴于此，为了维护股东的利益不受损害，对经理人员进行有效监督和控制就显得十分必要。在这里，对经理人员进行监控，公司治理、行使治理职能的权力主体就是董事会。公司治理权能的存在是董事会存在并发挥作用的基础和依据。

3. 公司经营权。公司经营是以公司经理人员为主体所从事的公司日常经营和管理活动，包括计划、组织、指挥、协调等活动。公司经营是一种复杂的劳动过程，它只有在各种专门管理知识的参与下才能进行。公司经营的专业性和复杂性决定了对经营管理人员的特殊要求，不具备经营管理知识，没有受过专业管理训练的人是不能管理好企业的。由职业经理人员专门从事公司的经营和管理，意味着所有权与经营权相分离。公司经营权是经理人员行使的权利，它主要涉及公司的日常经营性决策，而不包括战略性决策（战略性决策主要包括融资、投资、经理人员遴选、企业并购、企业破产和清算等）。这些战略性决策已不属于公司经营的范畴，而是属于公司治理的范畴，由董事会支配。有人把日常经营性决策和战略性决策合二而一，统统纳入经营性决策范畴，这是错误的。它势必导致弱化公司治理而强化公司经营的后果，使代表股东或所有者利益的董事会名存实亡，使经理阶层成为公司事实上的支配者和控制者，使所有权与经营权的分离转化为所有权与控制权的分离。

至此，我们已看到，现代企业制度是由公司所有权、公司控制权、公司治理权和公司经营权所构成的权利体系，各个权利要素各有自己确定的权利重心和权利边界，分别构成股东、股东大会、董事会及经理阶层等权利主体存在的基础。在这个权利体系中，公司所有权与公司经营权是相分离的，而公司所有权与公司控制权则是相统一的，它们共同统一于股东或所有者、所有权与经营权相分离是保证公司在职业经理人员管理下高效率运营的前提，所有权与控制权相统一则是保障股东福利最大化的前提。一个规范、理想的现代企业制度必然是所有权与经营权相分离，而与控制权相统一的制度。

四、结论

基于上述分析，传统的“两权分离”理论的缺陷之产生的原因就看得很清楚了。传统的“两权分离”理论主张在建立现代企业制度时要实行所有权与经营权的分离，这在概念上并没有错，因为所有权与经营权相分离的确是现代企业制度的本质特征。问题在于该理论所说的经营权实际上是控制权，“两权分离”的实质性含义是所有权与控制权相分离，这才是问题的要害。“所有权与控制权相分离”意味着什么？正如上面所分析的那样，它意味着所有者虽拥有公司资本的所有权，却不能对公司董事会并通过董事会对经理人员实行监督和控制；意味着董事会和经理人员受到利益驱动而采取损害股东或所有者权益的机会主义行为时，所有者或股东只能听之任之；意味着所有者或股东失去了保障自身利益的条件，所有者或股东相对于董事会和经理人员居于从属和被动的地位。试问，这种状况是现代企业制度的本质特征吗？这一切应成为建立现代企业制度要达到的目标吗？答案显然是否定的。可见，传统的“两权分离”理论没有揭示现代企业制度的本质，不符合现代企业制度权利体系的运营实际，因而不能作为指导国有企业建立现代企业制度的改革实践的理论原则。作为一种替代，应当把“所有权与经营权相分离”命题和“所有权与控制权相统一”命题作为指导国有企业改革的理论原则。

（本文原载于《理论与现代化》1999 年第 3 期）

公司治理模式：比较与借鉴

随着国有企业改革进入攻坚阶段，对国有企业治理问题的研究日益引起各方面的重视，许多学者围绕公司治理问题开展了大量的研究，发表了许多富有启发意义的见解。本文拟在已有研究的基础上，从比较的角度对公司治理问题谈谈自己的看法。

一、公司治理的涵义和提出问题的背景

关于公司治理的内涵，有多种解释：一种解释认为，公司治理是由所有者、董事会和公司高级经理人员组成的一种组织结构，在这种组织结构中，上述三者之间形成一定的制衡关系，所有者将自己的资产交由公司董事会托管；公司董事会是公司的最高决策机构，拥有对高级经理人员的聘任、奖惩以及解雇权；高级经理人员受雇于董事会，在董事会的授权范围内管理企业。再一种解释认为，公司治理是一整套法律、文化和制度安排，这些安排决定了公司的目标、行为以及在公司众多的利益相关者（股东、债权人、经营者、雇员、供应商和用户等）当中，由谁来控制公司。还有一种解释认为，公司治理包括董事和董事会的思维方式、理论和做法，它涉及的是董事会和股东、高层管理部门、规制者与审计员以及其他利益相关者的关系，因此，公司治理是现代公司行使权利的过程。从这些关于公司治理涵义的各种解释来看，人们对公司治理的理解存在较大的差异。这也不奇怪，毕竟公司治理是个很复杂的问题，基于不同的角度自然会做出不同的解释。那么到底应该怎么看待公司治理呢？其涵义应如何把握？笔者认为，公司治理实质上是对公司经理行为进行监督和控制的制衡机制。

将公司治理视为对经理行为进行监督和控制的制衡机制，是符合现代公司制度运营实际的。公司治理问题并不是从来就有的，当公司所有权与控制权相统一时，公司的大股东凭借手中持有的多数股，可以对公司经理人员进

行有效的监控，经理人员不会牺牲股东利益以实现自身的利益。因而可以说，这时不存在公司治理问题。公司治理问题的出现主要和公司所有权与控制权相分离有关。从根本上讲，公司治理旨在克服所有权与控制权相分离情况下，公司运营可能出现的代理问题。按照委托-代理理论，现代公司制度是一种层级组织，其中股东与经理之间的关系就是一种委托-代理关系。在代理关系存在的情况下，如果公司股票发行高度分散化，单个股东持有股份不足以对公司资本运营过程构成有效控制，那么，股东与经理之间就可能发生利益冲突，公司经理会以损害股东的利益为代价而追求个人目标，诸如经理会给他们自己支付过多的报酬和奖金；实行没有效益但可以增强自身权力的投资；寻求使自己地位更为牢固的经营目标等等。这样，为了维护股东的利益不受损害，对经理人员进行有效的监督和控制就显得十分必要。而对经理人员进行监控，就是公司治理。

从公司治理问题提出的背景也可以说明这一点。从国际角度看，关于公司治理问题的争论主要是在 20 世纪 80 年代中期兴起的，其原因主要有以下几点。

第一，美国经济竞争力下降和经理阶层收入过高。早在 19 世纪向 20 世纪转折的时候，现代公司制度就已在美国占据主导地位。那时，大公司大都是由私人家族所控制，卡内基家族、福特家族、杜邦家族、梅隆家族、摩根家族、洛克菲勒家族等凭借控股地位而对所属财团行使有力的控制，财团的整个运营完全体现了大家族股东的意志，根本不存在所谓的“代理成本”问题。然而，随着大公司经营规模的进一步扩大和股票发行数额的不断增大，股票持有呈现出高度分散化趋势，以至于许多大私人家族在垄断财团中的持股比例也大大下降，直到最终丧失对财团的控制权。美国学者伯利和米恩斯在 1932 年出版的《现代公司与私有财产》一书中，基于对美国大公司权利结构变化的分析，提出了“所有权与控制权相分离”的命题，这一命题由卡内基家族、洛克菲勒家族、摩根家族等的盛衰得到了证明。

在“两权分离”的情况下，如何保持公司运营的高效率和如何处理股东与经理之间的利益分配关系是最为关键的问题，而关于公司治理的争论恰恰是围绕这两个问题展开的。80 年代中后期，巨额的联邦财政赤字和贸易赤字、低下的投资率和劳动生产率、与日本和德国日益加剧的贸易摩擦等，严重困扰着美国经济，美国经济在世界经济中的相对地位显著下降，经济竞争力今不如昔。这种状况引起了人们对美国公司所有制结构和公司治理方式的反思。

再者，与美国经济不景气、大量公司亏损甚至倒闭形成鲜明对照的是，美国大公司经理阶层的收入却不断攀升，日益膨胀，并没有因经济增长乏力而有所下降。据统计，美国大公司经理人员收入的增加与公司绩效之间缺乏正相关性。美国学者克里斯蒂尔对美国 150 家大公司经理报酬的研究发现，当每股的收益上升 10%，经理人员基础薪水和年度奖金就上升 13.4%，而当每股收益下降 10%，经理人员的基础薪水和年度奖金却上升 4.1%，甚至每股收益下降 5%，经理人员的收入仍跟过去一样。此外，美国公司经理报酬的水平也相当高。1983—1993 年美国经理的报酬增长了 70%，而同期大多数公司职工的收入却在下降。大公司总经理的收入超过 1000 万美元的已不罕见。对于经理人员收入水平脱离公司实际经营状况而不断膨胀的现象，许多学者认为与公司治理失效以及对经理权力失控有直接关系。

第二，日本泡沫经济破灭，经济陷入持续衰退。日本经济自 20 世纪 50 年代中期至 70 年代初，维持了近二十年的高速增长，到 80 年代末，日本的人均 GNP 超过了美国，位居发达资本主义世界之首。长期以来，人们一直把以主银行、相互持股、终身雇佣制和年功序列制为主要内容的公司治理结构和经营模式看作日本"经济奇迹"的主要原因。然而，90 年代初日本泡沫经济破灭，大量企业倒闭，许多金融机构破产，失业人数激增，经济陷入长期持续衰退之中。面对严重的经济衰退，人们开始反思日本的经济体制，特别是重新评价日本公司的治理结构，公司治理结构改革成为人们关心的焦点。

第三，苏联和东欧向市场经济过渡过程中出现严重的"内部人"控制问题。20 世纪 80 年代末，苏联和东欧国家纷纷实行"休克疗法"，以便实现由计划经济向市场经济的迅速过渡。作为改革的一个重要组成部分，他们大力推行国有企业私有化，企图将西方发达国家的企业制度和治理模式移植过来。但是，事与愿违，私有化后的企业完全被企业原有管理人员所控制，股东根本无法对企业的经营施加任何影响，企业自身也难以按照现代企业的运营规则运行，经济效率低下。公司治理机制不健全、不成熟，是过渡经济存在的普遍问题，因而也就成为人们极为关注的问题。

由公司治理问题提出的国际背景可以看出，该问题的核心是如何对公司的经理阶层进行有效的监督和控制，以便使经理人员不偏不倚地实现企业价值最大化和社会福利最大化。美国、日本、苏联和东欧等国的公司在运营中存在的问题，从根本上讲，都是由于没有处理好股东与经理人员之间的关系，或没有找到股东对经理人员实施有效控制的办法和途径造成的。所以，关于公司治理的涵义，不论对其解释有多少种，只要抓住监督和控制经理人员的行为这一本质，就能准确地把握其内涵。本文后面的分析均以此为基点。

二、公司治理的模式

公司治理是一种监督和控制经理行为的机制，在不同的历史时期和不同的国家，公司治理机制又有所不同，从公司制度演进的角度，可以将其划分为以下三类模式。

（一）私人股东主导的公司治理模式

该模式的主要特点是：（1）从股权结构看，股东均为私人股东，股份持有相对集中，股票主要被少数私人家族所持有，持股比例一般在50%以上。（2）从持股的稳定性看，股东持股的目的主要是对自己的投资行使直接的控制，而不是通过股票买卖投机获利，因而持股的稳定性很强。（3）从持股形式看，长期性、投资性持股是主要形式。大股东大都采取“参与制”式持股，即私人资本以其所开办并直接掌握的股份公司作为“母公司”，去购买别的公司的股票，掌握一定的股票控制额，使其从属于自己，成为自己的“女儿公司”；各“女儿公司”又用同样的方式控制更多的公司，使其成为“孙女公司”等等，如此逐级控制，就形成了庞大的资本联合体。（4）从权利结构看，主要设立股东大会、董事会、总经理等三个机构，由于股票持有很集中，大股东往往支配着股东大会和董事会，有关公司运营的各项重大决策均由大股东亲自参与做出，公司董事会全面负责这些决策的落实和贯彻，职业经理只负责公司的日常管理事务，如生产、开发、人事、营销、融资等。（5）从外部控制机制看，资本市场已有初步的发展，存在流动性较强的股票市场，资本市场的存在为股票交易提供了条件，使大股东通过购买股票控制别的企业成为可能。再者，资本市场的存在也为公司通过并购扩大自身规模创造了条件。由于大股东持股比较稳定，对职业经理的约束主要来自公司内部强有力的董事会，因此资本市场对公司运营的影响不大。股东主导型治理模式是股份公司产生初期普遍存在的模式，其最基本的特点是所有权与经营权相分离，而所有权与控制权相统一，大股东能够对公司的运营施加直接且有力的影响，经理人员违背大股东意志谋求私利的情况极少发生。在这里，所谓“代理成本”几乎不会产生。

（二）经理主导的公司治理模式

该模式的特点是：（1）从股权结构看，股东人数众多，持股主体是大量的私人股东，股票持有呈现高度分散化态势，每个股东的持股比例都很小。（2）从持股的稳定性看，由于股东的持股额很小，不足以对公司经营施加有效的影响，因而比较关注公司短期经营状况和股息及红利分配水平，一旦对公司业绩不满，或发现所持股票价格下降，绝大多数股东都会抛售手中所持股票，所以，持股的稳定性差。（3）从持股形式看，短期性、交易性持股是主要形式。（4）从权利结构看，也设有股东大会、董事会、总经理等机构，股东大会名义上依然是公司的最高权力机关，董事会代表全体股东在公司日常经营中对重大问题行使决策权，然而公司实际运营的真正支配者和控制者是经理阶层。这主要是因为公司股票持有高度分散，单个股东的持股额不足以对公司运营施加有效影响，对参与公司决策缺乏兴趣和能力，即使个别股东试图联络别的股东共同参与决策，也会因为难以承受巨额的联络成本而无法达到目的。而经理人员则可以凭借自己的职业优势来影响和左右公司的决策，特别是当股东大会开会时，经理人员不但向股东提供事先议定的投票内容，而且还接受许多不愿参与会议的股东的委托投票书代其投票。这样一来，股东大会便形同虚设，董事会成为橡皮图章，经理人员控制了公司的决策机构，在事实上成为公司的控制者。（5）从外部控制机制看，资本市场十分活跃并发挥着决定性作用。资本市场活跃表现为股票市场流动性很强，公司控制权市场（market for corporate control）非常活跃。在资本市场十分活跃的情况下，敌意兼并和收购频繁发生，对公司经理人员的职业稳定构成严重威胁。为了防止“袭击者”并购企业，公司经理人员往往要千方百计提高公司短期赢利率，保持较高的股息和红利分派水平，以避免股票价格下降。因为如果股息和红利分派额减少，股东势必抛售手中持有的股票，而抛售股票必然引发股价下降，股价下跌便会给“袭击者”造成可乘之机，公司很可能因此成为“袭击者”的囊中之物。一旦公司被并购，公司经理人员就会被解雇，其职业经理生涯便会被断送，这对公司经理人员无疑是莫大的打击。以公司控制权市场为主体的外部控制机制的存在，固然对经理人员加强责任心、不断改善管理、增加股东收益产生一定作用，股东也可以通过它对经理人员进行一定的控制；但是，过分活跃的资本市场，对公司运营的影响具有非常明显的消极效应，即短视效应。在这种效应的作用下，公司经理阶层往往难以有长远打算，不太重视长期投资，不愿进行设备更新，公司经营行为具有明显的短期化倾向。

（三）法人股东主导的公司治理模式

前述的私人股东主导的治理结构主要存在于股份公司产生的初期，在19、20世纪之交的时候，经理主导型治理结构出现，到70年代末，该模式达到成熟阶段。而自第二次世界大战结束以来，在西方发达资本主义国家，以退休基金、商业银行信托机构、保险公司、投资银行、共同基金等为主体的机构投资者逐渐崛起，它们以灵活的经营活动、广泛的业务范围、新颖的服务方式见长，成为最具竞争力的投资场所，从而吸纳了巨额的社会闲置资本。在此基础上，这些机构投资者又将资本投向股票市场，成为股票市场的主要交易者。机构投资者是以法人而非个人身份投资于股票市场的，这就使大公司的股东身份发生了非个人化的转变，随着股票逐渐向机构投资者手中集中和机构法人持股比例的不断上升，大公司的股东主体亦由大量的个人股东转变为少数机构法人股东。法人股东的崛起已经和正在改变着大公司的股权结构，相应地，也对公司治理机制产生了重要影响，这种影响的实质在于推动公司治理由经理主导型向法人股东主导型模式转变。现在，法人股东主导型治理模式已成为发达资本主义国家公司治理的具有方向性的、比较普遍的模式。由于赖以存在和运营的环境和条件不同，法人股东主导型治理模式又有不同的存在形式，最典型的有三类：美国模式、日本模式和德国模式。

1. 美国法人股东主导型模式

美国法人股东主导型公司治理模式主要形成于20世纪80年代末90年代初。该模式的主要特点有：①从股权结构看，个人股东与法人股东并存，以法人股东为主体。美国目前最大的法人股东是机构投资者，如退休基金、商业银行的信托机构、人寿保险公司、共同基金以及各类基金会和慈善机构等。其中退休基金的规模最大，信托机构次之。二战后初期，美国机构投资者的持股比重仅为百分之十几，70年代中期达到30%左右，80年代中期进一步上升到40%，进入90年代，情况发生了根本性转变，机构投资者持股比重首次超过个人股东而居优势。1995年，美国机构投资者持有上市交易股票额的比例已超过50%，在最大1000家非金融公司中的持股率已从1987年的46.6%上升到57.2%，在个别大公司中的持股率则已达到70%以上。美国的退休基金持股比重在所有机构投资者中是最高的。1995年，退休基金持股总额占全部上市交易股票额的25.4%，在所有机构投资者持有的股票额中占45%，居第二位。②从持股形式上看，机构股东的持股为单向持股，且以星座式持股为主。所谓星座式持股，就是每个大公司的股份往往被若干个大法人股东所持有，相对于单个公司而言，这若干个机构法人股东就成为具有共同利益的股东，它们联合在一起，类似一个星座，集体对公司的运营实行制约和控制。按照这种持股形式，大公司可以不受星座中任何一家机构投资者的支配，但却受以星座形式出现的机构投资者集体持股行为的控制。③从持股稳定性看，法人股东持股比较稳定。机构法人支配的资本大都是属于私人委托者的，机构法人代表其真正的所有者进行证券投资。为了满足委托人的利益要求，机构投资者必须密切关注股息和股价的变动，并据此作出保留还是抛售股票的决策。在持股额较小的情况下，机构投资者难以对公司经营事务施加影响，因而常常以抛售股票的方式表达对公司经营状况的不满。此时，机构投资者持股的稳定性比较差。但是，随着持股额的增大和持股比例的提高，机构法人持股的稳定性亦相应增强，机构投资者正在逐渐向长期投资者转化。据统计，纽约证券交易所股票的平均周转率约为 5%，而大机构股东的股票周转率仅为 15%—20%，持股的平均年限已达 2.5 年。个别机构股东的股票周转率更低，持股年限也更长。以美国加利福尼亚公共雇员退休基金为例，该机构 90 年代初有 560 亿美元资产投资于股票市场，其持股年平均周转率仅为 10%，股份的平均持有期已达 6—10 年。④从内部机构设置看，美国公司设股东大会、董事会、董事会的附属机构以及首席执行官职位。为加强董事会的监督和控制职能，美国法律规定公司必须要有一定数量的外部董事，而且要求上市公司必须设立由外部董事组成的审计委员会、董事提名委员会以及薪酬委员会，全面负责公司业务的审查、董事任免及董事和经理人员的收入分配工作。首席执行官与董事会主席职务分设，首席执行官由董事会任命并对董事会负责。⑤从控制机制看，“用手投票”机制和“用脚投票”机制并存，而“用手投票”机制的作用越来越大。在持股占大量的情况下，机构法人股东不再遵循“用脚投票”机制而频繁买卖股票，因为在持股额巨大的情况下，短期内难以尽数卖出所持股份，再者，大量抛售股份还会引起股市波动，自身利益难保。为了维护自身的权益，机构股东转而积极参与公司重大问题的决策，对公司经理阶层进行有力的监督和检查，迫使其按照法人股东的要求和愿望从事日常经营管理。对那些观念保守、管理不力、经营亏损的经理果断地予以解职。自 90 年代初以来，由于机构股东的积极干预，美国一系列大公司的首席执行官被强制离职。

2. 日本法人股东主导型模式

日本法人股东主导型治理模式于 20 世纪 50 年代初开始形成。与美国相比，日本模式有自己的特点：①从持股形式上看，法人是主要控股者。二战后初期，日本公司个人持股的比例曾达到 70%，但在以后的经济恢复和发展过程中，股票逐渐向法人集中，法人股东取代个人股东而成为大公司股份的主要持有者。法人持股的比例，1960 年为 53.2%，1970 年为 59.6%，1980 年为 70.5%。进入 90 年代，法人持股仍然占主体地位，1990 年法人持股高达 72.1%。②从持股形式上看，法人股东主要采取相互持股形式。所谓相互持股，就是在 A 公司、B 公司、C 公司……Z 公司之间形成一个相互持股的网络。日本公司法人股东相互持股主要发生在一群法人之间，因而相互持股在企业集团中最为普遍。③从持股的稳定性看，法人持股具有很强的稳定性。在相互持股条件下，各个持股法人不太关注股票的分红，而是着眼于长期利益，着眼于彼此间的长期交易关系和分工协作关系，以保证自己的投资安全和长期发展，从而使持股行为趋于长期化，不再受股市行情的左右而轻易抛出股票，股票的流动性因而大大减弱。④从内部机构设置看，日本企业也设置股东大会、董事会和执行机构，股东大会在形式上是公司的最高决策机构，实际已名存实亡，真正发挥决策作用的是由经营专家组成的董事会。日本公司内部注重集体领导和集体负责，重大问题均由董事会集体讨论决定。日本公司不设外部董事，所有董事均为内部董事。⑤从控制机制看，主银行和经理会发挥着主要的监督和控制作用。日本企业的相互持股网络中大都有一家主银行，主银行与大企业通过相互持股结合在一起，一方面为关系企业提供投资资金，管理流动资金和进行票据贴现及外汇结算，另一方面，还对企业经营状况进行监督。当企业经营状况良好时，主银行一般不干预企业的经营事务，而当企业经营业绩恶化时，主银行就要介入企业进行干预。主要的干预方式有：重新协商和安排贷款的偿还，或者延缓还贷，或者减免利息；向企业注入新的资本；撤换不称职的经理，派遣银行管理人员直接进入企业关键岗位；制定企业恢复计划。通过这些措施，主银行就成为相关企业有力的监督和控制者。再者，基于相互持股，日本企业往往都附属于一个特定的企业集团，企业集团内的最高决策机构是经理会，经理会由核心成员企业的总经理组成，其主要职责是：确定集团发展的重大方针和战略，交流信息，协调成员企业的利益，约束成员企业的经营行为。日本公司相互持股的目的是实现股东稳定化，相互支持和相互控制，而不太关注股息和红利的高低，因而持股非常稳定。同时，公司发展所需要的资金主要来自银行贷款而不是发行股票或债券，股票市场对经理人员的影响很小。所以，日本的资本市场发育很迟缓，公司控制权市场极不活跃，敌意并购很少发生，有限的兼并也都是在协商一致的基础上进行的。

3. 德国法人股东主导型模式

德国模式的主要特点是：①从股权结构看，个人持股与法人持股并存，以法人持股为主，持股法人包括非金融公司、保险公司、养老金和银行。法人持股比例：1970 年为 52%，1990 年为 64%。②从持股形式上看，交叉持股很普遍，其中银行对大公司的持股强化了公司对银行的依赖，形成了独具特色的银企关系。③从持股的稳定性上看，德国法人股东持股的目的在于保证公司的长远发展，而不在投机牟利，因而持股稳定性较强。个人股东大都通过银行购买股票并将股票寄存于银行，银行则借助这些寄存的股票参与公司的决策与管理，而不轻易出售股票，这也使得股票流动性大大减弱，从而导致德国证券市场功能弱化。在公司融资方式选择上，证券融资远远弱于信贷融资。④从内部机构设置上看，德国实行双重委员会制。双重委员会制就是在企业管理层设立监事会和理事会两个机构，监事会是公司股东、职工利益的代表机构和监督机构，主要职责是监督理事会的经营业务，任免理事会成员，向理事会提供咨询等。监事会不仅对理事会的业务活动行使审核和监督权，而且有权审核公司的账目，核定公司资产。理事会是执行监事会决议、负责公司日常经营和管理事务的执行机构。其主要职责是负责公司经营管理，向监事会提供预算报告，向股东提供有关信息。监事会和理事会职责分明，成员互不交叉。双重体制的设置，加强了监事会对公司经理阶层的监督和控制，有助于公司的运营体现股东的利益和要求。⑤从控制机制看，全能银行是公司的主要控制者。德国银行既是公司的债权人，又是公司的大股东。作为债权人，德国银行向企业提供短、中、长期贷款，其中长期贷款占到所有贷款的 2/3；作为大股东，德国银行持有公司大量股份，1990 年，银行持有公司股份的比例达 10%。凭借这两个身份，德国银行对大公司行使着有力的控制和监督。德国银行拥有公司的多数股份，依靠委托投票权机制，在公司股东大会上行使投票权，影响或直接参与公司的决策活动，使其符合自身的利益。同时，银行掌握并行使股票代理控制权，这也在很大程度上使外部公司的并购活动成为不可能，从而确保了银行对企业有效而稳定的控制。

三、我国公司治理模式的选择

以上所述公司治理的各类模式各有特色，也各有自己存在与运营的环境和条件，我们应当从我国国情出发，把国外成功的模式与我国的实际结合起来，建立有中国特色的公司治理模式，而不是简单地照搬外国的模式。这应当成为我们选择公司治理模式时应当遵循的原则。

在上述模式中，私人股东主导的公司治理模式较好地体现了公司所有权与公司控制权相统一的原则，所有者的权益能得到有效的保障，该模式对于促进资本集中，加快企业成长也具有重要的意义。这些优点对我国国有企业进行公司治理结构改革具有一定的参考价值，不过该模式的所有制基础是私有制，而我国国有企业治理机制是以公有制为基础的，因此该模式不能成为我国国有企业治理结构改革的目标模式。

经理主导的公司治理模式最显著的特点是所有权与控制权相分离，经理阶层成为公司的实际控制者。从我国目前的具体国情和改革的指导思想来讲，该模式也不能成为我国国有企业治理结构改革的目标模式，理由有三。其一，该模式自身存在严重缺陷。在此模式中，股东数量众多而股票持有高度分散化，作为所有者，股东既无兴趣也无力量直接参与企业决策，公司控制权完全被经理所掌握，所有者权益失去保障。由于所有者对经理人员缺乏有效监督和控制，导致“内部人控制”的形成和代理问题的尖锐化。再者，该模式与活跃的公司控制权市场相联系，而公司控制权市场的过度活跃，致使经理行为短期化以及投机风气盛行，不利于形成规范合理的公司治理机制。其二，目前我国市场化取向的改革正处于起步阶段，商品市场既不完整，也不成熟，竞争秩序不健全，竞争环境不完善；人力资本市场处于发育之中，企业家队伍较小，素质不高，难以胜任现代大公司的需要，特别是经理市场受非市场因素制约和限制过严，难以独立运行，更谈不上有效运行；证券市场刚刚起步，投机性远远大于投资性，股市容量狭小，不能分散风险，且股票流动性弱，投资者不能自由进入或退出。特别重要的是，以证券市场为依托的直接融资在公司融资中居于次要地位，证券市场不足以构成制约经理的有效外部控制机制。其三，现阶段我国大多数国有企业还未完成公司化改革，而是在维持原有体制格局不变的情况下，按照放权让利原则进行改革。这种改革有两大弊端，一是过于强调下放企业自主权，忽视监督和控制机制的建立；二是过于注重激励机制的短期效应，忽视长期激励机制的建立。其结果是导致国有企业出现事实上的“内部人控制”，表现为：企业经理人员唯我独尊、专横跋扈，藐视企业民主，垄断企业各项重大问题的决策权；经理人员将企业视为己有，利用职务之便不择手段地为亲朋好友或小集团牟取私利，造成国有资产大量流失；经理人员缺乏使国有资产保值和增值的内在动力，没有责任感，缺乏事业心，赚钱自己捞，亏损国家背，旱涝保收，优哉游哉。显然，若把经理主导型治理模式作为改革的目标模式，只会加剧现存的“内部人控制”格局，而不利于这种状况的改善。

鉴于我国目前的特殊国情和经理主导型模式自身的缺陷，笔者认为，我国国有企业治理结构改革应主要总结和借鉴法人股东主导型公司治理模式的合理成分，把法人股东主导型治理模式作为治理结构改革的目标模式。

由上述分析可以看出，与私人股东和经理主导的治理模式相比，法人股东治理模式是比较好的一种模式。从公司制度的发展沿革和企业理论的研究结论看，现代企业制度的权利结构客观上存在着所有权与控制权相分离的可能，一旦两权发生分离，经营者就会为追求自己的利益最大化而牺牲所有者的利益，导致所有者的权益受损。所以，要实现公司运营的高效率并使所有者的权益得到保障，就必须使所有者能够真正掌握控制权，并对经营者进行有效的约束和制衡。怎样才能使所有者掌握控制权呢？条件有两个：一是股东必须掌握足够大的控股额，二是股东有能力和动力行使控制权。毫无疑问，只要具备了这两个条件，一个有效运转的公司治理机制就能建立起来。法人股东主导的公司治理机制是对经理主导治理机制的否定，但它不是简单地回到私人股东主导的治理机制，而是上升到股东主导治理机制的新形态。法人股东主导的治理模式的最大优点是各类法人股东的持股高度集中，股东对公司董事会实行有力的控制，相应地，董事会能够以高度的责任感履行股东所赋予的监督和控制经理阶层的职能，使公司的经营目标与股东的长期利益结合在一起，代理问题大大减少，公司控制权市场只起有限的作用，敌意兼并很少发生，公司的经营行为具有浓厚的长期化色彩。

四、建立法人股东主导的公司治理机制

我国国有企业治理机制改革的目标模式是法人主导型治理模式，要建立该模式，必须加大改革力度，主要做好以下四项工作。

（一）推进银行法人的股东化进程，强化银企联系

银行法人股东化是一种世界性潮流。日本、德国在法律上始终允许银行持有工商法人企业的股份，此举措为形成极具竞争力的巨型企业集团奠定了基础；美国在 1929—1933 年大萧条以前也允许银行持有公司法人的股份，它为洛克菲勒财团、摩根财团、梅隆财团、杜邦财团等的崛起提供了机遇。大

萧条期间，银行被指控操纵股市并被剥夺了持股的资格，其代价是与其他具有持股资格的非银行金融机构相比，银行在金融市场上的竞争地位大大下降，吸收存款的能力和提供信用服务的质量也相应下降，这无疑与银行本来的作用不相符。80 年代初，里根政府放松经济管制，取消了对银行持股所设置的禁令，银行又开始投资于股票市场。我国应顺应这一潮流，积极推动银行的股东化进程。银行成为国有企业大股东，对于完善国有企业治理结构具有十分重要的意义。

首先，银行具有参与国有企业监控的能力。银行是企业资金的主要供给者，作为放款人，为了确保放款的安全性，银行股东自然要对公司进行监控，特别是银行常常可以通过向企业提供贷款而容易获取公司的经营信息，在对公司的经营管理状况了如指掌的情况下，银行可以积极地介入企业运营，对企业运营进行事前、事中和事后的治理。

其次，银行集股东与债权人身份于一身，有利于对公司经理阶层行使监督与控制。股权与债权是公司治理的两个基石，但二者处在分离状态下，往往难以构成对经理人员的强有力控制。单纯的股权控制受股份比例、信息量大小及决策能力的影响较大，控制效应差；单纯的债权控制具有浓厚的随意性，不利于对企业进行持续、深入的监控。股权与债权相结合的控制应是最佳的，它可以发挥两种手段的优势，弥补各自的不足，从而对公司的经理层构成有力的控制。

再次，银行依然是企业所需资金的主要供应者。近年来，随着我国居民收入水平的不断增加，银行存款余额不断上升，屡创新高，尽管政府为刺激内需而屡屡降息，可银行存款依旧只增不减。造成这种状况的原因是多方面的，其中文化因素是重要原因之一。受中华民族勤劳节俭、未雨绸缪悠久文化传统的影响，中国老百姓的储蓄倾向一向很强，这使得银行储蓄成为居民投资的主要渠道。文化是一种隐性制度安排，具有很强的路径依赖性，很难轻易改变。银行是现阶段企业所需资金的无可替代的主要供应者，鼓励银行持股，可以在银企之间建立紧密的关系，确保银行对企业的资金供应和对企业经营的全面介入和有效监控。

最后，银行持股有助于加快国有企业的改组。目前，高负债是制约国有企业发展的重要因素，而银行是国有企业的最大债权人，改组国有企业不能绕过银行，更不能牺牲银行权益。为解决国有企业高负债问题，有关部门和学者提出了不少建议和方案，如财政注资方案、核销企业债务方案、企业破产方案、债权变股权方案等。应该说，这些方案各有特色，均有较强的实施价值。不过，考虑到我国国有企业改革的目标是要建立法人股东主导的公司治理模式，而银行持股是建立该模式的前提，所以笔者认为，债权换股权是更为理想的方案。通过债权换股权对国有企业进行债务重组，可以取得一举两得之功效：一方面，可以大大降低企业的资产负债率，缓和企业的偿债压力，为企业集中精力强化内部管理，积极开发新产品，努力开拓市场提供机遇；另一方面，通过债权换股权，银行由企业的债权人变为持股人，银行的股东身份得以确立，银行能够从自身最大利益考虑，关注企业的长期发展，并积极参与企业的决策和管理。

（二）培育机构投资者，拓宽企业融资渠道

股份公司制度发展的历史表明，公众持股由包括银行在内的机构投资者持股所取代是必然趋势。而要在我国国有企业中建立法人股东主导的治理模式，必须大力培养机构投资者。目前，我国的机构投资者已有一定的发展，但发展的规模还不够大，速度还不够快，与国有企业治理结构改革的要求不相适应。退休基金是最有发展前途的机构投资者，目前我们只允许退休基金购买政府债券，随着退休基金数额的增大，应当允许退休基金向股票市场进行投资。共同基金是一种专事组合证券投资的机构投资者，由于其投资的专业化水平高，投资收益比较稳定，因而发展势头很猛。应当从政策上鼓励共同基金在数量和规模两方面快速发展，以便成为股票市场投资的主力军。人寿保险在我国刚刚起步，但发展潜力巨大，随着保险业的成长和壮大，它必将成为股票市场的一支重要投资力量。随着机构投资者的不断成长和壮大，国有企业的股份将逐渐由它们掌握和控制，从而为法人主导的公司治理模式的形成奠定基础。

（三）健全公司内部权利机构，加强董事会的监控功能

通过对股份公司治理机制的比较可以看出，公司治理的效率如何，关键取决于董事会作用的发挥。借鉴国际经验，结合我国的实际，笔者认为我国应从以下五个方面加强董事会的建设：

第一，在理论上准确界定董事会的权利基础，使董事会真正成为股东在公司内部的代表。目前有一种流行的观点，认为在现代企业制度中，法人治理就是公司董事会基于法人财产权行使决策权，对外董事会主席是法人代表，对内董事会在一切事关公司发展的重大问题上拥有决策权。这个观点的可取之处是肯定了董事会在公司决策中的应有地位和作用，而值得商榷之处则是将董事会的权利基础界定为法人财产权。实际上，将公司财产的所有权作终极所有权和法人所有权之分是错误的，其危害是导致董事会权利基础的错位，割断了董事会与股东之间的脐带关系，使董事会成为事实上的“内部人”，并同经理人员沆瀣一气，与股东作对。显然，要是依然坚持终极所有权与法人所有权相分离的观点，将法人所有权作为董事会存在并发挥作用的基础，那么，任何旨在加强董事会权利的举措都会在客观上产生损害股东的效应。所以必须放弃公司财产所有权“二元论”的观点，用所有权“一元论”的观点指导国有企业公司治理结构的改革。具体说，就是从理论上确认股东对公司财产的所有权是董事会行使决策和控制职能的法律依据，董事会以股东利益为自己的利益，以股东意志为自己的意志，除了代表股东的利益和意志外，董事会不应有任何独立的利益和意志。明确董事会的权利基础是股东对公司财产的所有权，这意味着资本所有权所固有的控制权与所有权结合在了一起，董事会在公司内部发挥治理作用，实质上体现着股东的意志和利益要求，董事会按照股东的意志行使职能，就是所有权与控制权相结合原则的具体体现。

第二，建立和健全董事提名和任免机制，使股东在董事任免上起决定作用。董事会是股东在公司内部的代表，其职能是对股东负责并对经理阶层进行监控，以使公司运营绩效符合股东利益最大化要求。董事会的职能是通过董事的工作来发挥的，在这里，董事会成员的选拔和任免对于董事会的职能能否按照股东的意志发挥具有决定意义。在国有企业进行公司化改造时，要特别重视公司人事制度的建设，特别是董事会成员的选拔和任免。在这方面，总的原则应该是董事会成员的选择权由国有股和法人股的大股东所掌握，具体的提名、审查工作由专设的董事提名机构进行，最后的决定权由大股东支配。在董事会的实际运行中，一旦发现董事不能按照股东的意志和利益行使职能，股东应能够及时罢免其董事职务。由股东决定董事会成员的任免，并不排除经理阶层参与董事的选择，但是经理阶层对董事的选择只拥有建议权而不拥有决定权，决定权只能属于股东。

第三，建立和健全公司信息管理和交流制度，为董事会参与决策并发挥主导作用提供保障。信息是决策的基石，信息量的多少决定着参与决策程度的大小。在公司的运营中，经理人员主要负责日常经营和管理事务，对公司各方面的情况非常熟悉，这种岗位优势客观上使经理人员比董事会对公司决定更有影响力，而这无疑是对董事会职能的削弱。为此，在改制后的国有企业，必须建立由董事会领导并独立于经理部门的财务审计委员会，定期对公司财务活动进行审计，并为董事会决定公司重大发展事项提供有关信息和报告，以便使董事会能够全面了解公司的运营状况，及时准确地做出决策，增强董事会对公司运营的治理能力。

第四，实行董事股东化，建立强有力的激励机制。董事会代表股东在公司内行使决策和监控的基础是股东的所有权，这种安排对于董事会接受股东的监督和控制，为股东的利益服务是必要的。但这还不够，董事会成员能否忠诚于股东，能否负责地行使职能，还取决于对董事的激励。在这方面应抓好两个重要环节：一是确立科学合理的年薪标准，使之对董事构成足够大的激励；二是要求董事必须购买公司一定数额的股份，其数额大小应以能够使董事尽职尽责地为公司工作为标准。董事持股可将其切身利益与公司经营绩效挂起钩来，有助于激励董事做好治理工作，切实履行自己的职责。

第五，实行外部董事与内部董事相结合，以外部董事为主的董事构成安排。所谓内部董事是指由公司内部主要职能部门经理人员构成的董事；所谓外部董事是指由股东从公司外部聘请的一部分具有会计、审计、理财、法律、心理等方面专门知识的专家，以及大股东直接派往公司的管理人员构成的董事。外部董事进入公司，有助于董事会对公司经营状况进行独立判断并作出客观评价。在内部与外部董事并存的情况下，应增大外部董事的比重，这有利于董事会更有效地发挥职能并对经理人员构成强有力的制约。

（四）建立以间接融资为主，直接融资为辅的公司融资机制

融资机制是公司获取投资资金的方式和制度安排。间接融资和直接融资是公司融资的两个可供选择的渠道。从间接融资渠道获得的主要是信贷资金，它构成公司资产的债务部分；从直接融资渠道获得的主要是权益资金，它构成公司资产的股东权益部分。对一个特定公司而言，主要靠间接融资获取资金，银行对公司治理的影响就大；主要靠直接融资获取资金，股东和股票市场对公司治理的影响就大。对一个特定国家而言，受经济和历史文化的制约，两种融资渠道可以并存，但不可能并重，要么以间接融资为主，要么以直接融资为主，二者必居其一。在国际上，美、英重直接融资，德、日则重间接融资，它们都是历史的产物。历史是不能选择的。

我国国有企业治理机制改革当然要涉及公司融资机制的安排，从一定意义上讲，公司融资机制对公司治理机制的改革具有决定作用，融资机制一旦确定，公司治理机制的基本框架也就清楚了。笔者认为，公司融资方式的确定应基于我国的特殊国情，而不能想当然，否则贻害无穷。具体来讲，我们应当建立以间接融资为主，直接融资为辅的融资体制，理由有三：其一，我国目前仍属于低收入发展中国家，居民投资偏向于储蓄，高流动性和高风险性的股票市场令大多数居民畏而却步，因而企业将融资的重心放在股票市场上，难以达到预期的目的；其二，直接融资的基础是存在成熟的股票市场，而要建立成熟的股票市场，又仰赖于对现有企业进行规范的公司化改造。现阶段，我国国有企业公司化改造步履艰难，主要的制约因素是高负债率和大面积亏损，要推动公司化改造，银行必须介入并在其中发挥主导作用，具体措施是债权换股权。这样一来，银行与企业的联系得以加强，一体化程度大大提高，这在客观上为间接融资成为融资的主渠道奠定了基础；其三，我国国有企业公司化改造后形成的公司治理机制，应该是法人股东主导的治理机制，这一机制的建立，客观上要求建立和健全银行体系，使银行及其他非银行金融机构成为企业的大股东和主要债权人，相应地，就要求企业主要依靠间接融资方式筹集所需投资资金。在建立法人主导的公司治理机制过程中，也需要股票市场发挥作用，因为股票市场是银企联系得以建立的重要媒介，没有股权交易，就没有银企一体化的形成。不过股票市场在这里只起辅助作用，其本身并不是企业获取资金的主要渠道。

参考文献

［1］奥村宏：《法人资本主义》，北京：生活·读书·新知三联书店，1990年。

［2］阿尔诺德·W.萨麦兹：《机构投资》，纽约：纽约大学出版社，1991年。

［3］卡洛琳·布兰卡特：《机构投资者与公司治理》，阿尔文专业出版社，1997年。

［4］赫尔曼：《公司控制、公司权利》，剑桥：剑桥大学出版社，1981年。

［5］吴敬琏：《大中型企业改革：建立现代企业制度》，天津：天津人民出版社，1993年。

［6］尤金·菲莫：《代理问题与企业理论》，《经济译文》，1990年第2期。

［7］刘葆：《中国银行一体化：理论分析与方式选择》，《经济学家》，1996年第4期。

［8］何自力：《法人资本所有制与公司治理》，天津：南开大学出版社，1997年。

（本文原载于《南开学报》1999年第6期）